U0138420

奇門解碼全集　工具篇

奇門遁甲
局盤集與萬用曆

陰七局		
乙　天任 勾陳　驚 辛 巽四　東南	壬　天衝 六合　死 丙 離九　正南	辛　天蓬 太陰　開 癸庚 坤二　西南
丁　天蓬 朱雀　杜 壬 震三　正東	符首：庚 監鍾 五中	丙　天英 螣蛇　景 戊 兌七　正西
己　天心 九地　傷 乙 艮八　東北	戊　天柱 九天　生 丁 坎一　正北	癸庚　天禽芮 直符　休 己 乾六　西北

黃啓霖◎著

目　錄

〈序言〉

　　人類從個體覓食而成群遊牧，再定居農耕，這個由單數個體形成集落國家的變化過程中，必定遭遇各種大自然變動與外敵侵犯，使得「攻」與「防」的意識及行動因此萌芽。如何發展農耕使國家富庶？如何在外力環伺之下保衛國家並擊敗敵人？如何擴張地盤使國家更加強盛進步？無不關係「攻」、「防」。

　　古聖先賢長期不斷觀察「宇宙磁場」，配合「陰陽五行」研究邏輯得知：宇宙的「天時」與「八卦方位空間」，就是所謂天時、地利、人和的天地自然定律。而攻防致勝要訣，不外是進攻時選擇「有利於我」的時辰八卦方位；若遇到「有利於他」的時辰方位時，則應保持「有利於我」的防守位置，或設法將「有利於他」轉為「有利於我」的致勝契機。如黃帝發明「指南車」，在戰鬥中靈活運用有利於我、不利於他的時辰八卦方位，機動掌握優勢，而於涿鹿之戰擊敗強敵蚩尤。

　　黃帝根據天時、地利、人和與陰陽五行之磁場原理，始創原為4320局，再經宰相風后整修為1080局之遁甲時盤。從此，中國的朝代興亡史，也可說是奇門遁甲的推演史。因為，各主要朝代興革的關鍵人物，都具奇門遁甲造詣，如周朝姜子牙、漢朝張子房、三國諸葛孔明等，無一不是輔佐帝王開基建業的功臣，而明朝的劉伯溫，則將遁甲之學發揚光大。

　　在古代，奇門遁甲之學不但被用於戰鬥爭霸、擴張領域，在帝王治國的政治、建設、法律等方面，也是不可欠缺的重要寶典，但民間是禁學的，所以有「帝王學」之稱。

在現代社會中，奇門遁甲的應用範圍更是廣泛，國家政治、軍事、經濟、外交，工商企業經營、財務投資借貸，以及求取功名、營造感情等的個人家庭及社會活動，都可用來轉禍為福、趨吉避凶。

一般論命術，如紫微斗數或八字推命，功力高段的人，也可正確推斷運勢吉凶。不過，只能做到「知命而趨吉避凶」，但奇門遁甲卻能做到「知命造運而退惡運」，因為它具有「大氣磁場造運」的積極作用，有「不讓命運主宰自己」的攻擊性，這才是遁甲之學的真正存在價值。若合併兩者的功能性，則更得「知命又能造運」的上乘效果。

本全集之入門篇，係依清朝「古今圖書集成」藝術典術數部奇門遁甲之「煙波釣叟歌」為全書架構，並以簡易文字解說歌詞，使讀者明瞭遁甲各項要訣及其來源。後續則有「工具篇」，將遁甲時盤、日盤、月盤、遁甲專用曆等，整編於一書，方便讀者查閱。「陰遁篇」、「陽遁篇」除列出全部遁甲1080局陰陽時盤八方位及其吉凶格之外，並以「比分法」判斷特定方位的吉凶，讀者若有考試、做業務、談判等之需要時，不必自己排算，就能立刻找出最好的時辰與方位，這是坊間前所未見的作法，將使遁甲書籍成為極簡便之工具書，也將使奇門遁甲更能符合現代生活的實際應用。

【奇門遁甲】

陰陽遁時盤 1,080 局盤

陽遁一局～陽遁九局

（甲子時～癸亥時）

陰遁九局～陰遁一局

（甲子時～癸亥時）

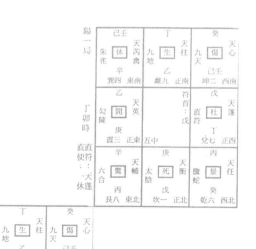

遁甲時盤　陽遁一局

・・・・・・・・・・・・・・・・・・・・・・・・・・・・

甲己日～戊癸日

甲子時～癸亥時　六十時盤

甲　己　日

陽一局　甲子時（直符::天蓬　直使::一休）

東南　巽四	正南　離九	西南　坤二
六合 辛　天輔 杜 辛	勾陳 乙　天英 景 乙	朱雀 己壬　天芮禽 死 己壬
正東　震三	五中	正西　兌七
太陰 庚　天衝 傷 庚	符首::戊	九地 丁　天柱 驚 丁
東北　艮八	正北　坎一	西北　乾六
騰蛇 丙　天任 生 丙	直符 戊　天蓬 休 戊	九天 癸　天心 開 癸

陽一局　丁卯時（直符::天蓬　直使::一休）

東南　巽四	正南　離九	西南　坤二
朱雀 己壬　天芮禽 休 辛	九地 丁　天柱 生 乙	九天 癸　天心 傷 己壬
正東　震三	五中	正西　兌七
勾陳 乙　天英 開 庚	符首::戊	直符 戊　天蓬 杜 丁
東北　艮八	正北　坎一	西北　乾六
六合 辛　天輔 驚 丙	太陰 庚　天衝 死 戊	騰蛇 丙　天任 景 癸

陽一局　乙丑時（直符::天蓬　直使::一休）

東南　巽四	正南　離九	西南　坤二
九天 癸　天心 傷 辛	直符 戊　天蓬 杜 乙	騰蛇 丙　天任 景 己壬
正東　震三	五中	正西　兌七
九地 丁　天柱 生 庚	符首::戊	太陰 庚　天衝 死 丁
東北　艮八	正北　坎一	西北　乾六
朱雀 己壬　天芮禽 休 丙	勾陳 乙　天英 開 戊	六合 辛　天輔 驚 癸

陽一局　戊辰時（直符::天蓬　直使::一休）

東南　巽四	正南　離九	西南　坤二
六合 辛　天輔 開 辛	勾陳 乙　天英 休 乙	朱雀 己壬　天芮禽 生 己壬
正東　震三	五中	正西　兌七
太陰 庚　天衝 驚 庚	符首::戊	九地 丁　天柱 傷 丁
東北　艮八	正北　坎一	西北　乾六
騰蛇 丙　天任 死 丙	直符 戊　天蓬 景 戊	九天 癸　天心 杜 癸

陽一局　丙寅時（直符::天蓬　直使::一休）

東南　巽四	正南　離九	西南　坤二
太陰 庚　天衝 生 辛	六合 辛　天輔 傷 乙	勾陳 乙　天英 杜 己壬
正東　震三	五中	正西　兌七
騰蛇 丙　天任 休 庚	符首::戊	朱雀 己壬　天芮禽 景 丁
東北　艮八	正北　坎一	西北　乾六
直符 戊　天蓬 開 丙	九天 癸　天心 驚 戊	九地 丁　天柱 死 癸

陽一局　己巳時（直符::天蓬　直使::一休）

東南　巽四	正南　離九	西南　坤二
九地 丁　天柱 景 辛	九天 癸　天心 死 乙	直符 戊　天蓬 驚 己壬
正東　震三	五中	正西　兌七
朱雀 己壬　天芮禽 杜 庚	符首::戊	騰蛇 丙　天任 開 丁
東北　艮八	正北　坎一	西北　乾六
六合 乙　天英 傷 丙	太陰 辛　天輔 生 戊	勾陳 庚　天衝 休 癸

甲 己 日

陽一局　庚午時　直符：天蓬　直使：一休

巽四 東南	離九 正南	坤二 西南
丙　騰蛇 [死] 天任　辛	庚　太陰 [驚] 天衝　乙	辛　六合 [開] 天輔　己壬

震三 正東	五中	兌七 正西
戊　直符 [景] 天蓬　庚	符首：戊	乙　勾陳 [休] 天英　丁

艮八 東北	坎一 正北	乾六 西北
癸　九天 [杜] 天心　丙	丁　九地 [傷] 天柱　戊	己壬　朱雀 [生] 天芮禽　癸

陽一局　癸酉時　直符：天蓬　直使：一休

巽四 東南	離九 正南	坤二 西南
乙　勾陳 [杜] 天英　辛	己壬　朱雀 [景] 天芮禽　乙	丁　九地 [死] 天柱　己壬

震三 正東	五中	兌七 正西
辛　六合 [傷] 天輔　庚	符首：戊	癸　九天 [驚] 天心　丁

艮八 東北	坎一 正北	乾六 西北
庚　太陰 [生] 天衝　丙	丙　騰蛇 [休] 天任　戊	戊　直符 [開] 天蓬　癸

陽一局　辛未時　直符：天蓬　直使：一休

巽四 東南	離九 正南	坤二 西南
戊　直符 [傷] 天蓬　辛	丙　騰蛇 [杜] 天任　乙	庚　太陰 [景] 天衝　己壬

震三 正東	五中	兌七 正西
癸　九天 [生] 天心　庚	符首：戊	辛　六合 [死] 天輔　丁

艮八 東北	坎一 正北	乾六 西北
丁　九地 [休] 天柱　丙	己壬　朱雀 [開] 天芮禽　戊	乙　勾陳 [驚] 天英　癸

陽一局　甲戌時　直符：天芮禽　直使：二死

巽四 東南	離九 正南	坤二 西南
辛　九地 [杜] 天輔　辛	乙　九天 [景] 天英　乙	己壬　直符 [死] 天芮禽　己壬

震三 正東	五中	兌七 正西
庚　朱雀 [傷] 天衝　庚	符首：己	丁　騰蛇 [驚] 天柱　丁

艮八 東北	坎一 正北	乾六 西北
丙　勾陳 [生] 天任　丙	戊　六合 [休] 天蓬　戊	癸　太陰 [開] 天心　癸

陽一局　壬申時　直符：天蓬　直使：一休

巽四 東南	離九 正南	坤二 西南
丁　九地 [開] 天柱　辛	癸　九天 [休] 天心　乙	戊　直符 [生] 天蓬　己壬

震三 正東	五中	兌七 正西
己壬　朱雀 [驚] 天芮禽　庚	符首：戊	丙　騰蛇 [傷] 天任　丁

艮八 東北	坎一 正北	乾六 西北
乙　勾陳 [死] 天英　丙	辛　六合 [景] 天輔　戊	庚　太陰 [杜] 天衝　癸

陽一局　乙亥時　直符：天芮禽　直使：二死

巽四 東南	離九 正南	坤二 西南
乙　九天 [驚] 天英　辛	己壬　直符 [開] 天芮禽　乙	丁　騰蛇 [休] 天柱　己壬

震三 正東	五中	兌七 正西
辛　九地 [死] 天輔　庚	符首：己	癸　太陰 [生] 天心　丁

艮八 東北	坎一 正北	乾六 西北
庚　朱雀 [景] 天衝　丙	丙　勾陳 [杜] 天任　戊	戊　六合 [傷] 天蓬　癸

乙　庚　日

丙子時　陽一局

直符：天芮禽　直使：二死

巽四 東南	離九 正南	坤二 西南
太陰　癸　死　天心　辛	六合　戊　驚　天蓬　乙	勾陳　丙　開　天任　己壬
騰蛇　丁　景　天柱　庚（震三 正東）	符首：己（五中）	朱雀　庚　休　天衝　丁（兌七 正西）
直符　己壬　杜　天芮禽　丙（艮八 東北）	九天　乙　傷　天英　戊（坎一 正北）	九地　辛　生　天輔　癸（乾六 西北）

己卯時　陽一局

直符：天芮禽　直使：二死

巽四 東南	離九 正南	坤二 西南
九地　辛　傷　天輔　辛	九天　乙　杜　天英　乙	直符　己壬　景　天芮禽　己壬
朱雀　庚　生　天衝　庚（震三 正東）	符首：己（五中）	騰蛇　丁　死　天柱　丁（兌七 正西）
勾陳　丙　休　天任　丙（艮八 東北）	六合　戊　開　天蓬　戊（坎一 正北）	太陰　癸　驚　天心　癸（乾六 西北）

丁丑時　陽一局

直符：天芮禽　直使：二死

巽四 東南	離九 正南	坤二 西南
朱雀　庚　杜　天衝　辛	九地　辛　景　天輔　乙	九天　乙　死　天英　己壬
勾陳　丙　傷　天任　庚（震三 正東）	符首：己（五中）	直符　己壬　驚　天芮禽　丁（兌七 正西）
六合　戊　生　天蓬　丙（艮八 東北）	太陰　癸　休　天心　戊（坎一 正北）	騰蛇　丁　開　天柱　癸（乾六 西北）

庚辰時　陽一局

直符：天芮禽　直使：二死

巽四 東南	離九 正南	坤二 西南
騰蛇　丁　開　天柱　辛	太陰　癸　休　天心　乙	六合　戊　生　天蓬　己壬
直符　己壬　驚　天芮禽　庚（震三 正東）	符首：己（五中）	勾陳　丙　傷　天任　丁（兌七 正西）
九天　乙　死　天英　丙（艮八 東北）	九地　辛　景　天輔　戊（坎一 正北）	朱雀　庚　杜　天衝　癸（乾六 西北）

戊寅時　陽一局

直符：天芮禽　直使：二死

巽四 東南	離九 正南	坤二 西南
六合　戊　生　天蓬　辛	勾陳　丙　傷　天任　乙	朱雀　庚　杜　天衝　己壬
太陰　癸　休　天心　庚（震三 正東）	符首：己（五中）	九地　辛　景　天輔　丁（兌七 正西）
騰蛇　丁　開　天柱　丙（艮八 東北）	直符　己壬　驚　天芮禽　戊（坎一 正北）	九天　乙　死　天英　癸（乾六 西北）

辛巳時　陽一局

直符：天芮禽　直使：二死

巽四 東南	離九 正南	坤二 西南
直符　己壬　景　天芮禽　辛	騰蛇　丁　死　天柱　乙	太陰　癸　驚　天心　己壬
九天　乙　杜　天英　庚（震三 正東）	符首：己（五中）	六合　戊　開　天蓬　丁（兌七 正西）
九地　辛　傷　天輔　丙（艮八 東北）	朱雀　庚　生　天衝　戊（坎一 正北）	勾陳　丙　休　天任　癸（乾六 西北）

乙庚日

陽一局　壬午時
直符：天芮禽　直使：二死

巽四 東南	離九 正南	坤二 西南
辛　天輔　九地　休　辛	乙　天英　九天　生　乙	己壬　天芮禽　直符　傷　己壬
震三 正東	五中	兌七 正西
庚　天衝　朱雀　開　庚	符首：己	丁　天柱　騰蛇　杜　丁
艮八 東北	坎一 正北	乾六 西北
丙　天任　勾陳　驚　丙	戊　天蓬　六合　死　戊	癸　天心　太陰　景　癸

陽一局　乙酉時
直符：天衝　直使：三傷

巽四 東南	離九 正南	坤二 西南
丙　天任　九天　傷　辛	庚　天衝　直符　杜　乙	辛　天輔　騰蛇　景　己壬
震三 正東	五中	兌七 正西
戊　天蓬　九地　生　庚	符首：庚	乙　天英　太陰　死　丁
艮八 東北	坎一 正北	乾六 西北
癸　天心　朱雀　休　丙	丁　天柱　勾陳　開　戊	己壬　天芮禽　六合　驚　癸

陽一局　癸未時
直符：天芮禽　直使：二死

巽四 東南	離九 正南	坤二 西南
丙　天任　勾陳　杜　辛	庚　天衝　朱雀　景　乙	辛　天輔　九地　死　己壬
震三 正東	五中	兌七 正西
戊　天蓬　六合　傷　庚	符首：己	乙　天英　九天　驚　丁
艮八 東北	坎一 正北	乾六 西北
癸　天心　太陰　生　丙	丁　天柱　騰蛇　休　戊	己壬　天芮禽　直符　開　癸

陽一局　丙戌時
直符：天衝　直使：三傷

巽四 東南	離九 正南	坤二 西南
乙　天英　太陰　休　辛	己壬　天芮禽　六合　生　乙	丁　天柱　勾陳　傷　己壬
震三 正東	五中	兌七 正西
辛　天輔　騰蛇　開　庚	符首：庚	癸　天心　朱雀　杜　丁
艮八 東北	坎一 正北	乾六 西北
庚　天衝　直符　驚　丙	丙　天任　九天　死　戊	戊　天蓬　九地　景　癸

陽一局　甲申時
直符：天衝　直使：三傷

巽四 東南	離九 正南	坤二 西南
辛　天輔　騰蛇　杜　辛	乙　天英　太陰　景　乙	己壬　天芮禽　六合　死　己壬
震三 正東	五中	兌七 正西
庚　天衝　直符　傷　庚	符首：庚	丁　天柱　勾陳　驚　丁
艮八 東北	坎一 正北	乾六 西北
丙　天任　九天　生　丙	戊　天蓬　九地　休　戊	癸　天心　朱雀　開　癸

陽一局　丁亥時
直符：天衝　直使：三傷

巽四 東南	離九 正南	坤二 西南
癸　天心　朱雀　驚　辛	戊　天蓬　九地　開　乙	丙　天任　九天　休　己壬
震三 正東	五中	兌七 正西
丁　天柱　勾陳　死　庚	符首：庚	庚　天衝　直符　生　丁
艮八 東北	坎一 正北	乾六 西北
己壬　天芮禽　六合　景　丙	乙　天英　太陰　杜　戊	辛　天輔　騰蛇　傷　癸

丙辛日

陽一局　戊子時　直符：天衝　直使：三傷

巽四 東南	離九 正南	坤二 西南
己壬 天芮禽 開 六合　辛	丁 天柱 休 勾陳　乙	癸 天心 生 朱雀　己壬
震三 正東 乙 天英 驚 太陰　庚	**五中** 符首：庚	**兌七 正西** 戊 天蓬 傷 九地　丁
艮八 東北 辛 天輔 死 騰蛇　丙	**坎一 正北** 庚 天衝 景 直符　戊	**乾六 西北** 丙 天任 杜 九天　癸

陽一局　辛卯時　直符：天衝　直使：三傷

巽四 東南	離九 正南	坤二 西南
庚 天衝 死 直符　辛	辛 天輔 驚 騰蛇　乙	乙 天英 開 太陰　己壬
震三 正東 丙 天任 景 九天　庚	**五中** 符首：庚	**兌七 正西** 己壬 天芮禽 休 六合　丁
艮八 東北 戊 天蓬 杜 九地　丙	**坎一 正北** 癸 天心 傷 朱雀　戊	**乾六 西北** 丁 天柱 生 勾陳　癸

陽一局　己丑時　直符：天衝　直使：三傷

巽四 東南	離九 正南	坤二 西南
戊 天蓬 景 九地　辛	丙 天任 死 九天　乙	庚 天衝 驚 直符　己壬
震三 正東 癸 天心 杜 朱雀　庚	**五中** 符首：庚	**兌七 正西** 辛 天輔 開 騰蛇　丁
艮八 東北 丁 天柱 傷 勾陳　丙	**坎一 正北** 己壬 天芮禽 生 六合　戊	**乾六 西北** 乙 天英 休 太陰　癸

陽一局　壬辰時　直符：天衝　直使：三傷

巽四 東南	離九 正南	坤二 西南
戊 天蓬 休 九地　辛	丙 天任 生 九天　乙	庚 天衝 傷 直符　己壬
震三 正東 癸 天心 開 朱雀　庚	**五中** 符首：庚	**兌七 正西** 辛 天輔 杜 騰蛇　丁
艮八 東北 丁 天柱 驚 勾陳　丙	**坎一 正北** 己壬 天芮禽 死 六合　戊	**乾六 西北** 乙 天英 景 太陰　癸

陽一局　庚寅時　直符：天衝　直使：三傷

巽四 東南	離九 正南	坤二 西南
辛 天輔 生 騰蛇　辛	乙 天英 傷 太陰　乙	己壬 天芮禽 杜 六合　己壬
震三 正東 庚 天衝 休 直符　庚	**五中** 符首：庚	**兌七 正西** 丁 天柱 景 勾陳　丁
艮八 東北 丙 天任 開 九天　丙	**坎一 正北** 戊 天蓬 驚 九地　戊	**乾六 西北** 癸 天心 死 朱雀　癸

陽一局　癸巳時　直符：天衝　直使：三傷

巽四 東南	離九 正南	坤二 西南
丁 天柱 杜 勾陳　辛	癸 天心 景 朱雀　乙	戊 天蓬 死 九地　己壬
震三 正東 己壬 天芮禽 傷 六合　庚	**五中** 符首：庚	**兌七 正西** 丙 天任 驚 九天　丁
艮八 東北 乙 天英 生 太陰　丙	**坎一 正北** 辛 天輔 休 騰蛇　戊	**乾六 西北** 庚 天衝 開 直符　癸

丙 辛 日

陽一局　甲午時　直符：天輔　直使：四杜

巽四　東南	離九　正南	坤二　西南
辛 直符【杜】天輔 辛	乙 騰蛇【景】天英 乙	己壬 太陰【死】天芮禽 己壬
庚 九天【傷】天衝 庚 震三　正東	符首：辛 五中	丁 六合【驚】天柱 丁 兌七　正西
丙 九地【生】天任 丙 艮八　東北	戊 朱雀【休】天蓬 戊 坎一　正北	癸 勾陳【開】天心 癸 乾六　西北

陽一局　丁酉時　直符：天輔　直使：四杜

巽四　東南	離九　正南	坤二　西南
戊 朱雀【休】天蓬 辛	丙 九地【生】天任 乙	庚 九天【傷】天衝 己壬
癸 勾陳【開】天心 庚 震三　正東	符首：辛 五中	辛 直符【杜】天輔 丁 兌七　正西
丁 六合【驚】天柱 丙 艮八　東北	己壬 太陰【死】天芮禽 戊 坎一　正北	乙 騰蛇【景】天英 癸 乾六　西北

陽一局　乙未時　直符：天輔　直使：四杜

巽四　東南	離九　正南	坤二　西南
庚 九天【生】天衝 辛	辛 直符【傷】天輔 乙	乙 騰蛇【杜】天英 己壬
丙 九地【休】天任 庚 震三　正東	符首：辛 五中	己壬 太陰【景】天芮禽 丁 兌七　正西
戊 朱雀【開】天蓬 丙 艮八　東北	癸 勾陳【驚】天心 戊 坎一　正北	丁 六合【死】天柱 癸 乾六　西北

陽一局　戊戌時　直符：天輔　直使：四杜

巽四　東南	離九　正南	坤二　西南
丁 六合【死】天柱 辛	癸 勾陳【驚】天心 乙	戊 朱雀【開】天蓬 己壬
己壬 太陰【景】天芮禽 庚 震三　正東	符首：辛 五中	丙 九地【休】天任 丁 兌七　正西
乙 騰蛇【杜】天英 丙 艮八　東北	辛 直符【傷】天輔 戊 坎一　正北	庚 九天【生】天衝 癸 乾六　西北

陽一局　丙申時　直符：天輔　直使：四杜

巽四　東南	離九　正南	坤二　西南
己壬 太陰【開】天芮禽 辛	丁 六合【休】天柱 乙	癸 勾陳【生】天心 己壬
乙 騰蛇【驚】天英 庚 震三　正東	符首：辛 五中	戊 朱雀【傷】天蓬 丁 兌七　正西
辛 直符【死】天輔 丙 艮八　東北	庚 九天【景】天衝 戊 坎一　正北	丙 九地【杜】天任 癸 乾六　西北

陽一局　己亥時　直符：天輔　直使：四杜

巽四　東南	離九　正南	坤二　西南
丙 九地【傷】天任 辛	庚 九天【杜】天衝 乙	辛 直符【景】天輔 己壬
戊 朱雀【生】天蓬 庚 震三　正東	符首：辛 五中	乙 騰蛇【死】天英 丁 兌七　正西
癸 勾陳【休】天心 丙 艮八　東北	丁 六合【開】天柱 戊 坎一　正北	己壬 太陰【驚】天芮禽 癸 乾六　西北

丁壬日

陽一局　庚子時
直符：— 直使：四杜

巽四 東南	離九 正南	坤二 西南
乙 天英　騰蛇 驚　辛	己壬 天芮禽　太陰 開　乙	丁 天柱　六合 休　己壬
震三 正東	**五中**	**兌七 正西**
辛 天輔　直符 死　庚	符首：辛	癸 天心　勾陳 生　丁
艮八 東北	**坎一 正北**	**乾六 西北**
庚 天衝　九天 景　丙	丙 天任　九地 杜　戊	戊 天蓬　朱雀 傷　癸

陽一局　癸卯時
直符：— 直使：四杜

巽四 東南	離九 正南	坤二 西南
癸 天心　勾陳 杜　辛	戊 天蓬　朱雀 景　乙	丙 天任　九地 死　己壬
震三 正東	**五中**	**兌七 正西**
丁 天柱　六合 傷　庚	符首：辛	庚 天衝　九天 驚　丁
艮八 東北	**坎一 正北**	**乾六 西北**
己壬 天芮禽　太陰 生　丙	乙 天英　騰蛇 休　戊	辛 天輔　直符 開　癸

陽一局　辛丑時
直符：天輔 直使：四杜

巽四 東南	離九 正南	坤二 西南
辛 天輔　直符 生　辛	乙 天英　騰蛇 傷　乙	己壬 天芮禽　太陰 杜　己壬
震三 正東	**五中**	**兌七 正西**
庚 天衝　九天 休　庚	符首：辛	丁 天柱　六合 景　丁
艮八 東北	**坎一 正北**	**乾六 西北**
丙 天任　九地 開　丙	戊 天蓬　朱雀 驚　戊	癸 天心　勾陳 死　癸

陽一局　甲辰時
直符：天禽芮 直使：五死

巽四 東南	離九 正南	坤二 西南
辛 天輔　九地 杜　辛	乙 天英　九天 景　乙	己壬 天禽芮　直符 死　己壬
震三 正東	**五中**	**兌七 正西**
庚 天衝　朱雀 傷　庚	符首：壬	丁 天柱　騰蛇 驚　丁
艮八 東北	**坎一 正北**	**乾六 西北**
丙 天任　勾陳 生　丙	戊 天蓬　六合 休　戊	癸 天心　太陰 開　癸

陽一局　壬寅時
直符：天輔 直使：四杜

巽四 東南	離九 正南	坤二 西南
丙 天任　九地 景　辛	庚 天衝　九天 死　乙	辛 天輔　直符 驚　己壬
震三 正東	**五中**	**兌七 正西**
戊 天蓬　朱雀 杜　庚	符首：辛	乙 天英　騰蛇 開　丁
艮八 東北	**坎一 正北**	**乾六 西北**
癸 天心　勾陳 傷　丙	丁 天柱　六合 生　戊	己壬 天芮禽　太陰 休　癸

陽一局　乙巳時
直符：天禽芮 直使：五死

巽四 東南	離九 正南	坤二 西南
乙 天英　九天 生　辛	己壬 天禽芮　直符 傷　乙	丁 天柱　騰蛇 杜　己壬
震三 正東	**五中**	**兌七 正西**
辛 天輔　九地 休　庚	符首：壬	癸 天心　太陰 景　丁
艮八 東北	**坎一 正北**	**乾六 西北**
庚 天衝　朱雀 開　丙	丙 天任　勾陳 驚　戊	戊 天蓬　六合 死　癸

丁　壬　日

陽一局　丙午時　直符：天禽芮　直使：五死

巽四 東南	離九 正南	坤二 西南
太陰　[傷]　天心　癸／辛	六合　[杜]　天蓬　戊／乙	勾陳　[景]　天任　丙／己壬
震三 正東	**五中**	**兌七 正西**
騰蛇　[生]　天柱　丁／庚	符首：壬	朱雀　[死]　天衝　庚／丁
艮八 東北	**坎一 正北**	**乾六 西北**
直符　[休]　天禽芮　己壬／丙	九天　[開]　天英　乙／戊	九地　[驚]　天輔　辛／癸

陽一局　己酉時　直符：天禽芮　直使：五死

巽四 東南	離九 正南	坤二 西南
九地　[休]　天輔　辛／辛	九天　[生]　天英　乙／乙	直符　[傷]　天禽芮　己壬／己壬
震三 正東	**五中**	**兌七 正西**
朱雀　[開]　天衝　庚／庚	符首：壬	騰蛇　[杜]　天柱　丁／丁
艮八 東北	**坎一 正北**	**乾六 西北**
勾陳　[驚]　天任　丙／丙	六合　[死]　天蓬　戊／戊	太陰　[景]　天心　癸／癸

陽一局　丁未時　直符：天禽芮　直使：五死

巽四 東南	離九 正南	坤二 西南
朱雀　[開]　天衝　庚／辛	九地　[休]　天輔　辛／乙	九天　[生]　天英　乙／己壬
震三 正東	**五中**	**兌七 正西**
勾陳　[驚]　天任　丙／庚	符首：壬	直符　[傷]　天禽芮　己壬／丁
艮八 東北	**坎一 正北**	**乾六 西北**
六合　[死]　天蓬　戊／丙	太陰　[景]　天心　癸／戊	騰蛇　[杜]　天柱　丁／癸

陽一局　庚戌時　直符：天禽芮　直使：五死

巽四 東南	離九 正南	坤二 西南
騰蛇　[杜]　天柱　丁／辛	太陰　[景]　天心　癸／乙	六合　[死]　天蓬　戊／己壬
震三 正東	**五中**	**兌七 正西**
直符　[傷]　天禽芮　己壬／庚	符首：壬	勾陳　[驚]　天任　丙／丁
艮八 東北	**坎一 正北**	**乾六 西北**
九天　[生]　天英　乙／丙	九地　[休]　天輔　辛／戊	朱雀　[開]　天衝　庚／癸

陽一局　戊申時　直符：天禽芮　直使：五死

巽四 東南	離九 正南	坤二 西南
六合　[景]　天蓬　戊／辛	勾陳　[死]　天任　丙／乙	朱雀　[驚]　天衝　庚／己壬
震三 正東	**五中**	**兌七 正西**
太陰　[杜]　天心　癸／庚	符首：壬	九地　[開]　天輔　辛／丁
艮八 東北	**坎一 正北**	**乾六 西北**
騰蛇　[傷]　天柱　丁／丙	直符　[生]　天禽芮　己壬／戊	九天　[休]　天英　乙／癸

陽一局　辛亥時　直符：天禽芮　直使：五死

巽四 東南	離九 正南	坤二 西南
直符　[驚]　天禽芮　己壬／辛	騰蛇　[開]　天柱　丁／乙	太陰　[休]　天心　癸／己壬
震三 正東	**五中**	**兌七 正西**
九天　[死]　天英　乙／庚	符首：壬	六合　[生]　天蓬　戊／丁
艮八 東北	**坎一 正北**	**乾六 西北**
九地　[景]　天輔　辛／丙	朱雀　[杜]　天衝　庚／戊	勾陳　[傷]　天任　丙／癸

戊癸日

陽一局　壬子時　直符：天禽丙　直使：五死

巽四 東南	離九 正南	坤二 西南
辛 九地 死 天輔 辛	乙 九天 驚 天英 乙	己壬 直符 開 天禽丙 己壬
庚 朱雀 景 天衝 庚	五中	丁 騰蛇 休 天柱 丁（符首：壬）
丙 勾陳 杜 天任 丙	戊 六合 傷 天蓬 戊	癸 太陰 生 天心 癸
艮八 東北	坎一 正北	乾六 西北

陽一局　乙卯時　直符：天心　直使：六開

巽四 東南	離九 正南	坤二 西南
丁 九天 景 天柱 辛	癸 直符 死 天心 乙	戊 騰蛇 驚 天蓬 己壬
己壬 九地 杜 天芮禽 庚	五中	丙 太陰 開 天任 丁（符首：癸）
乙 朱雀 傷 天英 丙	辛 勾陳 生 天輔 戊	庚 六合 休 天衝 癸
艮八 東北	坎一 正北	乾六 西北

陽一局　癸丑時　直符：天禽丙　直使：五死

巽四 東南	離九 正南	坤二 西南
丙 勾陳 杜 天任 辛	庚 朱雀 景 天衝 乙	辛 九地 死 天輔 己壬
戊 六合 傷 天蓬 庚	五中	乙 九天 驚 天英 丁（符首：壬）
癸 太陰 生 天心 丙	丁 騰蛇 休 天柱 戊	己壬 直符 開 天禽丙 癸
艮八 東北	坎一 正北	乾六 西北

陽一局　丙辰時　直符：天心　直使：六開

巽四 東南	離九 正南	坤二 西南
丙 太陰 生 天任 辛	庚 六合 傷 天衝 乙	辛 勾陳 杜 天輔 己壬
戊 騰蛇 休 天蓬 庚	五中	乙 朱雀 景 天英 丁（符首：癸）
癸 直符 開 天心 丙	丁 九天 驚 天柱 戊	己壬 九地 死 天芮禽 癸
艮八 東北	坎一 正北	乾六 西北

陽一局　甲寅時　直符：天心　直使：六開

巽四 東南	離九 正南	坤二 西南
辛 勾陳 杜 天輔 辛	乙 朱雀 景 天英 乙	己壬 九地 死 天芮禽 己壬
庚 六合 傷 天衝 庚	五中	丁 九天 驚 天柱 丁（符首：癸）
丙 太陰 生 天任 丙	戊 騰蛇 休 天蓬 戊	癸 直符 開 天心 癸
艮八 東北	坎一 正北	乾六 西北

陽一局　丁巳時　直符：天心　直使：六開

巽四 東南	離九 正南	坤二 西南
乙 朱雀 驚 天英 辛	己壬 九地 開 天芮禽 乙	丁 九天 休 天柱 己壬
辛 勾陳 死 天輔 庚	五中	癸 直符 生 天心 丁（符首：癸）
庚 六合 景 天衝 丙	丙 太陰 杜 天任 戊	戊 騰蛇 傷 天蓬 癸
艮八 東北	坎一 正北	乾六 西北

戊 癸 日

陽一局　戊午時　直符：天心　直使：六開

東南 巽四	正南 離九	西南 坤二
庚 天衝　六合　傷　辛	辛 天輔　勾陳　杜　乙	乙 天英　朱雀　景　己壬
丙 天任　太陰　生　庚　正東 震三	符首：癸　五中	己壬 天芮禽　死　丁　正西 兌七
戊 天蓬　騰蛇　休　丙　東北 艮八	癸 天心　直符　開　戊　正北 坎一	丁 天柱　九天　驚　癸　西北 乾六

陽一局　辛酉時　直符：天心　直使：六開

東南 巽四	正南 離九	西南 坤二
癸 天心　直符　開　辛	戊 天蓬　騰蛇　休　乙	丙 天任　太陰　生　己壬
丁 天柱　九天　驚　庚　正東 震三	符首：癸　五中	庚 天衝　六合　傷　丁　正西 兌七
己壬 天芮禽　九地　死　丙　東北 艮八	乙 天英　朱雀　景　戊　正北 坎一	辛 天輔　勾陳　杜　癸　西北 乾六

陽一局　己未時　直符：天心　直使：六開

東南 巽四	正南 離九	西南 坤二
己壬 天芮禽　九地　死　辛	丁 天柱　九天　驚　乙	癸 天心　直符　開　己壬
乙 天英　朱雀　景　庚　正東 震三	符首：癸　五中	戊 天蓬　騰蛇　休　丁　正西 兌七
辛 天輔　勾陳　杜　丙　東北 艮八	庚 天衝　六合　傷　戊　正北 坎一	丙 天任　太陰　生　癸　西北 乾六

陽一局　壬戌時　直符：天心　直使：六開

東南 巽四	正南 離九	西南 坤二
己壬 天芮禽　九地　死　辛	丁 天柱　九天　驚　乙	癸 天心　直符　開　己壬
乙 天英　朱雀　景　庚　正東 震三	符首：癸　五中	戊 天蓬　騰蛇　休　丁　正西 兌七
辛 天輔　勾陳　杜　丙　東北 艮八	庚 天衝　六合　傷　戊　正北 坎一	丙 天任　太陰　生　癸　西北 乾六

陽一局　庚申時　直符：天心　直使：六開

東南 巽四	正南 離九	西南 坤二
戊 天蓬　騰蛇　休　辛	丙 天任　太陰　生　乙	庚 天衝　六合　傷　己壬
癸 天心　直符　開　庚　正東 震三	符首：癸　五中	辛 天輔　勾陳　杜　丁　正西 兌七
丁 天柱　九天　驚　丙　東北 艮八	己壬 天芮禽　九地　死　戊　正北 坎一	乙 天英　朱雀　景　癸　西北 乾六

陽一局　癸亥時　直符：天心　直使：六開

東南 巽四	正南 離九	西南 坤二
辛 天輔　勾陳　杜　辛	乙 天英　朱雀　景　乙	己壬 天芮禽　九地　死　己壬
庚 天衝　六合　傷　庚　正東 震三	符首：癸　五中	丁 天柱　九天　驚　丁　正西 兌七
丙 天任　太陰　生　丙　東北 艮八	戊 天蓬　騰蛇　休　戊　正北 坎一	癸 天心　直符　開　癸　西北 乾六

遁甲時盤　陽遁二局

· ·

甲己日～戊癸日

甲子時～癸亥時　六十時盤

甲己日

陽二局　甲子時　直符：天芮禽　直使：二死

巽四 東南	離九 正南	坤二 西南
庚 杜 天輔 九地	丙 景 天英 九天	戊辛 死 天芮禽 直符
己 傷 天衝 朱雀（震三 正東）	符首：戊（五中）	癸 驚 天柱 騰蛇（兌七 正西）
丁 生 天任 勾陳（艮八 東北）	乙 休 天蓬 六合（坎一 正北）	壬 開 天心 太陰（乾六 西北）

陽二局　丁卯時　直符：天芮禽　直使：二死

巽四 東南	離九 正南	坤二 西南
壬 杜 天心 太陰	乙 景 天蓬 六合	丁 死 天任 勾陳
癸 傷 天柱 騰蛇（震三 正東）	符首：戊（五中）	己 驚 天衝 朱雀（兌七 正西）
戊辛 生 天芮禽 直符（艮八 東北）	丙 休 天英 九天（坎一 正北）	庚 開 天輔 九地（乾六 西北）

陽二局　乙丑時　直符：天芮禽　直使：二死

巽四 東南	離九 正南	坤二 西南
乙 驚 天蓬 六合	丁 開 天任 勾陳	己 休 天衝 朱雀
壬 死 天心 太陰（震三 正東）	符首：戊（五中）	庚 生 天輔 九地（兌七 正西）
癸 景 天柱 騰蛇（艮八 東北）	戊辛 杜 天芮禽 直符（坎一 正北）	丙 傷 天英 九天（乾六 西北）

陽二局　戊辰時　直符：天芮禽　直使：二死

巽四 東南	離九 正南	坤二 西南
庚 生 天輔 九地	丙 傷 天英 九天	戊辛 杜 天芮禽 直符
己 休 天衝 朱雀（震三 正東）	符首：戊（五中）	癸 景 天柱 騰蛇（兌七 正西）
丁 開 天任 勾陳（艮八 東北）	乙 驚 天蓬 太陰（坎一 正北）	壬 死 天心 太陰（乾六 西北）

陽二局　丙寅時　直符：天芮禽　直使：二死

巽四 東南	離九 正南	坤二 西南
丙 死 天英 九天	戊辛 驚 天芮禽 直符	癸 開 天柱 騰蛇
庚 景 天輔 九地（震三 正東）	符首：戊（五中）	壬 休 天心 太陰（兌七 正西）
己 杜 天衝 朱雀（艮八 東北）	丁 傷 天任 勾陳（坎一 正北）	乙 生 天蓬 六合（乾六 西北）

陽二局　己巳時　直符：天芮禽　直使：二死

巽四 東南	離九 正南	坤二 西南
癸 傷 天柱 騰蛇	壬 杜 天心 太陰	乙 景 天蓬 六合
戊辛 生 天芮禽 直符（震三 正東）	符首：戊（五中）	丁 死 天任 勾陳（兌七 正西）
丙 休 天英 九天（艮八 東北）	庚 開 天輔 九地（坎一 正北）	己 驚 天衝 朱雀（乾六 西北）

甲己日

陽二局　庚午時　直符：天芮禽　直使：二死

巽四 東南	離九 正南	坤二 西南
戊辛　開　天芮禽　直符　庚	癸　休　天柱　騰蛇　丙	壬　生　天心　太陰　戊辛
震三 正東	五中	兌七 正西
丙　驚　天英　九天　己	符首：戊	乙　傷　天蓬　六合　癸
艮八 東北	坎一 正北	乾六 西北
庚　死　天輔　九地　丁	己　景　天衝　朱雀　乙	丁　杜　天任　勾陳　壬

陽二局　癸酉時　直符：天芮禽　直使：二死

巽四 東南	離九 正南	坤二 西南
己　杜　天衝　朱雀　庚	庚　景　天輔　九地　丙	丙　死　天英　九天　戊辛
震三 正東	五中	兌七 正西
丁　傷　天任　勾陳　己	符首：戊	戊辛　驚　天芮禽　直符　癸
艮八 東北	坎一 正北	乾六 西北
乙　生　天蓬　六合　丁	壬　休　天心　太陰　乙	癸　開　天柱　騰蛇　壬

陽二局　辛未時　直符：天芮禽　直使：二死

巽四 東南	離九 正南	坤二 西南
庚　景　天輔　九地　庚	丙　死　天英　九天　丙	戊辛　驚　天芮禽　直符　戊辛
震三 正東	五中	兌七 正西
己　杜　天衝　朱雀　己	符首：戊	癸　開　天柱　騰蛇　癸
艮八 東北	坎一 正北	乾六 西北
丁　傷　天任　勾陳　丁	乙　生　天蓬　六合　乙	壬　休　天心　太陰　壬

陽二局　甲戌時　直符：天衝　直使：三傷

巽四 東南	離九 正南	坤二 西南
庚　杜　天輔　騰蛇　庚	丙　景　天英　太陰　丙	戊辛　死　天芮禽　六合　戊辛
震三 正東	五中	兌七 正西
己　傷　天衝　直符　己	符首：己	癸　驚　天柱　勾陳　癸
艮八 東北	坎一 正北	乾六 西北
丁　生　天任　九地　丁	乙　休　天蓬　九天　乙	壬　開　天心　朱雀　壬

陽二局　壬申時　直符：天芮禽　直使：二死

巽四 東南	離九 正南	坤二 西南
丁　休　天任　勾陳　庚	己　生　天衝　朱雀　丙	庚　傷　天輔　九地　戊辛
震三 正東	五中	兌七 正西
乙　開　天蓬　六合　己	符首：戊	丙　杜　天英　九天　癸
艮八 東北	坎一 正北	乾六 西北
壬　驚　天心　太陰　丁	癸　死　天柱　騰蛇　乙	戊辛　景　天芮禽　直符　壬

陽二局　乙亥時　直符：天衝　直使：三傷

巽四 東南	離九 正南	坤二 西南
戊辛　傷　天芮禽　六合　庚	癸　杜　天柱　勾陳　丙	壬　景　天心　朱雀　戊辛
震三 正東	五中	兌七 正西
丙　生　天英　太陰　己	符首：己	乙　死　天蓬　九地　癸
艮八 東北	坎一 正北	乾六 西北
庚　休　天輔　騰蛇　丁	己　開　天衝　直符　乙	丁　驚　天任　九天　壬

乙 庚 日

陽二局　丙子時　直符：天衝　直使：三傷

巽四 東南	離九 正南	坤二 西南
九天　丁　休　天任　庚	直符　己　生　天衝　丙	騰蛇　庚　傷　天輔　戊辛
震三 正東	**五中**	**兌七 正西**
九地　乙　開　天蓬　己	符首：己	太陰　丙　杜　天英　癸
艮八 東北	**坎一 正北**	**乾六 西北**
朱雀　壬　驚　天心　丁	勾陳　癸　死　天柱　乙	六合　戊辛　景　天芮禽　壬

陽二局　己卯時　直符：天衝　直使：三傷

巽四 東南	離九 正南	坤二 西南
騰蛇　庚　景　天輔　庚	太陰　丙　死　天英　丙	六合　戊辛　驚　天芮禽　戊辛
震三 正東	**五中**	**兌七 正西**
直符　己　杜　天衝　己	符首：己	勾陳　癸　開　天柱　癸
艮八 東北	**坎一 正北**	**乾六 西北**
九天　丁　傷　天任　丁	九地　乙　生　天蓬　乙	朱雀　壬　休　天心　壬

陽二局　丁丑時　直符：天衝　直使：三傷

巽四 東南	離九 正南	坤二 西南
太陰　丙　驚　天英　庚	六合　戊辛　開　天芮禽　丙	勾陳　癸　休　天柱　戊辛
震三 正東	**五中**	**兌七 正西**
騰蛇　庚　死　天輔　己	符首：己	朱雀　壬　生　天心　癸
艮八 東北	**坎一 正北**	**乾六 西北**
直符　己　景　天衝　丁	九天　丁　杜　天任　乙	九地　乙　傷　天蓬　壬

陽二局　庚辰時　直符：天衝　直使：三傷

巽四 東南	離九 正南	坤二 西南
直符　己　生　天衝　庚	騰蛇　庚　傷　天輔　丙	太陰　丙　杜　天英　戊辛
震三 正東	**五中**	**兌七 正西**
九天　丁　休　天任　己	符首：己	六合　戊辛　景　天芮禽　癸
艮八 東北	**坎一 正北**	**乾六 西北**
九地　乙　開　天蓬　丁	朱雀　壬　驚　天心　乙	勾陳　癸　死　天柱　壬

陽二局　戊寅時　直符：天衝　直使：三傷

巽四 東南	離九 正南	坤二 西南
九地　乙　開　天蓬　庚	九天　丁　休　天任　丙	直符　己　生　天衝　戊辛
震三 正東	**五中**	**兌七 正西**
朱雀　壬　驚　天心　己	符首：己	騰蛇　庚　傷　天輔　癸
艮八 東北	**坎一 正北**	**乾六 西北**
勾陳　癸　死　天柱　丁	六合　戊辛　景　天芮禽　乙	太陰　丙　杜　天英　壬

陽二局　辛巳時　直符：天衝　直使：三傷

巽四 東南	離九 正南	坤二 西南
九地　乙　死　天蓬　庚	九天　丁　驚　天任　丙	直符　己　開　天衝　戊辛
震三 正東	**五中**	**兌七 正西**
朱雀　壬　景　天心　己	符首：己	騰蛇　庚　休　天輔　癸
艮八 東北	**坎一 正北**	**乾六 西北**
勾陳　癸　杜　天柱　丁	六合　戊辛　傷　天芮禽　乙	太陰　丙　生　天英　壬

乙 庚 日

陽二局　壬午時　直符：天衝　直使：三傷

巽四 東南	離九 正南	坤二 西南
勾陳 休 天柱 庚	朱雀 生 天心 丙	九地 傷 天蓬 戊辛
六合 開 天芮禽 己（震三 正東）	符首：己（五中）	九天 杜 天任 癸（兌七 正西）
太陰 驚 天英 丙（艮八 東北）丁	騰蛇 死 天輔 庚（坎一 正北）乙	直符 景 天衝 己（乾六 西北）壬

陽二局　乙酉時　直符：天輔　直使：四杜

巽四 東南	離九 正南	坤二 西南
六合 生 天柱 庚	勾陳 傷 天心 丙	朱雀 杜 天蓬 戊辛
太陰 休 天芮禽 己（震三 正東）	符首：庚（五中）	九地 景 天任 癸（兌七 正西）
騰蛇 開 天英 丙（艮八 東北）丁	直符 驚 天輔 庚（坎一 正北）乙	九天 死 天衝 己（乾六 西北）壬

陽二局　癸未時　直符：天衝　直使：三傷

巽四 東南	離九 正南	坤二 西南
朱雀 杜 天心 庚	九地 景 天蓬 丙	九天 死 天任 戊辛
勾陳 傷 天柱 己（震三 正東）	符首：己（五中）	直符 驚 天衝 癸（兌七 正西）
六合 生 天芮禽 己（艮八 東北）丁	太陰 休 天英 乙（坎一 正北）	騰蛇 開 天輔 壬（乾六 西北）

陽二局　丙戌時　直符：天輔　直使：四杜

巽四 東南	離九 正南	坤二 西南
九天 開 天衝 己	直符 休 天輔 庚	騰蛇 生 天英 丙
九地 驚 天任 己（震三 正東）	符首：庚（五中）	太陰 傷 天芮禽 癸（兌七 正西）
朱雀 死 天蓬 丁（艮八 東北）	勾陳 景 天心 乙（坎一 正北）	六合 杜 天柱 壬（乾六 西北）

陽二局　甲申時　直符：天輔　直使：四杜

巽四 東南	離九 正南	坤二 西南
直符 杜 天輔 庚	騰蛇 景 天英 丙	太陰 死 天芮禽 戊辛
九天 傷 天衝 己（震三 正東）	符首：庚（五中）	六合 驚 天柱 癸（兌七 正西）
九地 生 天任 丁（艮八 東北）	朱雀 休 天蓬 乙（坎一 正北）	勾陳 開 天心 壬（乾六 西北）

陽二局　丁亥時　直符：天輔　直使：四杜

巽四 東南	離九 正南	坤二 西南
太陰 休 天芮禽 戊辛	六合 生 天柱 庚	勾陳 傷 天心 壬
騰蛇 開 天英 丙（震三 正東）己	符首：庚（五中）	朱雀 杜 天蓬 乙（兌七 正西）癸
直符 驚 天輔 己（艮八 東北）	九天 死 天衝 丁（坎一 正北）乙	九地 景 天任 壬（乾六 西北）

丙辛日

陽二局　戊子時　直符：天輔　直使：四杜

巽四 東南	離九 正南	坤二 西南
丁 死 天任 九地 庚	己 驚 天衝 九天 丙	庚 開 天輔 直符 戊辛
乙 景 天蓬 朱雀 己（震三 正東）	符首：庚（五中）	丙 休 天英 騰蛇 癸（兌七 正西）
壬 杜 天心 勾陳 丁（艮八 東北）	癸 傷 天柱 六合 乙（坎一 正北）	戊辛 生 天芮禽 太陰 壬（乾六 西北）

陽二局　辛卯時　直符：天輔　直使：四杜

巽四 東南	離九 正南	坤二 西南
丁 生 天任 九地 庚	己 傷 天衝 九天 丙	庚 杜 天輔 直符 戊辛
乙 休 天蓬 朱雀 己（震三 正東）	符首：庚（五中）	丙 景 天英 騰蛇 癸（兌七 正西）
壬 開 天心 勾陳 丁（艮八 東北）	癸 驚 天柱 六合 乙（坎一 正北）	戊辛 死 天芮禽 太陰 壬（乾六 西北）

陽二局　己丑時　直符：天輔　直使：四杜

巽四 東南	離九 正南	坤二 西南
丙 傷 天英 騰蛇 庚	戊辛 杜 天芮禽 太陰 丙	癸 景 天柱 六合 戊辛
庚 生 天輔 直符 己（震三 正東）	符首：庚（五中）	壬 死 天心 勾陳 癸（兌七 正西）
己 休 天衝 九天 丁（艮八 東北）	丁 開 天任 九地 乙（坎一 正北）	乙 驚 天蓬 朱雀 壬（乾六 西北）

陽二局　壬辰時　直符：天輔　直使：四杜

巽四 東南	離九 正南	坤二 西南
壬 景 天心 勾陳 庚	乙 死 天蓬 朱雀 丙	丁 驚 天任 九地 戊辛
癸 杜 天柱 六合 己（震三 正東）	符首：庚（五中）	己 開 天衝 九天 癸（兌七 正西）
戊辛 傷 天芮禽 太陰 丁（艮八 東北）	丙 生 天英 騰蛇 乙（坎一 正北）	庚 休 天輔 直符 壬（乾六 西北）

陽二局　庚寅時　直符：天輔　直使：四杜

巽四 東南	離九 正南	坤二 西南
庚 驚 天輔 直符 庚	丙 開 天英 騰蛇 丙	戊辛 休 天芮禽 太陰 戊辛
己 死 天衝 九天 己（震三 正東）	符首：庚（五中）	癸 生 天柱 六合 癸（兌七 正西）
丁 景 天任 九地 丁（艮八 東北）	乙 杜 天蓬 朱雀 乙（坎一 正北）	壬 傷 天心 勾陳 壬（乾六 西北）

陽二局　癸巳時　直符：天輔　直使：四杜

巽四 東南	離九 正南	坤二 西南
乙 杜 天蓬 朱雀 庚	丁 景 天任 九地 丙	己 死 天衝 九天 戊辛
壬 傷 天心 勾陳 己（震三 正東）	符首：庚（五中）	庚 驚 天輔 直符 癸（兌七 正西）
癸 生 天柱 六合 丁（艮八 東北）	戊辛 休 天芮禽 太陰 乙（坎一 正北）	丙 開 天英 騰蛇 壬（乾六 西北）

丙辛日

陽二局　甲午時　直符：天禽芮　直使：五死

巽四東南	離九正南	坤二西南
九地 杜 天輔 庚	九天 景 天英 丙	直符 死 天禽芮 戊辛
朱雀 傷 天衝 己	符首：辛（五中）	騰蛇 驚 天柱 癸
勾陳 生 天任 丁（艮八東北）	六合 休 天蓬 乙（坎一正北）	太陰 開 天心 壬（乾六西北）

陽二局　丁酉時　直符：天禽芮　直使：五死

巽四東南	離九正南	坤二西南
太陰 開 天心 壬	六合 休 天蓬 乙	勾陳 生 天任 丁
騰蛇 驚 天柱 癸	符首：辛（五中）	朱雀 傷 天衝 己
直符 死 天禽芮 戊辛（艮八東北）	九天 景 天英 丙（坎一正北）	九地 杜 天輔 庚（乾六西北）

陽二局　乙未時　直符：天禽芮　直使：五死

巽四東南	離九正南	坤二西南
六合 生 天蓬 庚	勾陳 傷 天任 丙	朱雀 杜 天衝 戊辛
太陰 休 天心 己	符首：辛（五中）	九地 景 天輔 癸
騰蛇 開 天柱 丁（艮八東北）	直符 驚 天禽芮 乙（坎一正北）	九天 死 天英 壬（乾六西北）

陽二局　戊戌時　直符：天禽芮　直使：五死

巽四東南	離九正南	坤二西南
九地 景 天輔 庚	九天 死 天英 丙	直符 驚 天禽芮 戊辛
朱雀 杜 天衝 己	符首：辛（五中）	騰蛇 開 天柱 癸
勾陳 傷 天任 丁（艮八東北）	六合 生 天蓬 乙（坎一正北）	太陰 休 天心 壬（乾六西北）

陽二局　丙申時　直符：天禽芮　直使：五死

巽四東南	離九正南	坤二西南
九天 傷 天英 庚	直符 杜 天禽芮 丙	騰蛇 景 天柱 戊辛
九地 生 天輔 己	符首：辛（五中）	太陰 死 天心 癸
朱雀 休 天衝 己（艮八東北）	勾陳 開 天任 乙（坎一正北）	六合 驚 天蓬 壬（乾六西北）

陽二局　己亥時　直符：天禽芮　直使：五死

巽四東南	離九正南	坤二西南
騰蛇 休 天柱 庚	太陰 生 天心 丙	六合 傷 天蓬 戊辛
直符 開 天禽芮 己	符首：辛（五中）	勾陳 杜 天任 癸
九天 驚 天英 丁（艮八東北）	九地 死 天輔 乙（坎一正北）	朱雀 景 天衝 壬（乾六西北）

22

丁　壬　日

陽二局　庚子時
直符…天禽芮　直使…五死

戊辛　天禽芮 直符　[杜]　庚 巽四　東南	癸　天柱 騰蛇　[景]　丙 離九　正南	壬　天心 太陰　[死]　戊辛 坤二　西南
丙　天英 九天　[傷]　己 震三　正東	符首…辛 五中	乙　天蓬 六合　[驚]　癸 兌七　正西
庚　天輔 九地　[生]　丁 艮八　東北	己　天衝 朱雀　[休]　乙 坎一　正北	丁　天任 勾陳　[開]　壬 乾六　西北

陽二局　癸卯時
直符…天禽芮　直使…五死

己　天衝 朱雀　[杜]　庚 巽四　東南	庚　天輔 九地　[景]　丙 離九　正南	丙　天英 九天　[死]　戊辛 坤二　西南
丁　天任 勾陳　[傷]　己 震三　正東	符首…辛 五中	戊辛　天禽芮 直符　[驚]　癸 兌七　正西
乙　天蓬 六合　[生]　丁 艮八　東北	壬　天心 太陰　[休]　乙 坎一　正北	癸　天柱 騰蛇　[開]　壬 乾六　西北

陽二局　辛丑時
直符…天禽芮　直使…五死

庚　天輔 九地　[驚]　庚 巽四　東南	丙　天英 九天　[開]　丙 離九　正南	戊辛　天禽芮 直符　[休]　戊辛 坤二　西南
己　天衝 朱雀　[死]　己 震三　正東	符首…辛 五中	癸　天柱 騰蛇　[生]　癸 兌七　正西
丁　天任 勾陳　[景]　丁 艮八　東北	乙　天蓬 六合　[杜]　乙 坎一　正北	壬　天心 太陰　[傷]　壬 乾六　西北

陽二局　甲辰時
直符…天心　直使…六開

庚　天輔 勾陳　[杜]　庚 巽四　東南	丙　天英 朱雀　[景]　丙 離九　正南	戊辛　天芮禽 九地　[死]　戊辛 坤二　西南
己　天衝 六合　[傷]　己 震三　正東	符首…壬 五中	癸　天柱 九天　[驚]　癸 兌七　正西
丁　天任 太陰　[生]　丁 艮八　東北	乙　天蓬 騰蛇　[休]　乙 坎一　正北	壬　天心 直符　[開]　壬 乾六　西北

陽二局　壬寅時
直符…天禽芮　直使…五死

丁　天任 勾陳　[死]　庚 巽四　東南	己　天衝 朱雀　[驚]　丙 離九　正南	庚　天輔 九地　[開]　戊辛 坤二　西南
乙　天蓬 六合　[景]　己 震三　正東	符首…辛 五中	丙　天英 九天　[休]　癸 兌七　正西
壬　天心 太陰　[杜]　丁 艮八　東北	癸　天柱 騰蛇　[傷]　乙 坎一　正北	戊辛　天禽芮 直符　[生]　壬 乾六　西北

陽二局　乙巳時
直符…天心　直使…六開

己　天衝 六合　[景]　庚 巽四　東南	庚　天輔 勾陳　[死]　丙 離九　正南	丙　天英 朱雀　[驚]　戊辛 坤二　西南
丁　天任 太陰　[杜]　己 震三　正東	符首…壬 五中	戊辛　天芮禽 九地　[開]　癸 兌七　正西
乙　天蓬 騰蛇　[傷]　丁 艮八　東北	壬　天心 直符　[生]　乙 坎一　正北	癸　天柱 九天　[休]　壬 乾六　西北

23

丁壬日

陽二局　丙午時　直符：天心　直使：六開

巽四 東南	離九 正南	坤二 西南
癸 天柱 九天 [生] 庚	壬 天心 直符 [傷] 丙	乙 天蓬 騰蛇 [杜] 戊辛
震三 正東	**五中**	**兌七 正西**
戊辛 天芮禽 九地 [休] 己	符首：壬	丁 天任 太陰 [景] 癸
艮八 東北	**坎一 正北**	**乾六 西北**
丙 天英 朱雀 [開] 丁	庚 天輔 勾陳 [驚] 乙	己 天衝 六合 [死] 壬

陽二局　己酉時　直符：天心　直使：六開

巽四 東南	離九 正南	坤二 西南
乙 天蓬 騰蛇 [死] 庚	丁 天任 太陰 [驚] 丙	己 天衝 六合 [開] 戊辛
震三 正東	**五中**	**兌七 正西**
壬 天心 直符 [景] 己	符首：壬	庚 天輔 勾陳 [休] 癸
艮八 東北	**坎一 正北**	**乾六 西北**
癸 天柱 九天 [杜] 丁	戊辛 天芮禽 九地 [傷] 乙	丙 天英 朱雀 [生] 壬

陽二局　丁未時　直符：天心　直使：六開

巽四 東南	離九 正南	坤二 西南
丁 天任 太陰 [驚] 庚	己 天衝 六合 [開] 丙	庚 天輔 勾陳 [休] 戊辛
震三 正東	**五中**	**兌七 正西**
乙 天蓬 騰蛇 [死] 己	符首：壬	丙 天英 朱雀 [生] 癸
艮八 東北	**坎一 正北**	**乾六 西北**
壬 天心 直符 [景] 丁	癸 天柱 九天 [杜] 乙	戊辛 天芮禽 九地 [傷] 壬

陽二局　庚戌時　直符：天心　直使：六開

巽四 東南	離九 正南	坤二 西南
壬 天心 直符 [休] 庚	乙 天蓬 騰蛇 [生] 丙	丁 天任 太陰 [傷] 戊辛
震三 正東	**五中**	**兌七 正西**
癸 天柱 九天 [開] 己	符首：壬	己 天衝 六合 [杜] 癸
艮八 東北	**坎一 正北**	**乾六 西北**
戊辛 天芮禽 九地 [驚] 丁	丙 天英 朱雀 [死] 乙	庚 天輔 勾陳 [景] 壬

陽二局　戊申時　直符：天心　直使：六開

巽四 東南	離九 正南	坤二 西南
戊辛 天芮禽 九地 [傷] 庚	癸 天柱 九天 [杜] 丙	壬 天心 直符 [景] 戊辛
震三 正東	**五中**	**兌七 正西**
丙 天英 朱雀 [生] 己	符首：壬	乙 天蓬 騰蛇 [死] 癸
艮八 東北	**坎一 正北**	**乾六 西北**
庚 天輔 勾陳 [休] 丁	己 天衝 六合 [開] 乙	丁 天任 太陰 [驚] 壬

陽二局　辛亥時　直符：天心　直使：六開

巽四 東南	離九 正南	坤二 西南
戊辛 天芮禽 九地 [開] 庚	癸 天柱 九天 [休] 丙	壬 天心 直符 [生] 戊辛
震三 正東	**五中**	**兌七 正西**
丙 天英 朱雀 [驚] 己	符首：壬	乙 天蓬 騰蛇 [傷] 癸
艮八 東北	**坎一 正北**	**乾六 西北**
庚 天輔 勾陳 [死] 丁	己 天衝 六合 [景] 乙	丁 天任 太陰 [杜] 壬

戊癸日

陽二局　壬子時　直符：天心　直使：六開

巽四 東南	離九 正南	坤二 西南
庚 天輔 [死] 勾陳 庚	丙 天英 [驚] 朱雀 丙	戊辛 天芮禽 [開] 九地 戊辛
己 天衝 [景] 六合 己（震三 正東）	符首：壬（五中）	癸 天柱 [休] 九天 癸（兌七 正西）
丁 天任 [杜] 太陰 丁（艮八 東北）	乙 天蓬 [傷] 騰蛇 乙（坎一 正北）	壬 天心 [生] 直符 壬（乾六 西北）

陽二局　乙卯時　直符：天柱　直使：七驚

巽四 東南	離九 正南	坤二 西南
丁 天任 [休] 六合 庚	己 天衝 [生] 勾陳 丙	庚 天輔 [傷] 朱雀 戊辛
乙 天蓬 [開] 太陰 己（震三 正東）	符首：癸（五中）	丙 天英 [杜] 九地 癸（兌七 正西）
壬 天心 [驚] 騰蛇 壬（艮八 東北）	癸 天柱 [死] 直符 丁（坎一 正北）	戊辛 天芮禽 [景] 九天 壬（乾六 西北）

陽二局　癸丑時　直符：天心　直使：六開

巽四 東南	離九 正南	坤二 西南
丙 天英 [杜] 朱雀 庚	戊辛 天芮禽 [景] 九地 丙	癸 天柱 [死] 九天 戊辛
庚 天輔 [傷] 勾陳 己（震三 正東）	符首：壬（五中）	壬 天心 [驚] 直符 癸（兌七 正西）
己 天衝 [生] 六合 丁（艮八 東北）	丁 天任 [休] 太陰 乙（坎一 正北）	乙 天蓬 [開] 騰蛇 壬（乾六 西北）

陽二局　丙辰時　直符：天柱　直使：七驚

巽四 東南	離九 正南	坤二 西南
戊辛 天芮禽 [死] 九天 庚	癸 天柱 [驚] 直符 丙	壬 天心 [開] 騰蛇 戊辛
丙 天英 [景] 九地 己（震三 正東）	符首：癸（五中）	乙 天蓬 [休] 太陰 癸（兌七 正西）
庚 天輔 [杜] 朱雀 丁（艮八 東北）	己 天衝 [傷] 勾陳 乙（坎一 正北）	丁 天任 [生] 六合 壬（乾六 西北）

陽二局　甲寅時　直符：天柱　直使：七驚

巽四 東南	離九 正南	坤二 西南
庚 天輔 [杜] 朱雀 庚	丙 天英 [景] 九地 丙	戊辛 天芮禽 [死] 九天 戊辛
己 天衝 [傷] 勾陳 己（震三 正東）	符首：癸（五中）	癸 天柱 [驚] 直符 癸（兌七 正西）
丁 天任 [生] 六合 丁（艮八 東北）	乙 天蓬 [休] 太陰 乙（坎一 正北）	壬 天心 [開] 騰蛇 壬（乾六 西北）

陽二局　丁巳時　直符：天柱　直使：七驚

巽四 東南	離九 正南	坤二 西南
乙 天蓬 [生] 太陰 庚	丁 天任 [傷] 六合 丙	己 天衝 [杜] 勾陳 戊辛
壬 天心 [休] 騰蛇 己（震三 正東）	符首：癸（五中）	庚 天輔 [景] 朱雀 癸（兌七 正西）
癸 天柱 [開] 直符 丁（艮八 東北）	戊辛 天芮禽 [驚] 九天 乙（坎一 正北）	丙 天英 [死] 九地 壬（乾六 西北）

25

戊癸日

陽二局　戊午時　直符：天柱　直使：七驚

巽四 東南	離九 正南	坤二 西南
丙 九地 景 天英 庚	戊辛 九天 死 天芮禽 丙	癸 直符 驚 天柱 戊辛
庚 朱雀 杜 天輔 己（震三 正東）	符首：癸（五中）	壬 騰蛇 開 天心 癸（兌七 正西）
己 勾陳 傷 天衝 丁（艮八 東北）	丁 六合 生 天任 乙（坎一 正北）	乙 太陰 休 天蓬 壬（乾六 西北）

陽二局　辛酉時　直符：天柱　直使：七驚

巽四 東南	離九 正南	坤二 西南
丙 九地 景 天英 庚	戊辛 九天 死 天芮禽 丙	癸 直符 驚 天柱 戊辛
庚 朱雀 杜 天輔 己（震三 正東）	符首：癸（五中）	壬 騰蛇 開 天心 癸（兌七 正西）
己 勾陳 傷 天衝 丁（艮八 東北）	丁 六合 生 天任 乙（坎一 正北）	乙 太陰 休 天蓬 壬（乾六 西北）

陽二局　己未時　直符：天柱　直使：七驚

巽四 東南	離九 正南	坤二 西南
壬 騰蛇 開 天心 庚	乙 太陰 休 天蓬 丙	丁 六合 生 天任 戊辛
癸 直符 驚 天柱 己（震三 正東）	符首：癸（五中）	己 勾陳 傷 天衝 癸（兌七 正西）
戊辛 九天 死 天芮禽 丁（艮八 東北）	丙 九地 景 天英 乙（坎一 正北）	庚 朱雀 杜 天輔 壬（乾六 西北）

陽二局　壬戌時　直符：天柱　直使：七驚

巽四 東南	離九 正南	坤二 西南
己 勾陳 傷 天衝 庚	庚 朱雀 杜 天輔 丙	丙 九地 景 天英 戊辛
丁 六合 生 天任 己（震三 正東）	符首：癸（五中）	戊辛 九天 死 天芮禽 癸（兌七 正西）
乙 太陰 休 天蓬 丁（艮八 東北）	壬 騰蛇 開 天心 乙（坎一 正北）	癸 直符 驚 天柱 壬（乾六 西北）

陽二局　庚申時　直符：天柱　直使：七驚

巽四 東南	離九 正南	坤二 西南
癸 直符 驚 天柱 庚	壬 騰蛇 開 天心 丙	乙 太陰 休 天蓬 戊辛
戊辛 九天 死 天芮禽 己（震三 正東）	符首：癸（五中）	丁 六合 生 天任 癸（兌七 正西）
丙 九地 景 天英 丁（艮八 東北）	庚 朱雀 杜 天輔 乙（坎一 正北）	己 勾陳 傷 天衝 壬（乾六 西北）

陽二局　癸亥時　直符：天柱　直使：七驚

巽四 東南	離九 正南	坤二 西南
庚 朱雀 杜 天輔 庚	丙 九地 景 天英 丙	戊辛 九天 死 天芮禽 戊辛
己 勾陳 傷 天衝 己（震三 正東）	符首：癸（五中）	癸 直符 驚 天柱 癸（兌七 正西）
丁 六合 生 天任 丁（艮八 東北）	乙 太陰 休 天蓬 乙（坎一 正北）	壬 騰蛇 開 天心 壬（乾六 西北）

遁甲時盤　陽遁三局

- -

甲己日〜戊癸日

甲子時〜癸亥時　六十時盤

甲己日

陽三局　甲子時　直符：天衝　直使：三傷

巽四 東南	離九 正南	坤二 西南
騰蛇 天輔 杜　己／己	太陰 天英 景　丁／丁	六合 天芮禽 死　乙庚／乙庚
震三 正東	五中	兌七 正西
直符 天衝 傷　戊／戊	符首：戊	勾陳 天柱 驚　壬／壬
艮八 東北	坎一 正北	乾六 西北
九天 天任 生　癸／癸	九地 天蓬 休　丙／丙	朱雀 天心 開　辛／辛

陽三局　丁卯時　直符：天衝　直使：三傷

巽四 東南	離九 正南	坤二 西南
九天 天任 驚　癸／己	直符 天衝 開　戊／丁	騰蛇 天輔 休　己／乙庚
震三 正東	五中	兌七 正西
九地 天蓬 死　丙／戊	符首：戊	太陰 天英 生　丁／壬
艮八 東北	坎一 正北	乾六 西北
朱雀 天心 景　辛／癸	勾陳 天柱 杜　壬／丙	六合 天芮禽 傷　乙庚／辛

陽三局　乙丑時　直符：天衝　直使：三傷

巽四 東南	離九 正南	坤二 西南
九地 天蓬 傷　丙／己	九天 天任 杜　癸／丁	直符 天衝 景　戊／乙庚
震三 正東	五中	兌七 正西
朱雀 天心 生　辛／戊	符首：戊	騰蛇 天輔 死　己／壬
艮八 東北	坎一 正北	乾六 西北
勾陳 天柱 休　壬／癸	六合 天芮禽 開　乙庚／丙	太陰 天英 驚　丁／辛

陽三局　戊辰時　直符：天衝　直使：三傷

巽四 東南	離九 正南	坤二 西南
騰蛇 天輔 開　己／己	太陰 天英 休　丁／丁	六合 天芮禽 生　乙庚／乙庚
震三 正東	五中	兌七 正西
直符 天衝 驚　戊／戊	符首：戊	勾陳 天柱 傷　壬／壬
艮八 東北	坎一 正北	乾六 西北
九天 天任 死　癸／癸	九地 天蓬 景　丙／丙	朱雀 天心 杜　辛／辛

陽三局　丙寅時　直符：天衝　直使：三傷

巽四 東南	離九 正南	坤二 西南
六合 天芮禽 休　乙庚／己	勾陳 天柱 生　壬／丁	朱雀 天心 傷　辛／乙庚
震三 正東	五中	兌七 正西
太陰 天英 開　丁／戊	符首：戊	九地 天蓬 杜　丙／壬
艮八 東北	坎一 正北	乾六 西北
騰蛇 天輔 驚　己／癸	直符 天衝 死　戊／丙	九天 天任 景　癸／辛

陽三局　己巳時　直符：天衝　直使：三傷

巽四 東南	離九 正南	坤二 西南
直符 天衝 景　戊／己	騰蛇 天輔 死　己／丁	太陰 天英 驚　丁／乙庚
震三 正東	五中	兌七 正西
九天 天任 杜　癸／戊	符首：戊	六合 天芮禽 開　乙庚／壬
艮八 東北	坎一 正北	乾六 西北
九地 天蓬 傷　丙／癸	朱雀 天心 生　辛／丙	勾陳 天柱 休　壬／辛

甲己日

陽三局　庚午時　直符：天心　直使：三傷

巽四 東南	離九 正南	坤二 西南
丙　天蓬　[生]　九地　己	癸　天任　[傷]　九天　丁	戊　天衝　[杜]　直符　乙庚
辛　天心　[休]　朱雀　戊（震三 正東）	符首：戊（五中）	己　天輔　[景]　騰蛇　壬（兌七 正西）
壬　天柱　[開]　勾陳　癸（艮八 東北）	乙庚　天芮禽　[驚]　六合　丙（坎一 正北）	丁　天英　[死]　太陰　辛（乾六 西北）

陽三局　癸酉時　直符：天衝　直使：三傷

巽四 東南	離九 正南	坤二 西南
丁　天英　[杜]　太陰　己	乙庚　天芮禽　[景]　六合　丁	壬　天柱　[死]　勾陳　乙庚
己　天輔　[傷]　騰蛇　戊（震三 正東）	符首：戊（五中）	辛　天心　[驚]　朱雀　壬（兌七 正西）
戊　天衝　[生]　直符　癸（艮八 東北）	癸　天任　[休]　九天　丙（坎一 正北）	丙　天蓬　[開]　九地　辛（乾六 西北）

陽三局　辛未時　直符：天衝　直使：三傷

巽四 東南	離九 正南	坤二 西南
壬　天柱　[死]　勾陳　己	辛　天心　[驚]　朱雀　丁	丙　天蓬　[開]　九地　乙庚
乙庚　天芮禽　[景]　六合　戊（震三 正東）	符首：戊（五中）	癸　天任　[休]　九天　壬（兌七 正西）
丁　天英　[杜]　太陰　癸（艮八 東北）	己　天輔　[傷]　騰蛇　丙（坎一 正北）	戊　天衝　[生]　直符　辛（乾六 西北）

陽三局　甲戌時　直符：天輔　直使：四杜

巽四 東南	離九 正南	坤二 西南
己　天輔　[杜]　直符　己	丁　天英　[景]　騰蛇　丁	乙庚　天芮禽　[死]　太陰　乙庚
戊　天衝　[傷]　九天　戊（震三 正東）	符首：己（五中）	壬　天柱　[驚]　六合　壬（兌七 正西）
癸　天任　[生]　九地　癸（艮八 東北）	丙　天蓬　[休]　朱雀　丙（坎一 正北）	辛　天心　[開]　勾陳　辛（乾六 西北）

陽三局　壬申時　直符：天衝　直使：三傷

巽四 東南	離九 正南	坤二 西南
辛　天心　[休]　朱雀　己	丙　天蓬　[生]　九地　丁	癸　天任　[傷]　九天　乙庚
壬　天柱　[開]　勾陳　戊（震三 正東）	符首：戊（五中）	戊　天衝　[杜]　直符　壬（兌七 正西）
乙庚　天芮禽　[驚]　六合　癸（艮八 東北）	丁　天英　[死]　太陰　丙（坎一 正北）	己　天輔　[景]　騰蛇　辛（乾六 西北）

陽三局　乙亥時　直符：天輔　直使：四杜

巽四 東南	離九 正南	坤二 西南
癸　天任　[生]　九地　己	戊　天衝　[傷]　九天　丁	己　天輔　[杜]　直符　乙庚
丙　天蓬　[休]　朱雀　戊（震三 正東）	符首：己（五中）	丁　天英　[景]　騰蛇　壬（兌七 正西）
辛　天心　[開]　勾陳　癸（艮八 東北）	壬　天柱　[驚]　六合　丙（坎一 正北）	乙庚　天芮禽　[死]　太陰　辛（乾六 西北）

乙 庚 日

陽三局　丙子時　直符：天輔　直使：四杜

巽四 東南	離九 正南	坤二 西南
壬 [開] 天柱　六合　己	辛 [休] 天心　勾陳　丁	丙 [生] 天蓬　朱雀　乙庚
乙庚 [驚] 天芮禽　太陰　戊（震三 正東）	符首：己（五中）	癸 [傷] 天任　九地　壬（兑七 正西）
丁 [死] 天英　騰蛇　癸（艮八 東北）	己 [景] 天輔　直符　丙（坎一 正北）	戊 [杜] 天衝　九天　辛（乾六 西北）

陽三局　己卯時　直符：天輔　直使：四杜

巽四 東南	離九 正南	坤二 西南
己 [傷] 天輔　直符　己	丁 [杜] 天英　騰蛇　丁	乙庚 [景] 天芮禽　太陰　乙庚
戊 [生] 天衝　九天　戊（震三 正東）	符首：己（五中）	壬 [死] 天柱　六合　壬（兑七 正西）
癸 [休] 天任　九地　癸（艮八 東北）	丙 [開] 天蓬　朱雀　丙（坎一 正北）	辛 [驚] 天心　勾陳　辛（乾六 西北）

陽三局　丁丑時　直符：天輔　直使：四杜

巽四 東南	離九 正南	坤二 西南
戊 [休] 天衝　九天　己	己 [生] 天輔　直符　丁	丁 [傷] 天英　騰蛇　乙庚
癸 [開] 天任　九地　戊（震三 正東）	符首：己（五中）	乙庚 [杜] 天芮禽　太陰　壬（兑七 正西）
丙 [驚] 天蓬　朱雀　癸（艮八 東北）	辛 [死] 天心　勾陳　丙（坎一 正北）	壬 [景] 天柱　六合　辛（乾六 西北）

陽三局　庚辰時　直符：天輔　直使：四杜

巽四 東南	離九 正南	坤二 西南
癸 [驚] 天任　九地　己	戊 [開] 天衝　九天　丁	己 [休] 天輔　直符　乙庚
丙 [死] 天蓬　朱雀　戊（震三 正東）	符首：己（五中）	丁 [生] 天英　騰蛇　壬（兑七 正西）
辛 [景] 天心　勾陳　癸（艮八 東北）	壬 [杜] 天柱　六合　丙（坎一 正北）	乙庚 [傷] 天芮禽　太陰　辛（乾六 西北）

陽三局　戊寅時　直符：天輔　直使：四杜

巽四 東南	離九 正南	坤二 西南
丁 [死] 天英　騰蛇　己	乙庚 [驚] 天芮禽　太陰　丁	壬 [開] 天柱　六合　乙庚
己 [景] 天輔　直符　戊（震三 正東）	符首：己（五中）	辛 [休] 天心　勾陳　壬（兑七 正西）
戊 [杜] 天衝　九天　癸（艮八 東北）	癸 [傷] 天任　九地　丙（坎一 正北）	丙 [生] 天蓬　朱雀　辛（乾六 西北）

陽三局　辛巳時　直符：天輔　直使：四杜

巽四 東南	離九 正南	坤二 西南
辛 [生] 天心　勾陳　己	丙 [傷] 天蓬　朱雀　丁	癸 [杜] 天任　九地　乙庚
壬 [休] 天柱　六合　戊（震三 正東）	符首：己（五中）	戊 [景] 天衝　九天　壬（兑七 正西）
乙庚 [開] 天芮禽　太陰　癸（艮八 東北）	丁 [驚] 天英　騰蛇　丙（坎一 正北）	己 [死] 天輔　直符　辛（乾六 西北）

乙　庚　日

陽三局　壬午時　直符：天輔　直使：四杜

巽四 東南	離九 正南	坤二 西南
丙 [景] 天蓬　朱雀　己	癸 [死] 天任　九地　丁	戊 [驚] 天衝　九天　乙庚
震三 正東	五中	兌七 正西
辛 [杜] 天心　勾陳　戊	符首：己	己 [開] 天輔　直符　壬
艮八 東北	坎一 正北	乾六 西北
壬 [傷] 天柱　六合　癸	乙庚 [生] 天芮禽　太陰　丙	丁 [休] 天英　騰蛇　辛

陽三局　乙酉時　直符：天芮　直使：五死

巽四 東南	離九 正南	坤二 西南
己 [生] 天輔　九地　己	丁 [傷] 天英　九天　丁	乙庚 [杜] 天禽芮　直符　乙庚
震三 正東	五中	兌七 正西
戊 [休] 天衝　朱雀　戊	符首：庚	壬 [景] 天柱　騰蛇　壬
艮八 東北	坎一 正北	乾六 西北
癸 [開] 天任　六合　癸	丙 [驚] 天蓬　勾陳　丙	辛 [死] 天心　太陰　辛

陽三局　癸未時　直符：天輔　直使：四杜

巽四 東南	離九 正南	坤二 西南
乙庚 [杜] 天芮禽　太陰　己	壬 [景] 天柱　六合　丁	辛 [死] 天心　勾陳　乙庚
震三 正東	五中	兌七 正西
丁 [傷] 天英　騰蛇　戊	符首：己	丙 [驚] 天蓬　朱雀　壬
艮八 東北	坎一 正北	乾六 西北
己 [生] 天輔　直符　癸	戊 [休] 天衝　九天　丙	癸 [開] 天任　九地　辛

陽三局　丙戌時　直符：天禽芮　直使：五死

巽四 東南	離九 正南	坤二 西南
丙 [傷] 天蓬　六合　己	癸 [杜] 天任　勾陳　丁	戊 [景] 天衝　朱雀　乙庚
震三 正東	五中	兌七 正西
辛 [生] 天心　太陰　戊	符首：庚	己 [死] 天輔　九地　壬
艮八 東北	坎一 正北	乾六 西北
壬 [休] 天柱　騰蛇　癸	乙庚 [開] 天禽芮　直符　丙	丁 [驚] 天英　九天　辛

陽三局　甲申時　直符：天禽芮　直使：五死

巽四 東南	離九 正南	坤二 西南
己 [杜] 天輔　九地　己	丁 [景] 天英　九天　丁	乙庚 [死] 天禽芮　直符　乙庚
震三 正東	五中	兌七 正西
戊 [傷] 天衝　朱雀　戊	符首：庚	壬 [驚] 天柱　騰蛇　壬
艮八 東北	坎一 正北	乾六 西北
癸 [生] 天任　勾陳　癸	丙 [休] 天蓬　六合　丙	辛 [開] 天心　太陰　辛

陽三局　丁亥時　直符：天禽芮　直使：五死

巽四 東南	離九 正南	坤二 西南
丁 [開] 天英　九天　己	乙庚 [休] 天禽芮　直符　丁	壬 [生] 天柱　騰蛇　乙庚
震三 正東	五中	兌七 正西
己 [驚] 天輔　九地　戊	符首：庚	辛 [傷] 天心　太陰　壬
艮八 東北	坎一 正北	乾六 西北
戊 [死] 天衝　朱雀　癸	癸 [景] 天任　勾陳　丙	丙 [杜] 天蓬　六合　辛

丙　辛　日

陽三局　戊子時　直符：天禽芮　直使：五死

巽四 東南	離九 正南	坤二 西南
壬　天柱 騰蛇　景　己	辛　天心 太陰　死　丁	丙　天蓬 六合　驚　乙庚
震三 正東	五中	兌七 正西（符首：庚）
乙庚　天禽芮 直符　杜　戊	庚	癸　天任 勾陳　開　壬
艮八 東北	坎一 正北	乾六 西北
丁　天英 九天　傷　癸	己　天輔 九地　生　丙	戊　天衝 朱雀　休　辛

陽三局　辛卯時　直符：天禽芮　直使：五死

巽四 東南	離九 正南	坤二 西南
癸　天任 勾陳　驚　己	戊　天衝 朱雀　開　丁	己　天輔 九地　休　乙庚
震三 正東	五中	兌七 正西（符首：庚）
丙　天蓬 六合　死　戊	庚	丁　天英 九天　生　壬
艮八 東北	坎一 正北	乾六 西北
辛　天心 太陰　景　癸	壬　天柱 騰蛇　杜　丙	乙庚　天禽芮 直符　傷　辛

陽三局　己丑時　直符：天禽芮　直使：五死

巽四 東南	離九 正南	坤二 西南
乙庚　天禽芮 直符　休　己	壬　天柱 騰蛇　生　丁	辛　天心 太陰　傷　乙庚
震三 正東	五中	兌七 正西（符首：庚）
丁　天英 九天　開　戊	庚	丙　天蓬 六合　杜　壬
艮八 東北	坎一 正北	乾六 西北
己　天輔 九地　驚　癸	戊　天衝 朱雀　死　丙	癸　天任 勾陳　景　辛

陽三局　壬辰時　直符：天禽芮　直使：五死

巽四 東南	離九 正南	坤二 西南
戊　天衝 朱雀　死　己	己　天輔 九地　驚　丁	丁　天英 九天　開　乙庚
震三 正東	五中	兌七 正西（符首：庚）
癸　天任 勾陳　景　戊	庚	乙庚　天禽芮 直符　休　壬
艮八 東北	坎一 正北	乾六 西北
丙　天蓬 六合　杜　癸	辛　天心 太陰　傷　丙	壬　天柱 騰蛇　生　辛

陽三局　庚寅時　直符：天禽芮　直使：五死

巽四 東南	離九 正南	坤二 西南
己　天輔 九地　杜　己	丁　天英 九天　景　丁	乙庚　天禽芮 直符　死　乙庚
震三 正東	五中	兌七 正西（符首：庚）
戊　天衝 朱雀　傷　戊	庚	壬　天柱 騰蛇　驚　壬
艮八 東北	坎一 正北	乾六 西北
癸　天任 勾陳　生　癸	丙　天蓬 六合　休　丙	辛　天心 太陰　開　辛

陽三局　癸巳時　直符：天禽芮　直使：五死

巽四 東南	離九 正南	坤二 西南
辛　天心 太陰　杜　己	丙　天蓬 六合　景　丁	癸　天任 勾陳　死　乙庚
震三 正東	五中	兌七 正西（符首：庚）
壬　天柱 騰蛇　傷　戊	庚	戊　天衝 朱雀　驚　壬
艮八 東北	坎一 正北	乾六 西北
乙庚　天禽芮 直符　生　癸	丁　天英 九天　休　丙	己　天輔 九地　開　辛

丙 辛 日

陽三局　甲午時　直符：天心　直使：六開

巽四 東南	離九 正南	坤二 西南
勾陳　杜　天輔　己	朱雀　景　天英　丁	九地　死　天芮禽　乙庚
六合　傷　天衝　戊（震三 正東）	符首：辛（五中）	九天　驚　天柱　壬（兌七 正西）
太陰　生　天任　癸（艮八 東北）	騰蛇　休　天蓬　丙（坎一 正北）	直符　開　天心　辛（乾六 西北）

陽三局　丁酉時　直符：天心　直使：六開

巽四 東南	離九 正南	坤二 西南
九天　驚　天柱　己	直符　開　天心　丁	騰蛇　休　天蓬　乙庚
九地　死　天芮禽　戊（震三 正東）	符首：辛（五中）	太陰　生　天任　壬（兌七 正西）
朱雀　景　天英　癸（艮八 東北）	勾陳　杜　天輔　丙（坎一 正北）	六合　傷　天衝　辛（乾六 西北）

陽三局　乙未時　直符：天心　直使：六開

巽四 東南	離九 正南	坤二 西南
九地　景　天芮禽　己	九天　死　天柱　丁	直符　驚　天心　乙庚
朱雀　杜　天英　戊（震三 正東）	符首：辛（五中）	騰蛇　開　天蓬　壬（兌七 正西）
勾陳　傷　天輔　癸（艮八 東北）	六合　生　天衝　丙（坎一 正北）	太陰　休　天任　辛（乾六 西北）

陽三局　戊戌時　直符：天心　直使：六開

巽四 東南	離九 正南	坤二 西南
騰蛇　傷　天蓬　己	太陰　杜　天任　丁	六合　景　天衝　乙庚
直符　生　天心　戊（震三 正東）	符首：辛（五中）	勾陳　死　天輔　壬（兌七 正西）
九天　休　天柱　癸（艮八 東北）	九地　開　天芮禽　丙（坎一 正北）	朱雀　驚　天英　辛（乾六 西北）

陽三局　丙申時　直符：天心　直使：六開

巽四 東南	離九 正南	坤二 西南
六合　生　天衝　己	勾陳　傷　天輔　丁	朱雀　杜　天英　乙庚
太陰　休　天任　戊（震三 正東）	符首：辛（五中）	九地　景　天芮禽　壬（兌七 正西）
騰蛇　開　天蓬　癸（艮八 東北）	直符　驚　天心　丙（坎一 正北）	九天　死　天柱　辛（乾六 西北）

陽三局　己亥時　直符：天心　直使：六開

巽四 東南	離九 正南	坤二 西南
直符　死　天心　己	騰蛇　驚　天蓬　丁	太陰　開　天任　乙庚
九天　景　天柱　戊（震三 正東）	符首：辛（五中）	六合　休　天衝　壬（兌七 正西）
九地　杜　天芮禽　癸（艮八 東北）	朱雀　傷　天英　丙（坎一 正北）	勾陳　生　天輔　辛（乾六 西北）

34

丁 壬 日

陽三局　庚子時　直符：天心　直使：六開

巽四 東南	離九 正南	坤二 西南
乙庚 九地 休 天芮禽 己	壬 九天 生 天柱 丁	辛 直符 傷 天心 乙庚
丁 朱雀 開 天英 戊	符首：辛 五中	丙 騰蛇 杜 天蓬 壬
己 勾陳 驚 天輔 癸 艮八 東北	戊 六合 死 天衝 丙 坎一 正北	癸 太陰 景 天任 辛 乾六 西北

陽三局　癸卯時　直符：天心　直使：六開

巽四 東南	離九 正南	坤二 西南
癸 太陰 杜 天任 己	戊 六合 景 天衝 丁	己 勾陳 死 天輔 乙庚
丙 騰蛇 傷 天蓬 戊	符首：辛 五中	丁 朱雀 驚 天英 壬
辛 直符 生 天心 癸 艮八 東北	壬 九天 休 天柱 丙 坎一 正北	乙庚 九地 開 天芮禽 辛 乾六 西北

陽三局　辛丑時　直符：天心　直使：六開

巽四 東南	離九 正南	坤二 西南
己 勾陳 開 天輔 己	丁 朱雀 休 天英 丁	乙庚 九地 生 天芮禽 乙庚
戊 六合 驚 天衝 戊	符首：辛 五中	壬 九天 傷 天柱 壬
癸 太陰 死 天任 癸 艮八 東北	丙 騰蛇 景 天蓬 丙 坎一 正北	辛 直符 杜 天心 辛 乾六 西北

陽三局　甲辰時　直使：七驚

巽四 東南	離九 正南	坤二 西南
己 朱雀 杜 天輔 己	丁 九地 景 天英 丁	乙庚 九天 死 天芮禽 乙庚
戊 勾陳 傷 天衝 戊	符首：壬 五中	壬 直符 驚 天柱 壬
癸 六合 生 天任 癸 艮八 東北	丙 太陰 休 天蓬 丙 坎一 正北	辛 騰蛇 開 天心 辛 乾六 西北

陽三局　壬寅時　直符：天心　直使：六開

巽四 東南	離九 正南	坤二 西南
丁 朱雀 死 天英 己	乙庚 九地 驚 天芮禽 丁	壬 九天 開 天柱 乙庚
己 勾陳 景 天輔 戊	符首：辛 五中	辛 直符 休 天心 壬
戊 六合 杜 天衝 癸 艮八 東北	癸 太陰 傷 天任 丙 坎一 正北	丙 騰蛇 生 天蓬 辛 乾六 西北

陽三局　乙巳時　直符：天柱　直使：七驚

巽四 東南	離九 正南	坤二 西南
丁 九地 休 天英 己	乙庚 九天 生 天芮禽 丁	壬 直符 傷 天柱 乙庚
己 朱雀 開 天輔 戊	符首：壬 五中	辛 騰蛇 杜 天心 壬
戊 勾陳 驚 天衝 癸 艮八 東北	癸 六合 死 天任 丙 坎一 正北	丙 太陰 景 天蓬 辛 乾六 西北

丁壬日

陽三局　丙午時　直符：天柱　直使：七驚

巽四 東南	離九 正南	坤二 西南
六合　死　癸 天任　己	勾陳　驚　戊 天衝　丁	朱雀　開　己 天輔　乙庚
震三 正東　太陰　景　丙 天蓬　戊	**五中**　符首：壬	**兌七 正西**　九地　休　丁 天英　壬
艮八 東北　騰蛇　杜　辛 天柱　癸	坎一 正北　直符　傷　壬 天心　丙	乾六 西北　九天　生　乙庚 天芮禽　辛

陽三局　己酉時　直符：天柱　直使：七驚

巽四 東南	離九 正南	坤二 西南
直符　開　壬 天柱　己	騰蛇　休　辛 天心　丁	太陰　生　丙 天蓬　乙庚
震三 正東　九天　驚　乙庚 天芮禽　戊	**五中**　符首：壬	**兌七 正西**　六合　傷　癸 天任　壬
艮八 東北　九地　死　丁 天英　癸	坎一 正北　朱雀　景　己 天輔　丙	乾六 西北　勾陳　杜　戊 天衝　辛

陽三局　丁未時　直符：天柱　直使：七驚

巽四 東南	離九 正南	坤二 西南
九天　生　乙庚 天芮禽　己	直符　傷　壬 天柱　丁	騰蛇　杜　辛 天心　乙庚
震三 正東　九地　休　丁 天英　戊	**五中**　符首：壬	**兌七 正西**　太陰　景　丙 天蓬　壬
艮八 東北　朱雀　開　己 天輔　癸	坎一 正北　勾陳　驚　戊 天衝　丙	乾六 西北　六合　死　癸 天任　辛

陽三局　庚戌時　直符：天柱　直使：七驚

巽四 東南	離九 正南	坤二 西南
九地　驚　丁 天英　己	九天　開　乙庚 天芮禽　丁	直符　休　壬 天柱　乙庚
震三 正東　朱雀　死　己 天輔　戊	**五中**　符首：壬	**兌七 正西**　騰蛇　生　辛 天心　壬
艮八 東北　勾陳　景　戊 天衝　癸	坎一 正北　六合　杜　癸 天任　丙	乾六 西北　太陰　傷　丙 天蓬　辛

陽三局　戊申時　直符：天柱　直使：七驚

巽四 東南	離九 正南	坤二 西南
騰蛇　景　辛 天心　己	太陰　死　丙 天蓬　丁	六合　驚　癸 天任　乙庚
震三 正東　直符　杜　壬 天柱　戊	**五中**　符首：壬	**兌七 正西**　勾陳　開　戊 天衝　壬
艮八 東北　九天　傷　乙庚 天芮禽　癸	坎一 正北　九地　生　丁 天英　丙	乾六 西北　朱雀　休　己 天輔　辛

陽三局　辛亥時　直符：天柱　直使：七驚

巽四 東南	離九 正南	坤二 西南
勾陳　景　戊 天衝　己	朱雀　死　己 天輔　丁	九地　驚　丁 天英　乙庚
震三 正東　六合　杜　癸 天任　戊	**五中**　符首：壬	**兌七 正西**　九天　開　乙庚 天芮禽　壬
艮八 東北　太陰　傷　丙 天蓬　癸	坎一 正北　騰蛇　生　辛 天心　丙	乾六 西北　直符　休　壬 天柱　辛

戊 癸 日

陽三局　壬子時　直符：七　直使：天柱驚

巽四 東南	離九 正南	坤二 西南
朱雀 己 傷 天輔 己	九地 丁 杜 天英 丁	九天 乙庚 景 天芮禽 乙庚
勾陳 戊 生 天衝 戊	五中 符首：壬	直符 壬 死 天柱 壬
六合 癸 休 天任 癸	太陰 丙 開 天蓬 丙	騰蛇 辛 驚 天心 辛
艮八 東北	坎一 正北	乾六 西北

陽三局　乙卯時　直符：八　直使：天任生

巽四 東南	離九 正南	坤二 西南
九地 辛 休 天心 己	九天 丙 生 天蓬 丁	直符 癸 傷 天任 乙庚
朱雀 壬 開 天柱 戊	五中 符首：癸	騰蛇 戊 杜 天衝 壬
勾陳 乙庚 驚 天芮禽 癸	六合 丁 死 天英 丙	太陰 己 景 天輔 辛
艮八 東北	坎一 正北	乾六 西北

陽三局　癸丑時　直符：七　直使：天柱驚

巽四 東南	離九 正南	坤二 西南
太陰 丙 杜 天蓬 己	六合 癸 景 天任 丁	勾陳 戊 死 天衝 乙庚
騰蛇 辛 傷 天心 戊	五中 符首：壬	朱雀 己 驚 天輔 壬
直符 壬 生 天柱 癸	九天 乙庚 休 天芮禽 丙	九地 丁 開 天英 辛
艮八 東北	坎一 正北	乾六 西北

陽三局　丙辰時　直符：八　直使：天任生

巽四 東南	離九 正南	坤二 西南
六合 丁 景 天英 己	勾陳 乙庚 死 天芮禽 丁	朱雀 壬 驚 天柱 乙庚
太陰 己 杜 天輔 戊	五中 符首：癸	九地 辛 開 天心 壬
騰蛇 戊 傷 天衝 癸	直符 癸 生 天任 丙	九天 丙 休 天蓬 辛
艮八 東北	坎一 正北	乾六 西北

陽三局　甲寅時　直符：八　直使：天任生

巽四 東南	離九 正南	坤二 西南
太陰 己 杜 天輔 己	六合 丁 景 天英 丁	勾陳 乙庚 死 天芮禽 乙庚
騰蛇 戊 傷 天衝 戊	五中 符首：癸	朱雀 壬 驚 天柱 壬
直符 癸 生 天任 癸	九天 丙 休 天蓬 丙	九地 辛 開 天心 辛
艮八 東北	坎一 正北	乾六 西北

陽三局　丁巳時　直符：八　直使：天任生

巽四 東南	離九 正南	坤二 西南
九天 丙 開 天蓬 己	直符 癸 休 天任 丁	騰蛇 戊 生 天衝 乙庚
九地 辛 驚 天心 戊	五中 符首：癸	太陰 己 傷 天輔 壬
朱雀 壬 死 天柱 癸	勾陳 乙庚 景 天芮禽 丙	六合 丁 杜 天英 辛
艮八 東北	坎一 正北	乾六 西北

戊癸日

陽三局　戊午時　直符：天任　直使：八生

巽四 東南	離九 正南	坤二 西南
戊　騰蛇　傷　天衝　己	己　太陰　杜　天輔　丁	丁　六合　景　天英　乙庚
癸　直符　生　天任　戊	五中　符首：癸	乙庚　勾陳　死　天芮禽　壬
丙　九天　休　天蓬　癸	辛　九地　開　天心　丙	壬　朱雀　驚　天柱　辛
艮八 東北	坎一 正北	乾六 西北

陽三局　辛酉時　直符：天任　直使：八生

巽四 東南	離九 正南	坤二 西南
乙庚　勾陳　死　天芮禽　己	壬　朱雀　驚　天柱　丁	辛　九地　開　天心　乙庚
丁　六合　景　天英　戊	五中　符首：癸	丙　九天　休　天蓬　壬
己　太陰　杜　天輔　癸	戊　騰蛇　傷　天衝　丙	癸　直符　生　天任　辛
艮八 東北	坎一 正北	乾六 西北

陽三局　己未時　直符：天任　直使：八生

巽四 東南	離九 正南	坤二 西南
癸　直符　生　天任　己	戊　騰蛇　傷　天衝　丁	己　太陰　杜　天輔　乙庚
丙　九天　休　天蓬　戊	五中　符首：癸	丁　六合　景　天英　壬
辛　九地　開　天心　癸	壬　朱雀　驚　天柱　丙	乙庚　勾陳　死　天芮禽　辛
艮八 東北	坎一 正北	乾六 西北

陽三局　壬戌時　直符：天任　直使：八生

巽四 東南	離九 正南	坤二 西南
壬　朱雀　驚　天柱　己	辛　九地　開　天心　丁	丙　九天　休　天蓬　乙庚
乙庚　勾陳　死　天芮禽　戊	五中　符首：癸	癸　直符　生　天任　壬
丁　六合　景　天英　癸	己　太陰　杜　天輔　丙	戊　騰蛇　傷　天衝　辛
艮八 東北	坎一 正北	乾六 西北

陽三局　庚申時　直符：天任　直使：八生

巽四 東南	離九 正南	坤二 西南
辛　九地　開　天心　己	丙　九天　休　天蓬　丁	癸　直符　生　天任　乙庚
壬　朱雀　驚　天柱　戊	五中　符首：癸	戊　騰蛇　傷　天衝　壬
乙庚　勾陳　死　天芮禽　癸	丁　六合　景　天英　丙	己　太陰　杜　天輔　辛
艮八 東北	坎一 正北	乾六 西北

陽三局　癸亥時　直符：天任　直使：八生

巽四 東南	離九 正南	坤二 西南
己　太陰　杜　天輔　己	丁　六合　景　天英　丁	乙庚　勾陳　死　天芮禽　乙庚
戊　騰蛇　傷　天衝　戊	五中　符首：癸	壬　朱雀　驚　天柱　壬
癸　直符　生　天任　癸	丙　九天　休　天蓬　丙	辛　九地　開　天心　辛
艮八 東北	坎一 正北	乾六 西北

遁甲時盤　陽遁四局

甲己日〜戊癸日

甲子時〜癸亥時　六十時盤

甲己日

陽四局　甲子時
直符：天輔　直使：四杜

巽四 東南	離九 正南	坤二 西南
戊　直符　杜　天輔	癸　騰蛇　景　天英	丙己　太陰　死　天芮禽
震三 正東	五中	兌七 正西
乙　九天　傷　天衝	符首：戊	辛　六合　驚　天柱
艮八 東北	坎一 正北	乾六 西北
壬　九地　生　天任	丁　朱雀　休　天蓬	庚　勾陳　開　天心

陽四局　丁卯時
直符：天輔　直使：四杜

巽四 東南	離九 正南	坤二 西南
辛　六合　休　天柱	庚　勾陳　生　天心	丁　朱雀　傷　天蓬
震三 正東	五中	兌七 正西
丙己　太陰　開　天芮禽	符首：戊	壬　九地　杜　天任
艮八 東北	坎一 正北	乾六 西北
癸　騰蛇　驚　天英	戊　直符　死　天輔	乙　九天　景　天衝

陽四局　乙丑時
直符：天輔　直使：四杜

巽四 東南	離九 正南	坤二 西南
癸　騰蛇　生　天英	丙己　太陰　傷　天芮禽	辛　六合　杜　天柱
震三 正東	五中	兌七 正西
戊　直符　休　天輔	符首：戊	庚　勾陳　景　天心
艮八 東北	坎一 正北	乾六 西北
乙　九天　開　天衝	壬　九地　驚　天任	丁　朱雀　死　天蓬

陽四局　戊辰時
直符：天輔　直使：四杜

巽四 東南	離九 正南	坤二 西南
戊　直符　死　天輔	癸　騰蛇　驚　天英	丙己　太陰　開　天芮禽
震三 正東	五中	兌七 正西
乙　九天　景　天衝	符首：戊	辛　六合　休　天柱
艮八 東北	坎一 正北	乾六 西北
壬　九地　杜　天任	丁　朱雀　傷　天蓬	庚　勾陳　生　天心

陽四局　丙寅時
直符：天輔　直使：四杜

巽四 東南	離九 正南	坤二 西南
壬　九地　開　天任	乙　九天　休　天衝	戊　直符　生　天輔
震三 正東	五中	兌七 正西
丁　朱雀　驚　天蓬	符首：戊	癸　騰蛇　傷　天英
艮八 東北	坎一 正北	乾六 西北
庚　勾陳　死　天心	辛　六合　景　天柱	丙己　太陰　杜　天芮禽

陽四局　己巳時
直符：天輔　直使：四杜

巽四 東南	離九 正南	坤二 西南
壬　九地　傷　天任	乙　九天　杜　天衝	戊　直符　景　天輔
震三 正東	五中	兌七 正西
丁　朱雀　生　天蓬	符首：戊	癸　騰蛇　死　天英
艮八 東北	坎一 正北	乾六 西北
庚　勾陳　休　天心	辛　六合　開　天柱	丙己　太陰　驚　天芮禽

陽四局　庚午時　直符：天輔　直使：四杜

巽四 東南	離九 正南	坤二 西南
勾陳　庚　天心　【驚】　戊	朱雀　丁　天蓬　【開】　癸	九地　壬　天任　【休】　丙己
震三 正東　六合　辛　天柱　【死】　乙	**五中**　符首：戊	**兌七 正西**　九天　乙　天衝　【生】　辛
艮八 東北　太陰　丙己　天芮禽　【景】　壬	**坎一 正北**　騰蛇　癸　天英　【杜】　丁	**乾六 西北**　直符　戊　天輔　【傷】　庚

陽四局　癸酉時　直符：天輔　直使：四杜

巽四 東南	離九 正南	坤二 西南
九天　乙　天衝　【杜】　戊	直符　戊　天輔　【景】　癸	騰蛇　癸　天英　【死】　丙己
震三 正東　九地　壬　天任　【傷】　乙	**五中**　符首：戊	**兌七 正西**　太陰　丙己　天芮禽　【驚】　辛
艮八 東北　朱雀　丁　天蓬　【生】　壬	**坎一 正北**　勾陳　庚　天心　【休】　丁	**乾六 西北**　六合　辛　天柱　【開】　庚

陽四局　辛未時　直符：天輔　直使：四杜

巽四 東南	離九 正南	坤二 西南
朱雀　丁　天蓬　【生】　戊	九地　壬　天任　【傷】　癸	九天　乙　天衝　【杜】　丙己
震三 正東　勾陳　庚　天心　【休】　乙	**五中**　符首：戊	**兌七 正西**　直符　戊　天輔　【景】　辛
艮八 東北　六合　辛　天柱　【開】　壬	**坎一 正北**　太陰　丙己　天芮禽　【驚】　丁	**乾六 西北**　騰蛇　癸　天英　【死】　庚

陽四局　甲戌時　直符：天禽芮　直使：五死

巽四 東南	離九 正南	坤二 西南
九地　戊　天輔　【杜】　戊	九天　癸　天英　【景】　癸	直符　丙己　天禽芮　【死】　丙己
震三 正東　朱雀　乙　天衝　【傷】　乙	**五中**　符首：己	**兌七 正西**　騰蛇　辛　天柱　【驚】　辛
艮八 東北　勾陳　壬　天任　【生】　壬	**坎一 正北**　六合　丁　天蓬　【休】　丁	**乾六 西北**　太陰　庚　天心　【開】　庚

陽四局　壬申時　直符：天輔　直使：四杜

巽四 東南	離九 正南	坤二 西南
太陰　丙己　天芮禽　【景】　戊	六合　辛　天柱　【死】　癸	勾陳　庚　天心　【驚】　丙己
震三 正東　騰蛇　癸　天英　【杜】　乙	**五中**　符首：戊	**兌七 正西**　朱雀　丁　天蓬　【開】　辛
艮八 東北　直符　戊　天輔　【傷】　壬	**坎一 正北**　九天　乙　天衝　【生】　丁	**乾六 西北**　九地　壬　天任　【休】　庚

陽四局　乙亥時　直符：天禽芮　直使：五死

巽四 東南	離九 正南	坤二 西南
騰蛇　辛　天柱　【生】　戊	太陰　庚　天心　【傷】　癸	六合　丁　天蓬　【杜】　丙己
震三 正東　直符　丙己　天禽芮　【休】　乙	**五中**　符首：己	**兌七 正西**　勾陳　壬　天任　【景】　辛
艮八 東北　九地　癸　天英　【開】　壬	**坎一 正北**　九天　戊　天輔　【驚】　丁	**乾六 西北**　朱雀　乙　天衝　【死】　庚

乙庚日

陽四局　丙子時
直符：天禽芮　直使：五死

巽四 東南	離九 正南	坤二 西南
戊　天輔 九地　傷　戊	癸　天英 九天　杜　癸	丙己　天禽芮 直符　景　丙己
乙　天衝 朱雀　生　乙	符首：己 五中	辛　天柱 騰蛇　死　辛
壬　天任 勾陳　休　壬	丁　天蓬 六合　開　丁	庚　天心 太陰　驚　庚
艮八 東北	坎一 正北	乾六 西北

陽四局　己卯時
直符：天禽芮　直使：五死

巽四 東南	離九 正南	坤二 西南
戊　天輔 九地　休　戊	癸　天英 九天　生　癸	丙己　天禽芮 直符　傷　丙己
乙　天衝 朱雀　開　乙	符首：己 五中	辛　天柱 騰蛇　杜　辛
壬　天任 勾陳　驚　壬	丁　天蓬 六合　死　丁	庚　天心 太陰　景　庚
艮八 東北	坎一 正北	乾六 西北

陽四局　丁丑時
直符：天禽芮　直使：五死

巽四 東南	離九 正南	坤二 西南
丁　天蓬 六合　開　戊	壬　天任 勾陳　休　癸	乙　天衝 朱雀　生　丙己
庚　天心 太陰　驚　乙	符首：己 五中	戊　天輔 九地　傷　辛
辛　天柱 騰蛇　死　壬	丙己　天禽芮 直符　景　丁	癸　天英 九天　杜　庚
艮八 東北	坎一 正北	乾六 西北

陽四局　庚辰時
直符：天禽芮　直使：五死

巽四 東南	離九 正南	坤二 西南
壬　天任 勾陳　杜　戊	乙　天衝 朱雀　景　癸	戊　天輔 九地　死　丙己
丁　天蓬 六合　傷　乙	符首：己 五中	癸　天英 九天　驚　辛
庚　天心 太陰　生　壬	辛　天柱 騰蛇　休　丁	丙己　天禽芮 直符　開　庚
艮八 東北	坎一 正北	乾六 西北

陽四局　戊寅時
直符：天禽芮　直使：五死

巽四 東南	離九 正南	坤二 西南
丙己　天禽芮 直符　景　戊	辛　天柱 騰蛇　死　癸	庚　天心 太陰　驚　丙己
癸　天英 九天　杜　乙	符首：己 五中	丁　天蓬 六合　開　辛
戊　天輔 九地　傷　壬	乙　天衝 朱雀　生　丁	壬　天任 勾陳　休　庚
艮八 東北	坎一 正北	乾六 西北

陽四局　辛巳時
直符：天禽芮　直使：五死

巽四 東南	離九 正南	坤二 西南
乙　天衝 朱雀　驚　戊	戊　天輔 九地　開　癸	癸　天英 九天　休　丙己
壬　天任 勾陳　死　乙	符首：己 五中	丙己　天禽芮 直符　生　辛
丁　天蓬 六合　景　壬	庚　天心 太陰　杜　丁	辛　天柱 騰蛇　傷　庚
艮八 東北	坎一 正北	乾六 西北

乙庚日

壬午時（陽四局　直符：天禽芮　直使：五死）

巽四 東南	離九 正南	坤二 西南
庚　天心 太陰　死 戊	丁　天蓬 六合　驚 癸	壬　天任 勾陳　開 丙己
辛　天柱 騰蛇　景 乙 震三 正東	符首：己 五中	乙　天衝 朱雀　休 辛 兌七 正西
丙己　天禽芮 直符　杜 壬 艮八 東北	癸　天英 九天　傷 丁 坎一 正北	戊　天輔 九地　生 庚 乾六 西北

乙酉時（陽四局　直符：天心　直使：六開）

巽四 東南	離九 正南	坤二 西南
丁　天蓬 騰蛇　景 戊	壬　天任 太陰　死 癸	乙　天衝 六合　驚 丙己
庚　天心 直符　杜 乙 震三 正東	符首：庚 五中	戊　天輔 勾陳　開 辛 兌七 正西
辛　天柱 九天　傷 壬 艮八 東北	丙己　天禽芮 九地　生 丁 坎一 正北	癸　天英 朱雀　休 庚 乾六 西北

癸未時（陽四局　直符：天禽芮　直使：五死）

巽四 東南	離九 正南	坤二 西南
癸　天英 九天　杜 戊	丙己　天禽芮 直符　景 癸	辛　天柱 騰蛇　死 丙己
戊　天輔 九地　傷 乙 震三 正東	符首：己 五中	庚　天心 太陰　驚 辛 兌七 正西
乙　天衝 朱雀　生 壬 艮八 東北	壬　天任 勾陳　休 丁 坎一 正北	丁　天蓬 六合　開 庚 乾六 西北

丙戌時（陽四局　直符：天心　直使：六開）

巽四 東南	離九 正南	坤二 西南
丙己　天禽芮 九地　生 戊	辛　天柱 九天　傷 癸	庚　天心 直符　杜 丙己
癸　天英 朱雀　休 乙 震三 正東	符首：庚 五中	丁　天蓬 騰蛇　景 辛 兌七 正西
戊　天輔 勾陳　開 壬 艮八 東北	乙　天衝 六合　驚 丁 坎一 正北	壬　天任 太陰　死 庚 乾六 西北

甲申時（陽四局　直符：天心　直使：六開）

巽四 東南	離九 正南	坤二 西南
戊　天輔 勾陳　杜 戊	癸　天英 朱雀　景 癸	丙己　天禽芮 九地　死 丙己
乙　天衝 六合　傷 乙 震三 正東	符首：庚 五中	辛　天柱 九天　驚 辛 兌七 正西
壬　天任 太陰　生 壬 艮八 東北	丁　天蓬 騰蛇　休 丁 坎一 正北	庚　天心 直符　開 庚 乾六 西北

丁亥時（陽四局　直符：天心　直使：六開）

巽四 東南	離九 正南	坤二 西南
乙　天衝 六合　驚 戊	戊　天輔 勾陳　開 癸	癸　天英 朱雀　休 丙己
壬　天任 太陰　死 乙 震三 正東	符首：庚 五中	丙己　天禽芮 九地　生 辛 兌七 正西
丁　天蓬 騰蛇　景 壬 艮八 東北	庚　天心 直符　杜 丁 坎一 正北	辛　天柱 九天　傷 庚 乾六 西北

丙辛日

陽四局　戊子時　直符：天心　直使：六開

巽四　東南	離九　正南	坤二　西南
庚　天心　直符　傷　戊	丁　天蓬　騰蛇　杜　癸	壬　天任　太陰　景　丙己
辛　天柱　九天　生　乙	符首：庚（五中）	乙　天衝　六合　死　辛
丙己　天芮禽　九地　休　壬（艮八　東北）	癸　天英　朱雀　開　丁（坎一　正北）	戊　天輔　勾陳　驚　庚（乾六　西北）

陽四局　辛卯時　直符：天心　直使：六開

巽四　東南	離九　正南	坤二　西南
癸　天英　朱雀　開　戊	丙己　天芮禽　九地　休　癸	辛　天柱　九天　生　丙己
戊　天輔　勾陳　驚　乙	符首：庚（五中）	庚　天心　直符　傷　辛
乙　天衝　六合　死　壬（艮八　東北）	壬　天任　太陰　景　丁（坎一　正北）	丁　天蓬　騰蛇　杜　庚（乾六　西北）

陽四局　己丑時　直符：天心　直使：六開

巽四　東南	離九　正南	坤二　西南
丙己　天芮禽　九地　死　戊	辛　天柱　九天　驚　癸	庚　天心　直符　開　丙己
癸　天英　朱雀　景　乙	符首：庚（五中）	丁　天蓬　騰蛇　休　辛
戊　天輔　勾陳　杜　壬（艮八　東北）	乙　天衝　六合　傷　丁（坎一　正北）	壬　天任　太陰　生　庚（乾六　西北）

陽四局　壬辰時　直符：天心　直使：六開

巽四　東南	離九　正南	坤二　西南
壬　天任　太陰　死　戊	乙　天衝　六合　驚　癸	戊　天輔　勾陳　開　丙己
丁　天蓬　騰蛇　景　乙	符首：庚（五中）	癸　天英　朱雀　休　辛
庚　天心　直符　杜　壬（艮八　東北）	辛　天柱　九天　傷　丁（坎一　正北）	丙己　天芮禽　九地　生　庚（乾六　西北）

陽四局　庚寅時　直符：天心　直使：六開

巽四　東南	離九　正南	坤二　西南
戊　天輔　勾陳　休　戊	癸　天英　朱雀　生　癸	丙己　天芮禽　九地　傷　丙己
乙　天衝　六合　開　乙	符首：庚（五中）	辛　天柱　九天　杜　辛
壬　天任　太陰　驚　壬（艮八　東北）	丁　天蓬　騰蛇　死　丁（坎一　正北）	庚　天心　直符　景　庚（乾六　西北）

陽四局　癸巳時　直符：天心　直使：六開

巽四　東南	離九　正南	坤二　西南
辛　天柱　九天　杜　戊	庚　天心　直符　景　癸	丁　天蓬　騰蛇　死　丙己
丙己　天芮禽　九地　傷　乙	符首：庚（五中）	壬　天任　太陰　驚　辛
癸　天英　朱雀　生　壬（艮八　東北）	戊　天輔　勾陳　休　丁（坎一　正北）	乙　天衝　六合　開　庚（乾六　西北）

丙辛日

陽四局　甲午時　直符：　直使：七驚 天柱

巽四 東南	離九 正南	坤二 西南
朱雀　杜　天輔 戊	九地　景　天英 癸	九天　死　天芮禽 丙己
勾陳　傷　天衝 乙	五中 符首：辛	直符　驚　天柱 辛
六合　生　天任 壬	太陰　休　天蓬 丁	騰蛇　開　天心 庚
艮八 東北	坎一 正北	乾六 西北

陽四局　丁酉時　直使：七驚 天柱

巽四 東南	離九 正南	坤二 西南
六合　生　天任 壬	勾陳　傷　天衝 乙	朱雀　杜　天輔 戊
太陰　休　天蓬 丁	五中 符首：辛	九地　景　天英 癸
騰蛇　開　天心 庚	直符　驚　天柱 辛	九天　死　天芮禽 丙己
艮八 東北	坎一 正北	乾六 西北

陽四局　乙未時　直使：七驚 天柱

巽四 東南	離九 正南	坤二 西南
騰蛇　休　天心 庚	太陰　生　天蓬 丁	六合　傷　天任 壬
直符　開　天柱 辛	五中 符首：辛	勾陳　杜　天衝 乙
九天　驚　天芮禽 丙己	九地　死　天英 癸	朱雀　景　天輔 戊
艮八 東北	坎一 正北	乾六 西北

陽四局　戊戌時　直使：七驚 天柱

巽四 東南	離九 正南	坤二 西南
直符　景　天柱 辛	騰蛇　死　天心 庚	太陰　驚　天蓬 丁
九天　杜　天芮禽 丙己	五中 符首：辛	六合　開　天任 壬
九地　傷　天英 癸	朱雀　生　天輔 戊	勾陳　休　天衝 乙
艮八 東北	坎一 正北	乾六 西北

陽四局　丙申時　直使：七驚 天柱

巽四 東南	離九 正南	坤二 西南
九地　死　天英 戊	九天　驚　天芮禽 癸	直符　開　天柱 丙己
朱雀　景　天輔 戊	五中 符首：辛	騰蛇　休　天心 辛
勾陳　杜　天衝 壬	六合　傷　天任 丁	太陰　生　天蓬 庚
艮八 東北	坎一 正北	乾六 西北

陽四局　己亥時　直使：七驚 天柱

巽四 東南	離九 正南	坤二 西南
九天　開　天英 戊	九地　休　天芮禽 癸	直符　生　天柱 丙己
朱雀　驚　天輔 戊	五中 符首：辛	騰蛇　傷　天心 辛
勾陳　死　天衝 壬	六合　景　天任 丁	太陰　杜　天蓬 庚
艮八 東北	坎一 正北	乾六 西北

丁壬日

陽四局　庚子時　直符：天柱　直使：七驚

巽四 東南	離九 正南	坤二 西南
乙 天衝　勾陳 [驚]　戊	戊 天輔　朱雀 [開]　癸	癸 天英　九地 [休]　丙己
震三 正東	五中	兌七 正西
壬 天任　六合 [死]　乙	符首：辛	丙己 天芮禽　九天 [生]　辛
艮八 東北	坎一 正北	乾六 西北
丁 天蓬　太陰 [景]　壬	庚 天心　騰蛇 [杜]　丁	辛 天柱　直符 [傷]　庚

陽四局　癸卯時　直符：天柱　直使：七驚

巽四 東南	離九 正南	坤二 西南
丙己 天芮禽　九天 [杜]　戊	辛 天柱　直符 [景]　癸	庚 天心　騰蛇 [死]　丙己
震三 正東	五中	兌七 正西
癸 天英　九地 [傷]　乙	符首：辛	丁 天蓬　太陰 [驚]　辛
艮八 東北	坎一 正北	乾六 西北
乙 天輔　朱雀 [生]　壬	戊 天衝　勾陳 [休]　丁	壬 天任　六合 [開]　庚

陽四局　辛丑時　直符：天柱　直使：七驚

巽四 東南	離九 正南	坤二 西南
戊 天輔　朱雀 [景]　戊	癸 天英　九地 [死]　癸	丙己 天芮禽　九天 [驚]　丙己
震三 正東	五中	兌七 正西
乙 天衝　勾陳 [杜]　乙	符首：辛	辛 天柱　直符 [開]　辛
艮八 東北	坎一 正北	乾六 西北
壬 天任　六合 [傷]　壬	丁 天蓬　太陰 [生]　丁	庚 天心　騰蛇 [休]　庚

陽四局　甲辰時　直符：天任　直使：八生

巽四 東南	離九 正南	坤二 西南
戊 天輔　太陰 [杜]　戊	癸 天英　六合 [景]　癸	丙己 天芮禽　勾陳 [死]　丙己
震三 正東	五中	兌七 正西
乙 天衝　騰蛇 [傷]　乙	符首：壬	辛 天柱　朱雀 [驚]　辛
艮八 東北	坎一 正北	乾六 西北
壬 天任　直符 [生]　壬	丁 天蓬　九天 [休]　丁	庚 天心　九地 [開]　庚

陽四局　壬寅時　直符：天柱　直使：七驚

巽四 東南	離九 正南	坤二 西南
丁 天蓬　太陰 [傷]　戊	壬 天任　六合 [杜]　癸	乙 天衝　勾陳 [景]　丙己
震三 正東	五中	兌七 正西
庚 天心　騰蛇 [生]　乙	符首：辛	戊 天輔　朱雀 [死]　辛
艮八 東北	坎一 正北	乾六 西北
辛 天柱　直符 [休]　壬	丙己 天芮禽　九天 [開]　丁	癸 天英　九地 [驚]　庚

陽四局　乙巳時　直符：天任　直使：八生

巽四 東南	離九 正南	坤二 西南
乙 天衝　騰蛇 [休]　戊	戊 天輔　太陰 [生]　癸	癸 天英　六合 [傷]　丙己
震三 正東	五中	兌七 正西
壬 天任　直符 [開]　乙	符首：壬	丙己 天芮禽　勾陳 [杜]　辛
艮八 東北	坎一 正北	乾六 西北
丁 天蓬　九天 [驚]　壬	庚 天心　九地 [死]　丁	辛 天柱　朱雀 [景]　庚

丁 壬 日

陽四局　丙午時　直符：天任　直使：八生

巽四 東南	離九 正南	坤二 西南
庚 九地 景 天心 戊	丁 九天 死 天蓬 癸	壬 直符 驚 天任 丙己
震三 正東	五中	兌七 正西
辛 朱雀 杜 天柱 乙	符首：壬	乙 騰蛇 開 天衝 辛
艮八 東北	坎一 正北	乾六 西北
丙己 勾陳 傷 天芮禽 壬	癸 六合 生 天英 丁	戊 太陰 休 天輔 庚

陽四局　己酉時　直符：天任　直使：八生

巽四 東南	離九 正南	坤二 西南
庚 九地 生 天心 戊	丁 九天 傷 天蓬 癸	壬 直符 杜 天任 丙己
震三 正東	五中	兌七 正西
辛 朱雀 休 天柱 乙	符首：壬	乙 騰蛇 景 天衝 辛
艮八 東北	坎一 正北	乾六 西北
丙己 勾陳 開 天芮禽 壬	癸 六合 驚 天英 丁	戊 太陰 死 天輔 庚

陽四局　丁未時　直符：天任　直使：八生

巽四 東南	離九 正南	坤二 西南
癸 六合 開 天英 戊	丙己 勾陳 休 天芮禽 癸	辛 朱雀 生 天柱 丙己
震三 正東	五中	兌七 正西
戊 太陰 驚 天輔 乙	符首：壬	庚 九地 傷 天心 辛
艮八 東北	坎一 正北	乾六 西北
乙 騰蛇 死 天衝 壬	壬 直符 景 天任 丁	丁 九天 杜 天蓬 庚

陽四局　庚戌時　直符：天任　直使：八生

巽四 東南	離九 正南	坤二 西南
丙己 勾陳 開 天芮禽 戊	辛 朱雀 休 天柱 癸	庚 九地 生 天心 丙己
震三 正東	五中	兌七 正西
癸 六合 驚 天英 乙	符首：壬	丁 九天 傷 天蓬 辛
艮八 東北	坎一 正北	乾六 西北
戊 太陰 死 天輔 壬	乙 騰蛇 景 天衝 丁	壬 直符 杜 天任 庚

陽四局　戊申時　直符：天任　直使：八生

巽四 東南	離九 正南	坤二 西南
壬 直符 傷 天任 戊	乙 騰蛇 杜 天衝 癸	戊 太陰 景 天輔 丙己
震三 正東	五中	兌七 正西
丁 九天 生 天蓬 乙	符首：壬	癸 六合 死 天英 辛
艮八 東北	坎一 正北	乾六 西北
庚 九地 休 天心 壬	辛 朱雀 開 天柱 丁	丙己 勾陳 驚 天芮禽 庚

陽四局　辛亥時　直符：天任　直使：八生

巽四 東南	離九 正南	坤二 西南
辛 朱雀 死 天柱 戊	庚 九地 驚 天心 癸	丁 九天 開 天蓬 丙己
震三 正東	五中	兌七 正西
丙己 勾陳 景 天芮禽 乙	符首：壬	壬 直符 休 天任 辛
艮八 東北	坎一 正北	乾六 西北
癸 六合 杜 天英 壬	戊 太陰 傷 天輔 丁	乙 騰蛇 生 天衝 庚

戊 癸 日

陽四局　壬子時　直符：天任　直使：八生

巽四 東南	離九 正南	坤二 西南
太陰　戊　[驚]　天輔　戊	六合　癸　[開]　天英　癸	勾陳　丙己　[休]　天芮禽　丙己
震三 正東　騰蛇　乙　[死]　天衝　乙	**五中**　符首：壬	**兌七 正西**　朱雀　辛　[生]　天柱　辛
艮八 東北　直符　壬　[景]　天任　壬	**坎一 正北**　九天　丁　[杜]　天蓬　丁	**乾六 西北**　九地　庚　[傷]　天心　庚

陽四局　乙卯時　直符：天英　直使：九景

巽四 東南	離九 正南	坤二 西南
騰蛇　丙己　[開]　天芮禽　戊	太陰　辛　[休]　天柱　癸	六合　庚　[生]　天心　丙己
震三 正東　直符　癸　[驚]　天英　乙	**五中**　符首：癸	**兌七 正西**　勾陳　丁　[傷]　天蓬　辛
艮八 東北　九天　戊　[死]　天輔　壬	**坎一 正北**　九地　乙　[景]　天衝　丁	**乾六 西北**　朱雀　壬　[杜]　天任　庚

陽四局　癸丑時　直符：天任　直使：八生

巽四 東南	離九 正南	坤二 西南
九天　丁　[杜]　天蓬　戊	直符　壬　[景]　天任　癸	騰蛇　乙　[死]　天衝　丙己
震三 正東　九地　庚　[傷]　天心　乙	**五中**　符首：壬	**兌七 正西**　太陰　戊　[驚]　天輔　辛
艮八 東北　朱雀　辛　[生]　天柱　壬	**坎一 正北**　勾陳　丙己　[休]　天芮禽　丁	**乾六 西北**　六合　癸　[開]　天英　庚

陽四局　丙辰時　直符：天英　直使：九景

巽四 東南	離九 正南	坤二 西南
九地　乙　[傷]　天衝　戊	九天　戊　[杜]　天輔　癸	直符　癸　[景]　天英　丙己
震三 正東　朱雀　壬　[生]　天任　乙	**五中**　符首：癸	**兌七 正西**　騰蛇　丙己　[死]　天芮禽　辛
艮八 東北　勾陳　丁　[休]　天蓬　壬	**坎一 正北**　六合　庚　[開]　天心　丁	**乾六 西北**　太陰　辛　[驚]　天柱　庚

陽四局　甲寅時　直符：天英　直使：九景

巽四 東南	離九 正南	坤二 西南
九天　戊　[杜]　天輔　戊	直符　癸　[景]　天英　癸	騰蛇　丙己　[死]　天芮禽　丙己
震三 正東　九地　乙　[傷]　天衝　乙	**五中**　符首：癸	**兌七 正西**　太陰　辛　[驚]　天柱　辛
艮八 東北　朱雀　壬　[生]　天任　壬	**坎一 正北**　勾陳　丁　[休]　天蓬　丁	**乾六 西北**　六合　庚　[開]　天心　庚

陽四局　丁巳時　直符：天英　直使：九景

巽四 東南	離九 正南	坤二 西南
六合　庚　[死]　天心　戊	勾陳　丁　[驚]　天蓬　癸	朱雀　壬　[開]　天任　丙己
震三 正東　太陰　辛　[景]　天柱　乙	**五中**　符首：癸	**兌七 正西**　九地　乙　[休]　天衝　辛
艮八 東北　騰蛇　丙己　[杜]　天芮禽　壬	**坎一 正北**　直符　癸　[傷]　天英　丁	**乾六 西北**　九天　戊　[生]　天輔　庚

戊癸日

陽四局　戊午時　直符：天英　直使：九景

東南 巽四	正南 離九	西南 坤二
癸　[景]　直符　天英　戊	丙己　[死]　騰蛇　天芮禽　癸	辛　[驚]　太陰　天柱　丙己
戊　[杜]　九天　天輔　乙	五中　符首：癸	庚　[開]　六合　天心　辛
乙　[傷]　九地　天英　壬	壬　[生]　朱雀　天任　丁	丁　[休]　勾陳　天蓬　庚
正東 震三	正北 坎一	西北 乾六

陽四局　辛酉時　直符：天英　直使：九景

東南 巽四	正南 離九	西南 坤二
壬　[生]　朱雀　天任　戊	乙　[傷]　九地　天衝　癸	戊　[杜]　九天　天輔　丙己
丁　[休]　勾陳　天蓬　乙	五中　符首：癸	癸　[景]　直符　天英　辛
庚　[開]　六合　天心　壬	辛　[驚]　太陰　天柱　丁	丙己　[死]　騰蛇　天芮禽　庚
正東 震三	正北 坎一	西北 乾六

陽四局　己未時　直符：天英　直使：九景

東南 巽四	正南 離九	西南 坤二
乙　[傷]　九地　天衝　戊	戊　[杜]　九天　天輔　癸	癸　[景]　直符　天英　丙己
壬　[生]　朱雀　天任　乙	五中　符首：癸	丙己　[死]　騰蛇　天芮禽　辛
丁　[休]　勾陳　天蓬　壬	庚　[開]　六合　天心　丁	辛　[驚]　太陰　天柱　庚
正東 震三	正北 坎一	西北 乾六

陽四局　壬戌時　直符：天英　直使：九景

東南 巽四	正南 離九	西南 坤二
辛　[驚]　太陰　天柱　戊	庚　[開]　六合　天心　癸	丁　[休]　勾陳　天蓬　丙己
丙己　[死]　騰蛇　天芮禽　乙	五中　符首：癸	壬　[生]　朱雀　天任　辛
癸　[景]　直符　天英　壬	戊　[杜]　九天　天輔　丁	乙　[傷]　九地　天衝　庚
正東 震三	正北 坎一	西北 乾六

陽四局　庚申時　直符：天英　直使：九景

東南 巽四	正南 離九	西南 坤二
丁　[休]　勾陳　天蓬　戊	壬　[生]　朱雀　天任　癸	乙　[傷]　九地　天衝　丙己
庚　[開]　六合　天心　乙	五中　符首：癸	戊　[杜]　九天　天輔　辛
辛　[驚]　太陰　天柱　壬	丙己　[死]　騰蛇　天芮禽　丁	癸　[景]　直符　天英　庚
正東 震三	正北 坎一	西北 乾六

陽四局　癸亥時　直符：天英　直使：九景

東南 巽四	正南 離九	西南 坤二
戊　[杜]　九天　天輔　戊	癸　[景]　直符　天英　癸	丙己　[死]　騰蛇　天芮禽　丙己
乙　[傷]　九地　天衝　乙	五中　符首：癸	辛　[驚]　太陰　天柱　辛
壬　[生]　朱雀　天任　壬	丁　[休]　勾陳　天蓬　丁	庚　[開]　六合　天心　庚
正東 震三	正北 坎一	西北 乾六

遁甲時盤　陽遁五局

....

甲己日〜戊癸日

甲子時〜癸亥時　六十時盤

甲己日

陽五局　甲子時　直符：天禽芮　直使：五死

巽四 東南	離九 正南	坤二 西南
乙 [杜] 天輔 九地 乙	壬 [景] 天英 九天 壬	丁戊 [死] 天禽芮 直符 丁戊
震三 正東	五中	兌七 正西
丙 [傷] 天衝 朱雀 丙		庚 [驚] 天柱 騰蛇 庚　符首：戊
艮八 東北	坎一 正北	乾六 西北
辛 [生] 天任 勾陳 辛	癸 [休] 天蓬 六合 癸	己 [開] 天心 太陰 己

陽五局　丁卯時　直符：天禽芮　直使：五死

巽四 東南	離九 正南	坤二 西南
乙 [開] 天輔 九地 乙	壬 [休] 天英 九天 壬	丁戊 [生] 天禽芮 直符 丁戊
震三 正東	五中	兌七 正西
丙 [驚] 天衝 朱雀 丙		庚 [傷] 天柱 騰蛇 庚　符首：戊
艮八 東北	坎一 正北	乾六 西北
辛 [死] 天任 勾陳 辛	癸 [景] 天蓬 六合 癸	己 [杜] 天心 太陰 己

陽五局　乙丑時　直符：天禽芮　直使：五死

巽四 東南	離九 正南	坤二 西南
乙 [生] 天禽芮 直符 乙	壬 [傷] 天柱 騰蛇 壬	丁戊 [杜] 天心 太陰 丁戊
震三 正東	五中	兌七 正西
丙 [休] 天英 九天 丙		庚 [景] 天蓬 六合 庚　符首：戊
艮八 東北	坎一 正北	乾六 西北
辛 [開] 天輔 九地 辛	癸 [驚] 天衝 朱雀 癸	己 [死] 天任 勾陳 己

陽五局　戊辰時　直符：天禽芮　直使：五死

巽四 東南	離九 正南	坤二 西南
乙 [景] 天輔 九地 乙	壬 [死] 天英 九天 壬	丁戊 [驚] 天禽芮 直符 丁戊
震三 正東	五中	兌七 正西
丙 [杜] 天衝 朱雀 丙		庚 [開] 天柱 騰蛇 庚　符首：戊
艮八 東北	坎一 正北	乾六 西北
辛 [傷] 天任 勾陳 辛	癸 [生] 天蓬 六合 癸	己 [休] 天心 太陰 己

陽五局　丙寅時　直符：天禽芮　直使：五死

巽四 東南	離九 正南	坤二 西南
庚 [傷] 天柱 騰蛇 乙	己 [杜] 天心 太陰 壬	癸 [景] 天蓬 六合 丁戊
震三 正東	五中	兌七 正西
丁戊 [生] 天禽芮 直符 丙		辛 [死] 天任 勾陳 庚　符首：戊
艮八 東北	坎一 正北	乾六 西北
壬 [休] 天英 九天 辛	乙 [開] 天輔 九地 癸	丙 [驚] 天衝 朱雀 己

陽五局　己巳時　直符：天禽芮　直使：五死

巽四 東南	離九 正南	坤二 西南
辛 [休] 天任 勾陳 乙	丙 [生] 天衝 朱雀 壬	乙 [傷] 天輔 九地 丁戊
震三 正東	五中	兌七 正西
癸 [開] 天蓬 六合 丙		壬 [杜] 天英 九天 庚　符首：戊
艮八 東北	坎一 正北	乾六 西北
己 [驚] 天心 太陰 辛	庚 [死] 天柱 騰蛇 癸	丁戊 [景] 天禽芮 直符 己

甲己日

陽五局　庚午時　直符：天禽丙　直使：五死

巽四 東南	離九 正南	坤二 西南
朱雀 杜 天衝 丙 / 乙	九地 景 天輔 乙 / 壬	九天 死 天英 壬 / 丁戊
勾陳 傷 天任 辛 / 丙 震三 正東	符首：戊 五中	直符 驚 天禽丙 丁戊 / 庚 兌七 正西
六合 生 天蓬 癸 / 辛 艮八 東北	太陰 休 天心 己 / 癸 坎一 正北	騰蛇 開 天柱 庚 / 己 乾六 西北

陽五局　癸酉時　直符：天禽丙　直使：五死

巽四 東南	離九 正南	坤二 西南
六合 杜 天蓬 癸 / 乙	勾陳 景 天任 辛 / 壬	朱雀 死 天衝 丙 / 丁戊
太陰 傷 天心 己 / 丙 震三 正東	符首：戊 五中	九地 驚 天輔 乙 / 庚 兌七 正西
騰蛇 生 天柱 庚 / 辛 艮八 東北	直符 休 天禽丙 丁戊 / 癸 坎一 正北	九天 開 天英 壬 / 己 乾六 西北

陽五局　辛未時　直符：天禽丙　直使：五死

巽四 東南	離九 正南	坤二 西南
太陰 驚 天心 己 / 乙	六合 開 天蓬 癸 / 壬	勾陳 休 天任 辛 / 丁戊
騰蛇 死 天柱 庚 / 丙 震三 正東	符首：戊 五中	朱雀 生 天衝 丙 / 庚 兌七 正西
直符 景 天禽丙 丁戊 / 辛 艮八 東北	九天 杜 天英 壬 / 癸 坎一 正北	九地 傷 天輔 乙 / 己 乾六 西北

陽五局　甲戌時　直符：天心　直使：六開

巽四 東南	離九 正南	坤二 西南
勾陳 杜 天輔 乙 / 乙	朱雀 景 天英 壬 / 壬	九地 死 天芮禽 丁戊 / 丁戊
六合 傷 天衝 丙 / 丙 震三 正東	符首：己 五中	九天 驚 天柱 庚 / 庚 兌七 正西
太陰 生 天任 辛 / 辛 艮八 東北	騰蛇 休 天蓬 癸 / 癸 坎一 正北	直符 開 天心 己 / 己 乾六 西北

陽五局　壬申時　直符：天禽丙　直使：五死

巽四 東南	離九 正南	坤二 西南
九天 死 天英 壬 / 乙	直符 驚 天禽丙 壬	騰蛇 開 天柱 庚 / 丁戊
九地 景 天輔 乙 / 丙 震三 正東	符首：戊 五中	天心 庚 / 己 兌七 正西
朱雀 杜 天衝 辛 艮八 東北	勾陳 傷 天任 癸 坎一 正北	六合 生 天蓬 己 乾六 西北

陽五局　乙亥時　直符：天心　直使：六開

巽四 東南	離九 正南	坤二 西南
直符 景 天心 己 / 乙	騰蛇 死 天蓬 癸 / 壬	太陰 驚 天任 辛 / 丁戊
九天 杜 天柱 庚 / 丙 震三 正東	符首：己 五中	六合 開 天衝 丙 / 庚 兌七 正西
九地 傷 天芮禽 丁戊 / 辛 艮八 東北	朱雀 生 天英 壬 / 癸 坎一 正北	勾陳 休 天輔 乙 / 己 乾六 西北

54

乙　庚　日

陽五局　丙子時
直符：天心　直使：六開

癸 天蓬 騰蛇 生 乙 巽四 東南	辛 天任 太陰 傷 壬 離九 正南	丙 天衝 六合 杜 丁戊 坤二 西南
己 天心 直符 休 丙 震三 正東	五中	乙 天輔 勾陳 景 符首：己 庚 兌七 正西
庚 天柱 九天 開 辛 艮八 東北	丁戊 天芮禽 九地 驚 癸 坎一 正北	壬 天英 朱雀 死 己 乾六 西北

陽五局　己卯時
直符：天心　直使：六開

乙 天輔 勾陳 死 乙 巽四 東南	壬 天英 朱雀 驚 壬 離九 正南	丁戊 天芮禽 九地 開 丁戊 坤二 西南
丙 天衝 六合 景 丙 震三 正東	五中	庚 天柱 九天 休 符首：己 庚 兌七 正西
辛 天任 太陰 杜 辛 艮八 東北	癸 天蓬 騰蛇 傷 癸 坎一 正北	己 天心 直符 生 己 乾六 西北

陽五局　丁丑時
直符：天心　直使：六開

丁戊 天芮禽 九地 驚 乙 巽四 東南	庚 天柱 九天 開 壬 離九 正南	己 天心 直符 休 丁戊 坤二 西南
壬 天英 朱雀 死 丙 震三 正東	五中	癸 天蓬 騰蛇 生 符首：己 庚 兌七 正西
乙 天輔 勾陳 景 辛 艮八 東北	丙 天衝 六合 杜 癸 坎一 正北	辛 天任 太陰 傷 己 乾六 西北

陽五局　庚辰時
直符：天心　直使：六開

壬 天英 朱雀 休 乙 巽四 東南	丁戊 天芮禽 九地 生 壬 離九 正南	庚 天柱 九天 傷 丁戊 坤二 西南
乙 天輔 勾陳 開 丙 震三 正東	五中	己 天心 直符 杜 符首：己 庚 兌七 正西
丙 天衝 六合 驚 辛 艮八 東北	辛 天任 太陰 死 癸 坎一 正北	癸 天蓬 騰蛇 景 己 乾六 西北

陽五局　戊寅時
直符：天心　直使：六開

丁戊 天芮禽 九地 傷 乙 巽四 東南	庚 天柱 九天 杜 壬 離九 正南	己 天心 直符 景 丁戊 坤二 西南
壬 天英 朱雀 生 丙 震三 正東	五中	癸 天蓬 騰蛇 死 符首：己 庚 兌七 正西
乙 天輔 勾陳 休 辛 艮八 東北	丙 天衝 六合 開 癸 坎一 正北	辛 天任 太陰 驚 己 乾六 西北

陽五局　辛巳時
直符：天心　直使：六開

辛 天任 太陰 開 乙 巽四 東南	丙 天衝 六合 休 壬 離九 正南	乙 天輔 勾陳 生 丁戊 坤二 西南
癸 天蓬 騰蛇 驚 丙 震三 正東	五中	壬 天英 朱雀 傷 符首：己 庚 兌七 正西
己 天心 直符 死 辛 艮八 東北	庚 天柱 九天 景 癸 坎一 正北	丁戊 天芮禽 九地 杜 己 乾六 西北

乙　庚　日

陽五局　壬午時　直符：天心　直使：六開

巽四 東南	離九 正南	坤二 西南
庚　死　天柱　九天　乙	己　驚　天心　直符　壬	癸　開　天蓬　騰蛇　丁戊

震三 正東	五中	兌七 正西
丁戊　景　天芮禽　九地　丙	符首：己	辛　休　天任　太陰　庚

艮八 東北	坎一 正北	乾六 西北
壬　杜　天英　朱雀　辛	乙　傷　天輔　勾陳　癸	丙　生　天衝　六合　己

陽五局　乙酉時　直符：天心　直使：七驚

巽四 東南	離九 正南	坤二 西南
庚　休　天柱　直符　乙	己　生　天心　騰蛇　壬	癸　傷　天蓬　太陰　丁戊

震三 正東	五中	兌七 正西
丁戊　開　天芮禽　九天　丙	符首：庚	辛　杜　天任　六合　庚

艮八 東北	坎一 正北	乾六 西北
壬　驚　天英　九地　辛	乙　死　天輔　朱雀　癸	丙　景　天衝　勾陳　己

陽五局　癸未時　直符：天心　直使：六開

巽四 東南	離九 正南	坤二 西南
丙　杜　天衝　六合　乙	乙　景　天輔　勾陳　壬	壬　死　天英　朱雀　丁戊

震三 正東	五中	兌七 正西
辛　傷　天任　太陰　丙	符首：己	丁戊　驚　天芮禽　九地　庚

艮八 東北	坎一 正北	乾六 西北
癸　生　天蓬　騰蛇　辛	己　休　天心　直符　癸	庚　開　天柱　九天　己

陽五局　丙戌時　直符：天心　直使：七驚

巽四 東南	離九 正南	坤二 西南
己　死　天心　騰蛇　乙	癸　驚　天蓬　太陰　壬	辛　開　天任　六合　丁戊

震三 正東	五中	兌七 正西
庚　景　天柱　直符　丙	符首：庚	丙　休　天衝　勾陳　庚

艮八 東北	坎一 正北	乾六 西北
丁戊　杜　天芮禽　九天　辛	壬　傷　天英　九地　癸	乙　生　天輔　朱雀　己

陽五局　甲申時　直符：天柱　直使：七驚

巽四 東南	離九 正南	坤二 西南
乙　杜　天輔　朱雀　乙	壬　景　天英　九地　壬	丁戊　死　天芮禽　九天　丁戊

震三 正東	五中	兌七 正西
丙　傷　天衝　勾陳　丙	符首：庚	庚　驚　天柱　直符　庚

艮八 東北	坎一 正北	乾六 西北
辛　生　天任　六合　辛	癸　休　天蓬　太陰　癸	己　開　天心　騰蛇　己

陽五局　丁亥時　直符：天柱　直使：七驚

巽四 東南	離九 正南	坤二 西南
壬　生　天英　九地　乙	丁戊　傷　天芮禽　九天　壬	庚　杜　天柱　直符　丁戊

震三 正東	五中	兌七 正西
乙　休　天輔　朱雀　丙	符首：庚	己　景　天心　騰蛇　庚

艮八 東北	坎一 正北	乾六 西北
丙　開　天衝　六合　辛	辛　驚　天任　太陰　癸	癸　死　天蓬　太陰　己

丙辛日

陽五局　戊子時　直符：天柱　直使：七驚

巽四 東南	離九 正南	坤二 西南
九地　壬　景　天英　乙	九天　丁戊　死　天芮禽　壬	直符　庚　驚　天柱　丁戊
朱雀　乙　杜　天輔　丙 震三 正東	符首：庚 五中	騰蛇　己　開　天心　庚 兌七 正西
勾陳　丙　傷　天衝　辛 艮八 東北	六合　辛　生　天任　癸 坎一 正北	太陰　癸　休　天蓬　己 乾六 西北

陽五局　辛卯時　直符：天柱　直使：七驚

巽四 東南	離九 正南	坤二 西南
太陰　癸　景　天蓬　乙	六合　辛　死　天任　壬	勾陳　丙　驚　天衝　丁戊
騰蛇　己　杜　天心　丙 震三 正東	符首：庚 五中	朱雀　乙　開　天輔　庚 兌七 正西
直符　庚　傷　天柱　辛 艮八 東北	九天　丁戊　生　天芮禽　癸 坎一 正北	九地　壬　休　天英　己 乾六 西北

陽五局　己丑時　直符：天柱　直使：七驚

巽四 東南	離九 正南	坤二 西南
勾陳　丙　開　天衝　乙	朱雀　乙　休　天輔　壬	九地　壬　生　天英　丁戊
六合　辛　驚　天任　丙 震三 正東	符首：庚 五中	九天　丁戊　傷　天芮禽　庚 兌七 正西
太陰　癸　死　天蓬　辛 艮八 東北	騰蛇　己　景　天心　癸 坎一 正北	直符　庚　杜　天柱　己 乾六 西北

陽五局　壬辰時　直符：天柱　直使：七驚

巽四 東南	離九 正南	坤二 西南
九天　丁戊　傷　天芮禽　乙	直符　庚　杜　天柱　壬	騰蛇　己　景　天心　丁戊
九地　壬　生　天英　丙 震三 正東	符首：庚 五中	太陰　癸　死　天蓬　庚 兌七 正西
朱雀　乙　休　天輔　辛 艮八 東北	勾陳　丙　開　天衝　癸 坎一 正北	六合　辛　驚　天任　己 乾六 西北

陽五局　庚寅時　直符：天柱　直使：七驚

巽四 東南	離九 正南	坤二 西南
朱雀　乙　驚　天輔　乙	九地　壬　開　天英　壬	九天　丁戊　休　天芮禽　丁戊
勾陳　丙　死　天衝　丙 震三 正東	符首：庚 五中	直符　庚　生　天柱　庚 兌七 正西
六合　辛　景　天任　辛 艮八 東北	太陰　癸　杜　天蓬　癸 坎一 正北	騰蛇　己　傷　天心　己 乾六 西北

陽五局　癸巳時　直符：天柱　直使：七驚

巽四 東南	離九 正南	坤二 西南
六合　辛　杜　天任　乙	勾陳　丙　景　天衝　壬	朱雀　乙　死　天輔　丁戊
太陰　癸　傷　天蓬　丙 震三 正東	符首：庚 五中	九地　壬　驚　天英　庚 兌七 正西
騰蛇　己　生　天心　辛 艮八 東北	直符　庚　休　天柱　癸 坎一 正北	九天　丁戊　開　天芮禽　己 乾六 西北

丙 辛 日

陽五局　甲午時　直符：天任　直使：八生

巽四 東南	離九 正南	坤二 西南
太陰　乙　[杜]　天輔　乙	六合　壬　[景]　天英　壬	勾陳　丁戊　[死]　天芮禽　丁戊

震三 正東	五中	兌七 正西
騰蛇　丙　[傷]　天衝　丙	符首：辛	朱雀　庚　[驚]　天柱　庚

艮八 東北	坎一 正北	乾六 西北
直符　辛　[生]　天任　辛	九天　癸　[休]　天蓬　癸	九地　己　[開]　天心　己

陽五局　丁酉時　直符：天任　直使：八生

巽四 東南	離九 正南	坤二 西南
九地　己　[開]　天心　乙	九天　癸　[休]　天蓬　壬	直符　辛　[生]　天任　丁戊

震三 正東	五中	兌七 正西
朱雀　庚　[驚]　天柱　丙	符首：辛	騰蛇　丙　[傷]　天衝　庚

艮八 東北	坎一 正北	乾六 西北
勾陳　丁戊　[死]　天芮禽　辛	六合　壬　[景]　天英　癸	太陰　乙　[杜]　天輔　己

陽五局　乙未時　直符：天任　直使：八生

巽四 東南	離九 正南	坤二 西南
直符　辛　[休]　天任　乙	騰蛇　丙　[生]　天衝　壬	太陰　乙　[傷]　天輔　丁戊

震三 正東	五中	兌七 正西
九天　癸　[開]　天蓬　丙	符首：辛	六合　壬　[杜]　天英　庚

艮八 東北	坎一 正北	乾六 西北
九地　己　[驚]　天心　辛	朱雀　庚　[死]　天柱　癸	勾陳　丁戊　[景]　天芮禽　己

陽五局　戊戌時　直符：天任　直使：八生

巽四 東南	離九 正南	坤二 西南
九地　己　[傷]　天心　乙	九天　癸　[杜]　天蓬　壬	直符　辛　[景]　天任　丁戊

震三 正東	五中	兌七 正西
朱雀　庚　[生]　天柱　丙	符首：辛	騰蛇　丙　[死]　天衝　庚

艮八 東北	坎一 正北	乾六 西北
勾陳　丁戊　[休]　天芮禽　辛	六合　壬　[開]　天英　癸	太陰　乙　[驚]　天輔　己

陽五局　丙申時　直符：天任　直使：八生

巽四 東南	離九 正南	坤二 西南
騰蛇　丙　[景]　天衝　乙	太陰　乙　[死]　天輔　壬	六合　壬　[驚]　天英　丁戊

震三 正東	五中	兌七 正西
直符　辛　[杜]　天任　丙	符首：辛	勾陳　丁戊　[開]　天芮禽　庚

艮八 東北	坎一 正北	乾六 西北
九天　癸　[傷]　天蓬　辛	九地　己　[生]　天心　癸	朱雀　庚　[休]　天柱　己

陽五局　己亥時　直符：天任　直使：八生

巽四 東南	離九 正南	坤二 西南
勾陳　丁戊　[生]　天芮禽　乙	朱雀　庚　[傷]　天柱　壬	九地　己　[杜]　天心　丁戊

震三 正東	五中	兌七 正西
六合　壬　[休]　天英　丙	符首：辛	九天　癸　[景]　天蓬　庚

艮八 東北	坎一 正北	乾六 西北
太陰　乙　[開]　天輔　辛	騰蛇　丙　[驚]　天衝　癸	直符　辛　[死]　天任　己

丁壬日

陽五局　庚子時　直符：天任　直使：八生

巽四 東南	離九 正南	坤二 西南
庚　朱雀 開　天柱 乙	己　九地 休　天心 壬	癸　九天 生　天蓬 丁戊
丁戊　勾陳 驚　天芮禽 丙 震三 正東	五中 符首：辛	辛　直符 傷　天任 庚 兌七 正西
壬　六合 死　天英 辛 艮八 東北	乙　太陰 景　天輔 癸 坎一 正北	丙　騰蛇 杜　天衝 己 乾六 西北

陽五局　癸卯時　直符：天任　直使：八生

巽四 東南	離九 正南	坤二 西南
壬　六合 杜　天英 乙	丁戊　勾陳 景　天芮禽 壬	庚　朱雀 死　天柱 丁戊
乙　太陰 傷　天輔 丙 震三 正東	五中 符首：辛	己　九地 驚　天心 庚 兌七 正西
丙　騰蛇 生　天衝 辛 艮八 東北	辛　直符 休　天任 癸 坎一 正北	癸　九天 開　天蓬 己 乾六 西北

陽五局　辛丑時　直符：天任　直使：八生

巽四 東南	離九 正南	坤二 西南
乙　太陰 死　天輔 乙	壬　六合 驚　天英 壬	丁戊　勾陳 開　天芮禽 丁戊
丙　騰蛇 景　天衝 丙 震三 正東	五中 符首：辛	庚　朱雀 休　天柱 庚 兌七 正西
辛　直符 杜　天任 辛 艮八 東北	癸　九天 傷　天蓬 癸 坎一 正北	己　九地 生　天心 己 乾六 西北

陽五局　甲辰時　直符：天英　直使：九景

巽四 東南	離九 正南	坤二 西南
乙　九天 杜　天輔 乙	壬　直符 景　天英 壬	丁戊　騰蛇 死　天芮禽 丁戊
丙　九地 傷　天衝 丙 震三 正東	五中 符首：壬	庚　太陰 驚　天柱 庚 兌七 正西
辛　朱雀 生　天任 辛 艮八 東北	癸　勾陳 休　天蓬 癸 坎一 正北	己　六合 開　天心 己 乾六 西北

陽五局　壬寅時　直符：天任　直使：八生

巽四 東南	離九 正南	坤二 西南
癸　九天 驚　天蓬 乙	辛　直符 開　天任 壬	丙　騰蛇 休　天衝 丁戊
己　九地 死　天心 丙 震三 正東	五中 符首：辛	乙　太陰 生　天輔 庚 兌七 正西
庚　朱雀 景　天柱 辛 艮八 東北	丁戊　勾陳 杜　天芮禽 癸 坎一 正北	壬　六合 傷　天英 己 乾六 西北

陽五局　乙巳時　直符：天英　直使：九景

巽四 東南	離九 正南	坤二 西南
壬　直符 開　天英 乙	丁戊　騰蛇 休　天芮禽 壬	庚　太陰 生　天柱 丁戊
乙　九天 驚　天輔 丙 震三 正東	五中 符首：壬	己　六合 傷　天心 庚 兌七 正西
丙　九地 死　天衝 辛 艮八 東北	辛　朱雀 景　天任 癸 坎一 正北	癸　勾陳 杜　天蓬 己 乾六 西北

陽五局　丙午時（直符：天英　直使：九天景）

巽四 東南	離九 正南	坤二 西南
丁戊　騰蛇【傷】天芮禽　乙	庚　太陰【杜】天柱　壬	己　六合【景】天心　丁戊
震三 正東	五中	兌七 正西
壬　直符【生】天英　丙	符首：壬	癸　勾陳【死】天蓬　庚
艮八 東北	坎一 正北	乾六 西北
乙　九天【休】天輔　辛	丙　九地【開】天衝　癸	辛　朱雀【驚】天任　己

陽五局　己酉時（直符：天英　直使：九天景）

巽四 東南	離九 正南	坤二 西南
癸　勾陳【傷】天蓬　乙	辛　朱雀【杜】天任　壬	丙　九地【景】天衝　丁戊
震三 正東	五中	兌七 正西
己　六合【生】天心　丙	符首：壬	乙　九天【死】天輔　庚
艮八 東北	坎一 正北	乾六 西北
庚　太陰【休】天柱　辛	丁戊　騰蛇【開】天芮禽　癸	壬　直符【驚】天英　己

陽五局　丁未時（直符：天英　直使：九天景）

巽四 東南	離九 正南	坤二 西南
丙　九地【死】天衝　乙	乙　九天【驚】天輔　壬	壬　直符【開】天英　丁戊
震三 正東	五中	兌七 正西
辛　朱雀【景】天任　丙	符首：壬	丁戊　騰蛇【休】天芮禽　庚
艮八 東北	坎一 正北	乾六 西北
癸　勾陳【杜】天蓬　辛	己　六合【傷】天心　癸	庚　太陰【生】天柱　己

陽五局　庚戌時（直符：天英　直使：九天景）

巽四 東南	離九 正南	坤二 西南
辛　朱雀【休】天任　乙	丙　九地【生】天衝　壬	乙　九天【傷】天輔　丁戊
震三 正東	五中	兌七 正西
癸　勾陳【開】天蓬　丙	符首：壬	壬　直符【杜】天英　庚
艮八 東北	坎一 正北	乾六 西北
己　六合【驚】天心　辛	庚　太陰【死】天柱　癸	丁戊　騰蛇【景】天芮禽　己

陽五局　戊申時（直符：天英　直使：九天景）

巽四 東南	離九 正南	坤二 西南
丙　九地【景】天衝　乙	乙　九天【死】天輔　壬	壬　直符【驚】天英　丁戊
震三 正東	五中	兌七 正西
辛　朱雀【杜】天任　丙	符首：壬	丁戊　騰蛇【開】天芮禽　庚
艮八 東北	坎一 正北	乾六 西北
癸　勾陳【傷】天蓬　辛	己　六合【生】天心　癸	庚　太陰【休】天柱　己

陽五局　辛亥時（直符：天英　直使：九天景）

巽四 東南	離九 正南	坤二 西南
庚　太陰【生】天柱　乙	己　六合【傷】天心　壬	癸　勾陳【杜】天蓬　丁戊
震三 正東	五中	兌七 正西
丁戊　騰蛇【休】天芮禽　丙	符首：壬	辛　朱雀【景】天任　庚
艮八 東北	坎一 正北	乾六 西北
壬　直符【開】天英　辛	乙　九天【驚】天輔　癸	丙　九地【死】天衝　己

戊癸日

陽五局　壬子時　直符：天英　直使：九景

巽四 東南	離九 正南	坤二 西南
九天　乙　驚　天輔　乙	直符　壬　開　天英　壬	騰蛇　丁戊　休　天芮禽　丁戊
震三 正東	五中	兌七 正西
九地　丙　死　天衝　丙	符首：壬	太陰　庚　生　天柱　庚
艮八 東北	坎一 正北	乾六 西北
朱雀　辛　景　天任　辛	勾陳　癸　杜　天蓬　癸	六合　己　傷　天心　己

陽五局　乙卯時　直符：天蓬　直使：一休

巽四 東南	離九 正南	坤二 西南
直符　癸　驚　天蓬　乙	騰蛇　辛　開　天任　壬	太陰　丙　休　天衝　丁戊
震三 正東	五中	兌七 正西
九天　己　死　天心　丙	符首：癸	六合　乙　生　天輔　庚
艮八 東北	坎一 正北	乾六 西北
九地　庚　景　天柱　辛	朱雀　丁戊　杜　天芮禽　癸	勾陳　壬　傷　天英　己

陽五局　癸丑時　直符：天英　直使：九景

巽四 東南	離九 正南	坤二 西南
六合　己　杜　天心　乙	勾陳　癸　景　天蓬　壬	朱雀　辛　死　天任　丁戊
震三 正東	五中	兌七 正西
太陰　庚　傷　天柱　丙	符首：壬	九地　丙　驚　天衝　庚
艮八 東北	坎一 正北	乾六 西北
騰蛇　丁戊　生　天芮禽　辛	直符　壬　休　天英　癸	九天　乙　開　天輔　己

陽五局　丙辰時　直符：天蓬　直使：一休

巽四 東南	離九 正南	坤二 西南
騰蛇　辛　生　天任　乙	太陰　丙　傷　天衝　壬	六合　乙　杜　天輔　丁戊
震三 正東	五中	兌七 正西
直符　癸　休　天蓬　丙	符首：癸	勾陳　壬　景　天英　庚
艮八 東北	坎一 正北	乾六 西北
九天　己　開　天心　辛	九地　庚　驚　天柱　癸	朱雀　丁戊　死　天芮禽　己

陽五局　甲寅時　直符：天蓬　直使：一休

巽四 東南	離九 正南	坤二 西南
六合　乙　杜　天輔　乙	勾陳　壬　景　天英　壬	朱雀　丁戊　死　天芮禽　丁戊
震三 正東	五中	兌七 正西
太陰　丙　傷　天衝　丙	符首：癸	九地　庚　驚　天柱　庚
艮八 東北	坎一 正北	乾六 西北
騰蛇　辛　生　天任　辛	直符　癸　休　天蓬　癸	九天　己　開　天心　己

陽五局　丁巳時　直符：天蓬　直使：一休

巽四 東南	離九 正南	坤二 西南
九地　庚　休　天柱　乙	九天　己　生　天心　壬	直符　癸　傷　天蓬　丁戊
震三 正東	五中	兌七 正西
朱雀　丁戊　開　天芮禽　丙	符首：癸	騰蛇　辛　杜　天任　庚
艮八 東北	坎一 正北	乾六 西北
勾陳　壬　驚　天英　辛	六合　乙　死　天輔　癸	太陰　丙　景　天衝　己

戊癸日

陽五局　戊午時　直符：天　直使：一休

巽四 東南	離九 正南	坤二 西南
庚　[驚]　天柱　九地　乙	己　[開]　天心　九天　壬	癸　[休]　天蓬　直符　丁戊
震三 正東	**五中**	**兌七 正西**
丁戊　[死]　天芮禽　朱雀　丙	符首：癸	辛　[生]　天任　騰蛇　庚
艮八 東北	**坎一 正北**	**乾六 西北**
壬　[景]　天英　勾陳　辛	乙　[杜]　天輔　六合　癸	丙　[傷]　天衝　太陰　己

陽五局　辛酉時　直符：天　直使：一休

巽四 東南	離九 正南	坤二 西南
丙　[傷]　天衝　太陰　乙	乙　[杜]　天輔　六合　壬	壬　[景]　天英　勾陳　丁戊
震三 正東	**五中**	**兌七 正西**
辛　[生]　天任　騰蛇　丙	符首：癸	丁戊　[死]　天芮禽　朱雀　庚
艮八 東北	**坎一 正北**	**乾六 西北**
癸　[休]　天蓬　直符　辛	己　[開]　天心　九天　癸	庚　[驚]　天柱　九地　己

陽五局　己未時　直符：天　直使：一休

巽四 東南	離九 正南	坤二 西南
壬　[景]　天英　勾陳　乙	丁戊　[死]　天芮禽　朱雀　壬	庚　[驚]　天柱　九地　丁戊
震三 正東	**五中**	**兌七 正西**
乙　[杜]　天輔　六合　丙	符首：癸	己　[開]　天心　九天　庚
艮八 東北	**坎一 正北**	**乾六 西北**
丙　[傷]　天衝　太陰　辛	辛　[生]　天任　騰蛇　癸	癸　[休]　天蓬　直符　己

陽五局　壬戌時　直符：天　直使：一休

巽四 東南	離九 正南	坤二 西南
己　[開]　天心　九天　乙	癸　[休]　天蓬　直符　壬	辛　[生]　天任　騰蛇　丁戊
震三 正東	**五中**	**兌七 正西**
庚　[驚]　天柱　九地　丙	符首：癸	丙　[傷]　天衝　太陰　庚
艮八 東北	**坎一 正北**	**乾六 西北**
丁戊　[死]　天芮禽　朱雀　辛	壬　[景]　天英　勾陳　癸	乙　[杜]　天輔　六合　己

陽五局　庚申時　直符：天　直使：一休

巽四 東南	離九 正南	坤二 西南
丁戊　[死]　天芮禽　朱雀　乙	庚　[驚]　天柱　九地　壬	己　[開]　天心　九天　丁戊
震三 正東	**五中**	**兌七 正西**
壬　[景]　天英　勾陳　丙	符首：癸	癸　[休]　天蓬　直符　庚
艮八 東北	**坎一 正北**	**乾六 西北**
乙　[杜]　天輔　六合　辛	丙　[傷]　天衝　太陰　癸	辛　[生]　天任　騰蛇　己

陽五局　癸亥時　直符：天　直使：一休

巽四 東南	離九 正南	坤二 西南
乙　[杜]　天輔　六合　乙	壬　[景]　天英　勾陳　壬	丁戊　[死]　天芮禽　朱雀　丁戊
震三 正東	**五中**	**兌七 正西**
丙　[傷]　天衝　太陰　丙	符首：癸	庚　[驚]　天柱　九地　庚
艮八 東北	**坎一 正北**	**乾六 西北**
辛　[生]　天任　騰蛇　辛	癸　[休]　天蓬　直符　癸	己　[開]　天心　九天　己

遁甲時盤　陽遁六局

．．．．．．．．．．．．．．．．．．．．．．．．．．．．．

甲己日～戊癸日

甲子時～癸亥時　六十時盤

甲己日

陽六局　甲子時　直符：天心　直使：六開

巽四 東南	離九 正南	坤二 西南
丙 杜 天輔 勾陳	辛 景 天英 朱雀	癸乙 死 天芮禽 九地
丁 傷 天衝 六合（震三 正東）	戊 符首：戊（五中）	己 驚 天柱 九天（兌七 正西）
庚 生 天任 太陰（艮八 東北）	壬 休 天蓬 騰蛇（坎一 正北）	戊 開 天心 直符（乾六 西北）

陽六局　丁卯時　直符：天心　直使：六開

巽四 東南	離九 正南	坤二 西南
壬 驚 天蓬 騰蛇	庚 開 天任 太陰	丁 休 天衝 六合
戊 死 天心 直符（震三 正東）	符首：戊（五中）	丙 生 天輔 勾陳（兌七 正西）
己 景 天柱 九天（艮八 東北）	癸乙 杜 天芮禽 九地（坎一 正北）	辛 傷 天英 朱雀（乾六 西北）

陽六局　乙丑時　直符：天心　直使：六開

巽四 東南	離九 正南	坤二 西南
癸乙 景 天芮禽 九地	己 死 天柱 九天	戊 驚 天心 直符
辛 杜 天英 朱雀（震三 正東）	符首：戊（五中）	壬 開 天蓬 騰蛇（兌七 正西）
丙 傷 天輔 勾陳（艮八 東北）	丁 生 天衝 六合（坎一 正北）	庚 休 天任 太陰（乾六 西北）

陽六局　戊辰時　直符：天心　直使：六開

巽四 東南	離九 正南	坤二 西南
丙 傷 天輔 勾陳	辛 杜 天英 朱雀	癸乙 景 天芮禽 九地
丁 生 天衝 六合（震三 正東）	符首：戊（五中）	己 死 天柱 九天（兌七 正西）
庚 休 天任 太陰（艮八 東北）	壬 開 天蓬 騰蛇（坎一 正北）	戊 驚 天心 直符（乾六 西北）

陽六局　丙寅時　直符：天心　直使：六開

巽四 東南	離九 正南	坤二 西南
戊 生 天心 直符	壬 傷 天蓬 騰蛇	庚 杜 天任 太陰
己 休 天柱 九天（震三 正東）	符首：戊（五中）	丁 景 天衝 六合（兌七 正西）
癸乙 開 天芮禽 九地（艮八 東北）	辛 驚 天英 朱雀（坎一 正北）	丙 死 天輔 勾陳（乾六 西北）

陽六局　己巳時　直符：天心　直使：六開

巽四 東南	離九 正南	坤二 西南
辛 死 天英 朱雀	癸乙 驚 天芮禽 九地	己 開 天柱 九天
丙 景 天輔 勾陳（震三 正東）	符首：戊（五中）	戊 休 天心 直符（兌七 正西）
丁 杜 天衝 六合（艮八 東北）	庚 傷 天任 太陰（坎一 正北）	壬 生 天蓬 騰蛇（乾六 西北）

甲己日

陽六局　庚午時　直符：天心　直使：六開

巽四 東南	離九 正南	坤二 西南
太陰 休 天任 丙	六合 生 天衝 辛	勾陳 傷 天輔 癸乙
震三 正東	五中	兌七 正西
騰蛇 開 天蓬 丁	符首：戊	朱雀 杜 天英 己
艮八 東北	坎一 正北	乾六 西北
直符 驚 天心 庚	九天 死 天柱 壬	九地 景 天芮禽 戊

陽六局　癸酉時　直符：天心　直使：六開

巽四 東南	離九 正南	坤二 西南
九地 杜 天芮禽 丙	九天 景 天柱 辛	直符 死 天心 癸乙
震三 正東	五中	兌七 正西
朱雀 傷 天英 辛	符首：戊	騰蛇 驚 天蓬 己
艮八 東北	坎一 正北	乾六 西北
勾陳 生 天輔 丙	六合 休 天衝 丁	太陰 開 天任 庚

陽六局　辛未時　直符：天心　直使：六開

巽四 東南	離九 正南	坤二 西南
九天 開 天柱 丙	直符 休 天心 辛	騰蛇 生 天蓬 癸乙
震三 正東	五中	兌七 正西
九地 驚 天芮禽 丁	符首：戊	太陰 傷 天任 己
艮八 東北	坎一 正北	乾六 西北
朱雀 死 天英 庚	勾陳 景 天輔 壬	六合 杜 天衝 戊

陽六局　甲戌時　直符：天柱　直使：七驚

巽四 東南	離九 正南	坤二 西南
朱雀 杜 天輔 丙	九地 景 天英 辛	九天 死 天芮禽 癸乙
震三 正東	五中	兌七 正西
勾陳 傷 天衝 丁	符首：己	直符 驚 天柱 己
艮八 東北	坎一 正北	乾六 西北
六合 生 天任 庚	太陰 休 天蓬 壬	騰蛇 開 天心 戊

陽六局　壬申時　直符：天心　直使：六開

巽四 東南	離九 正南	坤二 西南
六合 死 天衝 丙	勾陳 驚 天輔 辛	朱雀 開 天英 癸乙
震三 正東	五中	兌七 正西
太陰 景 天任 丁	符首：戊	九地 休 天芮禽 己
艮八 東北	坎一 正北	乾六 西北
騰蛇 杜 天蓬 庚	直符 傷 天心 壬	九天 生 天柱 戊

陽六局　乙亥時　直符：天柱　直使：七驚

巽四 東南	離九 正南	坤二 西南
九地 休 天英 丙	九天 生 天芮禽 辛	直符 傷 天柱 癸乙
震三 正東	五中	兌七 正西
朱雀 開 天輔 丁	符首：己	騰蛇 杜 天心 己
艮八 東北	坎一 正北	乾六 西北
勾陳 驚 天衝 庚	六合 死 天任 壬	太陰 景 天蓬 戊

乙庚日

陽六局　丙子時　直符：　直使：七驚 天柱

巽四 東南	離九 正南	坤二 西南
己 [死] 天柱　直符　丙	戊 [驚] 天心　騰蛇　辛	壬 [開] 天蓬　太陰　癸乙
癸乙 [景] 天芮禽　九天　丁 震三 正東	符首：己　五中	庚 [休] 天任　六合　己 兌七 正西
辛 [杜] 天英　九地　庚 艮八 東北	丙 [傷] 天輔　朱雀　壬 坎一 正北	丁 [生] 天衝　勾陳　戊 乾六 西北

陽六局　己卯時　直符：　直使：七驚 天柱

巽四 東南	離九 正南	坤二 西南
丙 [開] 天輔　朱雀　丙	辛 [休] 天英　九地　辛	癸乙 [生] 天芮禽　九天　癸乙
丁 [驚] 天衝　勾陳　丁 震三 正東	符首：己　五中	己 [傷] 天柱　直符　己 兌七 正西
庚 [死] 天任　六合　庚 艮八 東北	壬 [景] 天蓬　太陰　壬 坎一 正北	戊 [杜] 天心　騰蛇　戊 乾六 西北

陽六局　丁丑時　直符：　直使：七驚 天柱

巽四 東南	離九 正南	坤二 西南
戊 [生] 天心　騰蛇　丙	壬 [傷] 天蓬　太陰　辛	庚 [杜] 天任　六合　癸乙
己 [休] 天柱　直符　丁 震三 正東	符首：己　五中	丁 [景] 天衝　勾陳　己 兌七 正西
癸乙 [開] 天芮禽　九天　庚 艮八 東北	辛 [驚] 天英　九地　壬 坎一 正北	丙 [死] 天輔　朱雀　戊 乾六 西北

陽六局　庚辰時　直符：　直使：七驚 天柱

巽四 東南	離九 正南	坤二 西南
壬 [驚] 天蓬　太陰　丙	庚 [開] 天任　六合　辛	丁 [休] 天衝　勾陳　癸乙
戊 [死] 天心　騰蛇　丁 震三 正東	符首：己　五中	丙 [生] 天輔　朱雀　己 兌七 正西
己 [景] 天柱　直符　庚 艮八 東北	癸乙 [杜] 天芮禽　九天　壬 坎一 正北	辛 [傷] 天英　九地　戊 乾六 西北

陽六局　戊寅時　直符：　直使：七驚 天柱

巽四 東南	離九 正南	坤二 西南
丁 [景] 天衝　勾陳　丙	丙 [死] 天輔　朱雀　辛	辛 [驚] 天英　九地　癸乙
庚 [杜] 天任　六合　丁 震三 正東	符首：己　五中	癸乙 [開] 天芮禽　九天　己 兌七 正西
壬 [傷] 天柱　太陰　庚 艮八 東北	戊 [生] 天蓬　騰蛇　壬 坎一 正北	己 [休] 天心　直符　戊 乾六 西北

陽六局　辛巳時　直符：　直使：七驚 天柱

巽四 東南	離九 正南	坤二 西南
癸乙 [景] 天芮禽　九天　丙	己 [死] 天柱　直符　辛	戊 [驚] 天心　騰蛇　癸乙
辛 [杜] 天英　九地　丁 震三 正東	符首：己　五中	壬 [開] 天蓬　太陰　己 兌七 正西
丙 [傷] 天輔　朱雀　庚 艮八 東北	丁 [生] 天衝　勾陳　壬 坎一 正北	庚 [休] 天任　六合　戊 乾六 西北

乙 庚 日

陽六局　壬午時　直符：天柱　直使：七驚

巽四 東南	離九 正南	坤二 西南
六合　庚　傷　天任　丙	勾陳　丁　杜　天衝　辛	朱雀　丙　景　天輔　癸乙
震三 正東	五中	兌七 正西
太陰　壬　生　天蓬　丁	符首：己	辛　死　天英　己
艮八 東北	坎一 正北	乾六 西北
騰蛇　戊　休　天心　庚	直符　己　開　天柱　壬	九天　癸乙　驚　天芮禽　戊

陽六局　乙酉時　直符：天任　直使：八生

巽四 東南	離九 正南	坤二 西南
九地　戊　休　天心　丙	九天　壬　生　天蓬　辛	直符　庚　傷　天任　癸乙
震三 正東	五中	兌七 正西
朱雀　己　開　天柱　丁	符首：庚	丁　杜　天衝　己
艮八 東北	坎一 正北	乾六 西北
勾陳　癸乙　驚　天芮禽　庚	六合　辛　死　天英　壬	太陰　丙　景　天輔　戊

陽六局　癸未時　直符：天柱　直使：七驚

巽四 東南	離九 正南	坤二 西南
九地　辛　杜　天英　丙	九天　癸乙　景　天芮禽　辛	直符　己　死　天柱　癸乙
震三 正東	五中	兌七 正西
朱雀　丙　傷　天輔　丁	符首：己	戊　驚　天心　己
艮八 東北	坎一 正北	乾六 西北
勾陳　丁　生　天衝　庚	六合　庚　休　天任　壬	太陰　壬　開　天蓬　戊

陽六局　丙戌時　直符：天任　直使：八生

巽四 東南	離九 正南	坤二 西南
直符　庚　景　天任　丙	騰蛇　丁　死　天衝　辛	太陰　丙　驚　天輔　癸乙
震三 正東	五中	兌七 正西
九天　壬　杜　天蓬　丁	符首：庚	六合　辛　開　天英　己
艮八 東北	坎一 正北	乾六 西北
九地　戊　傷　天心　庚	朱雀　己　生　天柱　壬	勾陳　癸乙　休　天芮禽　戊

陽六局　甲申時　直符：天任　直使：八生

巽四 東南	離九 正南	坤二 西南
太陰　丙　杜　天輔　丙	六合　辛　景　天英　辛	勾陳　癸乙　死　天芮禽　癸乙
震三 正東	五中	兌七 正西
騰蛇　丁　傷　天衝　丁	符首：庚	己　驚　天柱　己
艮八 東北	坎一 正北	乾六 西北
直符　庚　生　天任　庚	九天　壬　休　天蓬　壬	九地　戊　開　天心　戊

陽六局　丁亥時　直符：天任　直使：八生

巽四 東南	離九 正南	坤二 西南
騰蛇　丁　開　天衝　丙	太陰　丙　休　天輔　辛	六合　辛　生　天英　癸乙
震三 正東	五中	兌七 正西
直符　庚　驚　天任　丁	符首：庚	勾陳　癸乙　傷　天芮禽　己
艮八 東北	坎一 正北	乾六 西北
九天　壬　死　天蓬　庚	九地　戊　景　天心　壬	朱雀　己　杜　天柱　戊

丙辛日

陽六局　戊子時　直符：天任　直使：八生

巽四 東南	離九 正南	坤二 西南
勾陳 傷 天芮禽 癸乙 丙	朱雀 杜 天柱 己 辛	九地 景 天心 戊 癸乙
六合 生 天英 辛 丁	符首：庚 五中	九天 死 天蓬 壬 己
太陰 休 天輔 丙 庚	騰蛇 開 天衝 丁 壬	直符 驚 天任 庚 戊
艮八 東北	坎一 正北	乾六 西北

陽六局　辛卯時　直符：天任　直使：八生

巽四 東南	離九 正南	坤二 西南
九天 死 天蓬 壬 丙	直符 驚 天任 庚 辛	騰蛇 開 天衝 丁 癸乙
九地 景 天心 戊 丁	符首：庚 五中	太陰 休 天輔 丙 己
朱雀 杜 天柱 己 庚	勾陳 傷 天芮禽 癸乙 壬	六合 生 天英 辛 戊
艮八 東北	坎一 正北	乾六 西北

陽六局　己丑時　直符：天任　直使：八生

巽四 東南	離九 正南	坤二 西南
朱雀 生 天柱 己 丙	九地 傷 天心 戊 辛	九天 杜 天蓬 壬 癸乙
勾陳 休 天芮禽 癸乙 丁	符首：庚 五中	直符 景 天任 庚 己
六合 開 天英 辛 庚	太陰 驚 天輔 丙 壬	騰蛇 死 天衝 丁 戊
艮八 東北	坎一 正北	乾六 西北

陽六局　壬辰時　直符：天任　直使：八生

巽四 東南	離九 正南	坤二 西南
六合 驚 天英 辛 丙	勾陳 開 天芮禽 癸乙 辛	朱雀 休 天柱 己 癸乙
太陰 死 天輔 丙 丁	符首：庚 五中	九地 生 天心 戊 己
騰蛇 景 天衝 丁 庚	直符 杜 天任 庚 壬	九天 傷 天蓬 壬 戊
艮八 東北	坎一 正北	乾六 西北

陽六局　庚寅時　直符：天任　直使：八生

巽四 東南	離九 正南	坤二 西南
太陰 開 天輔 丙 丙	六合 休 天英 辛 辛	勾陳 生 天芮禽 癸乙 癸乙
騰蛇 驚 天衝 丁 丁	符首：庚 五中	朱雀 傷 天柱 己 己
直符 死 天任 庚 庚	九天 景 天蓬 壬 壬	九地 杜 天心 戊 戊
艮八 東北	坎一 正北	乾六 西北

陽六局　癸巳時　直符：天任　直使：八生

巽四 東南	離九 正南	坤二 西南
九地 杜 天心 戊 丙	九天 景 天蓬 壬 辛	直符 死 天任 庚 癸乙
朱雀 傷 天柱 己 丁	符首：庚 五中	騰蛇 驚 天衝 丁 己
勾陳 生 天芮禽 癸乙 庚	六合 休 天英 辛 壬	太陰 開 天輔 丙 戊
艮八 東北	坎一 正北	乾六 西北

丙辛日

陽六局　甲午時　直符：天英　直使：九景

東南 巽四	正南 離九	西南 坤二
丙 [杜] 天輔 九天／丙	辛 [景] 天英 直符／辛	癸乙 [死] 天芮禽 騰蛇／癸乙
丁 [傷] 天衝 九地／丁（正東 震三）	符首：辛（五中）	己 [驚] 天柱 太陰／己（正西 兌七）
庚 [生] 天任 朱雀／庚（東北 艮八）	壬 [休] 天蓬 勾陳／壬（正北 坎一）	戊 [開] 天心 六合／戊（西北 乾六）

陽六局　丁酉時　直符：天英　直使：九景

東南 巽四	正南 離九	西南 坤二
癸乙 [死] 天芮禽 騰蛇／癸乙	己 [驚] 天柱 太陰／己	戊 [開] 天心 六合／戊
辛 [景] 天英 直符／辛（正東 震三）	符首：辛（五中）	壬 [休] 天蓬 勾陳／壬（正西 兌七）
丙 [杜] 天輔 九天／丙（東北 艮八）	丁 [傷] 天衝 九地／丁（正北 坎一）	庚 [生] 天任 朱雀／庚（西北 乾六）

陽六局　乙未時　直符：天英　直使：九景

東南 巽四	正南 離九	西南 坤二
丁 [開] 天衝 九地／丙	丙 [休] 天輔 九天／辛	辛 [生] 天英 直符／癸乙
庚 [驚] 天任 朱雀／丁（正東 震三）	符首：辛（五中）	癸乙 [傷] 天芮禽 騰蛇／己（正西 兌七）
壬 [死] 天蓬 勾陳／庚（東北 艮八）	戊 [景] 天心 六合／壬（正北 坎一）	己 [杜] 天柱 太陰／戊（西北 乾六）

陽六局　戊戌時　直符：天英　直使：九景

東南 巽四	正南 離九	西南 坤二
壬 [景] 天蓬 勾陳／丙	庚 [死] 天任 朱雀／辛	丁 [驚] 天衝 九地／癸乙
戊 [杜] 天心 六合／丁（正東 震三）	符首：辛（五中）	丙 [開] 天輔 九天／己（正西 兌七）
己 [傷] 天柱 太陰／庚（東北 艮八）	癸乙 [生] 天芮禽 騰蛇／壬（正北 坎一）	辛 [休] 天英 直符／戊（西北 乾六）

陽六局　丙申時　直符：天英　直使：九景

東南 巽四	正南 離九	西南 坤二
辛 [傷] 天英 直符／丙	癸乙 [杜] 天芮禽 騰蛇／辛	己 [景] 天柱 太陰／癸乙
丙 [生] 天輔 九天／丁（正東 震三）	符首：辛（五中）	戊 [死] 天心 六合／己（正西 兌七）
丁 [休] 天衝 九地／庚（東北 艮八）	庚 [開] 天任 朱雀／壬（正北 坎一）	壬 [驚] 天蓬 勾陳／戊（西北 乾六）

陽六局　己亥時　直符：天英　直使：九景

東南 巽四	正南 離九	西南 坤二
庚 [傷] 天任 朱雀／丙	丁 [杜] 天衝 九地／辛	丙 [景] 天輔 九天／癸乙
壬 [生] 天蓬 勾陳／丁（正東 震三）	符首：辛（五中）	辛 [死] 天英 直符／己（正西 兌七）
戊 [休] 天心 六合／庚（東北 艮八）	己 [開] 天柱 太陰／壬（正北 坎一）	癸乙 [驚] 天芮禽 騰蛇／戊（西北 乾六）

丁 壬 日

陽六局 庚子時（直符：天英　直使：九景）

巽四 東南	離九 正南	坤二 西南
己 太陰 [休] 天柱 丙	戊 六合 [生] 天心 辛	壬 勾陳 [傷] 天蓬 癸乙
癸乙 騰蛇 [開] 天芮禽 丁（震三 正東）	符首：辛（五中）	庚 朱雀 [杜] 天任 己（兌七 正西）
辛 直符 [驚] 天英 庚（艮八 東北）	丙 九天 [死] 天輔 壬（坎一 正北）	丁 九地 [景] 天衝 戊（乾六 西北）

陽六局 癸卯時（直符：天英　直使：九景）

巽四 東南	離九 正南	坤二 西南
丁 九地 [杜] 天衝 丙	丙 九天 [景] 天輔 辛	辛 直符 [死] 天英 癸乙
庚 朱雀 [傷] 天任 丁（震三 正東）	符首：辛（五中）	癸乙 騰蛇 [驚] 天芮禽 己（兌七 正西）
壬 勾陳 [生] 天蓬 庚（艮八 東北）	戊 六合 [休] 天心 壬（坎一 正北）	己 太陰 [開] 天柱 戊（乾六 西北）

陽六局 辛丑時（直符：天英　直使：九景）

巽四 東南	離九 正南	坤二 西南
丙 九天 [生] 天輔 丙	辛 直符 [傷] 天英 辛	癸乙 騰蛇 [杜] 天芮禽 癸乙
丁 九地 [休] 天衝 丁（震三 正東）	符首：辛（五中）	己 太陰 [景] 天柱 己（兌七 正西）
庚 朱雀 [開] 天任 庚（艮八 東北）	壬 勾陳 [驚] 天蓬 壬（坎一 正北）	戊 六合 [死] 天心 戊（乾六 西北）

陽六局 甲辰時（直符：天蓬　直使：一休）

巽四 東南	離九 正南	坤二 西南
丙 六合 [杜] 天輔 丙	辛 勾陳 [景] 天英 辛	癸乙 朱雀 [死] 天芮禽 癸乙
丁 太陰 [傷] 天衝 丁（震三 正東）	符首：壬（五中）	己 九地 [驚] 天柱 己（兌七 正西）
庚 騰蛇 [生] 天任 庚（艮八 東北）	壬 直符 [休] 天蓬 壬（坎一 正北）	戊 九天 [開] 天心 戊（乾六 西北）

陽六局 壬寅時（直符：天英　直使：九景）

巽四 東南	離九 正南	坤二 西南
戊 六合 [驚] 天心 丙	壬 勾陳 [開] 天蓬 辛	庚 朱雀 [休] 天任 癸乙
己 太陰 [死] 天柱 丁（震三 正東）	符首：辛（五中）	丁 九地 [生] 天衝 己（兌七 正西）
癸乙 騰蛇 [景] 天芮禽 庚（艮八 東北）	辛 直符 [杜] 天英 壬（坎一 正北）	丙 九天 [傷] 天輔 戊（乾六 西北）

陽六局 乙巳時（直符：天蓬　直使：一休）

巽四 東南	離九 正南	坤二 西南
己 九地 [驚] 天柱 丙	戊 九天 [開] 天心 辛	壬 直符 [休] 天蓬 癸乙
癸乙 朱雀 [死] 天芮禽 丁（震三 正東）	符首：壬（五中）	庚 騰蛇 [生] 天任 己（兌七 正西）
辛 勾陳 [景] 天英 庚（艮八 東北）	丙 六合 [杜] 天輔 壬（坎一 正北）	丁 太陰 [傷] 天衝 戊（乾六 西北）

丁壬日

陽六局　丙午時　直符：天蓬　直使：一休

巽四 東南	離九 正南	坤二 西南
壬 天蓬　直符　生　丙	庚 天任　騰蛇　傷　辛	丁 天衝　太陰　杜　癸乙
戊 天心　九天　休　丁（震三 正東）	符首：壬（五中）	丙 天輔　六合　景　己（兌七 正西）
己 天柱　九地　開　庚（艮八 東北）	癸乙 天芮禽　朱雀　驚　壬（坎一 正北）	辛 天英　勾陳　死　戊（乾六 西北）

陽六局　己酉時　直符：天蓬　直使：一休

巽四 東南	離九 正南	坤二 西南
癸乙 天芮禽　朱雀　景　丙	己 天柱　九地　死　辛	戊 天心　九天　驚　癸乙
辛 天英　勾陳　杜　丁（震三 正東）	符首：壬（五中）	壬 天蓬　直符　開　己（兌七 正西）
丙 天輔　六合　傷　庚（艮八 東北）	丁 天衝　太陰　生　壬（坎一 正北）	庚 天任　騰蛇　休　戊（乾六 西北）

陽六局　丁未時　直符：天蓬　直使：一休

巽四 東南	離九 正南	坤二 西南
庚 天任　騰蛇　休　丙	丁 天衝　太陰　生　辛	丙 天輔　六合　傷　癸乙
壬 天蓬　直符　開　丁（震三 正東）	符首：壬（五中）	辛 天英　勾陳　杜　己（兌七 正西）
戊 天心　九天　驚　庚（艮八 東北）	己 天柱　九地　死　壬（坎一 正北）	癸乙 天芮禽　朱雀　景　戊（乾六 西北）

陽六局　庚戌時　直符：天蓬　直使：一休

巽四 東南	離九 正南	坤二 西南
丁 天衝　太陰　死　丙	丙 天輔　六合　驚　辛	辛 天英　勾陳　開　癸乙
庚 天任　騰蛇　景　丁（震三 正東）	符首：壬（五中）	癸乙 天芮禽　朱雀　休　己（兌七 正西）
壬 天蓬　直符　杜　庚（艮八 東北）	戊 天心　九天　傷　壬（坎一 正北）	己 天柱　九地　生　戊（乾六 西北）

陽六局　戊申時　直符：天蓬　直使：一休

巽四 東南	離九 正南	坤二 西南
辛 天英　勾陳　驚　丙	癸乙 天芮禽　朱雀　開　辛	己 天柱　九地　休　癸乙
丙 天輔　六合　死　丁（震三 正東）	符首：壬（五中）	戊 天心　九天　生　己（兌七 正西）
丁 天衝　太陰　景　庚（艮八 東北）	庚 天任　騰蛇　杜　壬（坎一 正北）	壬 天蓬　直符　傷　戊（乾六 西北）

陽六局　辛亥時　直符：天蓬　直使：一休

巽四 東南	離九 正南	坤二 西南
戊 天心　九天　傷　丙	壬 天蓬　直符　杜　辛	庚 天任　騰蛇　景　癸乙
己 天柱　九地　生　丁（震三 正東）	符首：壬（五中）	丁 天衝　太陰　死　己（兌七 正西）
癸乙 天芮禽　朱雀　休　庚（艮八 東北）	辛 天英　勾陳　開　壬（坎一 正北）	丙 天輔　六合　驚　戊（乾六 西北）

72

戊 癸 日

陽六局　壬子時　直符：天蓬　直使：一休

巽四 東南	離九 正南	坤二 西南
六合　丙　開　天輔	勾陳　辛　休　天英	朱雀　癸乙　生　天芮禽
太陰　丁　驚　天衝（震三 正東）	符首：壬（五中）	九地　己　傷　天柱（兌七 正西）
騰蛇　庚　死　天任（艮八 東北）	直符　壬　景　天蓬（坎一 正北）	九天　戊　杜　天心（乾六 西北）

陽六局　乙卯時　直符：天芮禽　直使：二死

巽四 東南	離九 正南	坤二 西南
九地　丙　驚　天輔	九天　辛　開　天英	直符　癸乙　休　天芮禽
朱雀　丁　死　天衝（震三 正東）	符首：癸（五中）	騰蛇　己　生　天柱（兌七 正西）
六合　庚　杜　天任（艮八 東北）	勾陳　壬　景　天蓬（坎一 正北）	太陰　戊　傷　天心（乾六 西北）

陽六局　癸丑時　直符：天蓬　直使：一休

巽四 東南	離九 正南	坤二 西南
九地　己　杜　天柱	九天　戊　景　天心	直符　壬　死　天蓬
朱雀　癸乙　傷　天芮禽（震三 正東）	符首：壬（五中）	騰蛇　庚　驚　天任（兌七 正西）
勾陳　辛　生　天英（艮八 東北）	六合　丙　休　天輔（坎一 正北）	太陰　丁　開　天衝（乾六 西北）

陽六局　丙辰時　直符：天芮禽　直使：二死

巽四 東南	離九 正南	坤二 西南
直符　癸乙　死　天芮禽	騰蛇　己　驚　天柱	太陰　戊　開　天心
九天　辛　景　天英（震三 正東）	符首：癸（五中）	六合　壬　休　天蓬（兌七 正西）
九地　丙　杜　天輔（艮八 東北）	朱雀　丁　傷　天衝（坎一 正北）	勾陳　庚　生　天任（乾六 西北）

陽六局　甲寅時　直符：天芮禽　直使：二死

巽四 東南	離九 正南	坤二 西南
九地　丙　杜　天輔	九天　辛　景　天英	直符　癸乙　死　天芮禽
朱雀　丁　傷　天衝（震三 正東）	符首：癸（五中）	騰蛇　己　驚　天柱（兌七 正西）
勾陳　庚　生　天任（艮八 東北）	六合　壬　休　天蓬（坎一 正北）	太陰　戊　開　天心（乾六 西北）

陽六局　丁巳時　直符：天芮禽　直使：二死

巽四 東南	離九 正南	坤二 西南
騰蛇　己　杜　天柱	太陰　戊　景　天心	六合　壬　死　天蓬
直符　癸乙　傷　天芮禽（震三 正東）	符首：癸（五中）	勾陳　庚　驚　天任（兌七 正西）
九地　辛　生　天英（艮八 東北）	九天　丙　休　天輔（坎一 正北）	朱雀　丁　開　天衝（乾六 西北）

戊癸日

陽六局　戊午時　直符：天芮禽　直使：二死

巽四 東南	離九 正南	坤二 西南
庚 勾陳 生 天任 丙	丁 朱雀 傷 天衝 辛	丙 九地 杜 天輔 癸乙
壬 六合 休 天蓬 丁（震三 正東）	符首：癸（五中）	九天 景 天英 己（兌七 正西）
戊 太陰 開 天心 庚（艮八 東北）	己 騰蛇 驚 天柱 壬（坎一 正北）	癸乙 直符 死 天芮禽 戊（乾六 西北）

陽六局　辛酉時　直符：天芮禽　直使：二死

巽四 東南	離九 正南	坤二 西南
辛 九天 景 天英 丙	癸乙 直符 死 天芮禽 辛	己 騰蛇 驚 天柱 癸乙
丙 九地 杜 天輔 丁（震三 正東）	符首：癸（五中）	戊 太陰 開 天心 己（兌七 正西）
丁 朱雀 傷 天衝 庚（艮八 東北）	庚 勾陳 生 天任 壬（坎一 正北）	壬 六合 休 天蓬 戊（乾六 西北）

陽六局　己未時　直符：天芮禽　直使：二死

巽四 東南	離九 正南	坤二 西南
丁 朱雀 傷 天衝 丙	丙 九地 杜 天輔 辛	辛 九天 景 天英 癸乙
庚 勾陳 生 天任 丁（震三 正東）	符首：癸（五中）	癸乙 直符 死 天芮禽 己（兌七 正西）
壬 六合 休 天蓬 庚（艮八 東北）	戊 太陰 開 天心 壬（坎一 正北）	己 騰蛇 驚 天柱 戊（乾六 西北）

陽六局　壬戌時　直符：天芮禽　直使：二死

巽四 東南	離九 正南	坤二 西南
壬 六合 休 天蓬 丙	庚 勾陳 生 天任 辛	丁 朱雀 傷 天衝 癸乙
戊 太陰 開 天心 丁（震三 正東）	符首：癸（五中）	丙 九地 杜 天輔 己（兌七 正西）
己 騰蛇 驚 天柱 庚（艮八 東北）	癸乙 直符 死 天芮禽 壬（坎一 正北）	辛 九天 景 天英 戊（乾六 西北）

陽六局　庚申時　直符：天芮禽　直使：二死

巽四 東南	離九 正南	坤二 西南
戊 太陰 開 天心 丙	壬 六合 休 天蓬 辛	庚 勾陳 生 天任 癸乙
己 騰蛇 驚 天柱 丁（震三 正東）	符首：癸（五中）	丁 朱雀 傷 天衝 己（兌七 正西）
癸乙 直符 死 天芮禽 庚（艮八 東北）	辛 九天 景 天英 壬（坎一 正北）	丙 九地 杜 天輔 戊（乾六 西北）

陽六局　癸亥時　直符：天芮禽　直使：二死

巽四 東南	離九 正南	坤二 西南
丙 九地 杜 天輔 丙	辛 九天 景 天英 癸乙	癸乙 直符 死 天芮禽
丁 朱雀 傷 天衝 己（震三 正東）	符首：癸（五中）	己 騰蛇 驚 天柱 己（兌七 正西）
庚 勾陳 生 天任 庚（艮八 東北）	壬 六合 休 天蓬 壬（坎一 正北）	戊 太陰 開 天心 戊（乾六 西北）

遁甲時盤　陽遁七局

甲己日〜戊癸日

甲子時〜癸亥時　六十時盤

甲己日

陽七局　甲子時　直符：天柱　直使：七驚

巽四 東南	離九 正南	坤二 西南
丁 朱雀 [杜] 天輔 丁	庚 九地 [景] 天英 庚	壬丙 九天 [死] 天芮禽 壬丙
震三 正東	五中	兌七 正西
癸 勾陳 [傷] 天衝 癸	符首：戊	戊 直符 [驚] 天柱 戊
艮八 東北	坎一 正北	乾六 西北
己 六合 [生] 天任 己	辛 太陰 [休] 天蓬 辛	乙 騰蛇 [開] 天心 乙

陽七局　丁卯時　直符：天柱　直使：七驚

巽四 東南	離九 正南	坤二 西南
戊 直符 [生] 天柱 丁	乙 騰蛇 [傷] 天心 庚	辛 太陰 [杜] 天蓬 壬丙
震三 正東	五中	兌七 正西
壬丙 九天 [休] 天芮禽 癸	符首：戊	己 六合 [景] 天任 戊
艮八 東北	坎一 正北	乾六 西北
庚 九地 [開] 天英 己	丁 朱雀 [驚] 天輔 辛	癸 勾陳 [死] 天衝 乙

陽七局　乙丑時　直符：天柱　直使：七驚

巽四 東南	離九 正南	坤二 西南
癸 勾陳 [休] 天衝 丁	丁 朱雀 [生] 天輔 庚	庚 九地 [傷] 天英 壬丙
震三 正東	五中	兌七 正西
己 六合 [開] 天任 癸	符首：戊	壬丙 九天 [杜] 天芮禽 戊
艮八 東北	坎一 正北	乾六 西北
辛 太陰 [驚] 天蓬 己	乙 騰蛇 [死] 天心 辛	戊 直符 [景] 天柱 乙

陽七局　戊辰時　直符：天柱　直使：七驚

巽四 東南	離九 正南	坤二 西南
丁 朱雀 [景] 天輔 丁	庚 九地 [死] 天英 庚	壬丙 九天 [驚] 天芮禽 壬丙
震三 正東	五中	兌七 正西
癸 勾陳 [杜] 天衝 癸	符首：戊	戊 直符 [開] 天柱 戊
艮八 東北	坎一 正北	乾六 西北
己 六合 [傷] 天任 己	辛 太陰 [生] 天蓬 辛	乙 騰蛇 [休] 天心 乙

陽七局　丙寅時　直符：天柱　直使：七驚

巽四 東南	離九 正南	坤二 西南
庚 九地 [死] 天英 丁	壬丙 九天 [驚] 天芮禽 庚	戊 直符 [開] 天柱 壬丙
震三 正東	五中	兌七 正西
丁 朱雀 [景] 天輔 癸	符首：戊	乙 騰蛇 [休] 天心 戊
艮八 東北	坎一 正北	乾六 西北
癸 勾陳 [杜] 天衝 己	己 六合 [傷] 天任 辛	辛 太陰 [生] 天蓬 乙

陽七局　己巳時　直符：天柱　直使：七驚

巽四 東南	離九 正南	坤二 西南
辛 太陰 [開] 天蓬 丁	己 六合 [休] 天任 庚	癸 勾陳 [生] 天衝 壬丙
震三 正東	五中	兌七 正西
乙 騰蛇 [驚] 天心 癸	符首：戊	丁 朱雀 [傷] 天輔 戊
艮八 東北	坎一 正北	乾六 西北
戊 直符 [死] 天柱 己	壬丙 九天 [景] 天芮禽 辛	庚 九地 [杜] 天英 乙

甲己日

陽七局　庚午時

直符：天柱　直使：七驚

巽四東南	離九正南	坤二西南
壬丙　九天　[驚]　天芮禽　丁	戊　直符　[開]　天柱　庚	乙　騰蛇　[休]　天心　壬丙
庚　九地　[死]　天英　癸	五中　符首：戊	辛　太陰　[生]　天蓬　戊
丁　朱雀　[景]　天輔　己	癸　勾陳　[杜]　天衝　辛	己　六合　[傷]　天任　乙

（震三正東・五中・兌七正西／艮八東北・坎一正北・乾六西北）

陽七局　癸酉時

直符：天柱　直使：七驚

巽四東南	離九正南	坤二西南
乙　騰蛇　[杜]　天心　丁	辛　太陰　[景]　天蓬　庚	己　六合　[死]　天任　壬丙
戊　直符　[傷]　天柱　癸	五中　符首：戊	癸　勾陳　[驚]　天衝　戊
壬丙　九天　[生]　天芮禽　己	庚　九地　[休]　天英　辛	丁　朱雀　[開]　天輔　乙

陽七局　辛未時

直符：天柱　直使：七驚

巽四東南	離九正南	坤二西南
己　六合　[景]　天任　丁	癸　勾陳　[死]　天衝　庚	丁　朱雀　[驚]　天輔　壬丙
辛　太陰　[杜]　天蓬　癸	五中　符首：戊	庚　九地　[開]　天英　戊
乙　騰蛇　[傷]　天心　己	戊　直符　[生]　天柱　辛	壬丙　九天　[休]　天芮禽　乙

陽七局　甲戌時

直符：天任　直使：八生

巽四東南	離九正南	坤二西南
丁　太陰　[杜]　天輔　丁	庚　六合　[景]　天英　庚	壬丙　勾陳　[死]　天芮禽　壬丙
癸　騰蛇　[傷]　天衝　癸	五中　符首：己	戊　朱雀　[驚]　天柱　戊
己　直符　[生]　天任　己	辛　九天　[休]　天蓬　辛	乙　九地　[開]　天心　乙

陽七局　壬申時

直符：天柱　直使：七驚

巽四東南	離九正南	坤二西南
庚　九地　[傷]　天英　丁	壬丙　九天　[杜]　天芮禽　庚	戊　直符　[景]　天柱　壬丙
丁　朱雀　[生]　天輔　癸	五中　符首：戊	乙　騰蛇　[死]　天心　戊
癸　勾陳　[休]　天衝　己	己　六合　[開]　天任　辛	辛　太陰　[驚]　天蓬　乙

陽七局　乙亥時

直符：天任　直使：八生

巽四東南	離九正南	坤二西南
壬丙　勾陳　[休]　天芮禽　丁	戊　朱雀　[生]　天柱　庚	乙　九地　[傷]　天心　壬丙
庚　六合　[開]　天英　癸	五中　符首：己	辛　九天　[杜]　天蓬　戊
丁　太陰　[驚]　天輔　己	癸　騰蛇　[死]　天衝　辛	己　直符　[景]　天任　乙

乙庚日

陽七局

丙子時
直符：天任
直使：八生

乙 天心 [景] 丁 巽四 東南	辛 天蓬 [死] 庚 離九 正南	己 天任 [驚] 壬丙 坤二 西南
九地	九天	直符
戊 天柱 [杜] 癸 震三 正東	符首：己 五中	癸 天衝 [開] 戊 兌七 正西
朱雀		騰蛇
壬丙 天芮禽 [傷] 己 艮八 東北	庚 天英 [生] 辛 坎一 正北	丁 天輔 [休] 乙 乾六 西北
勾陳	六合	太陰

陽七局

己卯時
直符：天任
直使：八生

丁 天輔 [生] 丁 巽四 東南	庚 天英 [傷] 庚 離九 正南	壬丙 天芮禽 [杜] 壬丙 坤二 西南
太陰	六合	勾陳
癸 天衝 [休] 癸 震三 正東	符首：己 五中	戊 天柱 [景] 戊 兌七 正西
騰蛇		朱雀
己 天任 [開] 己 艮八 東北	辛 天蓬 [驚] 辛 坎一 正北	乙 天心 [死] 乙 乾六 西北
直符	九天	九地

陽七局

丁丑時
直符：天任
直使：八生

己 天任 [開] 丁 巽四 東南	癸 天衝 [休] 庚 離九 正南	丁 天輔 [生] 壬丙 坤二 西南
直符	騰蛇	太陰
辛 天蓬 [驚] 癸 震三 正東	符首：己 五中	庚 天英 [傷] 戊 兌七 正西
九天		六合
乙 天心 [死] 己 艮八 東北	戊 天柱 [景] 辛 坎一 正北	壬丙 天芮禽 [杜] 乙 乾六 西北
九地	朱雀	勾陳

陽七局

庚辰時
直符：天任
直使：八生

辛 天蓬 [開] 丁 巽四 東南	己 天任 [休] 庚 離九 正南	癸 天衝 [生] 壬丙 坤二 西南
九天	直符	騰蛇
乙 天心 [驚] 癸 震三 正東	符首：己 五中	丁 天輔 [傷] 戊 兌七 正西
九地		太陰
戊 天柱 [死] 己 艮八 東北	壬丙 天芮禽 [景] 辛 坎一 正北	庚 天英 [杜] 乙 乾六 西北
朱雀	勾陳	六合

陽七局

戊寅時
直符：天任
直使：八生

戊 天柱 [傷] 丁 巽四 東南	乙 天心 [杜] 庚 離九 正南	辛 天蓬 [景] 壬丙 坤二 西南
朱雀	九地	九天
壬丙 天芮禽 [生] 癸 震三 正東	符首：己 五中	己 天任 [死] 戊 兌七 正西
勾陳		直符
庚 天英 [休] 己 艮八 東北	丁 天輔 [開] 辛 坎一 正北	癸 天衝 [驚] 乙 乾六 西北
六合	太陰	騰蛇

陽七局

辛巳時
直符：天任
直使：八生

庚 天英 [死] 丁 巽四 東南	壬丙 天芮禽 [驚] 庚 離九 正南	戊 天柱 [開] 壬丙 坤二 西南
六合	勾陳	朱雀
丁 天輔 [景] 癸 震三 正東	符首：己 五中	乙 天心 [休] 戊 兌七 正西
太陰		九地
癸 天衝 [杜] 己 艮八 東北	己 天任 [傷] 辛 坎一 正北	辛 天蓬 [生] 乙 乾六 西北
騰蛇	直符	九天

乙 庚 日

陽七局　壬午時　直符：天任　直使：八生

巽四 東南	離九 正南	坤二 西南
乙　九地　[驚]　天心　丁	辛　九天　[開]　天蓬　庚	己　直符　[休]　天任　壬丙
戊　朱雀　[死]　天柱　癸（震三 正東）	符首：己（五中）	癸　騰蛇　[生]　天衝　戊（兌七 正西）
壬丙　勾陳　[景]　天芮禽　己（艮八 東北）	庚　六合　[杜]　天英　辛（坎一 正北）	丁　太陰　[傷]　天輔　乙（乾六 西北）

陽七局　乙酉時　直符：天心　直使：九景

巽四 東南	離九 正南	坤二 西南
辛　勾陳　[開]　天蓬　丁	己　朱雀　[休]　天任　庚	癸　九地　[生]　天衝　壬丙
乙　六合　[驚]　天心　癸（震三 正東）	符首：庚（五中）	丁　九天　[傷]　天輔　戊（兌七 正西）
戊　太陰　[死]　天柱　己（艮八 東北）	壬丙　騰蛇　[景]　天芮禽　辛（坎一 正北）	庚　直符　[杜]　天英　乙（乾六 西北）

陽七局　癸未時　直符：天任　直使：八生

巽四 東南	離九 正南	坤二 西南
癸　騰蛇　[杜]　天衝　丁	丁　太陰　[景]　天輔　庚	庚　六合　[死]　天英　壬丙
己　直符　[傷]　天任　癸（震三 正東）	符首：己（五中）	壬丙　勾陳　[驚]　天芮禽　戊（兌七 正西）
辛　九天　[生]　天蓬　己（艮八 東北）	乙　九地　[休]　天心　辛（坎一 正北）	戊　朱雀　[開]　天柱　乙（乾六 西北）

陽七局　丙戌時　直符：天心　直使：九景

巽四 東南	離九 正南	坤二 西南
癸　九地　[傷]　天衝　丁	丁　九天　[杜]　天輔　庚	庚　直符　[景]　天英　壬丙
己　朱雀　[生]　天任　癸（震三 正東）	符首：庚（五中）	壬丙　騰蛇　[死]　天芮禽　戊（兌七 正西）
辛　勾陳　[休]　天蓬　己（艮八 東北）	乙　六合　[開]　天心　辛（坎一 正北）	戊　太陰　[驚]　天柱　乙（乾六 西北）

陽七局　甲申時　直符：天英　直使：九景

巽四 東南	離九 正南	坤二 西南
丁　九天　[杜]　天輔　丁	庚　直符　[景]　天英　庚	壬丙　騰蛇　[死]　天芮禽　壬丙
癸　九地　[傷]　天衝　癸（震三 正東）	符首：庚（五中）	戊　太陰　[驚]　天柱　戊（兌七 正西）
己　朱雀　[生]　天任　己（艮八 東北）	辛　勾陳　[休]　天蓬　辛（坎一 正北）	乙　六合　[開]　天心　乙（乾六 西北）

陽七局　丁亥時　直符：天英　直使：九景

巽四 東南	離九 正南	坤二 西南
庚　直符　[死]　天英　丁	壬丙　騰蛇　[驚]　天芮禽　庚	戊　太陰　[開]　天柱　壬丙
丁　九天　[景]　天輔　癸（震三 正東）	符首：庚（五中）	乙　六合　[休]　天心　戊（兌七 正西）
癸　九地　[杜]　天衝　己（艮八 東北）	己　朱雀　[傷]　天任　辛（坎一 正北）	辛　勾陳　[生]　天蓬　乙（乾六 西北）

丙辛日

陽七局　戊子時　直符：天英　直使：九景

巽四 東南	離九 正南	坤二 西南
己 天任　朱雀 [景] 丁	癸 天衝　九地 [死] 庚	丁 天輔　九天 [驚] 壬丙
震三 正東	五中	兌七 正西
辛 天蓬　勾陳 [杜] 癸	戊	庚 天英　直符 [開] 戊
艮八 東北	坎一 正北	乾六 西北
乙 天心　六合 [傷] 己	天柱　太陰 [生] 辛	壬丙 天芮禽　騰蛇 [休] 乙

陽七局　辛卯時　直符：天　直使：九景

巽四 東南	離九 正南	坤二 西南
乙 天心　六合 [生] 丁	辛 天蓬　勾陳 [傷] 庚	己 天任　朱雀 [杜] 壬丙
震三 正東	五中 符首：庚	兌七 正西
戊 天柱　太陰 [休] 癸		癸 天衝　九地 [景] 戊
艮八 東北	坎一 正北	乾六 西北
壬丙 天芮禽　騰蛇 [開] 己	庚 天英　直符 [驚] 辛	丁 天輔　九天 [死] 乙

陽七局　己丑時　直符：天　直使：九景

巽四 東南	離九 正南	坤二 西南
戊 天柱　太陰 [傷] 丁	乙 天心　六合 [杜] 庚	辛 天蓬　勾陳 [景] 壬丙
震三 正東	五中 符首：庚	兌七 正西
壬丙 天芮禽　騰蛇 [生] 癸		己 天任　朱雀 [死] 戊
艮八 東北	坎一 正北	乾六 西北
庚 天英　直符 [休] 己	丁 天輔　九天 [開] 辛	癸 天衝　九地 [驚] 乙

陽七局　壬辰時　直符：天　直使：九景

巽四 東南	離九 正南	坤二 西南
癸 天衝　九地 [驚] 丁	丁 天輔　九天 [開] 庚	庚 天英　直符 [休] 壬丙
震三 正東	五中 符首：庚	兌七 正西
己 天任　朱雀 [死] 癸		壬丙 天芮禽　騰蛇 [生] 戊
艮八 東北	坎一 正北	乾六 西北
辛 天蓬　勾陳 [景] 己	乙 天心　六合 [杜] 辛	戊 天柱　太陰 [傷] 乙

陽七局　庚寅時　直符：天　直使：九景

巽四 東南	離九 正南	坤二 西南
丁 天輔　九天 [休] 丁	庚 天英　直符 [生] 庚	壬丙 天芮禽　騰蛇 [傷] 壬丙
震三 正東	五中 符首：庚	兌七 正西
癸 天衝　九地 [開] 癸		戊 天柱　太陰 [杜] 戊
艮八 東北	坎一 正北	乾六 西北
己 天任　朱雀 [驚] 己	辛 天蓬　勾陳 [死] 辛	乙 天心　六合 [景] 乙

陽七局　癸巳時　直符：天　直使：九景

巽四 東南	離九 正南	坤二 西南
壬丙 天芮禽　騰蛇 [杜] 丁	戊 天柱　太陰 [景] 庚	乙 天心　六合 [死] 壬丙
震三 正東	五中 符首：庚	兌七 正西
庚 天英　直符 [傷] 癸		辛 天蓬　勾陳 [驚] 戊
艮八 東北	坎一 正北	乾六 西北
丁 天輔　九天 [生] 己	癸 天衝　九地 [休] 辛	己 天任　朱雀 [開] 乙

丙辛日

陽七局　甲午時　直符：天蓬　直使：一休

巽四　東南	離九　正南	坤二　西南
六合　丁　杜　天輔　丁	勾陳　庚　景　天英　庚	朱雀　壬丙　死　天芮禽　壬丙
太陰　癸　傷　天衝　癸	五中　符首：辛	九地　戊　驚　天柱　戊
騰蛇　己　生　天任　己　艮八　東北	直符　辛　休　天蓬　辛　坎一　正北	九天　乙　開　天心　乙　乾六　西北

陽七局　丁酉時　直符：天蓬　直使：一休

巽四　東南	離九　正南	坤二　西南
直符　辛　休　天蓬　丁	騰蛇　己　生　天任　庚	太陰　癸　傷　天衝　壬丙
九天　乙　開　天心　癸	五中　符首：辛	六合　丁　杜　天輔　戊
九地　戊　驚　天柱　己　艮八　東北	朱雀　壬丙　死　天芮禽　辛　坎一　正北	勾陳　庚　景　天英　乙　乾六　西北

陽七局　乙未時　直符：天蓬　直使：一休

巽四　東南	離九　正南	坤二　西南
勾陳　庚　驚　天英　丁	朱雀　壬丙　開　天芮禽　庚	九地　戊　休　天柱　壬丙
六合　丁　死　天輔　癸	五中　符首：辛	九天　乙　生　天心　戊
太陰　癸　景　天衝　己　艮八　東北	騰蛇　己　杜　天任　辛　坎一　正北	直符　辛　傷　天蓬　乙　乾六　西北

陽七局　戊戌時　直符：天蓬　直使：一休

巽四　東南	離九　正南	坤二　西南
朱雀　壬丙　驚　天芮禽　丁	九地　戊　開　天柱　庚	九天　乙　休　天心　壬丙
勾陳　庚　死　天英　癸	五中　符首：辛	直符　辛　生　天蓬　戊
六合　丁　景　天輔　己　艮八　東北	太陰　癸　杜　天衝　辛　坎一　正北	騰蛇　己　傷　天任　乙　乾六　西北

陽七局　丙申時　直符：天蓬　直使：一休

巽四　東南	離九　正南	坤二　西南
九地　戊　生　天柱　丁	九天　乙　傷　天心　庚	直符　辛　杜　天蓬　壬丙
朱雀　壬丙　休　天芮禽　癸	五中　符首：辛	騰蛇　己　景　天任　戊
勾陳　庚　開　天英　己　艮八　東北	六合　丁　驚　天輔　辛　坎一　正北	太陰　癸　死　天衝　乙　乾六　西北

陽七局　己亥時　直符：天蓬　直使：一休

巽四　東南	離九　正南	坤二　西南
太陰　癸　景　天衝　丁	六合　丁　死　天輔　庚	勾陳　庚　驚　天英　壬丙
騰蛇　己　杜　天任　癸	五中　符首：辛	朱雀　壬丙　開　天芮禽　戊
直符　辛　傷　天蓬　己　艮八　東北	九天　乙　生　天心　辛　坎一　正北	九地　戊　休　天柱　乙　乾六　西北

82

丁壬日

陽七局　庚子時　直符：天蓬　直使：一休

巽四 東南	離九 正南	坤二 西南
乙 死 天心　九天　丁	辛 驚 天蓬　直符　庚	己 開 天任　騰蛇　壬丙
震三 正東	五中	兌七 正西
戊 景 天柱　九地　癸	符首：辛	癸 休 天衝　太陰　戊
艮八 東北	坎一 正北	乾六 西北
壬丙 杜 天芮禽　朱雀　己	庚 傷 天英　勾陳　辛	丁 生 天輔　六合　乙

陽七局　癸卯時　直符：天蓬　直使：一休

巽四 東南	離九 正南	坤二 西南
己 杜 天任　騰蛇　丁	癸 景 天衝　太陰　庚	丁 死 天輔　六合　壬丙
震三 正東	五中	兌七 正西
辛 傷 天蓬　直符　癸	符首：辛	庚 驚 天英　勾陳　戊
艮八 東北	坎一 正北	乾六 西北
乙 生 天心　九天　己	戊 休 天柱　九地　辛	壬丙 開 天芮禽　朱雀　乙

陽七局　辛丑時　直符：天蓬　直使：一休

巽四 東南	離九 正南	坤二 西南
丁 傷 天輔　六合　丁	庚 杜 天英　勾陳　庚	壬丙 景 天芮禽　朱雀　壬丙
震三 正東	五中	兌七 正西
癸 生 天衝　太陰　癸	符首：辛	戊 死 天柱　九地　戊
艮八 東北	坎一 正北	乾六 西北
己 休 天任　騰蛇　己	辛 開 天蓬　直符　辛	乙 驚 天心　九天　乙

陽七局　甲辰時　直符：天芮禽　直使：二死

巽四 東南	離九 正南	坤二 西南
丁 杜 天輔　九地　丁	庚 景 天英　九天　庚	壬丙 死 天芮禽　直符　壬丙
震三 正東	五中	兌七 正西
癸 傷 天衝　朱雀　癸	符首：壬	戊 驚 天柱　騰蛇　戊
艮八 東北	坎一 正北	乾六 西北
己 生 天任　勾陳　己	辛 休 天蓬　六合　辛	乙 開 天心　太陰　乙

陽七局　壬寅時　直符：天蓬　直使：一休

巽四 東南	離九 正南	坤二 西南
戊 開 天柱　九地　丁	乙 休 天心　九天　庚	辛 生 天蓬　直符　壬丙
震三 正東	五中	兌七 正西
壬丙 驚 天芮禽　朱雀　癸	符首：辛	己 傷 天任　騰蛇　戊
艮八 東北	坎一 正北	乾六 西北
庚 死 天英　勾陳　己	丁 景 天輔　六合　辛	癸 杜 天衝　太陰　乙

陽七局　乙巳時　直符：天芮禽　直使：二死

巽四 東南	離九 正南	坤二 西南
己 驚 天任　勾陳　丁	癸 開 天衝　朱雀　庚	丁 休 天輔　九地　壬丙
震三 正東	五中	兌七 正西
辛 死 天蓬　六合　癸	符首：壬	庚 生 天英　九天　戊
艮八 東北	坎一 正北	乾六 西北
乙 景 天心　太陰　己	戊 杜 天柱　騰蛇　辛	壬丙 傷 天芮禽　直符　乙

丁 壬 日

陽七局　丙午時　直符：天芮禽　直使：二死

巽四 東南	離九 正南	坤二 西南
丁 [死] 天輔 九地 丁	庚 [驚] 天英 九天 庚	壬丙 [開] 天芮禽 直符 壬丙
癸 [景] 天衝 朱雀 癸（震三 正東）	（五中）	戊 [休] 天柱 騰蛇 戊　符首：壬（兌七 正西）
己 [杜] 天任 勾陳 己（艮八 東北）	辛 [傷] 天蓬 六合 辛（坎一 正北）	乙 [生] 天心 太陰 乙（乾六 西北）

陽七局　己酉時　直符：天芮禽　直使：二死

巽四 東南	離九 正南	坤二 西南
乙 [傷] 天心 太陰 丁	辛 [杜] 天蓬 六合 庚	己 [景] 天任 勾陳 壬丙
戊 [生] 天柱 騰蛇 癸（震三 正東）	（五中）	癸 [死] 天衝 朱雀 戊　符首：壬（兌七 正西）
壬丙 [休] 天芮禽 直符 己（艮八 東北）	庚 [開] 天英 九天 辛（坎一 正北）	丁 [驚] 天輔 九地 乙（乾六 西北）

陽七局　丁未時　直符：天芮禽　直使：二死

巽四 東南	離九 正南	坤二 西南
壬丙 [杜] 天芮禽 直符 丁	戊 [景] 天柱 騰蛇 庚	乙 [死] 天心 太陰 壬丙
庚 [傷] 天英 九天 癸（震三 正東）	（五中）	辛 [驚] 天蓬 六合 戊　符首：壬（兌七 正西）
丁 [生] 天輔 九地 己（艮八 東北）	癸 [休] 天衝 朱雀 辛（坎一 正北）	己 [開] 天任 勾陳 乙（乾六 西北）

陽七局　庚戌時　直符：天芮禽　直使：二死

巽四 東南	離九 正南	坤二 西南
庚 [開] 天英 九天 丁	壬丙 [休] 天芮禽 直符 庚	戊 [生] 天柱 騰蛇 壬丙
丁 [驚] 天輔 九地 癸（震三 正東）	（五中）	乙 [傷] 天心 太陰 戊　符首：壬（兌七 正西）
癸 [死] 天衝 朱雀 己（艮八 東北）	己 [景] 天任 勾陳 辛（坎一 正北）	辛 [杜] 天蓬 六合 乙（乾六 西北）

陽七局　戊申時　直符：天芮禽　直使：二死

巽四 東南	離九 正南	坤二 西南
癸 [生] 天衝 朱雀 丁	丁 [傷] 天輔 九地 庚	庚 [杜] 天英 九天 壬丙
己 [休] 天任 勾陳 癸（震三 正東）	（五中）	壬丙 [景] 天芮禽 直符 戊　符首：壬（兌七 正西）
辛 [開] 天蓬 六合 己（艮八 東北）	乙 [驚] 天心 太陰 辛（坎一 正北）	戊 [死] 天柱 騰蛇 乙（乾六 西北）

陽七局　辛亥時　直符：天芮禽　直使：二死

巽四 東南	離九 正南	坤二 西南
辛 [景] 天蓬 六合 丁	己 [死] 天任 勾陳 庚	癸 [驚] 天衝 朱雀 壬丙
乙 [杜] 天心 太陰 癸（震三 正東）	（五中）	丁 [開] 天輔 九地 戊　符首：壬（兌七 正西）
戊 [傷] 天柱 騰蛇 己（艮八 東北）	壬丙 [生] 天芮禽 直符 辛（坎一 正北）	庚 [休] 天英 九天 乙（乾六 西北）

戊癸日

陽七局　壬子時　直符：天芮禽　直使：二死

巽四 東南	離九 正南	坤二 西南
九地　丁[休]天輔　丁	九天　庚[生]天英	直符　壬丙[傷]天芮禽　壬丙
震三 正東	五中	兌七 正西
朱雀　癸[開]天衝　癸	符首：壬	騰蛇　戊[杜]天柱　戊
艮八 東北	坎一 正北	乾六 西北
勾陳　己[驚]天任　己	六合　辛[死]天蓬　辛	太陰　乙[景]天心　乙

陽七局　乙卯時　直符：天衝　直使：三傷

巽四 東南	離九 正南	坤二 西南
勾陳　戊[傷]天柱　丁	朱雀　乙[杜]天心　庚	九地　辛[景]天蓬　壬丙
震三 正東	五中	兌七 正西
六合　壬丙[生]天芮禽　癸	符首：癸	九天　己[死]天任　戊
艮八 東北	坎一 正北	乾六 西北
太陰　庚[休]天英　己	騰蛇　丁[開]天輔　辛	直符　癸[驚]天衝　乙

陽七局　癸丑時　直符：天芮禽　直使：二死

巽四 東南	離九 正南	坤二 西南
騰蛇　戊[杜]天柱　丁	太陰　乙[景]天心　庚	六合　辛[死]天蓬　壬丙
震三 正東	五中	兌七 正西
直符　壬丙[傷]天芮禽　癸	符首：壬	勾陳　己[驚]天任　戊
艮八 東北	坎一 正北	乾六 西北
九天　庚[生]天英　己	九地　丁[休]天輔　辛	朱雀　癸[開]天衝　乙

陽七局　丙辰時　直符：天衝　直使：三傷

巽四 東南	離九 正南	坤二 西南
九地　辛[休]天蓬　丁	九天　己[生]天任　庚	直符　癸[傷]天衝　壬丙
震三 正東	五中	兌七 正西
朱雀　乙[開]天心　癸	符首：癸	騰蛇　丁[杜]天輔　戊
艮八 東北	坎一 正北	乾六 西北
勾陳　戊[驚]天柱　己	六合　壬丙[死]天芮禽　辛	太陰　庚[景]天英　乙

陽七局　甲寅時　直符：天衝　直使：三傷

巽四 東南	離九 正南	坤二 西南
騰蛇　丁[杜]天輔　丁	太陰　庚[景]天英　庚	六合　壬丙[死]天芮禽　壬丙
震三 正東	五中	兌七 正西
直符　癸[傷]天衝　癸	符首：癸	勾陳　戊[驚]天柱　戊
艮八 東北	坎一 正北	乾六 西北
九天　己[生]天任　己	九地　辛[休]天蓬　辛	朱雀　乙[開]天心　乙

陽七局　丁巳時　直符：天衝　直使：三傷

巽四 東南	離九 正南	坤二 西南
直符　癸[驚]天衝　丁	騰蛇　丁[開]天輔　庚	太陰　庚[休]天英
震三 正東	五中	兌七 正西
九天　己[死]天任　癸	符首：癸	六合　壬丙[生]天芮禽　戊
艮八 東北	坎一 正北	乾六 西北
九地　辛[景]天蓬　己	朱雀　乙[杜]天心　辛	勾陳　戊[傷]天柱　乙

戊 癸 日

陽七局　戊午時　直符：天　直使：三傷

巽四 東南	離九 正南	坤二 西南
乙 開 天心 朱雀 丁	辛 休 天蓬 九地 庚	己 生 天任 九天 壬丙
戊 驚 天柱 勾陳 癸	符首：癸 戊 （五中）	癸 傷 天衝 直符 戊
壬丙 死 天芮禽 六合 己	庚 景 天英 太陰 辛	丁 杜 天輔 騰蛇 乙
震三 正東	五中	兌七 正西
艮八 東北	坎一 正北	乾六 西北

陽七局　辛酉時　直符：天　直使：三傷

巽四 東南	離九 正南	坤二 西南
壬丙 死 天芮禽 六合 丁	戊 驚 天柱 勾陳 庚	乙 開 天心 朱雀 壬丙
庚 景 天英 太陰 癸	符首：癸 戊 （五中）	辛 休 天蓬 九地 戊
丁 杜 天輔 騰蛇 己	癸 傷 天衝 直符 辛	己 生 天任 九天 乙
震三 正東	坎一 正北	乾六 西北

陽七局　己未時　直符：天　直使：三傷

巽四 東南	離九 正南	坤二 西南
庚 景 天英 太陰 丁	壬丙 死 天芮禽 六合 庚	戊 驚 天柱 勾陳 壬丙
丁 杜 天輔 騰蛇 癸	符首：癸 戊 （五中）	乙 開 天心 朱雀 戊
癸 傷 天衝 直符 己	己 生 天任 九天 辛	辛 休 天蓬 九地 乙
震三 正東	坎一 正北	乾六 西北

陽七局　壬戌時　直符：天　直使：三傷

巽四 東南	離九 正南	坤二 西南
辛 休 天蓬 九地 丁	己 生 天任 九天 庚	癸 傷 天衝 直符 壬丙
乙 開 天心 朱雀 癸	符首：癸 戊 （五中）	丁 杜 天輔 騰蛇 戊
戊 驚 天柱 勾陳 己	壬丙 死 天芮禽 六合 辛	庚 景 天英 太陰 乙
震三 正東	坎一 正北	乾六 西北

陽七局　庚申時　直符：天　直使：三傷

巽四 東南	離九 正南	坤二 西南
己 生 天任 九天 丁	癸 傷 天衝 直符 庚	丁 杜 天輔 騰蛇 壬丙
辛 休 天蓬 九地 癸	符首：癸 戊 （五中）	庚 景 天英 太陰 戊
乙 開 天心 朱雀 己	戊 驚 天柱 勾陳 辛	壬丙 死 天芮禽 六合 乙
震三 正東	坎一 正北	乾六 西北

陽七局　癸亥時　直符：天　直使：三傷

巽四 東南	離九 正南	坤二 西南
丁 杜 天輔 騰蛇 丁	庚 景 天英 太陰 庚	壬丙 死 天芮禽 六合 壬丙
癸 傷 天衝 直符 癸	符首：癸 戊 （五中）	戊 驚 天柱 勾陳 戊
己 生 天任 九天 己	辛 休 天蓬 九地 辛	乙 開 天心 朱雀 乙
震三 正東	坎一 正北	乾六 西北

遁甲時盤　陽遁八局

• •

甲己日～戊癸日

甲子時～癸亥時　六十時盤

甲己日

陽八局　甲子時　直符：天任　直使：八生

巽四 東南	離九 正南	坤二 西南
癸 天輔　杜　太陰　癸	己 天英　景　六合　己	辛丁 天芮禽　死　勾陳　辛丁
震三 正東	五中	兌七 正西
壬 天衝　傷　騰蛇　壬	符首…戊	乙 天柱　驚　朱雀　乙
艮八 東北	坎一 正北	乾六 西北
戊 天任　生　直符　戊	庚 天蓬　休　九天　庚	丙 天心　開　九地　丙

陽八局　丁卯時　直符：天任　直使：八生

巽四 東南	離九 正南	坤二 西南
丙 天心　開　九地　己	庚 天蓬　休　九天　己	戊 天任　生　直符　辛丁
震三 正東	五中	兌七 正西
乙 天柱　驚　朱雀　壬	符首…戊	壬 天衝　傷　騰蛇　乙
艮八 東北	坎一 正北	乾六 西北
辛丁 天芮禽　死　勾陳　戊	己 天英　景　六合　庚	癸 天輔　杜　太陰　丙

陽八局　乙丑時　直符：天任　直使：八生

巽四 東南	離九 正南	坤二 西南
乙 天柱　休　朱雀　癸	丙 天心　生　九地　己	庚 天蓬　傷　九天　辛丁
震三 正東	五中	兌七 正西
辛丁 天芮禽　開　勾陳　壬	符首…戊	戊 天任　杜　直符　乙
艮八 東北	坎一 正北	乾六 西北
己 天英　驚　六合　戊	癸 天輔　死　太陰　庚	壬 天衝　景　騰蛇　丙

陽八局　戊辰時　直符：天任　直使：八生

巽四 東南	離九 正南	坤二 西南
癸 天輔　傷　太陰　癸	己 天英　杜　六合　己	辛丁 天芮禽　景　勾陳　辛丁
震三 正東	五中	兌七 正西
壬 天衝　生　騰蛇　壬	符首…戊	乙 天柱　死　朱雀　乙
艮八 東北	坎一 正北	乾六 西北
戊 天任　休　直符　戊	庚 天蓬　開　九天　庚	丙 天心　驚　九地　丙

陽八局　丙寅時　直符：天任　直使：八生

巽四 東南	離九 正南	坤二 西南
辛丁 天芮禽　景　勾陳　癸	乙 天柱　死　朱雀　己	丙 天心　驚　九地　辛丁
震三 正東	五中	兌七 正西
己 天英　杜　六合　壬	符首…戊	庚 天蓬　開　九天　乙
艮八 東北	坎一 正北	乾六 西北
癸 天輔　傷　太陰　戊	壬 天衝　生　騰蛇　庚	戊 天任　休　直符　丙

陽八局　己巳時　直符：天任　直使：八生

巽四 東南	離九 正南	坤二 西南
庚 天蓬　生　九天　癸	戊 天任　傷　直符　己	壬 天衝　杜　騰蛇　辛丁
震三 正東	五中	兌七 正西
丙 天心　休　九地　壬	符首…戊	癸 天輔　景　太陰　乙
艮八 東北	坎一 正北	乾六 西北
乙 天柱　開　朱雀　戊	辛丁 天芮禽　驚　勾陳　庚	己 天英　死　六合　丙

甲己日

陽八局　庚午時
直符：天任　直使：八生

巽四 東南 六合／開／天英 己／癸	**離九 正南** 勾陳／休／天芮禽 辛丁／己	**坤二 西南** 朱雀／生／天柱 乙／辛丁
震三 正東 太陰／驚／天輔 癸／壬	**五中** 符首：戊	**兌七 正西** 九地／傷／天心 丙／乙
艮八 東北 騰蛇／死／天衝 壬／戊	**坎一 正北** 直符／景／天任 戊／庚	**乾六 西北** 九天／杜／天蓬 庚／丙

陽八局　癸酉時
直符：天任　直使：八生

巽四 東南 直符／杜／天任 戊／癸	**離九 正南** 騰蛇／景／天衝 壬／己	**坤二 西南** 太陰／死／天輔 癸／辛丁
震三 正東 九天／傷／天蓬 庚／壬	**五中** 符首：戊	**兌七 正西** 六合／驚／天英 己／乙
艮八 東北 九地／生／天心 丙／戊	**坎一 正北** 朱雀／休／天柱 乙／庚	**乾六 西北** 勾陳／開／天芮禽 辛丁／丙

陽八局　辛未時
直符：天任　直使：八生

巽四 東南 九地／死／天心 丙／癸	**離九 正南** 九天／驚／天蓬 庚／己	**坤二 西南** 直符／開／天任 戊／辛丁
震三 正東 朱雀／景／天柱 乙／壬	**五中** 符首：戊	**兌七 正西** 騰蛇／休／天衝 壬／乙
艮八 東北 勾陳／杜／天芮禽 辛丁／戊	**坎一 正北** 六合／傷／天英 己／庚	**乾六 西北** 太陰／生／天輔 癸／丙

陽八局　甲戌時
直符：天英　直使：九景

巽四 東南 九天／杜／天輔 癸／癸	**離九 正南** 直符／景／天英 己／己	**坤二 西南** 騰蛇／死／天芮禽 辛丁／辛丁
震三 正東 九地／傷／天衝 壬／壬	**五中** 符首：己	**兌七 正西** 太陰／驚／天柱 乙／乙
艮八 東北 朱雀／生／天任 戊／戊	**坎一 正北** 勾陳／休／天蓬 庚／庚	**乾六 西北** 六合／開／天心 丙／丙

陽八局　壬申時
直符：天任　直使：八生

巽四 東南 騰蛇／驚／天衝 壬／癸	**離九 正南** 太陰／開／天輔 癸／己	**坤二 西南** 六合／休／天英 己／辛丁
震三 正東 直符／死／天任 戊／壬	**五中** 符首：戊	**兌七 正西** 勾陳／生／天芮禽 辛丁／乙
艮八 東北 九天／景／天蓬 庚／戊	**坎一 正北** 九地／杜／天心 丙／庚	**乾六 西北** 朱雀／傷／天柱 乙／丙

陽八局　乙亥時
直符：天英　直使：九景

巽四 東南 朱雀／開／天任 戊／癸	**離九 正南** 九地／休／天衝 壬／己	**坤二 西南** 九天／生／天輔 癸／辛丁
震三 正東 勾陳／驚／天蓬 庚／壬	**五中** 符首：己	**兌七 正西** 直符／傷／天英 己／乙
艮八 東北 六合／死／天心 丙／戊	**坎一 正北** 太陰／景／天柱 乙／庚	**乾六 西北** 騰蛇／杜／天芮禽 辛丁／丙

乙　庚　日

陽八局　丙子時　直符：天英　直使：九景

巽四　東南	離九　正南	坤二　西南
勾陳　庚　天蓬　[傷]　癸	朱雀　戊　天任　[杜]　己	九地　壬　天衝　[景]　辛丁
震三　正東	**五中**	**兌七　正西**
六合　丙　天心　[生]　壬	符首：己	九天　癸　天輔　[死]　乙
艮八　東北	**坎一　正北**	**乾六　西北**
太陰　乙　天柱　[休]　戊	騰蛇　辛丁　天芮禽　[開]　庚	直符　己　天英　[驚]　丙

陽八局　己卯時　直符：天英　直使：九景

巽四　東南	離九　正南	坤二　西南
九天　癸　天輔　[傷]　癸	直符　己　天英　[杜]　己	騰蛇　辛丁　天芮禽　[景]　辛丁
震三　正東	**五中**	**兌七　正西**
九地　壬　天衝　[生]　壬	符首：己	太陰　乙　天柱　[死]　乙
艮八　東北	**坎一　正北**	**乾六　西北**
朱雀　戊　天任　[休]　戊	勾陳　庚　天蓬　[開]　庚	六合　丙　天心　[驚]　丙

陽八局　丁丑時　直符：天英　直使：九景

巽四　東南	離九　正南	坤二　西南
九地　壬　天衝　[死]　癸	九天　癸　天輔　[驚]　己	直符　己　天英　[開]　辛丁
震三　正東	**五中**	**兌七　正西**
朱雀　戊　天任　[景]　壬	符首：己	騰蛇　辛丁　天芮禽　[休]　乙
艮八　東北	**坎一　正北**	**乾六　西北**
勾陳　庚　天蓬　[杜]　戊	六合　丙　天心　[傷]　庚	太陰　乙　天柱　[生]　丙

陽八局　庚辰時　直符：天英　直使：九景

巽四　東南	離九　正南	坤二　西南
六合　丙　天心　[休]　癸	勾陳　庚　天蓬　[生]　己	朱雀　戊　天任　[傷]　辛丁
震三　正東	**五中**	**兌七　正西**
太陰　乙　天柱　[開]　壬	符首：己	九地　壬　天衝　[杜]　乙
艮八　東北	**坎一　正北**	**乾六　西北**
騰蛇　辛丁　天芮禽　[驚]　戊	直符　己　天英　[死]　庚	九天　癸　天輔　[景]　丙

陽八局　戊寅時　直符：天英　直使：九景

巽四　東南	離九　正南	坤二　西南
太陰　乙　天柱　[景]　癸	六合　丙　天心　[死]　己	勾陳　庚　天蓬　[驚]　辛丁
震三　正東	**五中**	**兌七　正西**
騰蛇　辛丁　天芮禽　[杜]　壬	符首：己	朱雀　戊　天任　[開]　乙
艮八　東北	**坎一　正北**	**乾六　西北**
直符　己　天英　[傷]　戊	九天　癸　天輔　[生]　庚	九地　壬　天衝　[休]　丙

陽八局　辛巳時　直符：天英　直使：九景

巽四　東南	離九　正南	坤二　西南
九地　壬　天衝　[生]　癸	九天　癸　天輔　[傷]　己	直符　己　天英　[杜]　辛丁
震三　正東	**五中**	**兌七　正西**
朱雀　戊　天任　[休]　壬	符首：己	騰蛇　辛丁　天芮禽　[景]　乙
艮八　東北	**坎一　正北**	**乾六　西北**
勾陳　庚　天蓬　[開]　戊	六合　丙　天心　[驚]　庚	太陰　乙　天柱　[死]　丙

乙 庚 日

陽八局　壬午時　直符：天英　直使：九景

巽四 東南	離九 正南	坤二 西南
辛丁　驚　天芮禽　騰蛇　癸	乙　開　天柱　太陰　己	丙　休　天心　六合　辛丁
震三 正東	五中	兌七 正西
己　死　天英　直符　壬	符首：己	庚　生　天蓬　勾陳　乙
艮八 東北	坎一 正北	乾六 西北
癸　景　天輔　九天　戊	壬　杜　天衝　九地　庚	戊　傷　天任　朱雀　丙

陽八局　乙酉時　直符：天蓬　直使：一休

巽四 東南	離九 正南	坤二 西南
辛丁　驚　天芮禽　朱雀　癸	乙　開　天柱　九地　己	丙　休　天心　九天　辛丁
震三 正東	五中	兌七 正西
己　死　天英　勾陳　壬	符首：庚	庚　生　天蓬　直符　乙
艮八 東北	坎一 正北	乾六 西北
癸　景　天輔　六合　戊	壬　杜　天衝　太陰　庚	戊　傷　天任　騰蛇　丙

陽八局　癸未時　直符：天英　直使：九景

巽四 東南	離九 正南	坤二 西南
己　杜　天英　直符　癸	辛丁　景　天芮禽　騰蛇　己	乙　死　天柱　太陰　辛丁
震三 正東	五中	兌七 正西
癸　傷　天輔　九天　壬	符首：己	丙　驚　天心　六合　乙
艮八 東北	坎一 正北	乾六 西北
壬　生　天衝　九地　戊	戊　休　天任　朱雀　庚	庚　開　天蓬　勾陳　丙

陽八局　丙戌時　直符：天蓬　直使：一休

巽四 東南	離九 正南	坤二 西南
己　生　天英　勾陳　癸	辛丁　傷　天芮禽　朱雀　己	乙　杜　天柱　九地　辛丁
震三 正東	五中	兌七 正西
癸　休　天輔　六合　壬	符首：庚	丙　景　天心　九天　乙
艮八 東北	坎一 正北	乾六 西北
壬　開　天衝　太陰　戊	戊　驚　天任　騰蛇　庚	庚　死　天蓬　直符　丙

陽八局　甲申時　直符：天蓬　直使：一休

巽四 東南	離九 正南	坤二 西南
癸　杜　天輔　六合　癸	己　景　天英　勾陳　己	辛丁　死　天芮禽　朱雀　辛丁
震三 正東	五中	兌七 正西
壬　傷　天衝　太陰　壬	符首：庚	乙　驚　天柱　九地　乙
艮八 東北	坎一 正北	乾六 西北
戊　生　天任　騰蛇　戊	庚　休　天蓬　直符　庚	丙　開　天心　九天　丙

陽八局　丁亥時　直符：天蓬　直使：一休

巽四 東南	離九 正南	坤二 西南
乙　休　天柱　九地　癸	丙　生　天心　九天　己	庚　傷　天蓬　直符　辛丁
震三 正東	五中	兌七 正西
辛丁　開　天芮禽　朱雀　壬	符首：庚	戊　杜　天任　騰蛇　乙
艮八 東北	坎一 正北	乾六 西北
己　驚　天英　勾陳　戊	癸　死　天輔　六合　庚	壬　景　天衝　太陰　丙

丙辛日

陽八局　戊子時　直符：天蓬　直使：一休

巽四 東南	離九 正南	坤二 西南
太陰　驚　天衝　壬／癸	六合　開　天輔　癸／己	勾陳　休　天英　己／辛丁
震三 正東	五中	兌七 正西
騰蛇　死　天任　戊／壬	符首：庚	朱雀　生　天芮禽　乙
艮八 東北	坎一 正北	乾六 西北
直符　景　天蓬　戊	九天　杜　天心　庚／丙	九地　傷　天柱　丙／乙

陽八局　辛卯時　直符：天蓬　直使：一休

巽四 東南	離九 正南	坤二 西南
九地　傷　天柱　乙／癸	九天　杜　天心　丙／己	直符　景　天蓬　庚／戊
震三 正東	五中	兌七 正西
朱雀　生　天芮禽　辛丁／壬	符首：庚	騰蛇　死　天任　戊／乙
艮八 東北	坎一 正北	乾六 西北
勾陳　休　天英　己	六合　開　天輔　癸／庚	太陰　驚　天衝　壬／丙

陽八局　己丑時　直符：天蓬　直使：一休

巽四 東南	離九 正南	坤二 西南
九天　景　天心　丙／癸	直符　死　天蓬　癸／己	騰蛇　驚　天任　戊／辛丁
震三 正東	五中	兌七 正西
九地　杜　天柱　乙／壬	符首：庚	太陰　開　天衝　壬／乙
艮八 東北	坎一 正北	乾六 西北
朱雀　傷　天芮禽　辛丁／戊	勾陳　生　天英　己／庚	六合　休　天輔　癸／丙

陽八局　壬辰時　直符：天蓬　直使：一休

巽四 東南	離九 正南	坤二 西南
騰蛇　開　天任　戊／癸	太陰　休　天衝　壬／己	六合　生　天輔　癸／辛丁
震三 正東	五中	兌七 正西
直符　驚　天蓬　庚／壬	符首：庚	勾陳　傷　天英　己／乙
艮八 東北	坎一 正北	乾六 西北
九天　死　天心　丙／戊	九地　景　天柱　乙／庚	朱雀　杜　天芮禽　辛丁／丙

陽八局　庚寅時　直符：天蓬　直使：一休

巽四 東南	離九 正南	坤二 西南
六合　死　天輔　癸／癸	勾陳　驚　天英　己／己	朱雀　開　天芮禽　辛丁／辛丁
震三 正東	五中	兌七 正西
太陰　景　天衝　壬／壬	符首：庚	九地　休　天柱　乙
艮八 東北	坎一 正北	乾六 西北
騰蛇　杜　天任　戊／戊	直符　傷　天蓬　庚／庚	九天　生　天心　丙／丙

陽八局　癸巳時　直符：天蓬　直使：一休

巽四 東南	離九 正南	坤二 西南
直符　杜　天蓬　庚／癸	騰蛇　景　天任　戊／己	太陰　死　天衝　壬／辛丁
震三 正東	五中	兌七 正西
九天　傷　天心　丙／壬	符首：庚	六合　驚　天輔　癸／乙
艮八 東北	坎一 正北	乾六 西北
九地　生　天柱　乙／戊	朱雀　休　天芮禽　辛丁／庚	勾陳　開　天英　己／丙

丙辛日

陽八局　甲午時　直符：天芮禽　直使：二死

巽四 東南	離九 正南	坤二 西南
癸／杜／天輔／九地／癸	己／景／天英／九天／己	辛丁／死／天芮禽／直符／辛丁
壬／傷／天衝／朱雀／壬（震三 正東）	五中（符首：辛）	乙／驚／天柱／騰蛇／乙（兌七 正西）
戊／生／天任／勾陳／戊（艮八 東北）	庚／休／天蓬／六合／庚（坎一 正北）	丙／開／天心／太陰／丙（乾六 西北）

陽八局　丁酉時　直符：天芮禽　直使：二死

巽四 東南	離九 正南	坤二 西南
癸／杜／天輔／九地／癸	己／景／天英／九天／己	辛丁／死／天芮禽／直符／辛丁
壬／傷／天衝／朱雀／壬（震三 正東）	五中（符首：辛）	乙／驚／天柱／騰蛇／乙（兌七 正西）
戊／生／天任／勾陳／戊（艮八 東北）	庚／休／天蓬／六合／庚（坎一 正北）	丙／開／天心／太陰／丙（乾六 西北）

陽八局　乙未時　直符：天芮禽　直使：二死

巽四 東南	離九 正南	坤二 西南
壬／驚／天衝／朱雀／癸	癸／開／天輔／九地／己	己／休／天英／九天／辛丁
戊／死／天任／勾陳／壬（震三 正東）	五中（符首：辛）	辛丁／生／天芮禽／直符／乙（兌七 正西）
庚／景／天蓬／六合／戊（艮八 東北）	丙／杜／天心／太陰／庚（坎一 正北）	乙／傷／天柱／騰蛇／丙（乾六 西北）

陽八局　戊戌時　直符：天芮禽　直使：二死

巽四 東南	離九 正南	坤二 西南
丙／生／天心／太陰／癸	庚／傷／天蓬／六合／己	戊／杜／天任／勾陳／辛丁
乙／休／天柱／騰蛇／壬（震三 正東）	五中（符首：辛）	壬／景／天衝／朱雀／乙（兌七 正西）
辛丁／開／天芮禽／直符／戊（艮八 東北）	己／驚／天英／九天／庚（坎一 正北）	癸／死／天輔／九地／丙（乾六 西北）

陽八局　丙申時　直符：天芮禽　直使：二死

巽四 東南	離九 正南	坤二 西南
戊／死／天任／勾陳／癸	壬／驚／天衝／朱雀／己	癸／開／天輔／九地／辛丁
庚／景／天蓬／六合／壬（震三 正東）	五中（符首：辛）	己／休／天英／九天／乙（兌七 正西）
丙／杜／天心／太陰／戊（艮八 東北）	乙／傷／天柱／騰蛇／庚（坎一 正北）	辛丁／生／天芮禽／直符／丙（乾六 西北）

陽八局　己亥時　直符：天芮禽　直使：二死

巽四 東南	離九 正南	坤二 西南
己／傷／天英／九天／癸	辛丁／杜／天芮禽／直符／己	乙／景／天柱／騰蛇／辛丁
癸／生／天輔／九地／壬（震三 正東）	五中（符首：辛）	丙／死／天心／太陰／乙（兌七 正西）
壬／休／天衝／朱雀／戊（艮八 東北）	戊／開／天任／勾陳／庚（坎一 正北）	庚／驚／天蓬／六合／丙（乾六 西北）

丁 壬 日

陽八局　庚子時　直符：天芮禽　直使：二死

巽四 東南	離九 正南	坤二 西南
庚 天蓬 六合 [開] / 癸	戊 天任 勾陳 [休] / 己	壬 天衝 朱雀 [生] / 辛丁

震三 正東	五中	兌七 正西
丙 天心 太陰 [驚] / 壬	符首：辛　九地	癸 天輔 [傷] / 乙

艮八 東北	坎一 正北	乾六 西北
己 天柱 騰蛇 [死] / 戊	辛丁 天芮禽 直符 [景] / 庚	己 天英 九天 [杜] / 丙

陽八局　癸卯時　直符：天芮禽　直使：二死

巽四 東南	離九 正南	坤二 西南
辛丁 天芮禽 直符 [杜] / 癸	乙 天柱 騰蛇 [景] / 己	丙 天心 太陰 [死] / 辛丁

震三 正東	五中	兌七 正西
己 天英 九天 [傷] / 壬	符首：辛	庚 天蓬 六合 [驚] / 乙

艮八 東北	坎一 正北	乾六 西北
癸 天輔 九地 [生] / 戊	壬 天衝 朱雀 [休] / 庚	戊 天任 勾陳 [開] / 丙

陽八局　辛丑時　直符：天芮禽　直使：二死

巽四 東南	離九 正南	坤二 西南
癸 天輔 九地 [景] / 癸	己 天英 九天 [死] / 己	辛丁 天芮禽 直符 [驚] / 辛丁

震三 正東	五中	兌七 正西
壬 天衝 朱雀 [杜] / 壬	符首：辛	乙 天柱 騰蛇 [開] / 乙

艮八 東北	坎一 正北	乾六 西北
戊 天任 勾陳 [傷] / 戊	庚 天蓬 六合 [生] / 庚	丙 天心 太陰 [休] / 丙

陽八局　甲辰時　直符：天衝　直使：三傷

巽四 東南	離九 正南	坤二 西南
癸 天輔 騰蛇 [杜] / 癸	己 天英 太陰 [景] / 己	辛丁 天芮禽 六合 [死] / 辛丁

震三 正東	五中	兌七 正西
壬 天衝 直符 [傷] / 壬	符首：壬	乙 天柱 勾陳 [驚] / 乙

艮八 東北	坎一 正北	乾六 西北
戊 天任 九天 [生] / 戊	庚 天蓬 九地 [休] / 庚	丙 天心 朱雀 [開] / 丙

陽八局　壬寅時　直符：天芮禽　直使：二死

巽四 東南	離九 正南	坤二 西南
乙 天柱 騰蛇 [休] / 癸	丙 天心 太陰 [生] / 己	庚 天蓬 六合 [傷] / 辛丁

震三 正東	五中	兌七 正西
辛丁 天芮禽 直符 [開] / 壬	符首：辛	戊 天任 勾陳 [杜] / 乙

艮八 東北	坎一 正北	乾六 西北
己 天英 九天 [驚] / 戊	癸 天輔 九地 [死] / 庚	壬 天衝 朱雀 [景] / 丙

陽八局　乙巳時　直符：天衝　直使：三傷

巽四 東南	離九 正南	坤二 西南
丙 天心 朱雀 [傷] / 癸	庚 天蓬 九地 [杜] / 己	戊 天任 九天 [景] / 辛丁

震三 正東	五中	兌七 正西
乙 天柱 勾陳 [生] / 壬	符首：壬	壬 天衝 直符 [死] / 乙

艮八 東北	坎一 正北	乾六 西北
辛丁 天芮禽 六合 [休] / 戊	己 天英 太陰 [開] / 庚	癸 天輔 騰蛇 [驚] / 丙

丁 壬 日

陽八局 丙午時
直符：天心　直使：三傷

巽四 東南	離九 正南	坤二 西南
乙 勾陳 休 天柱 癸	丙 朱雀 生 天心 己	庚 九地 傷 天蓬 辛丁
震三 正東	五中	兌七 正西
辛丁 六合 開 天芮禽 壬	符首：壬	戊 九天 杜 天任 乙
艮八 東北	坎一 正北	乾六 西北
己 太陰 驚 天英 戊	癸 騰蛇 死 天輔 庚	壬 直符 景 天衝 丙

陽八局 己酉時
直符：天心　直使：三傷

巽四 東南	離九 正南	坤二 西南
戊 九天 景 天任 癸	壬 直符 死 天衝 己	癸 騰蛇 驚 天輔 辛丁
震三 正東	五中	兌七 正西
庚 九地 杜 天蓬 壬	符首：壬	己 太陰 開 天英 乙
艮八 東北	坎一 正北	乾六 西北
丙 朱雀 傷 天心 戊	乙 勾陳 生 天柱 庚	辛丁 六合 休 天芮禽 丙

陽八局 丁未時
直符：天衝　直使：三傷

巽四 東南	離九 正南	坤二 西南
庚 九地 驚 天蓬 癸	戊 九天 開 天任 己	壬 直符 休 天衝 辛丁
震三 正東	五中	兌七 正西
丙 朱雀 死 天心 壬	符首：壬	癸 騰蛇 生 天輔 乙
艮八 東北	坎一 正北	乾六 西北
乙 勾陳 景 天柱 戊	辛丁 六合 杜 天芮禽 庚	己 太陰 傷 天英 丙

陽八局 庚戌時
直符：天衝　直使：三傷

巽四 東南	離九 正南	坤二 西南
辛丁 六合 生 天芮禽 癸	乙 勾陳 傷 天柱 己	丙 朱雀 杜 天心 辛丁
震三 正東	五中	兌七 正西
己 太陰 休 天英 壬	符首：壬	庚 九地 景 天蓬 乙
艮八 東北	坎一 正北	乾六 西北
癸 騰蛇 開 天輔 戊	壬 直符 驚 天衝 庚	戊 九天 死 天任 丙

陽八局 戊申時
直符：天衝　直使：三傷

巽四 東南	離九 正南	坤二 西南
己 太陰 開 天英 癸	辛丁 六合 休 天芮禽 己	乙 勾陳 生 天柱 辛丁
震三 正東	五中	兌七 正西
癸 騰蛇 驚 天輔 壬	符首：壬	丙 朱雀 傷 天心 乙
艮八 東北	坎一 正北	乾六 西北
壬 直符 死 天衝 戊	戊 九天 景 天任 庚	庚 九地 杜 天蓬 丙

陽八局 辛亥時
直符：天衝　直使：三傷

巽四 東南	離九 正南	坤二 西南
庚 九地 死 天蓬 癸	戊 九天 驚 天任 己	壬 直符 開 天衝 辛丁
震三 正東	五中	兌七 正西
丙 朱雀 景 天心 壬	符首：壬	癸 騰蛇 休 天輔 乙
艮八 東北	坎一 正北	乾六 西北
乙 勾陳 杜 天柱 戊	辛丁 六合 傷 天芮禽 庚	己 太陰 生 天英 丙

戊 癸 日

壬子時　陽八局　直符：天衝　直使：三傷

巽四 東南	離九 正南	坤二 西南
騰蛇　休　天輔　癸	太陰　生　天英　己	六合　傷　天芮禽　辛丁
震三 正東	**五中**	**兌七 正西**
直符　開　天衝　壬		勾陳　杜　天柱　乙　符首：壬
艮八 東北	**坎一 正北**	**乾六 西北**
九天　驚　天任　戊	九地　死　天蓬　庚	朱雀　景　天心　丙

乙卯時　陽八局　直符：天柱　直使：四杜

巽四 東南	離九 正南	坤二 西南
朱雀　生　天蓬　庚	九地　傷　天任　戊	九天　杜　天衝　壬
震三 正東	**五中**	**兌七 正西**
勾陳　休　天心　丙		直符　景　天輔　癸　符首：癸
艮八 東北	**坎一 正北**	**乾六 西北**
六合　開　天柱　乙	太陰　驚　天芮禽　辛丁	騰蛇　死　天英　己

癸丑時　陽八局　直符：天衝　直使：三傷

巽四 東南	離九 正南	坤二 西南
直符　杜　天衝　壬	騰蛇　景　天輔　癸	太陰　死　天英　己
震三 正東	**五中**	**兌七 正西**
九天　傷　天任　戊		六合　驚　天芮禽　辛丁　符首：壬
艮八 東北	**坎一 正北**	**乾六 西北**
九地　生　天蓬　庚	朱雀　休　天心　丙	勾陳　開　天柱　乙

丙辰時　陽八局　直符：天柱　直使：四杜

巽四 東南	離九 正南	坤二 西南
勾陳　開　天心　丙	朱雀　休　天蓬　庚	九地　生　天任　戊
震三 正東	**五中**	**兌七 正西**
六合　驚　天柱　乙		九天　傷　天衝　壬　符首：癸
艮八 東北	**坎一 正北**	**乾六 西北**
太陰　死　天芮禽　辛丁	騰蛇　景　天英　己	直符　杜　天輔　癸

甲寅時　陽八局　直符：天輔　直使：四杜

巽四 東南	離九 正南	坤二 西南
直符　杜　天輔　癸	騰蛇　景　天英　己	太陰　死　天芮禽　辛丁
震三 正東	**五中**	**兌七 正西**
九天　傷　天衝　壬		六合　驚　天柱　乙　符首：癸
艮八 東北	**坎一 正北**	**乾六 西北**
九地　生　天任　戊	朱雀　休　天蓬　庚	勾陳　開　天心　丙

丁巳時　陽八局　直符：天輔　直使：四杜

巽四 東南	離九 正南	坤二 西南
九地　休　天任　戊	九天　生　天衝　壬	直符　傷　天輔　癸
震三 正東	**五中**	**兌七 正西**
朱雀　開　天蓬　庚		騰蛇　杜　天英　己　符首：癸
艮八 東北	**坎一 正北**	**乾六 西北**
勾陳　驚　天心　丙	六合　死　天柱　乙	太陰　景　天芮禽　辛丁

戊癸日

陽八局　戊午時　直符：天輔　直使：四杜

巽四 東南	離九 正南	坤二 西南
太陰　死　天芮禽 辛丁 癸	六合　驚　天柱 乙 己	勾陳　開　天心 丙 辛丁
騰蛇　景　天英 己 壬 （震三 正東）	符首：癸 （五中）	朱雀　休　天蓬 庚 乙 （兌七 正西）
直符　杜　天輔 癸 戊 （艮八 東北）	九天　傷　天衝 壬 庚 （坎一 正北）	九地　生　天任 戊 丙 （乾六 西北）

陽八局　辛酉時　直符：天輔　直使：四杜

巽四 東南	離九 正南	坤二 西南
九地　生　天任 戊 癸	九天　傷　天衝 壬 己	直符　杜　天輔 癸 辛丁
朱雀　休　天蓬 庚 壬 （震三 正東）	符首：癸 （五中）	騰蛇　景　天英 己 乙 （兌七 正西）
勾陳　開　天心 丙 戊 （艮八 東北）	六合　驚　天柱 乙 庚 （坎一 正北）	太陰　死　天芮禽 辛丁 丙 （乾六 西北）

陽八局　己未時　直符：天輔　直使：四杜

巽四 東南	離九 正南	坤二 西南
九天　傷　天衝 壬 癸	直符　杜　天輔 癸 己	騰蛇　景　天英 己 辛丁
九地　生　天任 戊 壬 （震三 正東）	符首：癸 （五中）	太陰　死　天芮禽 辛丁 乙 （兌七 正西）
朱雀　休　天蓬 庚 戊 （艮八 東北）	勾陳　開　天心 丙 庚 （坎一 正北）	六合　驚　天柱 乙 丙 （乾六 西北）

陽八局　壬戌時　直符：天輔　直使：四杜

巽四 東南	離九 正南	坤二 西南
騰蛇　景　天英 己 癸	太陰　死　天芮禽 辛丁 己	六合　驚　天柱 乙 辛丁
直符　杜　天輔 癸 壬 （震三 正東）	符首：癸 （五中）	勾陳　開　天心 丙 乙 （兌七 正西）
九天　傷　天衝 壬 戊 （艮八 東北）	九地　生　天任 戊 庚 （坎一 正北）	朱雀　休　天蓬 庚 丙 （乾六 西北）

陽八局　庚申時　直符：天輔　直使：四杜

巽四 東南	離九 正南	坤二 西南
六合　驚　天柱 乙 癸	勾陳　開　天心 丙 己	朱雀　休　天蓬 庚 辛丁
太陰　死　天芮禽 辛丁 壬 （震三 正東）	符首：癸 （五中）	九地　生　天任 戊 乙 （兌七 正西）
騰蛇　景　天英 己 戊 （艮八 東北）	直符　杜　天輔 癸 庚 （坎一 正北）	九天　傷　天衝 壬 丙 （乾六 西北）

陽八局　癸亥時　直符：天輔　直使：四杜

巽四 東南	離九 正南	坤二 西南
直符　杜　天輔 癸 癸	騰蛇　景　天英 己 己	太陰　死　天芮禽 辛丁 辛丁
九天　傷　天衝 壬 壬 （震三 正東）	符首：癸 （五中）	六合　驚　天柱 乙 乙 （兌七 正西）
九地　生　天任 戊 戊 （艮八 東北）	朱雀　休　天蓬 庚 庚 （坎一 正北）	勾陳　開　天心 丙 丙 （乾六 西北）

98

遁甲時盤　陽遁九局

甲己日〜戊癸日

甲子時〜癸亥時　六十時盤

甲己日

陽九局　甲子時　直符：天英　直使：九景

巽四 東南	離九 正南	坤二 西南
壬　杜　天輔　九天　壬	戊　景　天英　直符　戊	庚癸　死　天芮禽　騰蛇　庚癸
震三 正東	**五中**	**兌七 正西**
辛　傷　天衝　九地　辛	符首：戊	丙　驚　天柱　太陰　丙
艮八 東北	**坎一 正北**	**乾六 西北**
乙　生　天任　朱雀　乙	己　休　天蓬　勾陳　己	丁　開　天心　六合　丁

陽九局　丁卯時　直符：天英　直使：九景

巽四 東南	離九 正南	坤二 西南
己　死　天蓬　勾陳　壬	乙　驚　天任　朱雀　戊	辛　開　天衝　九地　庚癸
震三 正東	**五中**	**兌七 正西**
丁　景　天心　六合　辛	符首：戊	壬　休　天輔　九天　丙
艮八 東北	**坎一 正北**	**乾六 西北**
丙　杜　天柱　太陰　乙	庚癸　傷　天芮禽　騰蛇　己	戊　生　天英　直符　丁

陽九局　乙丑時　直符：天英　直使：九景

巽四 東南	離九 正南	坤二 西南
丙　開　天柱　太陰　壬	丁　休　天心　六合　戊	己　生　天蓬　勾陳　庚癸
震三 正東	**五中**	**兌七 正西**
庚癸　驚　天芮禽　騰蛇　辛	符首：戊	乙　傷　天任　朱雀　丙
艮八 東北	**坎一 正北**	**乾六 西北**
戊　死　天英　直符　乙	壬　景　天輔　九天　己	辛　杜　天衝　九地　丁

陽九局　戊辰時　直符：天英　直使：九景

巽四 東南	離九 正南	坤二 西南
壬　景　天輔　九天　壬	戊　死　天英　直符　戊	庚癸　驚　天芮禽　騰蛇　庚癸
震三 正東	**五中**	**兌七 正西**
辛　杜　天衝　九地　辛	符首：戊	丙　開　天柱　太陰　丙
艮八 東北	**坎一 正北**	**乾六 西北**
乙　傷　天任　朱雀　乙	己　生　天蓬　勾陳　己	丁　休　天心　六合　丁

陽九局　丙寅時　直符：天英　直使：九景

巽四 東南	離九 正南	坤二 西南
乙　傷　天任　朱雀　壬	辛　杜　天衝　九地　戊	壬　景　天輔　九天　庚癸
震三 正東	**五中**	**兌七 正西**
己　生　天蓬　勾陳　辛	符首：戊	戊　死　天英　直符　丙
艮八 東北	**坎一 正北**	**乾六 西北**
丁　休　天心　六合　乙	丙　開　天柱　太陰　己	庚癸　驚　天芮禽　騰蛇　丁

陽九局　己巳時　直符：天英　直使：九景

巽四 東南	離九 正南	坤二 西南
丁　傷　天心　六合　壬	己　杜　天蓬　勾陳　戊	乙　景　天任　朱雀　庚癸
震三 正東	**五中**	**兌七 正西**
丙　生　天柱　太陰　辛	符首：戊	辛　死　天衝　九地　丙
艮八 東北	**坎一 正北**	**乾六 西北**
庚癸　休　天芮禽　騰蛇　乙	戊　開　天英　直符　己	壬　驚　天輔　九天　丁

甲己日

陽九局　庚午時　直符：天英　直使：九景

巽四 東南	離九 正南	坤二 西南
辛 [休] 天衝 九地 壬	壬 [生] 天輔 九天 戊	戊 [傷] 天英 直符 庚癸
乙 [開] 天任 朱雀 辛	符首：戊（五中）	庚癸 [杜] 天芮禽 騰蛇 丙
己 [驚] 天英 勾陳 乙	丁 [死] 天蓬 六合 己	丙 [景] 天柱 太陰 丁

陽九局　癸酉時　直符：天英　直使：九景

巽四 東南	離九 正南	坤二 西南
辛 [杜] 天衝 九地 壬	壬 [景] 天輔 九天 戊	戊 [死] 天英 直符 庚癸
乙 [傷] 天任 朱雀 辛	符首：戊（五中）	庚癸 [驚] 天芮禽 騰蛇 丙
己 [生] 天英 勾陳 乙	丁 [休] 天蓬 六合 己	丙 [開] 天柱 太陰 丁

陽九局　辛未時　直符：天英　直使：九景

巽四 東南	離九 正南	坤二 西南
庚癸 [生] 天芮禽 騰蛇 壬	丙 [傷] 天柱 太陰 戊	丁 [杜] 天心 六合 庚癸
戊 [休] 天英 直符 辛	符首：戊（五中）	己 [景] 天蓬 勾陳 丙
壬 [開] 天輔 九天 乙	辛 [驚] 天衝 九地 己	乙 [死] 天任 朱雀 丁

陽九局　甲戌時　直符：天蓬　直使：一休

巽四 東南	離九 正南	坤二 西南
壬 [杜] 天輔 六合 壬	戊 [景] 天英 勾陳 戊	庚癸 [死] 天芮禽 朱雀 庚癸
辛 [傷] 天衝 太陰 辛	符首：己（五中）	丙 [驚] 天柱 九地 丙
乙 [生] 天任 騰蛇 乙	己 [休] 天蓬 直符 己	丁 [開] 天心 九天 丁

陽九局　壬申時　直符：天英　直使：九景

巽四 東南	離九 正南	坤二 西南
戊 [驚] 天英 直符 壬	庚癸 [開] 天芮禽 騰蛇 戊	丙 [休] 天柱 太陰 庚癸
壬 [死] 天輔 九天 辛	符首：戊（五中）	丁 [生] 天心 六合 丙
辛 [景] 天衝 九地 乙	乙 [杜] 天任 朱雀 己	己 [傷] 天蓬 勾陳 丁

陽九局　乙亥時　直符：天蓬　直使：一休

巽四 東南	離九 正南	坤二 西南
辛 [驚] 天衝 太陰 壬	壬 [開] 天輔 六合 戊	戊 [休] 天英 勾陳 庚癸
乙 [死] 天任 騰蛇 辛	符首：己（五中）	庚癸 [生] 天芮禽 朱雀 丙
己 [景] 天蓬 直符 乙	丁 [杜] 天心 九天 己	丙 [傷] 天柱 九地 丁

乙庚日

陽九局　丙子時　直符：天蓬　直使：一休

巽四　東南	離九　正南	坤二　西南
庚癸　朱雀　生　天芮禽　壬	丙　九地　傷　天柱　戊	丁　九天　杜　天心　庚癸
震三　正東	五中	兌七　正西
戊　勾陳　休　天英　辛	符首：己	己　直符　景　天蓬　丙
艮八　東北	坎一　正北	乾六　西北
壬　六合　開　天輔　乙	辛　太陰　驚　天衝　己	乙　騰蛇　死　天任　丁

陽九局　己卯時　直符：天蓬　直使：一休

巽四　東南	離九　正南	坤二　西南
壬　六合　景　天輔　壬	戊　勾陳　死　天英　戊	庚癸　朱雀　驚　天芮禽　庚癸
震三　正東	五中	兌七　正西
辛　太陰　杜　天衝　辛	符首：己	丙　九地　開　天柱　丙
艮八　東北	坎一　正北	乾六　西北
乙　騰蛇　傷　天任　乙	己　直符　生　天蓬　己	丁　九天　休　天心　丁

陽九局　丁丑時　直符：天蓬　直使：一休

巽四　東南	離九　正南	坤二　西南
壬　勾陳　休　天英　壬	戊　朱雀　生　天芮禽　戊	庚癸　九地　傷　天柱　庚癸
震三　正東	五中	兌七　正西
辛　六合　開　天輔　辛	符首：己	丙　九天　杜　天心　丙
艮八　東北	坎一　正北	乾六　西北
乙　太陰　驚　天衝　乙	己　騰蛇　死　天任　己	丁　直符　景　天蓬　丁

陽九局　庚辰時　直符：天蓬　直使：一休

巽四　東南	離九　正南	坤二　西南
丙　九地　死　天柱　壬	丁　九天　驚　天心　戊	己　直符　開　天蓬　庚癸
震三　正東	五中	兌七　正西
庚癸　朱雀　景　天芮禽　辛	符首：己	乙　騰蛇　休　天任　丙
艮八　東北	坎一　正北	乾六　西北
戊　勾陳　杜　天英　乙	壬　六合　傷　天輔　己	辛　太陰　生　天衝　丁

陽九局　戊寅時　直符：天蓬　直使：一休

巽四　東南	離九　正南	坤二　西南
丁　九天　驚　天心　壬	己　直符　開　天蓬　戊	乙　騰蛇　休　天任　庚癸
震三　正東	五中	兌七　正西
丙　九地　死　天柱　辛	符首：己	辛　太陰　生　天衝　丙
艮八　東北	坎一　正北	乾六　西北
庚癸　朱雀　景　天芮禽　乙	戊　勾陳　杜　天英　己	壬　六合　傷　天輔　丁

陽九局　辛巳時　直符：天蓬　直使：一休

巽四　東南	離九　正南	坤二　西南
乙　騰蛇　傷　天任　壬	辛　太陰　杜　天衝　戊	壬　六合　景　天輔　庚癸
震三　正東	五中	兌七　正西
己　直符　生　天蓬　辛	符首：己	戊　勾陳　死　天英　丙
艮八　東北	坎一　正北	乾六　西北
丁　九天　休　天心　乙	丙　九地　開　天柱　己	庚癸　朱雀　驚　天芮禽　丁

乙 庚 日

陽九局　壬午時　直符：天蓬　直使：一休

巽四 東南	離九 正南	坤二 西南
己 天蓬　直符 [開] 壬	乙 天任　騰蛇 [休] 戊	辛 天衝　太陰 [生] 庚癸
丁 天心　九天 [驚] 辛	五中　符首：己	壬 天輔　六合 [傷] 丙
丙 天柱　九地 [死] 乙	天芮禽　朱雀 [景] 己	戊 天英　勾陳 [杜] 丁
艮八 東北	坎一 正北	乾六 西北

陽九局　乙酉時　直符：天芮　直使：二死

巽四 東南	離九 正南	坤二 西南
丁 天心　太陰 [驚] 壬	己 天蓬　六合 [開] 戊	乙 天任　勾陳 [休] 庚癸
丙 天柱　騰蛇 [死] 辛	五中　符首：庚	辛 天衝　朱雀 [生] 丙
庚癸 天芮禽　直符 [景] 乙	戊 天英　九天 [杜] 己	壬 天輔　九地 [傷] 丁
艮八 東北	坎一 正北	乾六 西北

陽九局　癸未時　直符：天蓬　直使：一休

巽四 東南	離九 正南	坤二 西南
丙 天柱　九地 [杜] 壬	丁 天心　九天 [景] 戊	己 天蓬　直符 [死] 庚癸
庚癸 天芮禽　朱雀 [傷] 辛	五中　符首：己	乙 天任　騰蛇 [驚] 丙
戊 天英　勾陳 [生] 乙	壬 天輔　六合 [休] 己	辛 天衝　太陰 [開] 丁
艮八 東北	坎一 正北	乾六 西北

陽九局　丙戌時　直符：天芮　直使：二死

巽四 東南	離九 正南	坤二 西南
辛 天衝　朱雀 [死] 壬	壬 天輔　九地 [驚] 戊	戊 天英　九天 [開] 庚癸
乙 天任　勾陳 [景] 辛	五中　符首：庚	庚癸 天芮禽　直符 [休] 丙
己 天蓬　六合 [杜] 乙	丁 天心　太陰 [傷] 己	丙 天柱　騰蛇 [生] 丁
艮八 東北	坎一 正北	乾六 西北

陽九局　甲申時　直符：天芮　直使：二死

巽四 東南	離九 正南	坤二 西南
壬 天輔　九地 [杜] 壬	戊 天英　九天 [景] 戊	庚癸 天芮禽　直符 [死] 庚癸
辛 天衝　朱雀 [傷] 辛	五中　符首：庚	丙 天柱　騰蛇 [驚] 丙
乙 天任　勾陳 [生] 乙	己 天蓬　六合 [休] 己	丁 天心　太陰 [開] 丁
艮八 東北	坎一 正北	乾六 西北

陽九局　丁亥時　直符：天芮　直使：二死

巽四 東南	離九 正南	坤二 西南
乙 天任　勾陳 [杜] 壬	辛 天衝　朱雀 [景] 戊	壬 天輔　九地 [死] 庚癸
己 天蓬　六合 [傷] 辛	五中　符首：庚	戊 天英　九天 [驚] 丙
丁 天心　太陰 [生] 乙	丙 天柱　騰蛇 [休] 己	庚癸 天芮禽　直符 [開] 丁
艮八 東北	坎一 正北	乾六 西北

丙　辛　日

戊子時

陽九局　戊子時　直符：天芮禽　直使：二死

巽四　東南	離九　正南	坤二　西南
戊　九天　生　天英　壬	庚癸　直符　傷　天芮禽　戊	丙　騰蛇　杜　天柱　庚癸
震三　正東 壬　九地　休　天輔　辛	**五中** 符首：庚	**兌七　正西** 丁　太陰　景　天心　丙
艮八　東北 辛　朱雀　開　天衝　乙	**坎一　正北** 乙　勾陳　驚　天任　己	**乾六　西北** 己　六合　死　天蓬　丁

辛卯時

陽九局　辛卯時　直符：天芮禽　直使：二死

巽四　東南	離九　正南	坤二　西南
丙　騰蛇　景　天柱　壬	丁　太陰　死　天心　戊	己　六合　驚　天蓬　庚癸
震三　正東 庚癸　直符　杜　天芮禽　辛	**五中** 符首：庚	**兌七　正西** 乙　勾陳　開　天任　丙
艮八　東北 戊　九天　傷　天英　乙	**坎一　正北** 壬　九地　生　天輔　己	**乾六　西北** 辛　朱雀　休　天衝　丁

己丑時

陽九局　己丑時　直符：天芮禽　直使：二死

巽四　東南	離九　正南	坤二　西南
己　六合　傷　天蓬　壬	乙　勾陳　杜　天任　戊	辛　朱雀　景　天衝　庚癸
震三　正東 丁　太陰　生　天心　辛	**五中** 符首：庚	**兌七　正西** 壬　九地　死　天輔　丙
艮八　東北 丙　騰蛇　休　天柱　乙	**坎一　正北** 庚癸　直符　開　天芮禽　己	**乾六　西北** 戊　九天　驚　天英　丁

壬辰時

陽九局　壬辰時　直符：天芮禽　直使：二死

巽四　東南	離九　正南	坤二　西南
庚癸　直符　休　天芮禽　壬	丙　騰蛇　生　天柱　戊	丁　太陰　傷　天心　庚癸
震三　正東 戊　九天　開　天英　辛	**五中** 符首：庚	**兌七　正西** 己　六合　杜　天蓬　丙
艮八　東北 壬　九地　驚　天輔　乙	**坎一　正北** 辛　朱雀　死　天衝　己	**乾六　西北** 乙　勾陳　景　天任　丁

庚寅時

陽九局　庚寅時　直符：天芮禽　直使：二死

巽四　東南	離九　正南	坤二　西南
壬　九地　開　天輔　壬	戊　九天　休　天英　戊	庚癸　直符　生　天芮禽　庚癸
震三　正東 辛　朱雀　驚　天衝　辛	**五中** 符首：庚	**兌七　正西** 丙　騰蛇　傷　天柱　丙
艮八　東北 乙　勾陳　死　天任　乙	**坎一　正北** 己　六合　景　天蓬　己	**乾六　西北** 丁　太陰　杜　天心　丁

癸巳時

陽九局　癸巳時　直符：天芮禽　直使：二死

巽四　東南	離九　正南	坤二　西南
壬　九地　杜　天輔　壬	戊　九天　景　天英　戊	庚癸　直符　死　天芮禽　庚癸
震三　正東 辛　朱雀　傷　天衝　辛	**五中** 符首：庚	**兌七　正西** 丙　騰蛇　驚　天柱　丙
艮八　東北 乙　勾陳　生　天任　乙	**坎一　正北** 己　六合　休　天蓬　己	**乾六　西北** 丁　太陰　開　天心　丁

丙　辛　日

陽九局　甲午時　直符：：天衝　直使：：三傷

巽四　東南	離九　正南	坤二　西南
騰蛇　壬 [杜] 天輔　壬	太陰　戊 [景] 天英　戊	六合　庚癸 [死] 天芮禽　庚癸
震三　正東	**五中**	**兌七　正西**
直符　辛 [傷] 天衝　辛	符首：：辛	勾陳　丙 [驚] 天柱　丙
艮八　東北	**坎一　正北**	**乾六　西北**
九天　乙 [生] 天任　乙	九地　己 [休] 天蓬　己	朱雀　丁 [開] 天心　丁

陽九局　丁酉時　直符：：天衝　直使：：三傷

巽四　東南	離九　正南	坤二　西南
勾陳　丙 [驚] 天柱　壬	朱雀　丁 [開] 天心　戊	九地　己 [休] 天蓬　庚癸
震三　正東	**五中**	**兌七　正西**
六合　庚癸 [死] 天芮禽　辛	符首：：辛	九天　乙 [生] 天任　丙
艮八　東北	**坎一　正北**	**乾六　西北**
太陰　戊 [景] 天英　乙	騰蛇　壬 [杜] 天輔　己	直符　辛 [傷] 天衝　丁

陽九局　乙未時　直符：：天衝　直使：：三傷

巽四　東南	離九　正南	坤二　西南
太陰　戊 [傷] 天英　壬	六合　庚癸 [杜] 天芮禽　戊	勾陳　丙 [景] 天柱　庚癸
震三　正東	**五中**	**兌七　正西**
騰蛇　壬 [生] 天輔　辛	符首：：辛	朱雀　丁 [死] 天心　丙
艮八　東北	**坎一　正北**	**乾六　西北**
直符　辛 [休] 天衝　乙	九天　乙 [開] 天任　己	九地　己 [驚] 天蓬　丁

陽九局　戊戌時　直符：：天衝　直使：：三傷

巽四　東南	離九　正南	坤二　西南
九天　乙 [開] 天任　壬	直符　辛 [休] 天衝　戊	騰蛇　壬 [生] 天輔　庚癸
震三　正東	**五中**	**兌七　正西**
九地　己 [驚] 天蓬　辛	符首：：辛	太陰　戊 [傷] 天英　丙
艮八　東北	**坎一　正北**	**乾六　西北**
朱雀　丁 [死] 天心　乙	勾陳　丙 [景] 天柱　己	六合　庚癸 [杜] 天芮禽　丁

陽九局　丙申時　直符：：天衝　直使：：三傷

巽四　東南	離九　正南	坤二　西南
朱雀　丁 [休] 天心　壬	九地　己 [生] 天蓬　戊	九天　乙 [傷] 天任　庚癸
震三　正東	**五中**	**兌七　正西**
勾陳　丙 [開] 天柱　辛	符首：：辛	直符　辛 [杜] 天衝　丙
艮八　東北	**坎一　正北**	**乾六　西北**
六合　庚癸 [驚] 天芮禽　乙	太陰　戊 [死] 天英　己	騰蛇　壬 [景] 天輔　丁

陽九局　己亥時　直符：：天衝　直使：：三傷

巽四　東南	離九　正南	坤二　西南
六合　庚癸 [景] 天芮禽　壬	勾陳　丙 [死] 天柱　戊	朱雀　丁 [驚] 天心　庚癸
震三　正東	**五中**	**兌七　正西**
太陰　戊 [杜] 天英　辛	符首：：辛	九地　己 [開] 天蓬　丙
艮八　東北	**坎一　正北**	**乾六　西北**
騰蛇　壬 [傷] 天輔　乙	直符　辛 [生] 天衝　己	九天　乙 [休] 天任　丁

丁　壬　日

庚子時　陽九局　直符：天衝　直使：三傷

巽四　東南	離九　正南	坤二　西南
己 天蓬　九地　生　壬	乙 天任　九天　傷　戊	辛 天衝　直符　杜　庚癸
丁 天心　朱雀　休　辛	五中　符首：辛	壬 天輔　騰蛇　景　丙
丙 天柱　勾陳　開　乙	庚癸 天芮禽　六合　驚　己	戊 天英　太陰　死　丁
艮八　東北	坎一　正北	乾六　西北

癸卯時　陽九局　直符：天衝　直使：三傷

巽四　東南	離九　正南	坤二　西南
己 天蓬　九地　杜　壬	乙 天任　九天　景　戊	辛 天衝　直符　死　庚癸
丁 天心　朱雀　傷　辛	五中　符首：辛	壬 天輔　騰蛇　驚　丙
丙 天柱　勾陳　生　乙	庚癸 天芮禽　六合　休　己	戊 天英　太陰　開　丁
艮八　東北	坎一　正北	乾六　西北

辛丑時　陽九局　直符：天衝　直使：三傷

巽四　東南	離九　正南	坤二　西南
壬 天輔　騰蛇　死　壬	戊 天英　太陰　驚　戊	庚癸 天芮禽　六合　開　庚癸
辛 天衝　直符　景　辛	五中　符首：辛	丙 天柱　勾陳　休　丙
乙 天任　九天　杜　乙	己 天蓬　九地　傷　己	丁 天心　朱雀　生　丁
艮八　東北	坎一　正北	乾六　西北

甲辰時　陽九局　直符：天輔　直使：四杜

巽四　東南	離九　正南	坤二　西南
壬 天輔　直符　杜　壬	戊 天英　騰蛇　景　戊	庚癸 天芮禽　太陰　死　庚癸
辛 天衝　九天　傷　辛	五中　符首：壬	丙 天柱　六合　驚　丙
乙 天任　九地　生　乙	己 天蓬　朱雀　休　己	丁 天心　勾陳　開　丁
艮八　東北	坎一　正北	乾六　西北

壬寅時　陽九局　直符：天衝　直使：三傷

巽四　東南	離九　正南	坤二　西南
辛 天衝　直符　休　壬	壬 天輔　騰蛇　生　戊	戊 天英　太陰　傷　庚癸
乙 天任　九天　開　辛	五中　符首：辛	庚癸 天芮禽　六合　杜　丙
己 天蓬　九地　驚　乙	丁 天心　朱雀　死　己	丙 天柱　勾陳　景　丁
艮八　東北	坎一　正北	乾六　西北

乙巳時　陽九局　直符：天輔　直使：四杜

巽四　東南	離九　正南	坤二　西南
庚癸 天芮禽　太陰　生　壬	丙 天柱　六合　傷　戊	丁 天心　勾陳　杜　庚癸
戊 天英　騰蛇　休　辛	五中　符首：壬	己 天蓬　朱雀　景　丙
壬 天輔　直符　開　乙	辛 天衝　九天　驚　己	乙 天任　九地　死　丁
艮八　東北	坎一　正北	乾六　西北

丁 壬 日

陽九局　丙午時　直符：天輔　直使：四杜

巽四 東南	離九 正南	坤二 西南
己 朱雀 [開] 天蓬 壬	乙 九地 [休] 天任 戊	辛 九天 [生] 天衝 庚癸
丁 勾陳 [驚] 天心 辛 （震三 正東）	符首：壬 （五中）	壬 [傷] 天輔 丙 直符 （兌七 正西）
丙 六合 [死] 天柱 乙 （艮八 東北）	庚癸 太陰 [景] 天芮禽 己 （坎一 正北）	戊 騰蛇 [杜] 天英 丁 （乾六 西北）

陽九局　己酉時　直符：天輔　直使：四杜

巽四 東南	離九 正南	坤二 西南
丙 六合 [傷] 天柱 壬	丁 勾陳 [杜] 天心 戊	己 朱雀 [景] 天蓬 庚癸
庚癸 太陰 [生] 天芮禽 辛 （震三 正東）	符首：壬 （五中）	乙 九地 [死] 天任 丙 （兌七 正西）
戊 騰蛇 [休] 天英 乙 （艮八 東北）	壬 直符 [開] 天輔 己 （坎一 正北）	辛 九天 [驚] 天衝 丁 （乾六 西北）

陽九局　丁未時　直符：天輔　直使：四杜

巽四 東南	離九 正南	坤二 西南
丁 勾陳 [休] 天心 壬	己 朱雀 [生] 天蓬 戊	乙 九地 [傷] 天任 庚癸
丙 六合 [開] 天柱 辛 （震三 正東）	符首：壬 （五中）	辛 九天 [杜] 天衝 丙 （兌七 正西）
庚癸 太陰 [驚] 天芮禽 乙 （艮八 東北）	戊 騰蛇 [死] 天英 丁 （坎一 正北）	壬 直符 [景] 天輔 丁 （乾六 西北）

陽九局　庚戌時　直符：天輔　直使：四杜

巽四 東南	離九 正南	坤二 西南
乙 九地 [驚] 天任 壬	辛 九天 [開] 天衝 戊	壬 直符 [休] 天輔 庚癸
己 朱雀 [死] 天蓬 辛 （震三 正東）	符首：壬 （五中）	戊 騰蛇 [生] 天英 丙 （兌七 正西）
丁 勾陳 [景] 天心 乙 （艮八 東北）	丙 六合 [杜] 天柱 己 （坎一 正北）	庚癸 太陰 [傷] 天芮禽 丁 （乾六 西北）

陽九局　戊申時　直符：天輔　直使：四杜

巽四 東南	離九 正南	坤二 西南
辛 九天 [死] 天衝 壬	壬 直符 [驚] 天輔 戊	戊 騰蛇 [開] 天英 庚癸
乙 九地 [景] 天任 辛 （震三 正東）	符首：壬 （五中）	庚癸 太陰 [休] 天芮禽 丙 （兌七 正西）
己 朱雀 [杜] 天蓬 乙 （艮八 東北）	丁 勾陳 [傷] 天心 己 （坎一 正北）	丙 六合 [生] 天柱 丁 （乾六 西北）

陽九局　辛亥時　直符：天輔　直使：四杜

巽四 東南	離九 正南	坤二 西南
戊 騰蛇 [生] 天英 壬	庚癸 太陰 [傷] 天芮禽 戊	丙 六合 [杜] 天柱 庚癸
壬 直符 [休] 天輔 辛 （震三 正東）	符首：壬 （五中）	丁 勾陳 [景] 天心 丙 （兌七 正西）
辛 九天 [開] 天衝 乙 （艮八 東北）	乙 九地 [驚] 天任 己 （坎一 正北）	己 朱雀 [死] 天蓬 丁 （乾六 西北）

108

戊癸日

陽九局　壬子時　直符：天輔　直使：四杜

巽四 東南	離九 正南	坤二 西南
壬 天輔／直符 景 壬	戊 天英／騰蛇 死 戊	庚癸 天芮禽／太陰 驚 庚癸
震三 正東	**五中**	**兌七 正西**
辛 天衝／九天 杜 辛	符首：壬	丙 天柱／六合 開 丙
艮八 東北	**坎一 正北**	**乾六 西北**
乙 天任／九地 傷 乙	己 天蓬／朱雀 生 己	丁 天心／勾陳 休 丁

陽九局　乙卯時　直符：天禽芮　直使：五死

巽四 東南	離九 正南	坤二 西南
丁 天心／太陰 生 丁	己 天蓬／六合 傷 己	乙 天任／勾陳 杜 乙
震三 正東	**五中**	**兌七 正西**
丙 天柱／騰蛇 休 丙	符首：癸	辛 天衝／朱雀 景 辛
艮八 東北	**坎一 正北**	**乾六 西北**
庚癸 天禽芮／直符 開 庚癸	戊 天英／九天 驚 戊	壬 天輔／九地 死 壬

陽九局　癸丑時　直符：天輔　直使：四杜

巽四 東南	離九 正南	坤二 西南
乙 天任／九地 杜 乙	辛 天衝／九天 景 辛	壬 天輔／直符 死 壬
震三 正東	**五中**	**兌七 正西**
己 天蓬／朱雀 傷 己	符首：壬	戊 天英／騰蛇 驚 戊
艮八 東北	**坎一 正北**	**乾六 西北**
丁 天心／勾陳 生 丁	丙 天柱／六合 休 丙	庚癸 天芮禽／太陰 開 庚癸

陽九局　丙辰時　直符：天禽芮　直使：五死

巽四 東南	離九 正南	坤二 西南
辛 天衝／朱雀 傷 辛	壬 天輔／九地 杜 壬	戊 天英／九天 景 戊
震三 正東	**五中**	**兌七 正西**
乙 天任／勾陳 生 乙	符首：癸	庚癸 天禽芮／直符 死 庚癸
艮八 東北	**坎一 正北**	**乾六 西北**
己 天蓬／六合 休 己	丁 天心／太陰 開 丁	丙 天柱／騰蛇 驚 丙

陽九局　甲寅時　直符：天禽芮　直使：五死

巽四 東南	離九 正南	坤二 西南
壬 天輔／九地 杜 壬	戊 天英／九天 景 戊	庚癸 天禽芮／直符 死 庚癸
震三 正東	**五中**	**兌七 正西**
辛 天衝／朱雀 傷 辛	符首：癸	丙 天柱／騰蛇 驚 丙
艮八 東北	**坎一 正北**	**乾六 西北**
乙 天任／勾陳 生 乙	己 天蓬／六合 休 己	丁 天心／太陰 開 丁

陽九局　丁巳時　直符：天禽芮　直使：五死

巽四 東南	離九 正南	坤二 西南
乙 天任／勾陳 開 乙	辛 天衝／朱雀 休 辛	壬 天輔／九地 生 壬
震三 正東	**五中**	**兌七 正西**
己 天蓬／六合 驚 己	符首：癸	戊 天英／九天 傷 戊
艮八 東北	**坎一 正北**	**乾六 西北**
丁 天心／太陰 死 丁	丙 天柱／騰蛇 景 丙	庚癸 天禽芮／直符 杜 庚癸

戊 癸 日

陽九局　戊午時　直符：天禽芮　直使：五死

巽四 東南	離九 正南	坤二 西南
戊　九天　[景] 天英　壬	庚癸　直符　[死] 天禽芮　戊	丙　騰蛇　[驚] 天柱　庚癸
壬　九地　[杜] 天輔　辛	符首：癸（五中）	丁　太陰　[開] 天心　丙
辛　朱雀　[傷] 天衝　乙	乙　勾陳　[生] 天任　己	己　六合　[休] 天蓬　丁
震三 正東	五中	兌七 正西
艮八 東北	坎一 正北	乾六 西北

陽九局　辛酉時　直符：天禽芮　直使：五死

巽四 東南	離九 正南	坤二 西南
丙　騰蛇　[驚] 天柱　壬	丁　太陰　[開] 天心　戊	己　六合　[休] 天蓬　庚癸
庚癸　直符　[死] 天禽芮　辛	符首：癸（五中）	乙　勾陳　[生] 天任　丙
戊　九天　[景] 天英　乙	壬　九地　[杜] 天輔　己	辛　朱雀　[傷] 天衝　丁
震三 正東	五中	兌七 正西
艮八 東北	坎一 正北	乾六 西北

陽九局　己未時　直符：天禽芮　直使：五死

巽四 東南	離九 正南	坤二 西南
己　六合　[休] 天蓬　壬	乙　勾陳　[生] 天任　戊	辛　朱雀　[傷] 天衝　庚癸
丁　太陰　[開] 天心　辛	符首：癸（五中）	壬　九地　[杜] 天輔　丙
丙　騰蛇　[驚] 天柱　乙	庚癸　直符　[死] 天禽芮　己	戊　九天　[景] 天英　丁
震三 正東	五中	兌七 正西
艮八 東北	坎一 正北	乾六 西北

陽九局　壬戌時　直符：天禽芮　直使：五死

巽四 東南	離九 正南	坤二 西南
庚癸　直符　[死] 天禽芮　壬	丙　騰蛇　[驚] 天柱　戊	丁　太陰　[開] 天心　庚癸
戊　九天　[景] 天英　辛	符首：癸（五中）	己　六合　[休] 天蓬　丙
壬　九地　[杜] 天輔　乙	辛　朱雀　[傷] 天衝　己	乙　勾陳　[生] 天任　丁
震三 正東	五中	兌七 正西
艮八 東北	坎一 正北	乾六 西北

陽九局　庚申時　直符：天禽芮　直使：五死

巽四 東南	離九 正南	坤二 西南
壬　九地　[杜] 天輔　壬	戊　九天　[景] 天英　戊	庚癸　直符　[死] 天禽芮　庚癸
辛　朱雀　[傷] 天衝　辛	符首：癸（五中）	丙　騰蛇　[驚] 天柱　丙
乙　勾陳　[生] 天任　乙	己　六合　[休] 天蓬　己	丁　太陰　[開] 天心　丁
震三 正東	五中	兌七 正西
艮八 東北	坎一 正北	乾六 西北

陽九局　癸亥時　直符：天禽芮　直使：五死

巽四 東南	離九 正南	坤二 西南
壬　九地　[杜] 天輔　壬	戊　九天　[景] 天英　戊	庚癸　直符　[死] 天禽芮　庚癸
辛　朱雀　[傷] 天衝　辛	符首：癸（五中）	丙　騰蛇　[驚] 天柱　丙
乙　勾陳　[生] 天任　乙	己　六合　[休] 天蓬　己	丁　太陰　[開] 天心　丁
震三 正東	五中	兌七 正西
艮八 東北	坎一 正北	乾六 西北

遁甲時盤　陰遁九局

• •

甲己日～戊癸日

甲子時～癸亥時　六十時盤

甲己日

陰九局　甲子時　直符：天　直使：九景

巽四 東南	離九 正南	坤二 西南
騰蛇　杜　天輔 癸 / 癸	直符　景　天英 戊 / 戊	九天　死　天芮禽 丙壬 / 丙壬
太陰　傷　天衝 丁 / 丁（震三 正東）	符首：戊（五中）	九地　驚　天柱 庚 / 庚（兌七 正西）
六合　生　天任 己 / 己（艮八 東北）	勾陳　休　天蓬 乙 / 乙（坎一 正北）	朱雀　開　天心 辛 / 辛（乾六 西北）

陰九局　丁卯時　直符：天　直使：九景

巽四 東南	離九 正南	坤二 西南
九天　休　天芮禽 丙壬 / 癸	九地　生　天柱 庚 / 戊	朱雀　傷　天心 辛 / 丙壬
直符　開　天英 戊 / 丁（震三 正東）	符首：戊（五中）	勾陳　杜　天蓬 乙 / 庚（兌七 正西）
騰蛇　驚　天輔 癸 / 己（艮八 東北）	太陰　死　天衝 丁 / 乙（坎一 正北）	六合　景　天任 己 / 辛（乾六 西北）

陰九局　乙丑時　直符：天　直使：九景

巽四 東南	離九 正南	坤二 西南
朱雀　驚　天心 辛 / 癸	勾陳　開　天蓬 乙 / 戊	六合　休　天任 己 / 丙壬
九地　死　天柱 庚 / 丁（震三 正東）	符首：戊（五中）	太陰　生　天衝 丁 / 庚（兌七 正西）
九天　景　天芮禽 丙壬 / 己（艮八 東北）	直符　杜　天英 戊 / 乙（坎一 正北）	騰蛇　傷　天輔 癸 / 辛（乾六 西北）

陰九局　戊辰時　直符：天　直使：九景

巽四 東南	離九 正南	坤二 西南
騰蛇　傷　天輔 癸 / 癸	直符　杜　天英 戊 / 戊	九天　景　天芮禽 丙壬 / 丙壬
太陰　生　天衝 丁 / 丁（震三 正東）	符首：戊（五中）	九地　死　天柱 庚 / 庚（兌七 正西）
六合　休　天任 己 / 己（艮八 東北）	勾陳　開　天蓬 乙 / 乙（坎一 正北）	朱雀　驚　天心 辛 / 辛（乾六 西北）

陰九局　丙寅時　直符：天　直使：九景

巽四 東南	離九 正南	坤二 西南
太陰　生　天衝 丁 / 癸	騰蛇　傷　天輔 癸 / 戊	直符　杜　天英 戊 / 丙壬
六合　休　天任 己 / 丁（震三 正東）	符首：戊（五中）	九天　景　天芮禽 丙壬 / 庚（兌七 正西）
勾陳　開　天蓬 乙 / 己（艮八 東北）	朱雀　驚　天心 辛 / 乙（坎一 正北）	九地　死　天柱 庚 / 辛（乾六 西北）

陰九局　己巳時　直符：天　直使：九景

巽四 東南	離九 正南	坤二 西南
九地　景　天柱 庚 / 癸	朱雀　死　天心 辛 / 戊	勾陳　驚　天蓬 乙 / 丙壬
九天　杜　天芮禽 丙壬 / 丁（震三 正東）	符首：戊（五中）	六合　開　天任 己 / 庚（兌七 正西）
直符　傷　天英 戊 / 己（艮八 東北）	騰蛇　生　天輔 癸 / 乙（坎一 正北）	太陰　休　天衝 丁 / 辛（乾六 西北）

甲己日

陰九局　庚午時　直符：天英　直使：九景

巽四 東南	離九 正南	坤二 西南
己 死 天任 六合 癸	丁 驚 天衝 太陰 戊	癸 開 天輔 騰蛇 丙壬
乙 景 天蓬 勾陳 丁	符首：戊（五中）	戊 休 天英 庚
辛 杜 天心 朱雀 己（艮八 東北）	庚 傷 天柱 九地 乙（坎一 正北）	丙壬 生 天芮禽 九天 辛（乾六 西北）

陰九局　癸酉時　直符：天英　直使：九景

巽四 東南	離九 正南	坤二 西南
戊 杜 天英 直符 癸	丙壬 景 天芮禽 九天 戊	庚 死 天柱 九地 丙壬
癸 傷 天輔 騰蛇 丁	符首：戊（五中）	辛 驚 天心 朱雀 庚
丁 生 天衝 太陰 己（艮八 東北）	己 休 天任 六合 乙（坎一 正北）	乙 開 天蓬 勾陳 辛（乾六 西北）

陰九局　辛未時　直符：天英　直使：九景

巽四 東南	離九 正南	坤二 西南
乙 傷 天蓬 勾陳 癸	己 杜 天任 六合 戊	丁 景 天衝 太陰 丙壬
辛 生 天心 朱雀 丁	符首：戊（五中）	癸 死 天輔 騰蛇 庚
庚 休 天柱 九地 己（艮八 東北）	丙壬 開 天芮禽 九天 乙（坎一 正北）	戊 驚 天英 直符 辛（乾六 西北）

陰九局　甲戌時　直符：天任　直使：八生

巽四 東南	離九 正南	坤二 西南
癸 杜 天輔 九地 癸	戊 景 天英 朱雀 戊	丙壬 死 天芮禽 勾陳 丙壬
丁 傷 天衝 九天 丁	符首：己（五中）	庚 驚 天柱 六合 庚
己 生 天任 直符 己（艮八 東北）	乙 休 天蓬 騰蛇 乙（坎一 正北）	辛 開 天心 太陰 辛（乾六 西北）

陰九局　壬申時　直符：天英　直使：九景

巽四 東南	離九 正南	坤二 西南
丁 開 天衝 太陰 癸	癸 休 天輔 騰蛇 戊	戊 生 天英 直符 丙壬
己 驚 天任 六合 丁	符首：戊（五中）	丙壬 傷 天芮禽 九天 庚
乙 死 天蓬 勾陳 己（艮八 東北）	辛 景 天心 朱雀 乙（坎一 正北）	庚 杜 天柱 九地 辛（乾六 西北）

陰九局　乙亥時　直符：天任　直使：八生

巽四 東南	離九 正南	坤二 西南
戊 驚 天英 朱雀 癸	丙壬 開 天芮禽 勾陳 戊	庚 休 天柱 六合 丙壬
癸 死 天輔 九地 丁	符首：己（五中）	辛 生 天心 太陰 庚
丁 景 天衝 九天 己（艮八 東北）	己 杜 天任 直符 乙（坎一 正北）	乙 傷 天蓬 騰蛇 辛（乾六 西北）

乙 庚 日

陰九局　丙子時　直符：天生　直使：八生

巽四 東南	離九 正南	坤二 西南
辛　死　天心　太陰　癸	乙　驚　天蓬　騰蛇　戊	己　開　天任　直符　丙壬

震三 正東	五中	兌七 正西
庚　景　天柱　六合　丁	符首：己	丁　休　天衝　九天　庚

艮八 東北	坎一 正北	乾六 西北
丙壬　杜　天任　勾陳　己	戊　傷　天芮禽　朱雀　乙	癸　生　天英　九地　辛

陰九局　己卯時　直符：天生　直使：八生

巽四 東南	離九 正南	坤二 西南
癸　傷　天輔　九地　癸	戊　杜　天英　朱雀　戊	丙壬　景　天芮禽　勾陳　丙壬

震三 正東	五中	兌七 正西
丁　生　天衝　九天　丁	符首：己	庚　死　天柱　六合　庚

艮八 東北	坎一 正北	乾六 西北
己　休　天任　直符　己	乙　開　天蓬　騰蛇　乙	辛　驚　天心　太陰　辛

陰九局　丁丑時　直符：天生　直使：八生

巽四 東南	離九 正南	坤二 西南
丁　開　天衝　九天　癸	癸　休　天輔　九地　戊	戊　生　天英　朱雀　丙壬

震三 正東	五中	兌七 正西
己　驚　天任　直符　丁	符首：己	丙壬　傷　天芮禽　勾陳　庚

艮八 東北	坎一 正北	乾六 西北
乙　死　天蓬　騰蛇　己	辛　景　天心　太陰　乙	庚　杜　天柱　六合　辛

陰九局　庚辰時　直符：天生　直使：八生

巽四 東南	離九 正南	坤二 西南
庚　開　天柱　六合　癸	辛　休　天心　太陰　戊	乙　生　天蓬　騰蛇　丙壬

震三 正東	五中	兌七 正西
丙壬　驚　天芮禽　勾陳　丁	符首：己	己　傷　天任　直符　庚

艮八 東北	坎一 正北	乾六 西北
戊　死　天英　朱雀　己	癸　景　天輔　九地　乙	丁　杜　天衝　九天　辛

陰九局　戊寅時　直符：天生　直使：八生

巽四 東南	離九 正南	坤二 西南
乙　生　天蓬　騰蛇　癸	己　傷　天任　直符　戊	丁　杜　天衝　九天　丙壬

震三 正東	五中	兌七 正西
辛　休　天心　太陰　丁	符首：己	癸　景　天輔　九地　庚

艮八 東北	坎一 正北	乾六 西北
庚　開　天柱　六合　己	丙壬　驚　天芮禽　勾陳　乙	戊　死　天英　朱雀　辛

陰九局　辛巳時　直符：天生　直使：八生

巽四 東南	離九 正南	坤二 西南
丙壬　景　天芮禽　勾陳　癸	庚　死　天柱　六合　戊	辛　驚　天心　太陰　丙壬

震三 正東	五中	兌七 正西
戊　杜　天英　朱雀　丁	符首：己	乙　開　天蓬　騰蛇　庚

艮八 東北	坎一 正北	乾六 西北
癸　傷　天輔　九地　己	丁　生　天衝　九天　乙	己　休　天任　直符　辛

陰九局　壬午時　直符：天任　直使：八生

巽四 東南	離九 正南	坤二 西南
太陰　休 辛　天心 癸	騰蛇　生 乙　天蓬 戊	直符　傷 己　天任 丙壬
震三 正東	**中五**	**兌七 正西**
六合　開 庚　天柱 丁	符首：己	九天　杜 丁　天衝 庚
艮八 東北	**坎一 正北**	**乾六 西北**
勾陳　驚 丙壬　天芮禽 己	朱雀　死 戊　天英 乙	九地　景 癸　天輔 辛

陰九局　乙酉時　直符：天心　直使：七驚

巽四 東南	離九 正南	坤二 西南
朱雀　傷 己　天任 癸	勾陳　杜 丁　天衝 戊	六合　景 癸　天輔 丙壬
震三 正東	**中五**	**兌七 正西**
九地　生 乙　天蓬 丁	符首：庚	太陰　死 戊　天英 庚
艮八 東北	**坎一 正北**	**乾六 西北**
九天　休 辛　天心 己	直符　開 庚　天柱 乙	騰蛇　驚 丙壬　天芮禽 辛

陰九局　癸未時　直符：天任　直使：八生

巽四 東南	離九 正南	坤二 西南
直符　杜 己　天任 癸	九天　景 丁　天衝 戊	九地　死 癸　天輔 丙壬
震三 正東	**中五**	**兌七 正西**
騰蛇　傷 乙　天蓬 丁	符首：己	朱雀　驚 戊　天英 庚
艮八 東北	**坎一 正北**	**乾六 西北**
太陰　生 辛　天心 己	六合　休 庚　天柱 乙	勾陳　開 丙壬　天芮禽 辛

陰九局　丙戌時　直符：天柱　直使：七驚

巽四 東南	離九 正南	坤二 西南
太陰　景 戊　天英 癸	騰蛇　死 丙壬　天芮禽 戊	直符　驚 庚　天柱 丙壬
震三 正東	**中五**	**兌七 正西**
六合　杜 癸　天輔 丁	符首：庚	九天　開 辛　天心 庚
艮八 東北	**坎一 正北**	**乾六 西北**
勾陳　傷 丁　天衝 己	朱雀　生 己　天任 乙	九地　休 乙　天蓬 辛

陰九局　甲申時　直符：天柱　直使：七驚

巽四 東南	離九 正南	坤二 西南
六合　杜 癸　天輔 癸	太陰　景 戊　天英 戊	騰蛇　死 丙壬　天芮禽 丙壬
震三 正東	**中五**	**兌七 正西**
勾陳　傷 丁　天衝 丁	符首：庚	直符　驚 庚　天柱 庚
艮八 東北	**坎一 正北**	**乾六 西北**
朱雀　生 己　天任 己	九地　休 乙　天蓬 乙	九天　開 辛　天心 辛

陰九局　丁亥時　直符：天柱　直使：七驚

巽四 東南	離九 正南	坤二 西南
九天　驚 辛　天心 癸	九地　開 乙　天蓬 戊	朱雀　休 己　天任 丙壬
震三 正東	**中五**	**兌七 正西**
直符　死 庚　天柱 丁	符首：庚	勾陳　生 丁　天衝 庚
艮八 東北	**坎一 正北**	**乾六 西北**
騰蛇　景 丙壬　天芮禽 己	太陰　杜 戊　天英 乙	六合　傷 癸　天輔 辛

丙辛日

陰九局　戊子時　直符：天柱　直使：七驚

巽四 東南	離九 正南	坤二 西南
丙壬 騰蛇　開　天芮禽	庚 直符　休　天柱 戊	辛 生　天心 丙壬
震三 正東	五中	兌七 正西
戊 太陰　驚　天英 丁	符首：庚	乙 九地　傷　天蓬 庚
艮八 東北	坎一 正北	乾六 西北
癸 六合　死　天輔 己	丁 勾陳　景　天衝 乙	己 朱雀　杜　天任 辛

陰九局　辛卯時　直符：天柱　直使：七驚

巽四 東南	離九 正南	坤二 西南
丁 勾陳　死　天衝	癸 六合　驚　天輔 戊	戊 開　天英 丙壬
震三 正東	五中	兌七 正西
己 朱雀　景　天任 丁	符首：庚	丙壬 騰蛇　休　天芮禽 庚
艮八 東北	坎一 正北	乾六 西北
乙 九地　杜　天蓬 己	辛 九天　傷　天心 乙	庚 直符　生　天柱 辛

陰九局　己丑時　直符：天柱　直使：七驚

巽四 東南	離九 正南	坤二 西南
乙 九地　景　天蓬 癸	己 朱雀　死　天任 戊	丁 勾陳　驚　天衝 丙壬
震三 正東	五中	兌七 正西
辛 九天　杜　天心 丁	符首：庚	癸 六合　開　天輔 庚
艮八 東北	坎一 正北	乾六 西北
庚 直符　傷　天柱 己	丙壬 騰蛇　生　天芮禽 乙	戊 太陰　休　天英 辛

陰九局　壬辰時　直符：天柱　直使：七驚

巽四 東南	離九 正南	坤二 西南
戊 太陰　休　天英	丙壬 騰蛇　生　天芮禽 戊	庚 直符　傷　天柱 丙壬
震三 正東	五中	兌七 正西
癸 六合　開　天輔 丁	符首：庚	辛 九天　杜　天心 庚
艮八 東北	坎一 正北	乾六 西北
丁 勾陳　驚　天衝 己	己 朱雀　死　天任 乙	乙 九地　景　天蓬 辛

陰九局　庚寅時　直符：天柱　直使：七驚

巽四 東南	離九 正南	坤二 西南
癸 六合　生　天輔 癸	戊 太陰　傷　天英 戊	丙壬 騰蛇　杜　天芮禽 丙壬
震三 正東	五中	兌七 正西
丁 勾陳　休　天衝 丁	符首：庚	庚 直符　景　天柱 庚
艮八 東北	坎一 正北	乾六 西北
己 朱雀　開　天任 己	乙 九地　驚　天蓬 乙	辛 九天　死　天心 辛

陰九局　癸巳時　直符：天柱　直使：七驚

巽四 東南	離九 正南	坤二 西南
庚 直符　杜　天柱 癸	辛 九天　景　天心 戊	乙 九地　死　天蓬 丙壬
震三 正東	五中	兌七 正西
丙壬 騰蛇　傷　天芮禽 丁	符首：庚	己 朱雀　驚　天任 庚
艮八 東北	坎一 正北	乾六 西北
戊 太陰　生　天英 己	癸 六合　休　天輔 乙	丁 勾陳　開　天衝 辛

117

丙辛日

陰九局　甲午時
直符：天心　直使：六開

巽四 東南	離九 正南	坤二 西南
勾陳 杜 天輔　癸／癸	六合 景 天英　戊／戊	太陰 死 天芮禽　丙壬／丙壬
朱雀 傷 天衝　丁／丁【震三 正東】	符首：辛【五中】	騰蛇 驚 天柱　庚／庚【兌七 正西】
九地 生 天任　己／己【艮八 東北】	九天 休 天蓬　乙／乙【坎一 正北】	直符 開 天心　辛／辛【乾六 西北】

陰九局　丁酉時
直符：天心　直使：六開

巽四 東南	離九 正南	坤二 西南
九天 休 天蓬　乙／癸	九地 生 天任　己／戊	朱雀 傷 天衝　丁／丙壬
直符 開 天心　辛／丁【震三 正東】	符首：辛【五中】	勾陳 杜 天輔　癸／庚【兌七 正西】
騰蛇 驚 天柱　庚／己【艮八 東北】	太陰 死 天芮禽　丙壬／乙【坎一 正北】	六合 景 天英　戊／辛【乾六 西北】

陰九局　乙未時
直符：天心　直使：六開

巽四 東南	離九 正南	坤二 西南
朱雀 死 天衝　丁／癸	勾陳 驚 天輔　癸／戊	六合 開 天英　戊／丙壬
九地 景 天任　己／丁【震三 正東】	符首：辛【五中】	太陰 休 天芮禽　丙壬／庚【兌七 正西】
九天 杜 天蓬　乙／己【艮八 東北】	直符 傷 天心　辛／乙【坎一 正北】	騰蛇 生 天柱　庚／辛【乾六 西北】

陰九局　戊戌時
直符：天心　直使：六開

巽四 東南	離九 正南	坤二 西南
騰蛇 死 天柱　庚／癸	直符 驚 天心　辛／戊	九天 開 天蓬　乙／丙壬
太陰 景 天芮禽　丙壬／丁【震三 正東】	符首：辛【五中】	九地 休 天任　己／庚【兌七 正西】
六合 杜 天英　戊／己【艮八 東北】	勾陳 傷 天輔　癸／乙【坎一 正北】	朱雀 生 天衝　丁／辛【乾六 西北】

陰九局　丙申時
直符：天心　直使：六開

巽四 東南	離九 正南	坤二 西南
太陰 開 天芮禽　丙壬／癸	騰蛇 休 天柱　庚／戊	直符 生 天心　辛／丙壬
六合 驚 天英　戊／丁【震三 正東】	符首：辛【五中】	九天 傷 天蓬　乙／庚【兌七 正西】
勾陳 死 天輔　癸／己【艮八 東北】	朱雀 景 天衝　丁／乙【坎一 正北】	九地 杜 天任　己／辛【乾六 西北】

陰九局　己亥時
直符：天心　直使：六開

巽四 東南	離九 正南	坤二 西南
九地 傷 天任　己／癸	朱雀 杜 天衝　丁／戊	勾陳 景 天輔　癸／丙壬
九天 生 天蓬　乙／丁【震三 正東】	符首：辛【五中】	六合 死 天英　戊／庚【兌七 正西】
直符 休 天心　辛／己【艮八 東北】	騰蛇 開 天柱　庚／乙【坎一 正北】	太陰 驚 天芮禽　丙壬／辛【乾六 西北】

118

丁 壬 日

陰九局　庚子時　直符：天心　直使：六開

巽四 東南	離九 正南	坤二 西南
六合　戊　天英　[驚]　癸	太陰　丙壬　天芮禽　[開]　戊	騰蛇　庚　天柱　[休]　丙壬
勾陳　癸　天輔　[死]　丁（震三 正東）	符首：辛（五中）	直符　辛　天心　[生]　庚（兌七 正西）
朱雀　丁　天衝　[景]　己（艮八 東北）	九地　己　天任　[杜]　乙（坎一 正北）	九天　乙　天蓬　[傷]　辛（乾六 西北）

陰九局　癸卯時　直符：天心　直使：六開

巽四 東南	離九 正南	坤二 西南
直符　辛　天心　[杜]　癸	九天　乙　天蓬　[景]　戊	九地　己　天任　[死]　丙壬
騰蛇　庚　天柱　[傷]　丁（震三 正東）	符首：辛（五中）	朱雀　丁　天衝　[驚]　庚（兌七 正西）
太陰　丙壬　天芮禽　[生]　己（艮八 東北）	六合　戊　天英　[休]　乙（坎一 正北）	勾陳　癸　天輔　[開]　辛（乾六 西北）

陰九局　辛丑時　直符：天心　直使：六開

巽四 東南	離九 正南	坤二 西南
勾陳　癸　天輔　[生]　癸	六合　戊　天英　[傷]　戊	太陰　丙壬　天芮禽　[杜]　丙壬
朱雀　丁　天衝　[休]　丁（震三 正東）	符首：辛（五中）	騰蛇　庚　天柱　[景]　庚（兌七 正西）
九地　己　天任　[開]　己（艮八 東北）	九天　乙　天蓬　[驚]　乙（坎一 正北）	直符　辛　天心　[死]　辛（乾六 西北）

陰九局　甲辰時　直符：天禽芮　直使：五死

巽四 東南	離九 正南	坤二 西南
太陰　癸　天輔　[杜]　癸	騰蛇　戊　天英　[景]　戊	直符　丙壬　天禽芮　[死]　丙壬
六合　丁　天衝　[傷]　丁（震三 正東）	符首：壬（五中）	九天　庚　天柱　[驚]　庚（兌七 正西）
勾陳　己　天任　[生]　己（艮八 東北）	朱雀　乙　天蓬　[休]　乙（坎一 正北）	九地　辛　天心　[開]　辛（乾六 西北）

陰九局　壬寅時　直符：天心　直使：六開

巽四 東南	離九 正南	坤二 西南
太陰　丙壬　天芮禽　[景]　癸	騰蛇　庚　天柱　[死]　戊	直符　辛　天心　[驚]　丙壬
六合　戊　天英　[杜]　丁（震三 正東）	符首：辛（五中）	九天　乙　天蓬　[開]　庚（兌七 正西）
勾陳　癸　天輔　[傷]　己（艮八 東北）	朱雀　丁　天衝　[生]　乙（坎一 正北）	九地　己　天任　[休]　辛（乾六 西北）

陰九局　乙巳時　直符：天禽芮　直使：五死

巽四 東南	離九 正南	坤二 西南
朱雀　乙　天蓬　[死]　癸	勾陳　己　天任　[驚]　戊	六合　丁　天衝　[開]　丙壬
九地　辛　天心　[景]　丁（震三 正東）	符首：壬（五中）	太陰　癸　天輔　[休]　庚（兌七 正西）
九天　庚　天柱　[杜]　己（艮八 東北）	直符　丙壬　天禽芮　[傷]　乙（坎一 正北）	騰蛇　戊　天英　[生]　辛（乾六 西北）

丁 壬 日

陰九局　丙午時
直符：天禽芮　直使：五死

巽四 東南	離九 正南	坤二 西南
太陰　癸　驚　天輔	騰蛇　戊　開　天英	直符　丙壬　休　天禽芮
六合　丁　死　天衝	五中　符首：壬	九天　庚　生　天柱
勾陳　己　景　天任（艮八 東北）	朱雀　乙　杜　天蓬（坎一 正北）	九地　辛　傷　天心（乾六 西北）

陰九局　己酉時
直符：天禽芮　直使：五死

巽四 東南	離九 正南	坤二 西南
九地　辛　景　天心	朱雀　乙　死　天蓬	勾陳　己　驚　天任
九天　庚　杜　天柱	五中　符首：壬	六合　丁　開　天衝
直符　丙壬　傷　天禽芮（艮八 東北）	騰蛇　戊　生　天英（坎一 正北）	太陰　癸　休　天輔（乾六 西北）

陰九局　丁未時
直符：天禽芮　直使：五死

巽四 東南	離九 正南	坤二 西南
九天　庚　杜　天柱	九地　辛　景　天心	朱雀　乙　死　天蓬
直符　丙壬　傷　天禽芮	五中　符首：壬	勾陳　己　驚　天任
騰蛇　戊　生　天英（艮八 東北）	太陰　癸　休　天輔（坎一 正北）	六合　丁　開　天衝（乾六 西北）

陰九局　庚戌時
直符：天禽芮　直使：五死

巽四 東南	離九 正南	坤二 西南
六合　丁　開　天衝	太陰　癸　休　天輔	騰蛇　戊　生　天英
勾陳　己　驚　天任	五中　符首：壬	直符　丙壬　傷　天禽芮
朱雀　乙　死　天蓬（艮八 東北）	九地　辛　景　天心（坎一 正北）	九天　庚　杜　天柱（乾六 西北）

陰九局　戊申時
直符：天禽芮　直使：五死

巽四 東南	離九 正南	坤二 西南
騰蛇　戊　休　天英	直符　丙壬　生　天禽芮	九天　庚　傷　天柱
太陰　癸　開　天輔	五中　符首：壬	九地　辛　杜　天心
六合　丁　驚　天衝（艮八 東北）	勾陳　己　死　天任（坎一 正北）	朱雀　乙　景　天蓬（乾六 西北）

陰九局　辛亥時
直符：天禽芮　直使：五死

巽四 東南	離九 正南	坤二 西南
勾陳　己　傷　天任	六合　丁　杜　天衝	太陰　癸　景　天輔
朱雀　乙　生　天蓬	五中　符首：壬	騰蛇　戊　死　天英
九地　辛　休　天心（艮八 東北）	九天　庚　開　天柱（坎一 正北）	直符　丙壬　驚　天禽芮（乾六 西北）

戊癸日

陰九局　壬子時

直符：天禽芮　直使：五死

巽四 東南	離九 正南	坤二 西南
癸　太陰 [生] 天輔　癸	戊　騰蛇 [傷] 天英　戊	丙壬　直符 [杜] 天禽芮　丙壬
震三 正東	五中	兌七 正西
丁　六合 [休] 天衝　丁	符首：壬	九天 [景] 天柱　庚
艮八 東北	坎一 正北	乾六 西北
己　勾陳 [開] 天任　己	乙　朱雀 [驚] 天蓬　乙	辛　九地 [死] 天心　辛

陰九局　乙卯時

直符：天禽芮　直使：四杜

巽四 東南	離九 正南	坤二 西南
庚　朱雀 [景] 天柱　癸	辛　勾陳 [死] 天心　戊	乙　六合 [驚] 天蓬　丙壬
震三 正東	五中	兌七 正西
丙壬　九地 [杜] 天芮禽　丁	符首：癸	己　太陰 [開] 天任　庚
艮八 東北	坎一 正北	乾六 西北
戊　九天 [傷] 天輔	癸　直符 [生] 天英　乙	丁　騰蛇 [休] 天衝　辛

陰九局　癸丑時

直符：天禽芮　直使：五死

巽四 東南	離九 正南	坤二 西南
丙壬　直符 [杜] 天禽芮　癸	庚　九天 [景] 天柱　戊	辛　九地 [死] 天心　丙壬
震三 正東	五中	兌七 正西
戊　騰蛇 [傷] 天英　丁	符首：壬	乙　朱雀 [驚] 天蓬　庚
艮八 東北	坎一 正北	乾六 西北
癸　太陰 [生] 天輔　己	丁　六合 [休] 天衝　乙	己　勾陳 [開] 天任　辛

陰九局　丙辰時

直符：天輔　直使：四杜

巽四 東南	離九 正南	坤二 西南
己　太陰 [生] 天任　癸	丁　騰蛇 [傷] 天衝　戊	癸　直符 [杜] 天輔　丙壬
震三 正東	五中	兌七 正西
乙　六合 [休] 天蓬　丁	符首：癸	戊　九天 [景] 天英　庚
艮八 東北	坎一 正北	乾六 西北
辛　勾陳 [開] 天心　己	庚　朱雀 [驚] 天柱　乙	丙壬　九地 [死] 天芮禽　辛

陰九局　甲寅時

直符：天輔　直使：四杜

巽四 東南	離九 正南	坤二 西南
癸　直符 [杜] 天輔　癸	戊　九天 [景] 天英　戊	丙壬　九地 [死] 天芮禽　丙壬
震三 正東	五中	兌七 正西
丁　騰蛇 [傷] 天衝　丁	符首：癸	庚　朱雀 [驚] 天柱　庚
艮八 東北	坎一 正北	乾六 西北
己　太陰 [生] 天任　己	乙　六合 [休] 天蓬　乙	辛　勾陳 [開] 天心　辛

陰九局　丁巳時

直符：天輔　直使：四杜

巽四 東南	離九 正南	坤二 西南
戊　九天 [驚] 天英　癸	丙壬　九地 [開] 天芮禽　戊	庚　朱雀 [休] 天柱　丙壬
震三 正東	五中	兌七 正西
癸　直符 [死] 天輔　丁	符首：癸	辛　勾陳 [生] 天心　庚
艮八 東北	坎一 正北	乾六 西北
丁　騰蛇 [景] 天衝　己	己　太陰 [杜] 天任　乙	乙　六合 [傷] 天蓬　辛

戊癸日

陰九局　戊午時　直符：天輔　直使：四杜

丁　騰蛇　[傷]　天衝　癸 巽四　東南	癸　直符　[杜]　天輔　戊 離九　正南	戊　九天　[景]　天英　丙壬 坤二　西南
己　太陰　[生]　天任　丁 震三　正東	符首：癸 五中	丙壬　九地　[死]　天芮禽　庚 兌七　正西
乙　六合　[休]　天蓬　己 艮八　東北	辛　勾陳　[開]　天心　乙 坎一　正北	庚　朱雀　[驚]　天柱　辛 乾六　西北

陰九局　辛酉時　直符：天輔　直使：四杜

辛　勾陳　[開]　天心　癸 巽四　東南	乙　六合　[休]　天蓬　戊 離九　正南	己　太陰　[生]　天任　丙壬 坤二　西南
庚　朱雀　[驚]　天柱　丁 震三　正東	符首：癸 五中	丁　騰蛇　[傷]　天衝　庚 兌七　正西
丙壬　九地　[死]　天芮禽　己 艮八　東北	戊　九天　[景]　天英　乙 坎一　正北	癸　直符　[杜]　天輔　辛 乾六　西北

陰九局　己未時　直符：天輔　直使：四杜

丙壬　九地　[死]　天芮禽　癸 巽四　東南	庚　朱雀　[驚]　天柱　戊 離九　正南	辛　勾陳　[開]　天心　丙壬 坤二　西南
戊　九天　[景]　天英　丁 震三　正東	符首：癸 五中	乙　六合　[休]　天蓬　庚 兌七　正西
癸　直符　[杜]　天輔　己 艮八　東北	丁　騰蛇　[傷]　天衝　乙 坎一　正北	己　太陰　[生]　天任　辛 乾六　西北

陰九局　壬戌時　直符：天輔　直使：四杜

己　太陰　[生]　天任　癸 巽四　東南	丁　騰蛇　[傷]　天衝　戊 離九　正南	癸　直符　[杜]　天輔　丙壬 坤二　西南
乙　六合　[休]　天蓬　丁 震三　正東	符首：癸 五中	戊　九天　[景]　天英　庚 兌七　正西
辛　勾陳　[開]　天心　己 艮八　東北	庚　朱雀　[驚]　天柱　乙 坎一　正北	丙壬　九地　[死]　天芮禽　辛 乾六　西北

陰九局　庚申時　直符：天輔　直使：四杜

乙　六合　[休]　天蓬　癸 巽四　東南	己　太陰　[生]　天任　戊 離九　正南	丁　騰蛇　[傷]　天衝　丙壬 坤二　西南
辛　勾陳　[開]　天心　丁 震三　正東	符首：癸 五中	癸　直符　[杜]　天輔　庚 兌七　正西
庚　朱雀　[驚]　天柱　己 艮八　東北	丙壬　九地　[死]　天芮禽　乙 坎一　正北	戊　九天　[景]　天英　辛 乾六　西北

陰九局　癸亥時　直符：天輔　直使：四杜

癸　直符　[杜]　天輔　癸 巽四　東南	戊　九天　[景]　天英　戊 離九　正南	丙壬　九地　[死]　天芮禽　丙壬 坤二　西南
丁　騰蛇　[傷]　天衝　丁 震三　正東	符首：癸 五中	庚　朱雀　[驚]　天柱　庚 兌七　正西
己　太陰　[生]　天任　己 艮八　東北	乙　六合　[休]　天蓬　乙 坎一　正北	辛　勾陳　[開]　天心　辛 乾六　西北

遁甲時盤　陰遁八局

⋯⋯⋯⋯⋯⋯⋯⋯⋯⋯⋯⋯⋯⋯⋯

甲己日～戊癸日

甲子時～癸亥時　六十時盤

甲己日

陰八局　甲子時　直符：天生　直使：八生

巽四 東南	離九 正南	坤二 西南
九地 杜 天輔　壬	朱雀 景 天英　乙	勾陳 死 天芮禽　丁辛
九天 傷 天衝　癸	符首：戊　己	驚 天柱　己
直符 生 天任　戊	騰蛇 休 天蓬　丙	太陰 開 天心　庚
艮八 東北	坎一 正北	乾六 西北

陰八局　丁卯時　直符：天生　直使：八生

巽四 東南	離九 正南	坤二 西南
太陰 開 天心　壬	騰蛇 休 天蓬　乙	直符 生 天任　丁辛
六合 驚 天柱　癸	符首：戊　己	九天 傷 天衝　己
勾陳 死 天芮禽　戊	朱雀 景 天英　丙	九地 杜 天輔　庚
艮八 東北	坎一 正北	乾六 西北

陰八局　乙丑時　直符：天生　直使：八生

巽四 東南	離九 正南	坤二 西南
騰蛇 驚 天蓬　壬	直符 開 天任　乙	九天 休 天衝　丁辛
太陰 死 天心　癸	符首：戊　己	九地 生 天輔　己
六合 景 天柱　戊	勾陳 杜 天芮禽　丙	朱雀 傷 天英　庚
艮八 東北	坎一 正北	乾六 西北

陰八局　戊辰時　直符：天生　直使：八生

巽四 東南	離九 正南	坤二 西南
九地 生 天輔　壬	朱雀 傷 天英　乙	勾陳 杜 天芮禽　丁辛
九天 休 天衝　癸	符首：戊　己	六合 景 天柱　己
直符 開 天任　戊	騰蛇 驚 天蓬　丙	太陰 死 天心　庚
艮八 東北	坎一 正北	乾六 西北

陰八局　丙寅時　直符：天生　直使：八生

巽四 東南	離九 正南	坤二 西南
朱雀 死 天英　壬	勾陳 驚 天芮禽　乙	六合 開 天柱　丁辛
九地 景 天輔　癸	符首：戊　己	太陰 休 天心　己
九天 杜 天衝　戊	直符 傷 天任　丙	騰蛇 生 天蓬　庚
艮八 東北	坎一 正北	乾六 西北

陰八局　己巳時　直符：天生　直使：八生

巽四 東南	離九 正南	坤二 西南
六合 傷 天柱　壬	太陰 杜 天心　乙	騰蛇 景 天蓬　丁辛
勾陳 生 天芮禽　癸	符首：戊　己	直符 死 天任　己
朱雀 休 天英　戊	九地 開 天輔　丙	九天 驚 天衝　庚
艮八 東北	坎一 正北	乾六 西北

甲己日

陰八局　庚午時　直符：天任　直使：八生

巽四東南	離九正南	坤二西南
丁辛 勾陳 開 天芮禽 壬	己 六合 休 天柱 乙	庚 太陰 生 天心 丁辛
乙 朱雀 驚 天英 癸（震三正東）	符首：戊（五中）	丙 騰蛇 傷 天蓬 己（兌七正西）
壬 九地 死 天輔 戊（艮八東北）	癸 九天 景 天衝 丙（坎一正北）	戊 直符 杜 天任 庚（乾六西北）

陰八局　癸酉時　直符：天任　直使：八生

巽四東南	離九正南	坤二西南
癸 九天 杜 天衝 壬	壬 九地 景 天輔 乙	乙 朱雀 死 天英 丁辛
戊 直符 傷 天任 癸（震三正東）	符首：戊（五中）	丁辛 勾陳 驚 天芮禽 己（兌七正西）
丙 騰蛇 生 天蓬 戊（艮八東北）	庚 太陰 休 天心 丙（坎一正北）	己 六合 開 天柱 庚（乾六西北）

陰八局　辛未時　直符：天任　直使：八生

巽四東南	離九正南	坤二西南
庚 太陰 景 天心 壬	丙 騰蛇 死 天蓬 乙	戊 直符 驚 天任 丁辛
己 六合 杜 天柱 癸（震三正東）	符首：戊（五中）	癸 九天 開 天衝 己（兌七正西）
丁辛 勾陳 傷 天芮禽 戊（艮八東北）	乙 朱雀 生 天英 丙（坎一正北）	壬 九地 休 天輔 庚（乾六西北）

陰八局　甲戌時　直符：天柱　直使：七驚

巽四東南	離九正南	坤二西南
壬 六合 杜 天輔 壬	乙 太陰 景 天英 乙	丁辛 騰蛇 死 天芮禽 丁辛
癸 勾陳 傷 天衝 癸（震三正東）	符首：己（五中）	己 直符 驚 天柱 己（兌七正西）
戊 朱雀 生 天任 戊（艮八東北）	丙 九地 休 天蓬 丙（坎一正北）	庚 九天 開 天心 庚（乾六西北）

陰八局　壬申時　直符：天任　直使：八生

巽四東南	離九正南	坤二西南
戊 直符 休 天任 壬	癸 九天 生 天衝 乙	壬 九地 傷 天輔 丁辛
丙 騰蛇 開 天蓬 癸（震三正東）	符首：戊（五中）	乙 朱雀 杜 天英 己（兌七正西）
庚 太陰 驚 天心 戊（艮八東北）	己 六合 死 天柱 丙（坎一正北）	丁辛 勾陳 景 天芮禽 庚（乾六西北）

陰八局　乙亥時　直符：天柱　直使：七驚

巽四東南	離九正南	坤二西南
丁辛 騰蛇 傷 天芮禽 壬	己 直符 杜 天柱 乙	庚 九天 景 天心 丁辛
乙 太陰 生 天英 癸（震三正東）	符首：己（五中）	丙 九地 死 天蓬 己（兌七正西）
壬 六合 休 天輔 戊（艮八東北）	癸 勾陳 開 天衝 丙（坎一正北）	戊 朱雀 驚 天任 庚（乾六西北）

乙 庚 日

陰八局　丙子時　直符：天柱　直使：七驚

巽四 東南	離九 正南	坤二 西南
朱雀 戊 [景] 天任 壬	勾陳 癸 [死] 天衝 乙	六合 壬 [驚] 天輔 丁辛
九地 丙 [杜] 天蓬 癸（震三 正東）	符首：己（五中）	太陰 乙 [開] 天英 己（兌七 正西）
九天 庚 [傷] 天心 戊（艮八 東北）	直符 己 [生] 天柱 丙（坎一 正北）	騰蛇 丁辛 [休] 天芮禽 庚（乾六 西北）

陰八局　己卯時　直符：天柱　直使：七驚

巽四 東南	離九 正南	坤二 西南
六合 壬 [景] 天輔 壬	太陰 乙 [死] 天英 乙	騰蛇 丁辛 [驚] 天芮禽 丁辛
勾陳 癸 [杜] 天衝 癸（震三 正東）	符首：己（五中）	直符 己 [開] 天柱 己（兌七 正西）
朱雀 戊 [傷] 天任 戊（艮八 東北）	九地 丙 [生] 天蓬 丙（坎一 正北）	九天 庚 [休] 天心 庚（乾六 西北）

陰八局　丁丑時　直符：天柱　直使：七驚

巽四 東南	離九 正南	坤二 西南
太陰 乙 [驚] 天英 壬	騰蛇 丁辛 [開] 天芮禽 乙	直符 己 [休] 天柱 丁辛
六合 壬 [死] 天輔 癸（震三 正東）	符首：己（五中）	九天 庚 [生] 天心 己（兌七 正西）
勾陳 癸 [景] 天衝 戊（艮八 東北）	朱雀 戊 [杜] 天任 丙（坎一 正北）	九地 丙 [傷] 天蓬 庚（乾六 西北）

陰八局　庚辰時　直符：天柱　直使：七驚

巽四 東南	離九 正南	坤二 西南
勾陳 癸 [生] 天衝 壬	六合 壬 [傷] 天輔 乙	太陰 乙 [杜] 天英 丁辛
朱雀 戊 [休] 天任 癸（震三 正東）	符首：己（五中）	騰蛇 丁辛 [景] 天芮禽 己（兌七 正西）
九地 丙 [開] 天蓬 戊（艮八 東北）	九天 庚 [驚] 天心 丙（坎一 正北）	直符 己 [死] 天柱 庚（乾六 西北）

陰八局　戊寅時　直符：天柱　直使：七驚

巽四 東南	離九 正南	坤二 西南
九地 丙 [開] 天蓬 壬	朱雀 戊 [休] 天任 乙	勾陳 癸 [生] 天衝 丁辛
九天 庚 [驚] 天心 癸（震三 正東）	符首：己（五中）	六合 壬 [傷] 天輔 己（兌七 正西）
直符 己 [死] 天柱 戊（艮八 東北）	騰蛇 丁辛 [景] 天芮禽 丙（坎一 正北）	太陰 乙 [杜] 天英 庚（乾六 西北）

陰八局　辛巳時　直符：天柱　直使：七驚

巽四 東南	離九 正南	坤二 西南
太陰 乙 [死] 天英 壬	騰蛇 丁辛 [驚] 天芮禽 乙	直符 己 [開] 天柱 丁辛
六合 壬 [景] 天輔 癸（震三 正東）	符首：己（五中）	九天 庚 [休] 天心 己（兌七 正西）
勾陳 癸 [杜] 天衝 戊（艮八 東北）	朱雀 戊 [傷] 天任 丙（坎一 正北）	九地 丙 [生] 天蓬 庚（乾六 西北）

壬午時（陰八局）

直符：天柱　直使：七驚

巽四 東南	離九 正南	坤二 西南
己 天柱　直符　休　壬	庚 天心　九天　生　乙	丙 天蓬　九地　傷　丁辛
震三 正東	五中	兌七 正西
丁辛 天芮禽　騰蛇　開　癸	符首：己	戊 天任　朱雀　杜　己
艮八 東北	坎一 正北	乾六 西北
乙 天英　太陰　驚　戊	壬 天輔　六合　死　丙	癸 天衝　勾陳　景　庚

乙酉時（陰八局）

直符：天心　直使：六開

巽四 東南	離九 正南	坤二 西南
己 天柱　騰蛇　死　壬	庚 天心　直符　驚　乙	丙 天蓬　九天　開　丁辛
震三 正東	五中	兌七 正西
丁辛 天芮禽　太陰　景　癸	符首：庚	戊 天任　九地　休　己
艮八 東北	坎一 正北	乾六 西北
乙 天英　六合　杜　戊	壬 天輔　勾陳　傷　丙	癸 天衝　朱雀　生　庚

癸未時（陰八局）

直符：天柱　直使：七驚

巽四 東南	離九 正南	坤二 西南
庚 天心　九天　杜　壬	丙 天蓬　九地　景　乙	戊 天任　朱雀　死　丁辛
震三 正東	五中	兌七 正西
己 天柱　直符　傷　癸	符首：己	癸 天衝　勾陳　驚　己
艮八 東北	坎一 正北	乾六 西北
丁辛 天芮禽　騰蛇　生　戊	乙 天英　太陰　休　丙	壬 天輔　六合　開　庚

丙戌時（陰八局）

直符：天心　直使：六開

巽四 東南	離九 正南	坤二 西南
癸 天衝　朱雀　開　壬	壬 天輔　勾陳　休　乙	乙 天英　六合　生　丁辛
震三 正東	五中	兌七 正西
戊 天任　九地　驚　癸	符首：庚	丁辛 天芮禽　太陰　傷　己
艮八 東北	坎一 正北	乾六 西北
丙 天蓬　九天　死　戊	庚 天心　直符　景　丙	己 天柱　騰蛇　杜　庚

甲申時（陰八局）

直符：天心　直使：六開

巽四 東南	離九 正南	坤二 西南
壬 天輔　勾陳　杜　壬	乙 天英　六合　景　乙	丁辛 天芮禽　太陰　死　丁辛
震三 正東	五中	兌七 正西
癸 天衝　朱雀　傷　癸	符首：庚	己 天柱　騰蛇　驚　己
艮八 東北	坎一 正北	乾六 西北
戊 天任　九地　生　戊	丙 天蓬　九天　休　丙	庚 天心　直符　開　庚

丁亥時（陰八局）

直符：天心　直使：六開

巽四 東南	離九 正南	坤二 西南
丁辛 天芮禽　太陰　休　壬	己 天柱　騰蛇　生　乙	庚 天心　直符　傷　丁辛
震三 正東	五中	兌七 正西
乙 天英　六合　開　癸	符首：庚	丙 天蓬　九天　杜　己
艮八 東北	坎一 正北	乾六 西北
壬 天輔　勾陳　驚　戊	癸 天衝　朱雀　死　丙	戊 天任　九地　景　庚

丙辛日

陰八局　戊子時　直符：天心　直使：六開

巽四 東南	離九 正南	坤二 西南
九地 死 戊 天任 壬	朱雀 驚 癸 天衝 乙	勾陳 開 壬 天輔 丁辛
九天 景 丙 天蓬 癸（震三 正東）	符首：庚（五中）	六合 休 乙 天英 己（兌七 正西）
直符 杜 庚 天心 戊（艮八 東北）	騰蛇 傷 己 天柱 丙（坎一 正北）	太陰 生 丁辛 天芮禽 庚（乾六 西北）

陰八局　辛卯時　直符：天心　直使：六開

巽四 東南	離九 正南	坤二 西南
太陰 生 丁辛 天芮禽 壬	騰蛇 傷 己 天柱 乙	直符 杜 庚 天心 丁辛
六合 休 乙 天英 癸（震三 正東）	符首：庚（五中）	九天 景 丙 天蓬 己（兌七 正西）
勾陳 開 壬 天輔 戊（艮八 東北）	朱雀 驚 癸 天衝 丙（坎一 正北）	九地 死 戊 天任 庚（乾六 西北）

陰八局　己丑時　直符：天心　直使：六開

巽四 東南	離九 正南	坤二 西南
六合 傷 乙 天英 壬	太陰 杜 丁辛 天芮禽 乙	騰蛇 景 己 天柱 丁辛
勾陳 生 壬 天輔 癸（震三 正東）	符首：庚（五中）	直符 死 庚 天心 己（兌七 正西）
朱雀 休 癸 天衝 戊（艮八 東北）	九地 開 戊 天任 丙（坎一 正北）	九天 驚 丙 天蓬 庚（乾六 西北）

陰八局　壬辰時　直符：天心　直使：六開

巽四 東南	離九 正南	坤二 西南
直符 景 庚 天心 壬	九天 死 丙 天蓬 乙	九地 驚 戊 天任 丁辛
騰蛇 杜 己 天柱 癸（震三 正東）	符首：庚（五中）	朱雀 開 癸 天衝 己（兌七 正西）
太陰 傷 丁辛 天芮禽 戊（艮八 東北）	六合 生 乙 天英 丙（坎一 正北）	勾陳 休 壬 天輔 庚（乾六 西北）

陰八局　庚寅時　直符：天心　直使：六開

巽四 東南	離九 正南	坤二 西南
勾陳 驚 壬 天輔 壬	六合 開 乙 天英 乙	太陰 休 丁辛 天芮禽 丁辛
朱雀 死 癸 天衝 癸（震三 正東）	符首：庚（五中）	騰蛇 生 己 天柱 己（兌七 正西）
九地 景 戊 天任 戊（艮八 東北）	九天 杜 丙 天蓬 丙（坎一 正北）	直符 傷 庚 天心 庚（乾六 西北）

陰八局　癸巳時　直符：天心　直使：六開

巽四 東南	離九 正南	坤二 西南
九天 杜 丙 天蓬 壬	九地 景 戊 天任 乙	朱雀 死 癸 天衝 丁辛
直符 傷 庚 天心 癸（震三 正東）	符首：庚（五中）	勾陳 驚 壬 天輔 己（兌七 正西）
騰蛇 生 己 天柱 戊（艮八 東北）	太陰 休 丁辛 天芮禽 丙（坎一 正北）	六合 開 乙 天英 庚（乾六 西北）

丙辛日

陰八局　甲午時　直符：天禽芮　直使：五死

巽四 東南	離九 正南	坤二 西南
太陰　杜　天輔　壬／壬	騰蛇　景　天英　乙／乙	直符　死　天禽芮　丁辛／丁辛
六合　傷　天衝　癸／癸（震三 正東）	符首：辛（五中）	九天　驚　天柱　己／己（兌七 正西）
勾陳　生　天任　戊／戊（艮八 東北）	朱雀　休　天蓬　丙／丙（坎一 正北）	九地　開　天心　庚／庚（乾六 西北）

陰八局　丁酉時　直符：天禽芮　直使：五死

巽四 東南	離九 正南	坤二 西南
太陰　杜　天輔　壬／壬	騰蛇　景　天英　乙／乙	直符　死　天禽芮　丁辛／丁辛
六合　傷　天衝　癸／癸（震三 正東）	符首：辛（五中）	九天　驚　天柱　己／己（兌七 正西）
勾陳　生　天任　戊／戊（艮八 東北）	朱雀　休　天蓬　丙／丙（坎一 正北）	九地　開　天心　庚／庚（乾六 西北）

陰八局　乙未時　直符：天禽芮　直使：五死

巽四 東南	離九 正南	坤二 西南
騰蛇　死　天英　乙／壬	直符　驚　天禽芮　丁辛／乙	九天　開　天柱　己／丁辛
太陰　景　天輔　壬／癸（震三 正東）	符首：辛（五中）	九地　休　天心　庚／己（兌七 正西）
六合　杜　天衝　癸／戊（艮八 東北）	勾陳　傷　天任　戊／丙（坎一 正北）	朱雀　生　天蓬　丙／庚（乾六 西北）

陰八局　戊戌時　直符：天禽芮　直使：五死

巽四 東南	離九 正南	坤二 西南
九地　休　天心　庚／壬	朱雀　生　天蓬　丙／乙	勾陳　傷　天任　戊／丁辛
九天　開　天柱　己／癸（震三 正東）	符首：辛（五中）	六合　杜　天衝　癸／己（兌七 正西）
直符　驚　天禽芮　丁辛／戊（艮八 東北）	騰蛇　死　天英　乙／丙（坎一 正北）	太陰　景　天輔　壬／庚（乾六 西北）

陰八局　丙申時　直符：天禽芮　直使：五死

巽四 東南	離九 正南	坤二 西南
朱雀　驚　天蓬　丙／壬	勾陳　開　天任　戊／乙	六合　休　天衝　癸／丁辛
九地　死　天心　庚／癸（震三 正東）	符首：辛（五中）	太陰　生　天輔　壬／己（兌七 正西）
九天　景　天柱　己／戊（艮八 東北）	直符　杜　天禽芮　丁辛／丙（坎一 正北）	騰蛇　傷　天英　乙／庚（乾六 西北）

陰八局　己亥時　直符：天禽芮　直使：五死

巽四 東南	離九 正南	坤二 西南
六合　景　天衝　壬／癸	太陰　死　天輔　乙／壬	騰蛇　驚　天英　丁辛／乙
勾陳　杜　天任　戊／癸（震三 正東）	符首：辛（五中）	直符　開　天禽芮　己／丁辛（兌七 正西）
朱雀　傷　天蓬　丙／戊（艮八 東北）	九地　生　天心　庚／丙（坎一 正北）	九天　休　天柱　己／庚（乾六 西北）

130

丁壬日

陰八局　庚子時　直符：天禽芮　直使：五死

巽四　東南	離九　正南	坤二　西南
戊　勾陳　開　天任　壬	癸　六合　休　天衝　乙	壬　太陰　生　天輔　丁辛
震三　正東	五中	兌七　正西
丙　朱雀　驚　天蓬　癸	符首：辛	乙　騰蛇　傷　天英　己
艮八　東北	坎一　正北	乾六　西北
庚　九地　死　天心　戊	己　九天　景　天柱　丙	丁辛　直符　杜　天禽芮　庚

陰八局　癸卯時　直符：天禽芮　直使：五死

巽四　東南	離九　正南	坤二　西南
己　九天　杜　天柱　壬	庚　九地　景　天心　乙	丙　朱雀　死　天蓬　丁辛
震三　正東	五中	兌七　正西
丁辛　直符　傷　天禽芮　癸	符首：辛	戊　勾陳　驚　天任　己
艮八　東北	坎一　正北	乾六　西北
乙　騰蛇　生　天英　戊	壬　太陰　休　天輔　丙	癸　六合　開　天衝　庚

陰八局　辛丑時　直符：天禽芮　直使：五死

巽四　東南	離九　正南	坤二　西南
壬　太陰　傷　天輔　壬	乙　騰蛇　杜　天英　乙	丁辛　直符　景　天禽芮　丁辛
震三　正東	五中	兌七　正西
癸　六合　生　天衝　癸	符首：辛	己　九天　死　天柱　己
艮八　東北	坎一　正北	乾六　西北
戊　勾陳　休　天任　戊	丙　朱雀　開　天蓬　丙	庚　九地　驚　天心　庚

陰八局　甲辰時　直符：天輔　直使：四杜

巽四　東南	離九　正南	坤二　西南
壬　直符　杜　天輔　壬	乙　九天　景　天英　乙	丁辛　九地　死　天芮禽　丁辛
震三　正東	五中	兌七　正西
癸　騰蛇　傷　天衝　癸	符首：壬	己　朱雀　驚　天柱　己
艮八　東北	坎一　正北	乾六　西北
戊　太陰　生　天任　戊	丙　六合　休　天蓬　丙	庚　勾陳　開　天心　庚

陰八局　壬寅時　直符：天禽芮　直使：五死

巽四　東南	離九　正南	坤二　西南
丁辛　直符　生　天禽芮　壬	己　九天　傷　天柱　乙	庚　九地　杜　天心　丁辛
震三　正東	五中	兌七　正西
乙　騰蛇　休　天英　癸	符首：辛	丙　朱雀　景　天蓬　己
艮八　東北	坎一　正北	乾六　西北
壬　太陰　開　天輔　戊	癸　六合　驚　天衝　丙	戊　勾陳　死　天任　庚

陰八局　乙巳時　直符：天輔　直使：四杜

巽四　東南	離九　正南	坤二　西南
癸　騰蛇　景　天衝　壬	壬　直符　死　天輔　乙	乙　九天　驚　天英　丁辛
震三　正東	五中	兌七　正西
戊　太陰　杜　天任　癸	符首：壬	丁辛　九地　開　天芮禽　己
艮八　東北	坎一　正北	乾六　西北
丙　六合　傷　天蓬　戊	庚　勾陳　生　天心　丙	己　朱雀　休　天柱　庚

丁 壬 日

陰八局　丙午時　直符：天輔　直使：四杜

巽四　東南	離九　正南	坤二　西南
朱雀　生　天柱　己　壬	勾陳　傷　天心　庚　乙	六合　杜　天蓬　丙　丁辛
震三　正東 九地　休　天芮禽　丁辛　癸	**五中** 符首：壬	**兌七　正西** 太陰　景　天任　戊　己
艮八　東北 九天　開　天英　乙　戊	**坎一　正北** 直符　驚　天輔　壬　丙	**乾六　西北** 騰蛇　死　天衝　癸　庚

陰八局　己酉時　直符：天輔　直使：四杜

巽四　東南	離九　正南	坤二　西南
六合　死　天蓬　丙　壬	太陰　驚　天任　戊　乙	騰蛇　開　天衝　癸　丁辛
震三　正東 勾陳　景　天心　庚　癸	**五中** 符首：壬	**兌七　正西** 直符　休　天輔　壬　己
艮八　東北 朱雀　杜　天柱　己　戊	**坎一　正北** 九地　傷　天芮禽　丁辛　丙	**乾六　西北** 九天　生　天英　乙　庚

陰八局　丁未時　直符：天輔　直使：四杜

巽四　東南	離九　正南	坤二　西南
太陰　驚　天任　戊　壬	騰蛇　開　天衝　癸　乙	直符　休　天輔　壬　丁辛
震三　正東 六合　死　天蓬　丙　癸	**五中** 符首：壬	**兌七　正西** 九天　生　天英　乙　己
艮八　東北 勾陳　景　天心　庚　戊	**坎一　正北** 朱雀　杜　天柱　己　丙	**乾六　西北** 九地　傷　天芮禽　丁辛　庚

陰八局　庚戌時　直符：天輔　直使：四杜

巽四　東南	離九　正南	坤二　西南
勾陳　休　天心　庚　壬	六合　生　天蓬　丙　乙	太陰　傷　天任　戊　丁辛
震三　正東 朱雀　開　天柱　己　癸	**五中** 符首：壬	**兌七　正西** 騰蛇　杜　天衝　癸　己
艮八　東北 九地　驚　天芮禽　丁辛　戊	**坎一　正北** 九天　死　天英　乙　丙	**乾六　西北** 直符　景　天輔　壬　庚

陰八局　戊申時　直符：天輔　直使：四杜

巽四　東南	離九　正南	坤二　西南
九地　傷　天芮禽　丁辛　壬	朱雀　杜　天柱　己　乙	勾陳　景　天心　庚　丁辛
震三　正東 九天　生　天英　乙　癸	**五中** 符首：壬	**兌七　正西** 六合　死　天蓬　丙　己
艮八　東北 直符　休　天輔　壬　戊	**坎一　正北** 騰蛇　開　天衝　癸　丙	**乾六　西北** 太陰　驚　天任　戊　庚

陰八局　辛亥時　直符：天輔　直使：四杜

巽四　東南	離九　正南	坤二　西南
太陰　開　天任　戊　壬	騰蛇　休　天衝　癸　乙	直符　生　天輔　壬　丁辛
震三　正東 六合　驚　天蓬　丙　癸	**五中** 符首：壬	**兌七　正西** 九天　傷　天英　乙　己
艮八　東北 勾陳　死　天心　庚　戊	**坎一　正北** 朱雀　景　天柱　己　丙	**乾六　西北** 九地　杜　天芮禽　丁辛　庚

戊癸日

陰八局　壬子時

直符：天輔　直使：四杜

巽四　東南	離九　正南	坤二　西南
壬　天輔　直符　[生]　壬	乙　天英　九天　[傷]　乙	丁辛　天芮禽　九地　[杜]　丁辛
震三　正東	五中	兌七　正西
癸　天衝　騰蛇　[休]　癸	符首：壬	己　天柱　朱雀　[景]　己
艮八　東北	坎一　正北	乾六　西北
戊　天任　太陰　[開]　戊	丙　天蓬　六合　[驚]　丙	庚　天心　勾陳　[死]　庚

陰八局　乙卯時

直符：天蓬　直使：三傷

巽四　東南	離九　正南	坤二　西南
戊　天任　騰蛇　[休]　壬	癸　天衝　直符　[生]　乙	壬　天輔　九天　[傷]　丁辛
震三　正東	五中	兌七　正西
丙　天蓬　太陰　[開]　癸	符首：癸	乙　天英　九地　[杜]　己
艮八　東北	坎一　正北	乾六　西北
庚　天心　六合　[驚]　戊	己　天柱　勾陳　[死]　丙	丁辛　天芮禽　朱雀　[景]　庚

陰八局　癸丑時

直符：天輔　直使：四杜

巽四　東南	離九　正南	坤二　西南
乙　天英　九天　[杜]　壬	丁辛　天芮禽　九地　[景]　乙	己　天柱　朱雀　[死]　丁辛
震三　正東	五中	兌七　正西
壬　天輔　直符　[傷]　癸	符首：壬	庚　天心　勾陳　[驚]　己
艮八　東北	坎一　正北	乾六　西北
癸　天衝　騰蛇　[生]　戊	戊　天任　太陰　[休]　丙	丙　天蓬　六合　[開]　庚

陰八局　丙辰時

直符：天衝　直使：三傷

巽四　東南	離九　正南	坤二　西南
丁辛　天芮禽　朱雀　[死]　壬	己　天柱　勾陳　[驚]　乙	庚　天心　六合　[開]　丁辛
震三　正東	五中	兌七　正西
乙　天英　九地　[景]　癸	符首：癸	丙　天蓬　太陰　[休]　己
艮八　東北	坎一　正北	乾六　西北
壬　天輔　九天　[杜]　戊	癸　天衝　直符　[傷]　丙	戊　天任　騰蛇　[生]　庚

陰八局　甲寅時

直符：天衝　直使：三傷

巽四　東南	離九　正南	坤二　西南
壬　天輔　九天　[杜]　壬	乙　天英　九地　[景]　乙	丁辛　天芮禽　朱雀　[死]　丁辛
震三　正東	五中	兌七　正西
癸　天衝　直符　[傷]　癸	符首：癸	己　天柱　勾陳　[驚]　己
艮八　東北	坎一　正北	乾六　西北
戊　天任　騰蛇　[生]　戊	丙　天蓬　太陰　[休]　丙	庚　天心　六合　[開]　庚

陰八局　丁巳時

直符：天衝　直使：三傷

巽四　東南	離九　正南	坤二　西南
丙　天蓬　太陰　[生]　壬	戊　天任　騰蛇　[傷]　乙	癸　天衝　直符　[杜]　丁辛
震三　正東	五中	兌七　正西
庚　天心　六合　[休]　癸	符首：癸	壬　天輔　九天　[景]　己
艮八　東北	坎一　正北	乾六　西北
己　天柱　勾陳　[開]　戊	丁辛　天芮禽　朱雀　[驚]　丙	乙　天英　九地　[死]　庚

133

戊 癸 日

陰八局　戊午時　直符：天衝　直使：三傷

巽四 東南	離九 正南	坤二 西南
九地　乙　景　天英	朱雀　丁辛　死　天芮禽	勾陳　己　驚　天柱
震三 正東	五中	兌七 正西
九天　壬　杜　天輔　癸	符首：癸	六合　庚　開　天心　己
艮八 東北	坎一 正北	乾六 西北
直符　癸　傷　天衝　戊	騰蛇　戊　生　天任　丙	太陰　丙　休　天蓬　庚

陰八局　辛酉時　直符：天衝　直使：三傷

巽四 東南	離九 正南	坤二 西南
太陰　丙　休　天蓬	騰蛇　戊　生　天任	直符　癸　傷　天衝
震三 正東	五中	兌七 正西
六合　庚　開　天心	符首：癸	九天　壬　杜　天輔　己
艮八 東北	坎一 正北	乾六 西北
勾陳　己　驚　天柱　戊	朱雀　丁辛　死　天芮禽　丙	九地　乙　景　天英　庚

陰八局　己未時　直符：天衝　直使：三傷

巽四 東南	離九 正南	坤二 西南
六合　庚　開　天心	太陰　丙　休　天蓬	騰蛇　戊　生　天任　丁辛
震三 正東	五中	兌七 正西
勾陳　己　驚　天柱　癸	符首：癸	直符　癸　傷　天衝　己
艮八 東北	坎一 正北	乾六 西北
朱雀　丁辛　死　天芮禽　戊	九地　乙　景　天英　丙	九天　壬　杜　天輔　庚

陰八局　壬戌時　直符：天衝　直使：三傷

巽四 東南	離九 正南	坤二 西南
直符　癸　傷　天衝	九天　壬　杜　天輔	九地　乙　景　天英　丁辛
震三 正東	五中	兌七 正西
騰蛇　戊　生　天任　癸	符首：癸	朱雀　丁辛　死　天芮禽　己
艮八 東北	坎一 正北	乾六 西北
太陰　丙　休　天蓬　戊	六合　庚　開　天心　丙	勾陳　己　驚　天柱　庚

陰八局　庚申時　直符：天衝　直使：三傷

巽四 東南	離九 正南	坤二 西南
勾陳　己　驚　天柱	六合　庚　開　天心	太陰　丙　休　天蓬　丁辛
震三 正東	五中	兌七 正西
朱雀　丁辛　死　天芮禽　癸	符首：癸	騰蛇　戊　生　天任　己
艮八 東北	坎一 正北	乾六 西北
九地　乙　景　天英　戊	九天　壬　杜　天輔　丙	直符　癸　傷　天衝　庚

陰八局　癸亥時　直符：天衝　直使：三傷

巽四 東南	離九 正南	坤二 西南
九天　壬　杜　天輔	九地　乙　景　天英	朱雀　丁辛　死　天芮禽
震三 正東	五中	兌七 正西
直符　癸　傷　天衝　癸	符首：癸	勾陳　己　驚　天柱　己
艮八 東北	坎一 正北	乾六 西北
騰蛇　戊　生　天任　戊	太陰　丙　休　天蓬　丙	六合　庚　開　天心　庚

遁甲時盤　陰遁七局

....

甲己日〜戊癸日

甲子時〜癸亥時　六十時盤

甲己日

甲子時（陰七局　直符：天柱　直使：七驚）

巽四 東南	離九 正南	坤二 西南
辛　六合　杜　天輔　辛	丙　太陰　景　天英　丙	癸庚　騰蛇　死　天芮禽　癸庚
壬　勾陳　傷　天衝　壬（震三 正東）	符首：戊（五中）	戊　直符　驚　天柱　戊（兌七 正西）
乙　朱雀　生　天任　乙（艮八 東北）	丁　九地　休　天蓬　丁（坎一 正北）	己　九天　開　天心　己（乾六 西北）

丁卯時（陰七局　直符：天柱　直使：七驚）

巽四 東南	離九 正南	坤二 西南
乙　朱雀　驚　天任　辛	壬　勾陳　開　天衝　丙	辛　六合　休　天輔　癸庚
丁　九地　死　天蓬　壬（震三 正東）	符首：戊（五中）	丙　太陰　生　天英　戊（兌七 正西）
己　九天　景　天心　乙（艮八 東北）	戊　直符　杜　天柱　丁（坎一 正北）	癸庚　騰蛇　傷　天芮禽　己（乾六 西北）

乙丑時（陰七局　直符：天柱　直使：七驚）

巽四 東南	離九 正南	坤二 西南
丁　九地　傷　天蓬　辛	乙　朱雀　杜　天任　丙	壬　勾陳　景　天衝　癸庚
己　九天　生　天心　壬（震三 正東）	符首：戊（五中）	辛　六合　死　天輔　戊（兌七 正西）
戊　直符　休　天柱　乙（艮八 東北）	癸庚　騰蛇　開　天芮禽　丁（坎一 正北）	丙　太陰　驚　天英　己（乾六 西北）

戊辰時（陰七局　直符：天柱　直使：七驚）

巽四 東南	離九 正南	坤二 西南
辛　六合　開　天輔　辛	丙　太陰　休　天英　丙	癸庚　騰蛇　生　天芮禽　癸庚
壬　勾陳　驚　天衝　壬（震三 正東）	符首：戊（五中）	戊　直符　傷　天柱　戊（兌七 正西）
乙　朱雀　死　天任　乙（艮八 東北）	丁　九地　景　天蓬　丁（坎一 正北）	己　九天　杜　天心　己（乾六 西北）

丙寅時（陰七局　直符：天柱　直使：七驚）

巽四 東南	離九 正南	坤二 西南
癸庚　騰蛇　景　天芮禽　辛	戊　直符　死　天柱　丙	己　九天　驚　天心　癸庚
丙　太陰　杜　天英　壬（震三 正東）	符首：戊（五中）	丁　九地　開　天蓬　戊（兌七 正西）
辛　六合　傷　天輔　乙（艮八 東北）	壬　勾陳　生　天衝　丁（坎一 正北）	乙　朱雀　休　天任　己（乾六 西北）

己巳時（陰七局　直符：天柱　直使：七驚）

巽四 東南	離九 正南	坤二 西南
壬　勾陳　景　天衝　辛	辛　六合　死　天輔　丙	丙　太陰　驚　天英　癸庚
乙　朱雀　杜　天任　壬（震三 正東）	符首：戊（五中）	癸庚　騰蛇　開　天芮禽　戊（兌七 正西）
丁　九地　傷　天蓬　乙（艮八 東北）	己　九天　生　天心　丁（坎一 正北）	戊　直符　休　天柱　己（乾六 西北）

甲己日

陰七局　庚午時（直符：天柱　直使：七驚）

巽四 東南	離九 正南	坤二 西南
太陰　丙　[生] 天英　辛	騰蛇　癸庚　[傷] 天芮禽　丙	直符　戊　[杜] 天柱　癸庚
六合　辛　[休] 天輔　壬	符首：戊（五中）	九天　己　[景] 天心　戊（兌七 正西）
勾陳　壬　[開] 天衝　乙（艮八 東北）	朱雀　乙　[驚] 天任　丁（坎一 正北）	九地　丁　[死] 天蓬　己（乾六 西北）

陰七局　癸酉時（直符：天柱　直使：七驚）

巽四 東南	離九 正南	坤二 西南
太陰　丙　[杜] 天英　辛	騰蛇　癸庚　[景] 天芮禽　丙	直符　戊　[死] 天柱　癸庚
六合　辛　[傷] 天輔　壬	符首：戊（五中）	九天　己　[驚] 天心　戊（兌七 正西）
勾陳　壬　[生] 天衝　乙（艮八 東北）	朱雀　乙　[休] 天任　丁（坎一 正北）	九地　丁　[開] 天蓬　己（乾六 西北）

陰七局　辛未時（直符：天柱　直使：七驚）

巽四 東南	離九 正南	坤二 西南
直符　戊　[死] 天柱　辛	九天　己　[驚] 天心　丙	九地　丁　[開] 天蓬　癸庚
騰蛇　癸庚　[景] 天芮禽　壬	符首：戊（五中）	朱雀　乙　[休] 天任　戊（兌七 正西）
太陰　丙　[杜] 天英　乙（艮八 東北）	六合　辛　[傷] 天輔　丁（坎一 正北）	勾陳　壬　[生] 天衝　己（乾六 西北）

陰七局　甲戌時（直符：天心　直使：六開）

巽四 東南	離九 正南	坤二 西南
勾陳　辛　[杜] 天輔　辛	六合　丙　[景] 天英　丙	太陰　癸庚　[死] 天芮禽　癸庚
朱雀　壬　[傷] 天衝　壬	符首：己（五中）	騰蛇　戊　[驚] 天柱　戊（兌七 正西）
九地　乙　[生] 天任　乙（艮八 東北）	九天　丁　[休] 天蓬　丁（坎一 正北）	直符　己　[開] 天心　己（乾六 西北）

陰七局　壬申時（直符：天柱　直使：七驚）

巽四 東南	離九 正南	坤二 西南
九天　己　[休] 天心　辛	九地　丁　[生] 天蓬　丙	朱雀　乙　[傷] 天任　癸庚
直符　戊　[開] 天柱　壬	符首：戊（五中）	勾陳　壬　[杜] 天衝　戊（兌七 正西）
騰蛇　癸庚　[驚] 天芮禽　乙（艮八 東北）	太陰　丙　[死] 天英　丁（坎一 正北）	六合　辛　[景] 天輔　己（乾六 西北）

陰七局　乙亥時（直符：天心　直使：六開）

巽四 東南	離九 正南	坤二 西南
九地　乙　[死] 天任　辛	朱雀　壬　[驚] 天衝　丙	勾陳　辛　[開] 天輔　癸庚
九天　丁　[景] 天蓬　壬	符首：己（五中）	六合　丙　[休] 天英　戊（兌七 正西）
直符　己　[杜] 天心　乙（艮八 東北）	騰蛇　戊　[傷] 天柱　丁（坎一 正北）	太陰　癸庚　[生] 天芮禽　己（乾六 西北）

138

乙庚日

陰七局　丙子時　直符：天心　直使：六開

巽四 東南	離九 正南	坤二 西南
戊　騰蛇　開　天柱　辛	己　直符　休　天心　丙	丁　九天　生　天蓬　癸庚
震三 正東	五中	兌七 正西
癸庚　太陰　驚　天芮禽　壬	符首：己	乙　九地　傷　天任　戊
艮八 東北	坎一 正北	乾六 西北
丙　六合　死　天英　乙	辛　勾陳　景　天輔　丁	壬　朱雀　杜　天衝　己

陰七局　己卯時　直符：天心　直使：六開

巽四 東南	離九 正南	坤二 西南
辛　勾陳　傷　天輔　辛	丙　六合　杜　天英　丙	癸庚　太陰　景　天芮禽　癸庚
震三 正東	五中	兌七 正西
壬　朱雀　生　天衝　壬	符首：己	戊　騰蛇　死　天柱　戊
艮八 東北	坎一 正北	乾六 西北
乙　九地　休　天任　乙	丁　九天　開　天蓬　丁	己　直符　驚　天心　己

陰七局　丁丑時　直符：天心　直使：六開

巽四 東南	離九 正南	坤二 西南
壬　朱雀　休　天衝　辛	辛　勾陳　生　天輔　丙	丙　六合　傷　天英　癸庚
震三 正東	五中	兌七 正西
乙　九地　開　天任　壬	符首：己	癸庚　太陰　杜　天芮禽　戊
艮八 東北	坎一 正北	乾六 西北
丁　九天　驚　天蓬　乙	己　直符　死　天心　丁	戊　騰蛇　景　天柱　己

陰七局　庚辰時　直符：天心　直使：六開

巽四 東南	離九 正南	坤二 西南
癸庚　太陰　驚　天芮禽　辛	戊　騰蛇　開　天柱　丙	己　直符　休　天心　癸庚
震三 正東	五中	兌七 正西
丙　六合　死　天英　壬	符首：己	丁　九天　生　天蓬　戊
艮八 東北	坎一 正北	乾六 西北
辛　勾陳　景　天輔　乙	壬　朱雀　杜　天衝　丁	乙　九地　傷　天任　己

陰七局　戊寅時　直符：天心　直使：六開

巽四 東南	離九 正南	坤二 西南
丙　六合　死　天英　辛	癸庚　太陰　驚　天芮禽　丙	戊　騰蛇　開　天柱　癸庚
震三 正東	五中	兌七 正西
辛　勾陳　景　天輔　壬	符首：己	己　直符　休　天心　戊
艮八 東北	坎一 正北	乾六 西北
壬　朱雀　杜　天衝　乙	乙　九地　傷　天任　丁	丁　九天　生　天蓬　己

陰七局　辛巳時　直符：天心　直使：六開

巽四 東南	離九 正南	坤二 西南
己　直符　生　天心　辛	丁　九天　傷　天蓬　丙	乙　九地　杜　天任　癸庚
震三 正東	五中	兌七 正西
戊　騰蛇　休　天柱　壬	符首：己	壬　朱雀　景　天衝　戊
艮八 東北	坎一 正北	乾六 西北
癸庚　太陰　開　天芮禽　乙	丙　六合　驚　天英　丁	辛　勾陳　死　天輔　己

乙庚日

陰七局　壬午時　直符：天心　直使：六開

巽四 東南	離九 正南	坤二 西南
九天　丁　景　天蓬　辛	九地　乙　死　天任　丙	朱雀　壬　驚　天衝　癸庚
震三 正東	五中	兌七 正西
直符　己　杜　天心　壬	符首：己	勾陳　辛　開　天輔　戊
艮八 東北	坎一 正北	乾六 西北
騰蛇　戊　傷　天柱　乙	太陰　癸庚　生　天芮禽　丁	六合　丙　休　天英　己

陰七局　乙酉時　直符：天禽芮　直使：五死

巽四 東南	離九 正南	坤二 西南
九地　己　死　天心　辛	朱雀　丁　驚　天蓬　丙	勾陳　乙　開　天任　癸庚
震三 正東	五中	兌七 正西
九天　戊　景　天柱　壬	符首：庚	六合　壬　休　天衝　戊
艮八 東北	坎一 正北	乾六 西北
直符　癸庚　杜　天禽芮　乙	騰蛇　丙　傷　天英　丁	太陰　辛　生　天輔　己

陰七局　癸未時　直符：天心　直使：六開

巽四 東南	離九 正南	坤二 西南
太陰　癸庚　杜　天芮禽　辛	騰蛇　戊　景　天柱　丙	直符　己　死　天心　癸庚
震三 正東	五中	兌七 正西
六合　丙　傷　天英　壬	符首：己	九天　丁　驚　天蓬　戊
艮八 東北	坎一 正北	乾六 西北
勾陳　辛　生　天輔　乙	朱雀　壬　休　天衝　丁	九地　乙　開　天任　己

陰七局　丙戌時　直符：天禽芮　直使：五死

巽四 東南	離九 正南	坤二 西南
騰蛇　丙　驚　天英　辛	直符　癸庚　開　天禽芮　丙	九天　戊　休　天柱　癸庚
震三 正東	五中	兌七 正西
太陰　辛　死　天輔　壬	符首：庚	九地　己　生　天心　戊
艮八 東北	坎一 正北	乾六 西北
六合　壬　景　天衝　乙	勾陳　乙　杜　天任　丁	朱雀　丁　傷　天蓬　己

陰七局　甲申時　直符：天禽芮　直使：五死

巽四 東南	離九 正南	坤二 西南
太陰　辛　杜　天輔　辛	騰蛇　丙　景　天英　丙	直符　癸庚　死　天禽芮　癸庚
震三 正東	五中	兌七 正西
六合　壬　傷　天衝　壬	符首：庚	九天　戊　驚　天柱　戊
艮八 東北	坎一 正北	乾六 西北
勾陳　乙　生　天任　乙	朱雀　丁　休　天蓬　丁	九地　己　開　天心　己

陰七局　丁亥時　直符：天禽芮　直使：五死

巽四 東南	離九 正南	坤二 西南
朱雀　丁　杜　天蓬　辛	勾陳　乙　景　天任　丙	六合　壬　死　天衝　癸庚
震三 正東	五中	兌七 正西
九地　己　傷　天心　壬	符首：庚	太陰　辛　驚　天輔　戊
艮八 東北	坎一 正北	乾六 西北
九天　戊　生　天柱　乙	直符　癸庚　休　天禽芮　丁	騰蛇　丙　開　天英　己

丙辛日

陰七局　戊子時　直符：天禽丙　直使：五死

巽四 東南	離九 正南	坤二 西南
六合 [休] 天衝　壬／辛	太陰 [生] 天輔　辛／丙	騰蛇 [傷] 天英　丙／癸庚
勾陳 [開] 天任　乙／壬（震三 正東）	符首：庚（五中）	直符 [杜] 天禽芮　癸庚／戊（兌七 正西）
朱雀 [驚] 天蓬　丁／乙（艮八 東北）	九地 [死] 天心　己／丁（坎一 正北）	九天 [景] 天柱　戊／己（乾六 西北）

陰七局　辛卯時　直符：天禽丙　直使：五死

巽四 東南	離九 正南	坤二 西南
直符 [傷] 天禽丙　癸庚／辛	九天 [杜] 天柱　戊／丙	九地 [景] 天心　己／癸庚
騰蛇 [生] 天英　丙／壬（震三 正東）	符首：庚（五中）	朱雀 [死] 天蓬　丁／戊（兌七 正西）
太陰 [休] 天輔　壬／辛（艮八 東北）	六合 [開] 天衝　壬／乙（坎一 正北）	勾陳 [驚] 天任　乙／己（乾六 西北）

陰七局　己丑時　直符：天禽丙　直使：五死

巽四 東南	離九 正南	坤二 西南
勾陳 [景] 天任　乙／辛	六合 [死] 天衝　壬／丙	太陰 [驚] 天輔　辛／癸庚
朱雀 [杜] 天蓬　丁／壬（震三 正東）	符首：庚（五中）	騰蛇 [開] 天英　丙／戊（兌七 正西）
九地 [傷] 天心　己／乙（艮八 東北）	九天 [生] 天柱　戊／丁（坎一 正北）	直符 [休] 天禽芮　癸庚／己（乾六 西北）

陰七局　壬辰時　直符：天禽丙　直使：五死

巽四 東南	離九 正南	坤二 西南
九天 [生] 天柱　戊／辛	九地 [傷] 天心　己／丙	朱雀 [杜] 天蓬　丁／癸庚
直符 [休] 天禽芮　癸庚／壬（震三 正東）	符首：庚（五中）	勾陳 [景] 天任　乙／戊（兌七 正西）
騰蛇 [開] 天英　丙／乙（艮八 東北）	太陰 [驚] 天輔　辛／丁（坎一 正北）	六合 [死] 天衝　壬／己（乾六 西北）

陰七局　庚寅時　直符：天禽丙　直使：五死

巽四 東南	離九 正南	坤二 西南
太陰 [開] 天輔　辛／辛	騰蛇 [休] 天英　丙／丙	直符 [生] 天禽芮　癸庚／癸庚
六合 [驚] 天衝　壬／壬（震三 正東）	符首：庚（五中）	九天 [傷] 天柱　戊／戊（兌七 正西）
勾陳 [死] 天任　乙／乙（艮八 東北）	朱雀 [景] 天蓬　丁／丁（坎一 正北）	九地 [杜] 天心　己／己（乾六 西北）

陰七局　癸巳時　直符：天禽丙　直使：五死

巽四 東南	離九 正南	坤二 西南
太陰 [杜] 天輔　辛／辛	騰蛇 [景] 天英　丙／丙	直符 [死] 天禽芮　癸庚／癸庚
六合 [傷] 天衝　壬／壬（震三 正東）	符首：庚（五中）	九天 [驚] 天柱　戊／戊（兌七 正西）
勾陳 [生] 天任　乙／乙（艮八 東北）	朱雀 [休] 天蓬　丁／丁（坎一 正北）	九地 [開] 天心　己／己（乾六 西北）

丙辛日

陰七局　甲午時
直符：天輔　直使：四杜

巽四 東南	離九 正南	坤二 西南
辛／直符／杜／天輔／辛	丙／九天／景／天英／丙	癸庚／九地／死／天芮禽／癸庚
震三 正東	**五中**	**兌七 正西**
壬／騰蛇／傷／天衝／壬	符首：辛	戊／朱雀／驚／天柱／戊
艮八 東北	**坎一 正北**	**乾六 西北**
乙／太陰／生／天任／乙	丁／六合／休／天蓬／丁	己／勾陳／開／天心／己

陰七局　丁酉時
直符：天輔　直使：四杜

巽四 東南	離九 正南	坤二 西南
戊／朱雀／驚／天柱／辛	己／勾陳／開／天心／丙	丁／六合／休／天蓬／癸庚
震三 正東	**五中**	**兌七 正西**
癸庚／九地／死／天芮禽／壬	符首：辛	乙／太陰／生／天任／戊
艮八 東北	**坎一 正北**	**乾六 西北**
丙／九天／景／天英／乙	辛／直符／杜／天輔／丁	壬／騰蛇／傷／天衝／己

陰七局　乙未時
直符：天輔　直使：四杜

巽四 東南	離九 正南	坤二 西南
癸庚／九地／景／天芮禽／辛	戊／朱雀／死／天柱／丙	己／勾陳／驚／天心／癸庚
震三 正東	**五中**	**兌七 正西**
丙／九天／杜／天英／壬	符首：辛	丁／六合／開／天蓬／戊
艮八 東北	**坎一 正北**	**乾六 西北**
辛／直符／傷／天輔／乙	壬／騰蛇／生／天衝／丁	乙／太陰／休／天任／己

陰七局　戊戌時
直符：天輔　直使：四杜

巽四 東南	離九 正南	坤二 西南
丁／六合／傷／天蓬／辛	乙／太陰／杜／天任／丙	壬／騰蛇／景／天衝／癸庚
震三 正東	**五中**	**兌七 正西**
己／勾陳／生／天心／壬	符首：辛	辛／直符／死／天輔／戊
艮八 東北	**坎一 正北**	**乾六 西北**
戊／朱雀／休／天柱／乙	癸庚／九地／開／天芮禽／丁	丙／九天／驚／天英／己

陰七局　丙申時
直符：天輔　直使：四杜

巽四 東南	離九 正南	坤二 西南
壬／騰蛇／生／天衝／辛	辛／直符／傷／天輔／丙	丙／九天／杜／天英／癸庚
震三 正東	**五中**	**兌七 正西**
乙／太陰／休／天任／壬	符首：辛	癸庚／九地／景／天芮禽／戊
艮八 東北	**坎一 正北**	**乾六 西北**
丁／六合／開／天蓬／乙	己／勾陳／驚／天心／丁	戊／朱雀／死／天柱／己

陰七局　己亥時
直符：天輔　直使：四杜

巽四 東南	離九 正南	坤二 西南
己／勾陳／死／天心／辛	丁／六合／驚／天蓬／丙	乙／太陰／開／天任／癸庚
震三 正東	**五中**	**兌七 正西**
戊／朱雀／景／天柱／壬	符首：辛	壬／騰蛇／休／天衝／戊
艮八 東北	**坎一 正北**	**乾六 西北**
癸庚／九地／杜／天芮禽／乙	丙／九天／傷／天英／丁	辛／直符／生／天輔／己

丁壬日

陰七局　庚子時（直符：天輔　直使：四杜）

巽四 東南	離九 正南	坤二 西南
乙・休・天任・太陰・辛	壬・生・天衝・騰蛇・丙	辛・傷・天輔・直符・癸庚
震三 正東	**五中**	**兌七 正西**
丁・開・天蓬・六合・壬	符首：辛	丙・杜・天英・九天・戊
艮八 東北	**坎一 正北**	**乾六 西北**
己・驚・天心・勾陳・乙	戊・死・天柱・朱雀・丁	癸庚・景・天芮禽・九地・己

陰七局　癸卯時（直符：天輔　直使：四杜）

巽四 東南	離九 正南	坤二 西南
乙・杜・天任・太陰・辛	壬・景・天衝・騰蛇・丙	辛・死・天輔・直符・癸庚
震三 正東	**五中**	**兌七 正西**
丁・傷・天蓬・六合・壬	符首：辛	丙・驚・天英・九天・戊
艮八 東北	**坎一 正北**	**乾六 西北**
己・生・天心・勾陳・乙	戊・休・天柱・朱雀・丁	癸庚・開・天芮禽・九地・己

陰七局　辛丑時（直符：天輔　直使：四杜）

巽四 東南	離九 正南	坤二 西南
辛・開・天輔・直符・辛	丙・休・天英・九天・丙	癸庚・生・天芮禽・九地・癸庚
震三 正東	**五中**	**兌七 正西**
壬・驚・天衝・騰蛇・壬	符首：辛	戊・傷・天柱・朱雀・戊
艮八 東北	**坎一 正北**	**乾六 西北**
乙・死・天任・太陰・乙	丁・景・天蓬・六合・丁	己・杜・天心・勾陳・己

陰七局　甲辰時（直符：天衝　直使：三傷）

巽四 東南	離九 正南	坤二 西南
辛・杜・天輔・九天・辛	丙・景・天英・九地・丙	癸庚・死・天芮禽・朱雀・癸庚
震三 正東	**五中**	**兌七 正西**
壬・傷・天衝・直符・壬	符首：壬	戊・驚・天柱・勾陳・戊
艮八 東北	**坎一 正北**	**乾六 西北**
乙・生・天任・騰蛇・乙	丁・休・天蓬・太陰・丁	己・開・天心・六合・己

陰七局　壬寅時（直符：天輔　直使：四杜）

巽四 東南	離九 正南	坤二 西南
丙・生・天英・九天・辛	癸庚・傷・天芮禽・九地・丙	戊・杜・天柱・朱雀・癸庚
震三 正東	**五中**	**兌七 正西**
辛・休・天輔・直符・壬	符首：辛	己・景・天心・勾陳・戊
艮八 東北	**坎一 正北**	**乾六 西北**
壬・開・天衝・騰蛇・乙	乙・驚・天任・太陰・丁	丁・死・天蓬・六合・己

陰七局　乙巳時（直符：天衝　直使：三傷）

巽四 東南	離九 正南	坤二 西南
丙・休・天英・九地・辛	癸庚・生・天芮禽・朱雀・丙	戊・傷・天柱・勾陳・癸庚
震三 正東	**五中**	**兌七 正西**
辛・開・天輔・九天・壬	符首：壬	己・杜・天心・六合・戊
艮八 東北	**坎一 正北**	**乾六 西北**
壬・驚・天衝・直符・乙	乙・死・天任・騰蛇・丁	丁・景・天蓬・太陰・己

丁壬日

陰七局　丙午時　直符：天蓬　直使：三傷

巽四 東南	離九 正南	坤二 西南
乙 天任 騰蛇 死 辛	壬 天衝 直符 驚 丙	辛 天輔 九天 開 癸庚
震三 正東	五中	兌七 正西
丁 天蓬 太陰 景 壬	符首：壬 戊	丙 天英 九地 休 戊
艮八 東北	坎一 正北	乾六 西北
己 天心 六合 杜 乙	戊 天柱 勾陳 傷 丁	癸庚 天芮禽 朱雀 生 己

陰七局　己酉時　直符：天蓬　直使：三傷

巽四 東南	離九 正南	坤二 西南
戊 天柱 勾陳 開 辛	己 天心 六合 休 丙	丁 天蓬 太陰 生 癸庚
震三 正東	五中	兌七 正西
癸庚 天芮禽 朱雀 驚 壬	符首：壬 戊	乙 天任 騰蛇 傷 戊
艮八 東北	坎一 正北	乾六 西北
丙 天英 九地 死 乙	辛 天輔 九天 景 丁	壬 天衝 直符 杜 己

陰七局　丁未時　直符：天衝　直使：三傷

巽四 東南	離九 正南	坤二 西南
癸庚 天芮禽 朱雀 生 辛	戊 天柱 勾陳 傷 丙	己 天心 六合 杜 癸庚
震三 正東	五中	兌七 正西
丙 天英 九地 休 壬	符首：壬 戊	丁 天蓬 太陰 景 戊
艮八 東北	坎一 正北	乾六 西北
辛 天輔 九天 開 乙	壬 天衝 直符 驚 丁	乙 天任 騰蛇 死 己

陰七局　庚戌時　直符：天衝　直使：三傷

巽四 東南	離九 正南	坤二 西南
丁 天蓬 太陰 驚 辛	乙 天任 騰蛇 開 丙	壬 天衝 直符 休 癸庚
震三 正東	五中	兌七 正西
己 天心 六合 死 壬	符首：壬 戊	辛 天輔 九天 生 戊
艮八 東北	坎一 正北	乾六 西北
戊 天柱 勾陳 景 乙	癸庚 天芮禽 朱雀 杜 丁	丙 天英 九地 傷 己

陰七局　戊申時　直符：天衝　直使：三傷

巽四 東南	離九 正南	坤二 西南
己 天心 六合 景 辛	丁 天蓬 太陰 死 丙	乙 天任 騰蛇 驚 癸庚
震三 正東	五中	兌七 正西
戊 天柱 勾陳 杜 壬	符首：壬 戊	壬 天衝 直符 開 戊
艮八 東北	坎一 正北	乾六 西北
癸庚 天芮禽 朱雀 傷 乙	丙 天英 九地 生 丁	辛 天輔 九天 休 己

陰七局　辛亥時　直符：天衝　直使：三傷

巽四 東南	離九 正南	坤二 西南
壬 天衝 直符 休 辛	辛 天輔 九天 生 丙	丙 天英 九地 傷 癸庚
震三 正東	五中	兌七 正西
乙 天任 騰蛇 開 壬	符首：壬 戊	癸庚 天芮禽 朱雀 杜 戊
艮八 東北	坎一 正北	乾六 西北
丁 天蓬 太陰 驚 乙	己 天心 六合 死 丁	戊 天柱 勾陳 景 己

戊癸日

陰七局　壬子時　直符：天衝　直使：三傷

巽四 東南	離九 正南	坤二 西南
辛 傷 天輔 辛 九天	丙 杜 天英 丙 九地	癸庚 景 天芮禽 癸庚 朱雀
震三 正東	五中	兌七 正西
壬 生 天衝 壬 直符		戊 死 天柱 戊 勾陳　符首：壬
艮八 東北	坎一 正北	乾六 西北
乙 休 天任 乙 騰蛇	丁 開 天蓬 丁 太陰	己 驚 天心 己 六合

陰七局　乙卯時　直符：天芮禽　直使：二死

巽四 東南	離九 正南	坤二 西南
己 休 天心 辛 九地	丁 生 天蓬 丙 朱雀	乙 傷 天任 癸庚 勾陳
震三 正東	五中	兌七 正西
戊 開 天柱 壬 九天		壬 杜 天衝 戊 六合　符首：癸
艮八 東北	坎一 正北	乾六 西北
癸庚 驚 天芮禽 乙 直符	丙 死 天英 丁 騰蛇	辛 景 天輔 己 太陰

陰七局　癸丑時　直符：天衝　直使：三傷

巽四 東南	離九 正南	坤二 西南
丁 杜 天蓬 辛 太陰	乙 景 天任 丙 騰蛇	壬 死 天衝 癸庚 直符
震三 正東	五中	兌七 正西
己 傷 天心 壬 六合		辛 驚 天輔 戊 九天　符首：壬
艮八 東北	坎一 正北	乾六 西北
戊 生 天柱 乙 勾陳	癸庚 休 天芮禽 丁 朱雀	丙 開 天英 己 九地

陰七局　丙辰時　直符：天芮禽　直使：二死

巽四 東南	離九 正南	坤二 西南
丙 景 天英 辛 騰蛇	癸庚 死 天芮禽 丙 直符	戊 驚 天柱 癸庚 九天
震三 正東	五中	兌七 正西
辛 杜 天輔 壬 太陰		己 開 天心 戊 九地　符首：癸
艮八 東北	坎一 正北	乾六 西北
壬 傷 天衝 乙 六合	乙 生 天任 丁 勾陳	丁 休 天蓬 己 朱雀

陰七局　甲寅時　直符：天芮禽　直使：二死

巽四 東南	離九 正南	坤二 西南
辛 杜 天輔 辛 太陰	丙 景 天英 丙 騰蛇	癸庚 死 天芮禽 癸庚 直符
震三 正東	五中	兌七 正西
壬 傷 天衝 壬 六合		戊 驚 天柱 戊 九天　符首：癸
艮八 東北	坎一 正北	乾六 西北
乙 生 天任 乙 勾陳	丁 休 天蓬 丁 朱雀	己 開 天心 己 九地

陰七局　丁巳時　直符：天芮禽　直使：二死

巽四 東南	離九 正南	坤二 西南
丁 開 天蓬 辛 朱雀	乙 休 天任 丙 勾陳	壬 生 天衝 癸庚 六合
震三 正東	五中	兌七 正西
己 驚 天心 壬 九地		辛 傷 天輔 戊 太陰　符首：癸
艮八 東北	坎一 正北	乾六 西北
戊 死 天柱 乙 九天	癸庚 景 天芮禽 丁 直符	丙 杜 天英 己 騰蛇

145

戊 癸 日

陰七局　戊午時　直符：天芮禽　直使：二死

巽四 東南	離九 正南	坤二 西南
六合　壬[傷]　天衝　辛	太陰　辛[杜]　天輔　丙	騰蛇　丙[景]　天英　癸庚
震三 正東	**五中**	**兌七 正西**
勾陳　乙[生]　天任　壬	符首：癸	直符　癸庚[死]　天芮禽　戊
艮八 東北	**坎一 正北**	**乾六 西北**
朱雀　丁[休]　天蓬　乙	九地　己[開]　天心　丁	九天　戊[驚]　天柱　己

陰七局　辛酉時　直符：天芮禽　直使：二死

巽四 東南	離九 正南	坤二 西南
直符　癸庚[死]　天芮禽　辛	九天　戊[驚]　天柱　丙	九地　己[開]　天心　癸庚
震三 正東	**五中**	**兌七 正西**
騰蛇　丙[景]　天英　壬	符首：癸	朱雀　丁[休]　天蓬　戊
艮八 東北	**坎一 正北**	**乾六 西北**
太陰　辛[杜]　天輔　乙	六合　壬[傷]　天衝　丁	勾陳　乙[生]　天任　己

陰七局　己未時　直符：天芮禽　直使：二死

巽四 東南	離九 正南	坤二 西南
勾陳　乙[生]　天任　辛	六合　壬[傷]　天衝　丙	太陰　辛[杜]　天輔　癸庚
震三 正東	**五中**	**兌七 正西**
朱雀　丁[休]　天蓬　壬	符首：癸	騰蛇　丙[景]　天英　戊
艮八 東北	**坎一 正北**	**乾六 西北**
九地　己[開]　天心　乙	九天　戊[驚]　天柱　丁	直符　癸庚[死]　天芮禽　己

陰七局　壬戌時　直符：天芮禽　直使：二死

巽四 東南	離九 正南	坤二 西南
九天　戊[驚]　天柱　辛	九地　己[開]　天心　丙	朱雀　丁[休]　天蓬　癸庚
震三 正東	**五中**	**兌七 正西**
直符　癸庚[死]　天芮禽　壬	符首：癸	勾陳　乙[生]　天任　戊
艮八 東北	**坎一 正北**	**乾六 西北**
騰蛇　丙[景]　天英　乙	太陰　辛[杜]　天輔　丁	六合　壬[傷]　天衝　己

陰七局　庚申時　直符：天芮禽　直使：二死

巽四 東南	離九 正南	坤二 西南
太陰　辛[杜]　天輔　辛	騰蛇　丙[景]　天英　丙	直符　癸庚[死]　天芮禽　癸庚
震三 正東	**五中**	**兌七 正西**
六合　壬[傷]　天衝　壬	符首：癸	九天　戊[驚]　天柱　戊
艮八 東北	**坎一 正北**	**乾六 西北**
勾陳　乙[生]　天任　乙	朱雀　丁[休]　天蓬　丁	九地　己[開]　天心　己

陰七局　癸亥時　直符：天芮禽　直使：二死

巽四 東南	離九 正南	坤二 西南
太陰　辛[杜]　天輔　辛	騰蛇　丙[景]　天英　丙	直符　癸庚[死]　天芮禽　癸庚
震三 正東	**五中**	**兌七 正西**
六合　壬[傷]　天衝　壬	符首：癸	九天　戊[驚]　天柱　戊
艮八 東北	**坎一 正北**	**乾六 西北**
勾陳　乙[生]　天任　乙	朱雀　丁[休]　天蓬　丁	九地　己[開]　天心　己

遁甲時盤　陰遁六局

....

甲己日～戊癸日

甲子時～癸亥時　六十時盤

甲己日

陰六局　甲子時（直符：天心　直使：六開）

巽四 東南	離九 正南	坤二 西南
勾陳　庚　杜　天輔　庚	六合　丁　景　天英　丁	太陰　壬己　死　天芮禽　壬己
朱雀　辛　傷　天衝　辛	符首：戊（五中）	騰蛇　乙　驚　天柱　乙
九地　丙　生　天任　丙	九天　癸　休　天蓬　癸	直符　戊　開　天心　戊
艮八 東北	坎一 正北	乾六 西北

陰六局　丁卯時（直符：天心　直使：六開）

巽四 東南	離九 正南	坤二 西南
騰蛇　乙　休　天柱　庚	直符　戊　生　天心　丁	九天　癸　傷　天蓬　壬己
太陰　壬己　開　天芮禽　辛	符首：戊（五中）	九地　丙　杜　天任　乙
六合　丁　驚　天英　丙	勾陳　庚　死　天輔　癸	朱雀　辛　景　天衝　戊
艮八 東北	坎一 正北	乾六 西北

陰六局　乙丑時（直符：天心　直使：六開）

巽四 東南	離九 正南	坤二 西南
六合　丁　死　天英　庚	太陰　壬己　驚　天芮禽　丁	騰蛇　乙　開　天柱　壬己
勾陳　庚　景　天輔　辛	符首：戊（五中）	直符　戊　休　天心　乙
朱雀　辛　杜　天衝　丙	九地　丙　傷　天任　癸	九天　癸　生　天蓬　戊
艮八 東北	坎一 正北	乾六 西北

陰六局　戊辰時（直符：天心　直使：六開）

巽四 東南	離九 正南	坤二 西南
勾陳　庚　死　天輔　庚	六合　丁　驚　天英　丁	太陰　壬己　開　天芮禽　壬己
朱雀　辛　景　天衝　辛	符首：戊（五中）	騰蛇　乙　休　天柱　乙
九地　丙　杜　天任　丙	九天　癸　傷　天蓬　癸	直符　戊　生　天心　戊
艮八 東北	坎一 正北	乾六 西北

陰六局　丙寅時（直符：天心　直使：六開）

巽四 東南	離九 正南	坤二 西南
九地　丙　開　天任　庚	朱雀　辛　休　天衝　丁	勾陳　庚　生　天輔　壬己
九天　癸　驚　天蓬　辛	符首：戊（五中）	六合　丁　傷　天英　乙
直符　戊　死　天心　丙	騰蛇　乙　景　天柱　癸	太陰　壬己　杜　天芮禽　戊
艮八 東北	坎一 正北	乾六 西北

陰六局　己巳時（直符：天心　直使：六開）

巽四 東南	離九 正南	坤二 西南
太陰　壬己　傷　天芮禽　庚	騰蛇　乙　杜　天柱　丁	直符　戊　景　天心　壬己
六合　丁　生　天英　辛	符首：戊（五中）	九天　癸　死　天蓬　乙
勾陳　庚　休　天輔　丙	朱雀　辛　開　天衝　癸	九地　丙　驚　天任　戊
艮八 東北	坎一 正北	乾六 西北

甲己日

陰六局　庚午時
直符：天心　直使：六開

巽四 東南	離九 正南	坤二 西南
戊 天心　驚　直符　庚	癸 天蓬　開　九天　丁	丙 天任　休　九地　壬己
震三 正東	五中	兌七 正西
乙 天柱　死　騰蛇　辛	符首：戊	辛 天衝　生　朱雀　乙
艮八 東北	坎一 正北	乾六 西北
壬己 天芮禽　景　太陰　丙	丁 天英　杜　六合　癸	庚 天輔　傷　勾陳　戊

陰六局　癸酉時
直符：天心　直使：六開

巽四 東南	離九 正南	坤二 西南
辛 天衝　杜　朱雀　庚	庚 天輔　景　勾陳　丁	丁 天英　死　六合　壬己
震三 正東	五中	兌七 正西
丙 天任　傷　九地　辛	符首：戊	壬己 天芮禽　驚　太陰　乙
艮八 東北	坎一 正北	乾六 西北
癸 天蓬　生　九天　丙	戊 天心　休　直符　癸	乙 天柱　開　騰蛇　戊

陰六局　辛未時
直符：天心　直使：六開

巽四 東南	離九 正南	坤二 西南
癸 天蓬　生　九天　庚	丙 天任　傷　九地　丁	辛 天衝　杜　朱雀　壬己
震三 正東	五中	兌七 正西
戊 天心　休　直符　辛	符首：戊	庚 天輔　景　勾陳　乙
艮八 東北	坎一 正北	乾六 西北
乙 天柱　開　騰蛇　丙	壬己 天芮禽　驚　太陰　癸	丁 天英　死　六合　戊

陰六局　甲戌時
直符：天禽芮　直使：五死

巽四 東南	離九 正南	坤二 西南
庚 天輔　杜　太陰　庚	丁 天英　景　騰蛇　丁	壬己 天禽芮　死　直符　壬己
震三 正東	五中	兌七 正西
辛 天衝　傷　六合　辛	符首：己	乙 天柱　驚　九天　乙
艮八 東北	坎一 正北	乾六 西北
丙 天任　生　勾陳　丙	癸 天蓬　休　朱雀　癸	戊 天心　開　九地　戊

陰六局　壬申時
直符：天心　直使：六開

巽四 東南	離九 正南	坤二 西南
壬己 天芮禽　景　太陰　庚	乙 天柱　死　騰蛇　丁	戊 天心　驚　直符　壬己
震三 正東	五中	兌七 正西
丁 天英　杜　六合　辛	符首：戊	癸 天蓬　開　九天　乙
艮八 東北	坎一 正北	乾六 西北
庚 天輔　傷　勾陳　丙	辛 天衝　生　朱雀　癸	丙 天任　休　九地　戊

陰六局　乙亥時
直符：天禽芮　直使：五死

巽四 東南	離九 正南	坤二 西南
辛 天衝　死　六合　庚	庚 天輔　驚　太陰　丁	丁 天英　開　騰蛇　壬己
震三 正東	五中	兌七 正西
丙 天任　景　勾陳　辛	符首：己	壬己 天禽芮　休　直符　乙
艮八 東北	坎一 正北	乾六 西北
癸 天蓬　杜　九地　丙	戊 天心　傷　九天　癸	乙 天柱　生　九天　戊

乙 庚 日

陰六局　丙子時　直符：天禽芮　直使：五死

巽四 東南	離九 正南	坤二 西南
戊／九地／[驚]／天心／庚	癸／朱雀／[開]／天蓬／丁	丙／勾陳／[休]／天任／壬己
乙／九天／[死]／天柱／辛	符首：己（五中）	辛／六合／[生]／天衝／乙
壬己／直符／[景]／天禽芮／丙	丁／騰蛇／[杜]／天英／癸	庚／太陰／[傷]／天輔／戊
艮八 東北	坎一 正北	乾六 西北

陰六局　己卯時　直符：天禽芮　直使：五死

巽四 東南	離九 正南	坤二 西南
庚／太陰／[景]／天輔／庚	丁／騰蛇／[死]／天英／丁	壬己／直符／[驚]／天禽芮／壬己
辛／六合／[杜]／天衝／辛	符首：己（五中）	乙／九天／[開]／天柱／乙
丙／勾陳／[傷]／天任／丙	癸／朱雀／[生]／天蓬／癸	戊／九地／[休]／天心／戊
艮八 東北	坎一 正北	乾六 西北

陰六局　丁丑時　直符：天禽芮　直使：五死

巽四 東南	離九 正南	坤二 西南
丁／騰蛇／[杜]／天英／庚	壬己／直符／[景]／天禽芮／丁	乙／九天／[死]／天柱／壬己
庚／太陰／[傷]／天輔／辛	符首：己（五中）	戊／九地／[驚]／天心／乙
辛／六合／[生]／天衝／丙	丙／勾陳／[休]／天任／癸	癸／朱雀／[開]／天蓬／戊
艮八 東北	坎一 正北	乾六 西北

陰六局　庚辰時　直符：天禽芮　直使：五死

巽四 東南	離九 正南	坤二 西南
壬己／直符／[開]／天禽芮／庚	乙／九天／[休]／天柱／丁	戊／九地／[生]／天心／壬己
丁／騰蛇／[驚]／天英／辛	符首：己（五中）	癸／朱雀／[傷]／天蓬／乙
庚／太陰／[死]／天輔／丙	辛／六合／[景]／天衝／癸	丙／勾陳／[杜]／天任／戊
艮八 東北	坎一 正北	乾六 西北

陰六局　戊寅時　直符：天禽芮　直使：五死

巽四 東南	離九 正南	坤二 西南
丙／勾陳／[休]／天任／庚	辛／六合／[生]／天衝／丁	庚／太陰／[傷]／天輔／壬己
癸／朱雀／[開]／天蓬／辛	符首：己（五中）	丁／騰蛇／[杜]／天英／乙
戊／九地／[驚]／天心／丙	乙／九天／[死]／天柱／癸	壬己／直符／[景]／天禽芮／戊
艮八 東北	坎一 正北	乾六 西北

陰六局　辛巳時　直符：天禽芮　直使：五死

巽四 東南	離九 正南	坤二 西南
乙／九天／[傷]／天柱／庚	戊／九地／[杜]／天心／丁	癸／朱雀／[景]／天蓬／壬己
壬己／直符／[生]／天禽芮／辛	符首：己（五中）	丙／勾陳／[死]／天任／乙
丁／騰蛇／[休]／天英／丙	庚／太陰／[開]／天輔／癸	辛／六合／[驚]／天衝／戊
艮八 東北	坎一 正北	乾六 西北

乙 庚 日

壬午時（陰六局）

直符：天禽芮　直使：五死　符首：己

巽四 東南	離九 正南	坤二 西南
太陰 [生] 天輔 庚	騰蛇 [傷] 天英 丁	直符 [杜] 天禽芮 壬己
六合 [休] 天衝 辛	五中	九天 [景] 天柱 乙
勾陳 [開] 天任 丙	朱雀 [驚] 天蓬 癸	九地 [死] 天心 戊
艮八 東北	坎一 正北	乾六 西北

乙酉時（陰六局）

直符：天禽芮　直使：四杜　符首：庚

巽四 東南	離九 正南	坤二 西南
六合 [景] 天蓬 癸	太陰 [死] 天任 丙	騰蛇 [驚] 天衝 辛
勾陳 [杜] 天心 戊	五中	直符 [開] 天輔 庚
朱雀 [傷] 天柱 乙	九地 [生] 天禽芮 壬己	九天 [休] 天英 丁
艮八 東北	坎一 正北	乾六 西北

癸未時（陰六局）

直符：天禽芮　直使：五死　符首：己

巽四 東南	離九 正南	坤二 西南
朱雀 [杜] 天蓬 癸	勾陳 [景] 天任 丙	六合 [死] 天衝 辛
九地 [傷] 天心 戊	五中	太陰 [驚] 天輔 庚
九天 [生] 天柱 乙	直符 [休] 天禽芮 壬己	騰蛇 [開] 天英 丁
艮八 東北	坎一 正北	乾六 西北

丙戌時（陰六局）

直符：天禽芮　直使：四杜　符首：庚

巽四 東南	離九 正南	坤二 西南
九地 [生] 天禽芮 壬己	朱雀 [傷] 天柱 乙	勾陳 [杜] 天心 戊
九天 [休] 天英 丁	五中	六合 [景] 天蓬 癸
直符 [開] 天輔 庚	騰蛇 [驚] 天衝 辛	太陰 [死] 天任 丙
艮八 東北	坎一 正北	乾六 西北

甲申時（陰六局）

直符：天輔　直使：四杜　符首：庚

巽四 東南	離九 正南	坤二 西南
直符 [杜] 天輔 庚	九天 [景] 天英 丁	九地 [死] 天禽芮 壬己
騰蛇 [傷] 天衝 辛	五中	朱雀 [驚] 天柱 乙
太陰 [生] 天任 丙	六合 [休] 天蓬 癸	勾陳 [開] 天心 戊
艮八 東北	坎一 正北	乾六 西北

丁亥時（陰六局）

直符：天輔　直使：四杜　符首：庚

巽四 東南	離九 正南	坤二 西南
騰蛇 [驚] 天衝 辛	直符 [開] 天輔 庚	九天 [休] 天英 丁
太陰 [死] 天任 丙	五中	九地 [生] 天禽芮 壬己
六合 [景] 天蓬 癸	勾陳 [杜] 天心 戊	朱雀 [傷] 天柱 乙
艮八 東北	坎一 正北	乾六 西北

丙辛日

陰六局　戊子時　直符：天柱　直使：四杜

巽四 東南	離九 正南	坤二 西南
戊　天心 勾陳 傷 庚	癸　天蓬 六合 杜 丁	丙　天任 太陰 景 壬己
乙　天柱 朱雀 生 辛 （震三 正東）	符首：庚 （五中）	辛　天衝 騰蛇 死 乙 （兌七 正西）
壬己　天芮禽 九地 休 丙 （艮八 東北）	丁　天英 九天 開 癸 （坎一 正北）	庚　天輔 直符 驚 戊 （乾六 西北）

陰六局　辛卯時　直符：天輔　直使：四杜

巽四 東南	離九 正南	坤二 西南
丁　天英 九天 開 庚	壬己　天芮禽 九地 休 丁	乙　天柱 朱雀 生 壬己
庚　天輔 直符 驚 辛 （震三 正東）	符首：庚 （五中）	戊　天心 勾陳 傷 乙 （兌七 正西）
辛　天衝 騰蛇 死 丙 （艮八 東北）	丙　天任 太陰 景 癸 （坎一 正北）	癸　天蓬 六合 杜 戊 （乾六 西北）

陰六局　己丑時　直符：天輔　直使：四杜

巽四 東南	離九 正南	坤二 西南
丙　天任 太陰 死 庚	辛　天衝 騰蛇 驚 丁	庚　天輔 直符 開 壬己
癸　天蓬 六合 景 辛 （震三 正東）	符首：庚 （五中）	丁　天英 九天 休 乙 （兌七 正西）
戊　天心 勾陳 杜 丙 （艮八 東北）	乙　天柱 朱雀 傷 癸 （坎一 正北）	壬己　天芮禽 九地 生 戊 （乾六 西北）

陰六局　壬辰時　直符：天輔　直使：四杜

巽四 東南	離九 正南	坤二 西南
丙　天任 太陰 生 庚	辛　天衝 騰蛇 傷 丁	庚　天輔 直符 杜 壬己
癸　天蓬 六合 休 辛 （震三 正東）	符首：庚 （五中）	丁　天英 九天 景 乙 （兌七 正西）
戊　天心 勾陳 開 丙 （艮八 東北）	乙　天柱 朱雀 驚 癸 （坎一 正北）	壬己　天芮禽 九地 死 戊 （乾六 西北）

陰六局　庚寅時　直符：天輔　直使：四杜

巽四 東南	離九 正南	坤二 西南
庚　天輔 直符 休 庚	丁　天英 九天 生 丁	壬己　天芮禽 九地 傷 壬己
辛　天衝 騰蛇 開 辛 （震三 正東）	符首：庚 （五中）	乙　天柱 朱雀 杜 乙 （兌七 正西）
丙　天任 太陰 驚 丙 （艮八 東北）	癸　天蓬 六合 死 癸 （坎一 正北）	戊　天心 勾陳 景 戊 （乾六 西北）

陰六局　癸巳時　直符：天輔　直使：四杜

巽四 東南	離九 正南	坤二 西南
乙　天柱 朱雀 杜 庚	戊　天心 勾陳 景 丁	癸　天蓬 六合 死 壬己
壬己　天芮禽 九地 傷 辛 （震三 正東）	符首：庚 （五中）	丙　天任 太陰 驚 乙 （兌七 正西）
丁　天英 九天 生 丙 （艮八 東北）	庚　天輔 直符 休 癸 （坎一 正北）	辛　天衝 騰蛇 開 戊 （乾六 西北）

丙辛日

陰六局　甲午時　直符：天衝　直使：三傷

巽四　東南	離九　正南	坤二　西南
庚　九天　杜　天輔　庚	丁　九地　景　天英　丁	壬己　朱雀　死　天芮禽　壬己
震三　正東	五中	兌七　正西
辛　直符　傷　天衝　辛	符首：辛	乙　勾陳　驚　天柱　乙
艮八　東北	坎一　正北	乾六　西北
丙　騰蛇　生　天任　丙	癸　太陰　休　天蓬　癸	戊　六合　開　天心　戊

陰六局　丁酉時　直符：天衝　直使：三傷

巽四　東南	離九　正南	坤二　西南
丙　騰蛇　生　天任　庚	辛　直符　傷　天衝　丁	庚　九天　杜　天輔　壬己
震三　正東	五中	兌七　正西
癸　太陰　休　天蓬　辛	符首：辛	丁　九地　景　天英　乙
艮八　東北	坎一　正北	乾六　西北
戊　六合　開　天心　丙	乙　勾陳　驚　天柱　癸	壬己　朱雀　死　天芮禽　戊

陰六局　乙未時　直符：天衝　直使：三傷

巽四　東南	離九　正南	坤二　西南
戊　六合　休　天心　庚	癸　太陰　生　天蓬　丁	丙　騰蛇　傷　天任　壬己
震三　正東	五中	兌七　正西
乙　勾陳　開　天柱　辛	符首：辛	辛　直符　杜　天衝　乙
艮八　東北	坎一　正北	乾六　西北
壬己　朱雀　驚　天芮禽　丙	丁　九地　死　天英　癸	庚　九天　景　天輔　戊

陰六局　戊戌時　直符：天衝　直使：三傷

巽四　東南	離九　正南	坤二　西南
乙　勾陳　景　天柱　庚	戊　六合　死　天心　丁	癸　太陰　驚　天蓬　壬己
震三　正東	五中	兌七　正西
壬己　朱雀　杜　天芮禽　辛	符首：辛	丙　騰蛇　開　天任　乙
艮八　東北	坎一　正北	乾六　西北
丁　九地　傷　天英　丙	庚　九天　生　天輔　癸	辛　直符　休　天衝　戊

陰六局　丙申時　直符：天衝　直使：三傷

巽四　東南	離九　正南	坤二　西南
丁　九地　死　天英　庚	壬己　朱雀　驚　天芮禽　丁	乙　勾陳　開　天柱　壬己
震三　正東	五中	兌七　正西
庚　九天　景　天輔　辛	符首：辛	戊　六合　休　天心　乙
艮八　東北	坎一　正北	乾六　西北
辛　直符　杜　天衝　丙	丙　騰蛇　傷　天任　癸	癸　太陰　生　天蓬　戊

陰六局　己亥時　直符：天衝　直使：三傷

巽四　東南	離九　正南	坤二　西南
癸　太陰　開　天蓬　庚	丙　騰蛇　休　天任　丁	辛　直符　生　天衝　壬己
震三　正東	五中	兌七　正西
戊　六合　驚　天心　辛	符首：辛	庚　九天　傷　天輔　乙
艮八　東北	坎一　正北	乾六　西北
乙　勾陳　死　天柱　丙	壬己　朱雀　景　天芮禽　癸	丁　九地　杜　天英　戊

丁壬日

陰六局　庚子時（直符：天衝　直使：三傷）

巽四 東南	離九 正南	坤二 西南
辛　天衝 直符 驚 庚	庚　天輔 九天 開 丁	丁　天英 九地 休 壬己
丙　天任 騰蛇 死 辛 （震三 正東）	符首：辛 （五中）	壬己　天芮禽 朱雀 生 乙 （兌七 正西）
癸　天蓬 太陰 景 丙 （艮八 東北）	戊　天心 六合 杜 癸 （坎一 正北）	乙　天柱 勾陳 傷 戊 （乾六 西北）

陰六局　癸卯時（直符：天衝　直使：三傷）

巽四 東南	離九 正南	坤二 西南
壬己　天芮禽 朱雀 杜 庚	乙　天柱 勾陳 景 丁	戊　天心 六合 死 壬己
丁　天英 九地 傷 辛 （震三 正東）	符首：辛 （五中）	癸　天蓬 太陰 驚 乙 （兌七 正西）
庚　天輔 九天 生 丙 （艮八 東北）	辛　天衝 直符 休 癸 （坎一 正北）	丙　天任 騰蛇 開 戊 （乾六 西北）

陰六局　辛丑時（直符：天衝　直使：三傷）

巽四 東南	離九 正南	坤二 西南
庚　天輔 九天 休 庚	丁　天英 九地 生 丁	壬己　天芮禽 朱雀 傷 壬己
辛　天衝 直符 開 辛 （震三 正東）	符首：辛 （五中）	乙　天柱 勾陳 杜 乙 （兌七 正西）
丙　天任 騰蛇 驚 丙 （艮八 東北）	癸　天蓬 太陰 死 癸 （坎一 正北）	戊　天心 六合 景 戊 （乾六 西北）

陰六局　甲辰時（直符：天芮禽　直使：二死）

巽四 東南	離九 正南	坤二 西南
庚　天輔 太陰 杜 庚	丁　天英 騰蛇 景 丁	壬己　天芮禽 直符 死 壬己
辛　天衝 六合 傷 辛 （震三 正東）	符首：壬 （五中）	乙　天柱 九天 驚 乙 （兌七 正西）
丙　天任 勾陳 生 丙 （艮八 東北）	癸　天蓬 朱雀 休 癸 （坎一 正北）	戊　天心 九地 開 戊 （乾六 西北）

陰六局　壬寅時（直符：天衝　直使：三傷）

巽四 東南	離九 正南	坤二 西南
癸　天蓬 太陰 傷 庚	丙　天任 騰蛇 杜 丁	辛　天衝 直符 景 壬己
戊　天心 六合 生 辛 （震三 正東）	符首：辛 （五中）	庚　天輔 九天 死 乙 （兌七 正西）
乙　天柱 勾陳 休 丙 （艮八 東北）	壬己　天芮禽 朱雀 開 癸 （坎一 正北）	丁　天英 九地 驚 戊 （乾六 西北）

陰六局　乙巳時（直符：天芮禽　直使：二死）

巽四 東南	離九 正南	坤二 西南
辛　天衝 六合 休 庚	庚　天輔 太陰 生 丁	丁　天英 騰蛇 傷 壬己
丙　天任 勾陳 開 辛 （震三 正東）	符首：壬 （五中）	壬己　天芮禽 直符 杜 乙 （兌七 正西）
癸　天蓬 朱雀 驚 丙 （艮八 東北）	戊　天心 九地 死 癸 （坎一 正北）	乙　天柱 九天 景 戊 （乾六 西北）

丁壬日

陰六局　丙午時　直符：天芮禽　直使：二死

巽四　東南	離九　正南	坤二　西南
戊　九地　天心　景　庚	癸　朱雀　天蓬　死　丁	丙　勾陳　天任　驚　壬己
震三　正東	五中	兌七　正西
乙　九天　天柱　杜　辛	符首：壬	辛　六合　天衝　開　乙
艮八　東北	坎一　正北	乾六　西北
壬己　直符　天芮禽　傷　丙	丁　騰蛇　天英　生　癸	庚　太陰　天輔　休　戊

陰六局　己酉時　直符：天芮禽　直使：二死

巽四　東南	離九　正南	坤二　西南
庚　太陰　天輔　生　庚	丁　騰蛇　天英　傷　丁	壬己　直符　天芮禽　杜　壬己
震三　正東	五中	兌七　正西
辛　六合　天衝　休　辛	符首：壬	乙　九天　天柱　景　乙
艮八　東北	坎一　正北	乾六　西北
丙　勾陳　天任　開　丙	癸　朱雀　天蓬　驚　癸	戊　九地　天心　死　戊

陰六局　丁未時　直符：天芮禽　直使：二死

巽四　東南	離九　正南	坤二　西南
丁　騰蛇　天英　開　庚	壬己　直符　天芮禽　休　丁	乙　九天　天柱　生　壬己
震三　正東	五中	兌七　正西
庚　太陰　天輔　驚　辛	符首：壬	戊　九地　天心　傷　乙
艮八　東北	坎一　正北	乾六　西北
辛　六合　天衝　死　丙	丙　勾陳　天任　景　癸	癸　朱雀　天蓬　杜　戊

陰六局　庚戌時　直符：天芮禽　直使：二死

巽四　東南	離九　正南	坤二　西南
壬己　直符　天芮禽　杜　庚	乙　九天　天柱　景　丁	戊　九地　天心　死　壬己
震三　正東	五中	兌七　正西
丁　騰蛇　天英　傷　辛	符首：壬	癸　朱雀　天蓬　驚　乙
艮八　東北	坎一　正北	乾六　西北
庚　太陰　天輔　生　丙	辛　六合　天衝　休　癸	丙　勾陳　天任　開　戊

陰六局　戊申時　直符：天芮禽　直使：二死

巽四　東南	離九　正南	坤二　西南
丙　勾陳　天任　傷　庚	辛　六合　天衝　杜　丁	庚　太陰　天輔　景　壬己
震三　正東	五中	兌七　正西
癸　朱雀　天蓬　生　辛	符首：壬	丁　騰蛇　天英　死　乙
艮八　東北	坎一　正北	乾六　西北
戊　九地　天心　休　丙	乙　九天　天柱　開　癸	壬己　直符　天芮禽　驚　戊

陰六局　辛亥時　直符：天芮禽　直使：二死

巽四　東南	離九　正南	坤二　西南
乙　九天　天柱　死　庚	戊　九地　天心　驚　丁	癸　朱雀　天蓬　開　壬己
震三　正東	五中	兌七　正西
壬己　直符　天芮禽　景　辛	符首：壬	丙　勾陳　天任　休　乙
艮八　東北	坎一　正北	乾六　西北
丁　騰蛇　天英　杜　丙	庚　太陰　天輔　傷　癸	辛　六合　天衝　生　戊

戊 癸 日

陰六局　壬子時（直符：天芮禽　直使：二死）

巽四 東南	離九 正南	坤二 西南
太陰　驚　天輔　庚／庚	騰蛇　開　天英　丁／丁	直符　休　天芮禽　壬己／壬己
震三 正東	**五中**	**兌七 正西**
六合　死　天衝　辛／辛	符首：壬	九天　生　天柱　乙／乙
艮八 東北	**坎一 正北**	**乾六 西北**
勾陳　景　天任　丙／丙	朱雀　杜　天蓬　癸／癸	九地　傷　天心　戊／戊

陰六局　乙卯時（直符：天蓬　直使：一休）

巽四 東南	離九 正南	坤二 西南
六合　開　天芮禽　壬己／庚	太陰　休　天柱　乙／丁	騰蛇　生　天心　戊／壬己
震三 正東	**五中**	**兌七 正西**
勾陳　驚　天英　丁／辛	符首：癸	直符　傷　天蓬　癸／乙
艮八 東北	**坎一 正北**	**乾六 西北**
朱雀　死　天輔　庚／丙	九地　景　天衝　辛／癸	九天　杜　天任　丙／戊

陰六局　癸丑時（直符：天芮禽　直使：二死）

巽四 東南	離九 正南	坤二 西南
朱雀　杜　天蓬　癸／庚	勾陳　景　天任　丙／丁	六合　死　天衝　辛／壬己
震三 正東	**五中**	**兌七 正西**
九地　傷　天心　戊／辛	符首：壬	太陰　驚　天輔　庚／乙
艮八 東北	**坎一 正北**	**乾六 西北**
九天　生　天柱　乙／丙	直符　休　天芮禽　壬己／癸	騰蛇　開　天英　丁／戊

陰六局　丙辰時（直符：天蓬　直使：一休）

巽四 東南	離九 正南	坤二 西南
九地　傷　天衝　辛／庚	朱雀　杜　天輔　庚／丁	勾陳　景　天英　丁／壬己
震三 正東	**五中**	**兌七 正西**
九天　生　天任　丙／辛	符首：癸	六合　死　天芮禽　壬己／乙
艮八 東北	**坎一 正北**	**乾六 西北**
直符　休　天蓬　癸／丙	騰蛇　開　天心　戊／癸	太陰　驚　天柱　乙／戊

陰六局　甲寅時（直符：天蓬　直使：一休）

巽四 東南	離九 正南	坤二 西南
朱雀　杜　天輔　庚／庚	勾陳　景　天英　丁／丁	六合　死　天芮禽　壬己／壬己
震三 正東	**五中**	**兌七 正西**
九地　傷　天衝　辛／辛	符首：癸	太陰　驚　天柱　乙／乙
艮八 東北	**坎一 正北**	**乾六 西北**
九天　生　天任　丙／丙	直符　休　天蓬　癸／癸	騰蛇　開　天心　戊／戊

陰六局　丁巳時（直符：天蓬　直使：一休）

巽四 東南	離九 正南	坤二 西南
騰蛇　死　天心　戊／庚	直符　驚　天蓬　癸／丁	九天　開　天任　丙／壬己
震三 正東	**五中**	**兌七 正西**
太陰　景　天柱　乙／辛	符首：癸	九地　休　天衝　辛／乙
艮八 東北	**坎一 正北**	**乾六 西北**
六合　杜　天芮禽　壬己／丙	勾陳　傷　天英　丁／癸	朱雀　生　天輔　庚／戊

戊癸日

陰六局　戊午時　直符：天蓬　直使：一休

巽四 東南	離九 正南	坤二 西南
勾陳　丁 景　天英	六合　壬己 死　天芮禽	太陰　乙 驚　天柱
震三 正東	五中	兌七 正西
朱雀　庚 杜　天輔　辛	符首：癸	騰蛇　戊 開　天心　乙
艮八 東北	坎一 正北	乾六 西北
九地　辛 傷　天衝　丙	九天　丙 生　天任　癸	直符　癸 休　天蓬　戊

陰六局　辛酉時　直符：天蓬　直使：一休

巽四 東南	離九 正南	坤二 西南
九天　丙 生　天任	九地　辛 傷　天衝	朱雀　庚 杜　天輔
震三 正東	五中	兌七 正西
直符　癸 休　天蓬　辛	符首：癸	勾陳　丁 景　天英　乙
艮八 東北	坎一 正北	乾六 西北
騰蛇　戊 開　天心　丙	太陰　乙 驚　天柱　癸	六合　壬己 死　天芮禽　戊

陰六局　己未時　直符：天蓬　直使：一休

巽四 東南	離九 正南	坤二 西南
太陰　乙 驚　天柱	騰蛇　戊 開　天心	直符　癸 休　天蓬
震三 正東	五中	兌七 正西
六合　壬己 死　天芮禽　辛	符首：癸	九天　丙 生　天任　乙
艮八 東北	坎一 正北	乾六 西北
勾陳　丁 景　天英　丙	朱雀　庚 杜　天輔　癸	九地　辛 傷　天衝　戊

陰六局　壬戌時　直符：天蓬　直使：一休

巽四 東南	離九 正南	坤二 西南
太陰　乙 驚　天柱	騰蛇　戊 開　天心	直符　癸 休　天蓬
震三 正東	五中	兌七 正西
六合　壬己 死　天芮禽　辛	符首：癸	九天　丙 生　天任　乙
艮八 東北	坎一 正北	乾六 西北
勾陳　丁 景　天英　丙	朱雀　庚 杜　天輔　癸	九地　辛 傷　天衝　戊

陰六局　庚申時　直符：天蓬　直使：一休

巽四 東南	離九 正南	坤二 西南
直符　癸 休　天蓬	九天　丙 生　天任	九地　辛 傷　天衝
震三 正東	五中	兌七 正西
騰蛇　戊 開　天心　辛	符首：癸	朱雀　庚 杜　天輔　乙
艮八 東北	坎一 正北	乾六 西北
太陰　乙 驚　天柱　丙	六合　壬己 死　天芮禽　癸	勾陳　丁 景　天英　戊

陰六局　癸亥時　直符：天蓬　直使：一休

巽四 東南	離九 正南	坤二 西南
朱雀　庚 杜　天輔	勾陳　丁 景　天英	六合　壬己 死　天芮禽
震三 正東	五中	兌七 正西
九地　辛 傷　天衝　辛	符首：癸	太陰　乙 驚　天柱　乙
艮八 東北	坎一 正北	乾六 西北
九天　丙 生　天任　丙	直符　癸 休　天蓬　癸	騰蛇　戊 開　天心　戊

158

遁甲時盤　陰遁五局

甲己日～戊癸日

甲子時～癸亥時　六十時盤

甲己日

陰五局　甲子時　直符：天禽芮　直使：五死

巽四 東南	離九 正南	坤二 西南
太陰 己 杜 天輔 己	騰蛇 癸 景 天英 癸	直符 辛戊 死 天禽芮 辛戊
六合 庚 傷 天衝 庚	符首：戊（五中）	九天 丙 驚 天柱 丙
勾陳 丁 生 天任 丁	朱雀 壬 休 天蓬 壬	九地 乙 開 天心 乙
艮八 東北	坎一 正北	乾六 西北

陰五局　丁卯時　直符：天禽芮　直使：五死

巽四 東南	離九 正南	坤二 西南
九地 乙 杜 天心 己	朱雀 壬 景 天蓬 癸	勾陳 丁 死 天任 辛戊
九天 丙 傷 天柱 庚	符首：戊（五中）	六合 庚 驚 天衝 丙
直符 辛戊 生 天禽芮 丁	騰蛇 癸 休 天英 壬	太陰 己 開 天輔 乙
艮八 東北	坎一 正北	乾六 西北

陰五局　乙丑時　直符：天禽芮　直使：五死

巽四 東南	離九 正南	坤二 西南
勾陳 丁 死 天任 己	六合 庚 驚 天衝 癸	太陰 己 開 天輔 辛戊
朱雀 壬 景 天蓬 庚	符首：戊（五中）	騰蛇 癸 休 天英 丙
九地 乙 杜 天心 丁	九天 丙 傷 天柱 壬	直符 辛戊 生 天禽芮 乙
艮八 東北	坎一 正北	乾六 西北

陰五局　戊辰時　直符：天禽芮　直使：五死

巽四 東南	離九 正南	坤二 西南
太陰 己 休 天輔 己	騰蛇 癸 生 天英 癸	直符 辛戊 傷 天禽芮 辛戊
六合 庚 開 天衝 庚	符首：戊（五中）	九天 丙 杜 天柱 丙
勾陳 丁 驚 天任 丁	朱雀 壬 死 天蓬 壬	九地 乙 景 天心 乙
艮八 東北	坎一 正北	乾六 西北

陰五局　丙寅時　直符：天禽芮　直使：五死

巽四 東南	離九 正南	坤二 西南
六合 庚 驚 天衝 己	太陰 己 開 天輔 癸	騰蛇 癸 休 天英 辛戊
勾陳 丁 死 天任 庚	符首：戊（五中）	直符 辛戊 生 天禽芮 丙
朱雀 壬 景 天蓬 丁	九地 乙 杜 天心 壬	九天 丙 傷 天柱 乙
艮八 東北	坎一 正北	乾六 西北

陰五局　己巳時　直符：天禽芮　直使：五死

巽四 東南	離九 正南	坤二 西南
直符 辛戊 景 天禽芮 己	九天 丙 死 天柱 癸	九地 乙 驚 天心 辛戊
騰蛇 癸 杜 天英 庚	符首：戊（五中）	朱雀 壬 開 天蓬 丙
太陰 己 傷 天輔 丁	六合 庚 生 天衝 壬	勾陳 丁 休 天任 乙
艮八 東北	坎一 正北	乾六 西北

陰五局 庚午時

丙 開 天柱 九天 己 巽四 東南	乙 休 天心 九地 癸 離九 正南	壬 生 天蓬 朱雀 辛戊 坤二 西南
辛戊 驚 天禽芮 直符 庚 震三 正東	五中	丁 傷 天任 勾陳 丙 兌七 正西 符首：戊
癸 死 天英 騰蛇 丁 艮八 東北	己 景 天輔 太陰 壬 坎一 正北	庚 杜 天衝 六合 乙 乾六 西北

直符：天禽芮 直使：五死

陰五局 癸酉時

癸 杜 天英 騰蛇 己 巽四 東南	辛戊 景 天禽芮 直符 癸 離九 正南	丙 死 天柱 九天 辛戊 坤二 西南
己 傷 天輔 太陰 庚 震三 正東	五中	乙 驚 天心 九地 丙 兌七 正西 符首：戊
庚 生 天衝 六合 丁 艮八 東北	丁 休 天任 勾陳 壬 坎一 正北	壬 開 天蓬 朱雀 乙 乾六 西北

直符：天禽芮 直使：五死

陰五局 辛未時

己 傷 天輔 太陰 己 巽四 東南	癸 杜 天英 騰蛇 癸 離九 正南	辛戊 景 天禽芮 直符 辛戊 坤二 西南
庚 生 天衝 六合 庚 震三 正東	五中	丙 死 天柱 九天 丙 兌七 正西 符首：戊
丁 休 天任 勾陳 丁 艮八 東北	壬 開 天蓬 朱雀 壬 坎一 正北	乙 驚 天心 九地 乙 乾六 西北

直符：天禽芮 直使：五死

陰五局 甲戌時

己 杜 天輔 直符 己 巽四 東南	癸 景 天英 九天 癸 離九 正南	辛戊 死 天芮禽 九地 辛戊 坤二 西南
庚 傷 天衝 騰蛇 庚 震三 正東	五中	丙 驚 天柱 朱雀 丙 兌七 正西 符首：己
丁 生 天任 太陰 丁 艮八 東北	壬 休 天蓬 六合 壬 坎一 正北	乙 開 天心 勾陳 乙 乾六 西北

直符：天輔 直使：四杜

陰五局 壬申時

壬 生 天蓬 朱雀 己 巽四 東南	丁 傷 天任 勾陳 癸 離九 正南	庚 杜 天衝 六合 辛戊 坤二 西南
乙 休 天心 九地 庚 震三 正東	五中	己 景 天輔 太陰 丙 兌七 正西 符首：戊
丙 開 天柱 九天 丁 艮八 東北	辛戊 驚 天禽芮 直符 壬 坎一 正北	癸 死 天英 騰蛇 乙 乾六 西北

直符：天禽芮 直使：五死

陰五局 乙亥時

乙 景 天心 勾陳 己 巽四 東南	壬 死 天蓬 六合 癸 離九 正南	丁 驚 天任 太陰 辛戊 坤二 西南
丙 杜 天柱 朱雀 庚 震三 正東	五中	庚 開 天衝 騰蛇 丙 兌七 正西 符首：己
辛戊 傷 天芮禽 九地 丁 艮八 東北	癸 生 天英 九天 壬 坎一 正北	己 休 天輔 直符 乙 乾六 西北

直符：天輔 直使：四杜

乙庚日

陰五局　丙子時（直符：天蓬　直使：四杜）

巽四 東南	離九 正南	坤二 西南
六合　壬　生　天蓬　己	太陰　丁　傷　天任　癸	騰蛇　庚　杜　天衝　辛戊
震三 正東 勾陳　乙　休　天心　庚	**五中** 符首：己	**兌七 正西** 直符　己　景　天輔　丙
艮八 東北 朱雀　丙　開　天柱　丁	**坎一 正北** 九地　辛戊　驚　天芮禽　壬	**乾六 西北** 九天　癸　死　天英　乙

陰五局　己卯時（直符：天蓬　直使：四杜）

巽四 東南	離九 正南	坤二 西南
直符　己　死　天輔　己	九天　癸　驚　天英　癸	九地　辛戊　開　天芮禽　辛戊
震三 正東 騰蛇　庚　景　天衝　庚	**五中** 符首：己	**兌七 正西** 朱雀　丙　休　天柱　丙
艮八 東北 太陰　丁　杜　天任　丁	**坎一 正北** 六合　壬　傷　天蓬　壬	**乾六 西北** 勾陳　乙　生　天心　乙

陰五局　丁丑時（直符：天輔　直使：四杜）

巽四 東南	離九 正南	坤二 西南
九地　己　驚　天芮禽　己	朱雀　丙　開　天柱　癸	勾陳　乙　休　天心　辛戊
震三 正東 九天　癸　死　天英　庚	**五中** 符首：己	**兌七 正西** 六合　壬　生　天蓬　丙
艮八 東北 直符　己　景　天輔　丁	**坎一 正北** 騰蛇　庚　杜　天衝　壬	**乾六 西北** 太陰　丁　傷　天任　乙

陰五局　庚辰時（直符：天輔　直使：四杜）

巽四 東南	離九 正南	坤二 西南
九天　癸　休　天英　己	九地　辛戊　生　天芮禽　癸	朱雀　丙　傷　天柱　辛戊
震三 正東 直符　己　開　天輔　庚	**五中** 符首：己	**兌七 正西** 勾陳　乙　杜　天心　丙
艮八 東北 騰蛇　庚　驚　天衝　丁	**坎一 正北** 太陰　丁　死　天任　壬	**乾六 西北** 六合　壬　景　天蓬　乙

陰五局　戊寅時（直符：天輔　直使：四杜）

巽四 東南	離九 正南	坤二 西南
太陰　丁　傷　天任　己	騰蛇　庚　杜　天衝　癸	直符　己　景　天輔　辛戊
震三 正東 六合　壬　生　天蓬　庚	**五中** 符首：己	**兌七 正西** 九天　癸　死　天英　丙
艮八 東北 勾陳　乙　休　天心　丁	**坎一 正北** 朱雀　丙　開　天柱　壬	**乾六 西北** 九地　辛戊　驚　天芮禽　乙

陰五局　辛巳時（直符：天輔　直使：四杜）

巽四 東南	離九 正南	坤二 西南
太陰　丁　開　天任　己	騰蛇　庚　休　天衝　癸	直符　己　生　天輔　辛戊
震三 正東 六合　壬　驚　天蓬　庚	**五中** 符首：己	**兌七 正西** 九天　癸　傷　天英　丙
艮八 東北 勾陳　乙　死　天心　丁	**坎一 正北** 朱雀　丙　景　天柱　壬	**乾六 西北** 九地　辛戊　杜　天芮禽　乙

乙庚日

陰五局 壬午時　直符：天輔　直使：四杜

巽四 東南	離九 正南	坤二 西南
丙　朱雀　生　天柱　己	乙　勾陳　傷　天心　癸	壬　六合　杜　天蓬　辛戊
震三 正東	五中	兌七 正西
辛戊　九地　休　天芮禽　庚	符首：己	丁　太陰　景　天任　丙
艮八 東北	坎一 正北	乾六 西北
癸　九天　開　天英　丁	己　直符　驚　天輔　壬	庚　騰蛇　死　天衝　乙

陰五局 乙酉時　直符：天衝　直使：三傷

巽四 東南	離九 正南	坤二 西南
丙　勾陳　休　天柱　己	乙　六合　生　天心　癸	壬　太陰　傷　天蓬　辛戊
震三 正東	五中	兌七 正西
辛戊　朱雀　開　天芮禽　庚	符首：庚	丁　騰蛇　杜　天任　丙
艮八 東北	坎一 正北	乾六 西北
癸　九地　驚　天英　丁	己　九天　死　天輔　壬	庚　直符　景　天衝　乙

陰五局 癸未時　直符：天輔　直使：四杜

巽四 東南	離九 正南	坤二 西南
庚　騰蛇　杜　天衝　己	己　直符　景　天輔　癸	癸　九天　死　天英　辛戊
震三 正東	五中	兌七 正西
丁　太陰　傷　天任　庚	符首：己	辛戊　九地　驚　天芮禽　丙
艮八 東北	坎一 正北	乾六 西北
壬　六合　生　天蓬　丁	乙　勾陳　休　天心　壬	丙　朱雀　開　天柱　乙

陰五局 丙戌時　直符：天衝　直使：三傷

巽四 東南	離九 正南	坤二 西南
乙　六合　死　天心　己	壬　太陰　驚　天蓬　癸	丁　騰蛇　開　天任　辛戊
震三 正東	五中	兌七 正西
丙　勾陳　景　天柱　庚	符首：庚	庚　直符　休　天衝　丙
艮八 東北	坎一 正北	乾六 西北
辛戊　朱雀　杜　天芮禽　丁	癸　九地　傷　天英　壬	己　九天　生　天輔　乙

陰五局 甲申時　直符：天衝　直使：三傷

巽四 東南	離九 正南	坤二 西南
己　九天　杜　天輔　己	癸　九地　景　天英　癸	辛戊　朱雀　死　天芮禽　辛戊
震三 正東	五中	兌七 正西
庚　直符　傷　天衝　庚	符首：庚	丙　勾陳　驚　天柱　丙
艮八 東北	坎一 正北	乾六 西北
丁　騰蛇　生　天任　丁	壬　太陰　休　天蓬　壬	乙　六合　開　天心　乙

陰五局 丁亥時　直符：天衝　直使：三傷

巽四 東南	離九 正南	坤二 西南
癸　九地　生　天英　己	辛戊　朱雀　傷　天芮禽　癸	丙　勾陳　杜　天柱　辛戊
震三 正東	五中	兌七 正西
己　九天　休　天輔　庚	符首：庚	乙　六合　景　天心　丙
艮八 東北	坎一 正北	乾六 西北
庚　直符　開　天衝　丁	丁　騰蛇　驚　天任　壬	壬　太陰　死　天蓬　乙

丙辛日

陰五局（戊子時）

直符：天衝　直使：三傷

壬 太陰 景 天蓬 己 巽四 東南	丁 騰蛇 死 天任 癸 離九 正南	庚 直符 驚 天衝 辛戊 坤二 西南
乙 六合 杜 天心 庚 震三 正東	符首：庚 五中	己 開 天輔 丙 九天 兌七 正西
丙 勾陳 傷 天柱 丁 艮八 東北	辛戊 朱雀 生 天芮禽 壬 坎一 正北	癸 休 天英 九地 乙 乾六 西北

陰五局（辛卯時）

直符：天衝　直使：三傷

壬 太陰 休 天蓬 己 巽四 東南	丁 騰蛇 生 天任 癸 離九 正南	庚 直符 傷 天衝 辛戊 坤二 西南
乙 六合 開 天心 庚 震三 正東	符首：庚 五中	己 杜 天輔 丙 九天 兌七 正西
丙 勾陳 驚 天柱 丁 艮八 東北	辛戊 朱雀 死 天芮禽 壬 坎一 正北	癸 景 天英 九地 乙 乾六 西北

陰五局（己丑時）

直符：天衝　直使：三傷

庚 直符 開 天衝 己 巽四 東南	己 休 天輔 癸 九天 離九 正南	癸 生 天英 辛戊 九地 坤二 西南
丁 騰蛇 驚 天任 庚 震三 正東	符首：庚 五中	辛戊 朱雀 傷 天芮禽 丙 兌七 正西
壬 太陰 死 天蓬 丁 艮八 東北	乙 六合 景 天心 壬 坎一 正北	丙 勾陳 杜 天柱 乙 乾六 西北

陰五局（壬辰時）

直符：天衝　直使：三傷

辛戊 朱雀 傷 天芮禽 己 巽四 東南	丙 勾陳 杜 天柱 癸 離九 正南	乙 六合 景 天心 辛戊 坤二 西南
癸 九地 生 天英 庚 震三 正東	符首：庚 五中	壬 太陰 死 天蓬 丙 兌七 正西
己 九天 休 天輔 丁 艮八 東北	庚 直符 開 天衝 壬 坎一 正北	丁 騰蛇 驚 天任 乙 乾六 西北

陰五局（庚寅時）

直符：天衝　直使：三傷

己 九天 驚 天輔 己 巽四 東南	癸 九地 開 天英 癸 離九 正南	辛戊 朱雀 休 天芮禽 辛戊 坤二 西南
庚 直符 死 天衝 庚 震三 正東	符首：庚 五中	丙 勾陳 生 天柱 丙 兌七 正西
丁 騰蛇 景 天任 丁 艮八 東北	壬 太陰 杜 天蓬 壬 坎一 正北	乙 六合 傷 天心 乙 乾六 西北

陰五局（癸巳時）

直符：天衝　直使：三傷

丁 騰蛇 杜 天任 己 巽四 東南	庚 直符 景 天衝 癸 離九 正南	己 九天 死 天輔 辛戊 坤二 西南
壬 太陰 傷 天蓬 庚 震三 正東	符首：庚 五中	癸 九地 驚 天英 丙 兌七 正西
乙 六合 生 天心 丁 艮八 東北	丙 勾陳 休 天柱 壬 坎一 正北	辛戊 朱雀 開 天芮禽 乙 乾六 西北

陰五局　甲午時　直符：天芮禽　直使：二死

巽四 東南	離九 正南	坤二 西南
太陰 己 **杜** 天輔 己	騰蛇 癸 **景** 天英 癸	直符 辛戊 **死** 天芮禽 辛戊
震三 正東	五中	兌七 正西
六合 庚 **傷** 天衝 庚	符首：辛	九天 丙 **驚** 天柱 丙
艮八 東北	坎一 正北	乾六 西北
勾陳 丁 **生** 天任 丁	朱雀 壬 **休** 天蓬 壬	九地 乙 **開** 天心 乙

陰五局　丁酉時　直符：天芮禽　直使：二死

巽四 東南	離九 正南	坤二 西南
九地 乙 **開** 天心 己	朱雀 壬 **休** 天蓬 癸	勾陳 丁 **生** 天任 辛戊
震三 正東	五中	兌七 正西
九天 丙 **驚** 天柱 庚	符首：辛	六合 庚 **傷** 天衝 丙
艮八 東北	坎一 正北	乾六 西北
直符 辛戊 **死** 天芮禽 丁	騰蛇 癸 **景** 天英 壬	太陰 己 **杜** 天輔 乙

陰五局　乙未時　直符：天芮禽　直使：二死

巽四 東南	離九 正南	坤二 西南
勾陳 丁 **休** 天任 己	六合 庚 **生** 天衝 癸	太陰 己 **傷** 天輔 辛戊
震三 正東	五中	兌七 正西
朱雀 壬 **開** 天蓬 庚	符首：辛	騰蛇 癸 **杜** 天英 丙
艮八 東北	坎一 正北	乾六 西北
九地 乙 **驚** 天心 丁	九天 丙 **死** 天柱 壬	直符 辛戊 **景** 天芮禽 乙

陰五局　戊戌時　直符：天芮禽　直使：二死

巽四 東南	離九 正南	坤二 西南
太陰 己 **傷** 天輔 己	騰蛇 癸 **杜** 天英 癸	直符 辛戊 **景** 天芮禽 辛戊
震三 正東	五中	兌七 正西
六合 庚 **生** 天衝 庚	符首：辛	九天 丙 **死** 天柱 丙
艮八 東北	坎一 正北	乾六 西北
勾陳 丁 **休** 天任 丁	朱雀 壬 **開** 天蓬 壬	九地 乙 **驚** 天心 乙

陰五局　丙申時　直符：天芮禽　直使：二死

巽四 東南	離九 正南	坤二 西南
六合 庚 **景** 天衝 己	太陰 己 **死** 天輔 癸	騰蛇 癸 **驚** 天英 辛戊
震三 正東	五中	兌七 正西
勾陳 丁 **杜** 天任 庚	符首：辛	直符 辛戊 **開** 天芮禽 丙
艮八 東北	坎一 正北	乾六 西北
朱雀 壬 **傷** 天蓬 丁	九地 乙 **生** 天心 壬	九天 丙 **休** 天柱 乙

陰五局　己亥時　直符：天芮禽　直使：二死

巽四 東南	離九 正南	坤二 西南
直符 辛戊 **生** 天芮禽 己	九天 丙 **傷** 天柱 癸	九地 乙 **杜** 天心 辛戊
震三 正東	五中	兌七 正西
騰蛇 癸 **休** 天英 庚	符首：辛	朱雀 壬 **景** 天蓬 丙
艮八 東北	坎一 正北	乾六 西北
太陰 己 **開** 天輔 丁	六合 庚 **驚** 天衝 壬	勾陳 丁 **死** 天任 乙

丁壬日

陰五局　庚子時
直符：天芮禽　直使：二死

巽四 東南	離九 正南	坤二 西南
九天　丙 杜 天柱　己	九地　乙 景 天心　癸	朱雀　壬 死 天蓬　辛戊
震三 正東	五中	兌七 正西
直符　辛戊 傷 天芮禽　庚	符首：辛	勾陳　丁 驚 天任　丙
艮八 東北	坎一 正北	乾六 西北
騰蛇　癸 生 天英　丁	太陰　己 休 天輔　壬	六合　庚 開 天衝　乙

陰五局　癸卯時
直符：天芮禽　直使：二死

巽四 東南	離九 正南	坤二 西南
騰蛇　癸 杜 天英　己	直符　辛戊 景 天芮禽　癸	九天　丙 死 天柱　辛戊
震三 正東	五中	兌七 正西
太陰　己 傷 天輔　庚	符首：辛	九地　乙 驚 天心　丙
艮八 東北	坎一 正北	乾六 西北
六合　庚 生 天衝　丁	勾陳　丁 休 天任　壬	朱雀　壬 開 天蓬　乙

陰五局　辛丑時
直符：天芮禽　直使：二死

巽四 東南	離九 正南	坤二 西南
太陰　己 死 天輔	騰蛇　癸 驚 天英　癸	直符　辛戊 開 天芮禽　辛戊
震三 正東	五中	兌七 正西
六合　庚 景 天衝　庚	符首：辛	九天　丙 休 天柱　丙
艮八 東北	坎一 正北	乾六 西北
勾陳　丁 杜 天任　丁	朱雀　壬 傷 天蓬　壬	九地　乙 生 天心　乙

陰五局　甲辰時
直符：天蓬　直使：一休

巽四 東南	離九 正南	坤二 西南
朱雀　己 杜 天輔	勾陳　癸 景 天英　癸	六合　辛戊 死 天芮禽　辛戊
震三 正東	五中	兌七 正西
九地　庚 傷 天衝　庚	符首：壬	太陰　丙 驚 天柱　丙
艮八 東北	坎一 正北	乾六 西北
九天　丁 生 天任　丁	直符　壬 休 天蓬　壬	騰蛇　乙 開 天心　乙

陰五局　壬寅時
直符：天芮禽　直使：二死

巽四 東南	離九 正南	坤二 西南
朱雀　壬 驚 天蓬　己	勾陳　丁 開 天任　癸	六合　庚 休 天衝　辛戊
震三 正東	五中	兌七 正西
九地　乙 死 天心　庚	符首：辛	太陰　己 生 天輔　丙
艮八 東北	坎一 正北	乾六 西北
九天　丙 景 天柱　丁	直符　辛戊 杜 天芮禽　壬	騰蛇　癸 傷 天英　乙

陰五局　乙巳時
直符：天蓬　直使：一休

巽四 東南	離九 正南	坤二 西南
勾陳　癸 開 天英　己	六合　辛戊 休 天芮禽　癸	太陰　丙 生 天柱　辛戊
震三 正東	五中	兌七 正西
朱雀　己 驚 天輔　庚	符首：壬	騰蛇　乙 傷 天心　丙
艮八 東北	坎一 正北	乾六 西北
九地　庚 死 天衝　丁	九天　丁 景 天任　壬	直符　壬 杜 天蓬　乙

丁壬日

陰五局　丙午時　直符：天蓬　直使：一休

巽四 東南	離九 正南	坤二 西南
辛戊 六合 傷 天芮禽 己	丙 太陰 杜 天柱 癸	乙 騰蛇 景 天心 辛戊
癸 勾陳 生 天英 庚（震三 正東）	符首：壬（五中）	壬 直符 死 天蓬 丙（兌七 正西）
己 朱雀 休 天輔 丁（艮八 東北）	庚 九地 開 天衝 壬（坎一 正北）	丁 九天 驚 天任 乙（乾六 西北）

陰五局　己酉時　直符：天蓬　直使：一休

巽四 東南	離九 正南	坤二 西南
壬 直符 驚 天蓬 己	丁 九天 開 天任 癸	庚 九地 休 天衝 辛戊
乙 騰蛇 死 天心 庚（震三 正東）	符首：壬（五中）	己 朱雀 生 天輔 丙（兌七 正西）
丙 太陰 景 天柱 丁（艮八 東北）	辛戊 六合 杜 天芮禽 壬（坎一 正北）	癸 勾陳 傷 天英 乙（乾六 西北）

陰五局　丁未時　直符：天蓬　直使：一休

巽四 東南	離九 正南	坤二 西南
庚 九地 死 天衝 己	己 朱雀 驚 天輔 癸	癸 勾陳 開 天英 辛戊
丁 九天 景 天任 庚（震三 正東）	符首：壬（五中）	辛戊 六合 休 天芮禽 丙（兌七 正西）
壬 直符 杜 天蓬 丁（艮八 東北）	乙 騰蛇 傷 天心 壬（坎一 正北）	丙 太陰 生 天柱 乙（乾六 西北）

陰五局　庚戌時　直符：天蓬　直使：一休

巽四 東南	離九 正南	坤二 西南
丁 九天 休 天任 己	庚 九地 生 天衝 癸	己 朱雀 傷 天輔 辛戊
壬 直符 開 天蓬 庚（震三 正東）	符首：壬（五中）	癸 勾陳 杜 天英 丙（兌七 正西）
乙 騰蛇 驚 天心 丁（艮八 東北）	丙 太陰 死 天柱 壬（坎一 正北）	辛戊 六合 景 天芮禽 乙（乾六 西北）

陰五局　戊申時　直符：天蓬　直使：一休

巽四 東南	離九 正南	坤二 西南
丙 太陰 景 天柱 己	乙 騰蛇 死 天心 癸	壬 直符 驚 天蓬 辛戊
辛戊 六合 杜 天芮禽 庚（震三 正東）	符首：壬（五中）	丁 九天 開 天任 丙（兌七 正西）
癸 勾陳 傷 天英 丁（艮八 東北）	己 朱雀 生 天輔 壬（坎一 正北）	庚 九地 休 天衝 乙（乾六 西北）

陰五局　辛亥時　直符：天蓬　直使：一休

巽四 東南	離九 正南	坤二 西南
丙 太陰 生 天柱 己	乙 騰蛇 傷 天心 癸	壬 直符 杜 天蓬 辛戊
辛戊 六合 休 天芮禽 庚（震三 正東）	符首：壬（五中）	丁 九天 景 天任 丙（兌七 正西）
癸 勾陳 開 天英 丁（艮八 東北）	己 朱雀 驚 天輔 壬（坎一 正北）	庚 九地 死 天衝 乙（乾六 西北）

168

戊 癸 日

壬子時（陰五局）　直符：天蓬　直使：一休

巽四 東南	離九 正南	坤二 西南
己 朱雀 驚 天輔	癸 勾陳 開 天英	辛戊 六合 休 天芮禽
庚 九地 死 天衝	五中 符首：壬	丙 太陰 生 天柱
丁 九天 景 天任	壬 直符 杜 天蓬	乙 騰蛇 傷 天心
艮八 東北	坎一 正北	乾六 西北

乙卯時（陰五局）　直符：天英　直使：九景

巽四 東南	離九 正南	坤二 西南
壬 勾陳 驚 天蓬	丁 六合 開 天任	庚 太陰 休 天衝
乙 朱雀 死 天心	五中 符首：癸	己 騰蛇 生 天輔
丙 九地 景 天柱	辛戊 九天 杜 天芮禽	癸 直符 傷 天英
艮八 東北	坎一 正北	乾六 西北

癸丑時（陰五局）　直符：天蓬　直使：一休

巽四 東南	離九 正南	坤二 西南
乙 騰蛇 杜 天心	壬 直符 景 天蓬	丁 九天 死 天任
丙 太陰 傷 天柱	五中 符首：壬	庚 九地 驚 天衝
辛戊 六合 生 天芮禽	癸 勾陳 休 天英	己 朱雀 開 天輔
艮八 東北	坎一 正北	乾六 西北

丙辰時（陰五局）　直符：天英　直使：九景

巽四 東南	離九 正南	坤二 西南
丁 六合 生 天任	庚 太陰 傷 天衝	己 騰蛇 杜 天輔
壬 勾陳 休 天蓬	五中 符首：癸	癸 直符 景 天英
乙 朱雀 開 天心	丙 九地 驚 天柱	辛戊 九天 死 天芮禽
艮八 東北	坎一 正北	乾六 西北

甲寅時（陰五局）　直符：天英　直使：九景

巽四 東南	離九 正南	坤二 西南
己 騰蛇 杜 天輔	癸 直符 景 天英	辛戊 九天 死 天芮禽
庚 太陰 傷 天衝	五中 符首：癸	丙 九地 驚 天柱
丁 六合 生 天任	壬 勾陳 休 天蓬	乙 朱雀 開 天心
艮八 東北	坎一 正北	乾六 西北

丁巳時（陰五局）　直符：天英　直使：九景

巽四 東南	離九 正南	坤二 西南
丙 九地 休 天柱	乙 朱雀 生 天心	壬 勾陳 傷 天蓬
辛戊 九天 開 天芮禽	五中 符首：癸	丁 六合 杜 天任
癸 直符 驚 天英	己 騰蛇 死 天輔	庚 太陰 景 天衝
艮八 東北	坎一 正北	乾六 西北

戊癸日

陰五局　戊午時
直符：天英　直使：九景

巽四 東南	離九 正南	坤二 西南
太陰　庚　傷　天衝　己	騰蛇　己　杜　天輔　癸	直符　癸　景　天英　辛戊
震三 正東	五中	兌七 正西
六合　丁　生　天任　庚	符首：癸	九天　辛戊　死　天芮禽　丙
艮八 東北	坎一 正北	乾六 西北
勾陳　壬　休　天蓬　丁	朱雀　乙　開　天心　壬	九地　丙　驚　天柱　乙

陰五局　辛酉時
直符：天英　直使：九景

巽四 東南	離九 正南	坤二 西南
太陰　庚　傷　天衝　己	騰蛇　己　杜　天輔　癸	直符　癸　景　天英　辛戊
震三 正東	五中	兌七 正西
六合　丁　生　天任　庚	符首：癸	九天　辛戊　死　天芮禽　丙
艮八 東北	坎一 正北	乾六 西北
勾陳　壬　休　天蓬　丁	朱雀　乙　開　天心　壬	九地　丙　驚　天柱　乙

陰五局　己未時
直符：天英　直使：九景

巽四 東南	離九 正南	坤二 西南
直符　癸　景　天英　己	九天　辛戊　死　天芮禽　癸	九地　丙　驚　天柱　辛戊
震三 正東	五中	兌七 正西
騰蛇　己　杜　天輔　庚	符首：癸	朱雀　乙　開　天心　丙
艮八 東北	坎一 正北	乾六 西北
太陰　庚　傷　天衝　丁	六合　丁　生　天任　壬	勾陳　壬　休　天蓬　乙

陰五局　壬戌時
直符：天英　直使：九景

巽四 東南	離九 正南	坤二 西南
朱雀　乙　開　天心　己	勾陳　壬　休　天蓬　癸	六合　丁　生　天任　辛戊
震三 正東	五中	兌七 正西
九地　丙　驚　天柱　庚	符首：癸	太陰　庚　傷　天衝　丙
艮八 東北	坎一 正北	乾六 西北
九天　辛戊　死　天芮禽　丁	直符　癸　景　天英　壬	騰蛇　己　杜　天輔　乙

陰五局　庚申時
直符：天英　直使：九景

巽四 東南	離九 正南	坤二 西南
九天　辛戊　死　天芮禽　己	九地　丙　驚　天柱　癸	朱雀　乙　開　天心　辛戊
震三 正東	五中	兌七 正西
直符　癸　景　天英　庚	符首：癸	勾陳　壬　休　天蓬　丙
艮八 東北	坎一 正北	乾六 西北
騰蛇　己　杜　天輔　丁	太陰　庚　傷　天衝　壬	六合　丁　生　天任　乙

陰五局　癸亥時
直符：天英　直使：九景

巽四 東南	離九 正南	坤二 西南
騰蛇　己　杜　天輔　己	直符　癸　景　天英　癸	九天　辛戊　死　天芮禽　辛戊
震三 正東	五中	兌七 正西
太陰　庚　傷　天衝　庚	符首：癸	九地　丙　驚　天柱　丙
艮八 東北	坎一 正北	乾六 西北
六合　丁　生　天任　丁	勾陳　壬　休　天蓬　壬	朱雀　乙　開　天心　乙

遁甲時盤　陰遁四局

甲己日〜戊癸日

甲子時〜癸亥時　六十時盤

甲己日

甲子時（陰四局　直符：天輔　直使：四杜）

巽四 東南	離九 正南	坤二 西南
戊　天輔　直符　[杜]　戊	壬　天英　九天　[景]　壬	庚乙　天芮禽　九地　[死]　庚乙
己　天衝　騰蛇　[傷]　己	符首：戊（五中）	丁　天柱　朱雀　[驚]　丁
癸　天任　太陰　[生]　癸	辛　天蓬　六合　[休]　辛	丙　天心　勾陳　[開]　丙
艮八 東北	坎一 正北	乾六 西北

丁卯時（陰四局　直符：天輔　直使：四杜）

巽四 東南	離九 正南	坤二 西南
辛　天蓬　六合　[驚]　戊	癸　天任　太陰　[開]　壬	己　天衝　騰蛇　[休]　庚乙
丙　天心　勾陳　[死]　己	符首：戊（五中）	戊　天輔　直符　[生]　丁
丁　天柱　朱雀　[景]　癸	庚乙　天芮禽　九地　[杜]　辛	壬　天英　九天　[傷]　丙
艮八 東北	坎一 正北	乾六 西北

乙丑時（陰四局　直符：天輔　直使：四杜）

巽四 東南	離九 正南	坤二 西南
癸　天任　太陰　[景]　戊	己　天衝　騰蛇　[死]　壬	戊　天輔　直符　[驚]　庚乙
辛　天蓬　六合　[杜]　己	符首：戊（五中）	壬　天英　九天　[開]　丁
丙　天心　勾陳　[傷]　癸	丁　天柱　朱雀　[生]　辛	庚乙　天芮禽　九地　[休]　丙
艮八 東北	坎一 正北	乾六 西北

戊辰時（陰四局　直符：天輔　直使：四杜）

巽四 東南	離九 正南	坤二 西南
戊　天輔　直符　[傷]　戊	壬　天英　九天　[杜]　壬	庚乙　天芮禽　九地　[景]　庚乙
己　天衝　騰蛇　[生]　己	符首：戊（五中）	丁　天柱　朱雀　[死]　丁
癸　天任　太陰　[休]　癸	辛　天蓬　六合　[開]　辛	丙　天心　勾陳　[驚]　丙
艮八 東北	坎一 正北	乾六 西北

丙寅時（陰四局　直符：天輔　直使：四杜）

巽四 東南	離九 正南	坤二 西南
丙　天心　勾陳　[生]　戊	辛　天蓬　六合　[傷]　壬	癸　天任　太陰　[杜]　庚乙
丁　天柱　朱雀　[休]　己	符首：戊（五中）	己　天衝　騰蛇　[景]　丁
庚乙　天芮禽　九地　[開]　癸	壬　天英　九天　[驚]　辛	戊　天輔　直符　[死]　丙
艮八 東北	坎一 正北	乾六 西北

己巳時（陰四局　直符：天輔　直使：四杜）

巽四 東南	離九 正南	坤二 西南
壬　天英　九天　[死]　戊	庚乙　天芮禽　九地　[驚]　壬	丁　天柱　朱雀　[開]　庚乙
戊　天輔　直符　[景]　己	符首：戊（五中）	丙　天心　勾陳　[休]　丁
己　天衝　騰蛇　[杜]　癸	癸　天任　太陰　[傷]　辛	辛　天蓬　六合　[生]　丙
艮八 東北	坎一 正北	乾六 西北

甲己日

陰四局　庚午時　直符：天輔　直使：四杜

巽四 東南	離九 正南	坤二 西南
太陰　休　天任　癸／戊	騰蛇　生　天衝　己／壬	直符　傷　天輔　戊／庚乙
六合　開　天蓬　辛／己（震三 正東）	符首：戊（五中）	九天　杜　天英　壬／丁（兌七 正西）
勾陳　驚　天心　丙／癸（艮八 東北）	朱雀　死　天柱　丁／辛（坎一 正北）	九地　景　天芮禽　庚乙／丙（乾六 西北）

陰四局　癸酉時　直符：天輔　直使：四杜

巽四 東南	離九 正南	坤二 西南
九地　杜　天芮禽　庚乙／戊	朱雀　景　天柱　丁／壬	勾陳　死　天心　丙／庚乙
九天　傷　天英　壬／己（震三 正東）	符首：戊（五中）	六合　驚　天蓬　辛／丁（兌七 正西）
直符　生　天輔　戊／癸（艮八 東北）	騰蛇　休　天衝　己／辛（坎一 正北）	太陰　開　天任　癸／丙（乾六 西北）

陰四局　辛未時　直符：天輔　直使：四杜

巽四 東南	離九 正南	坤二 西南
朱雀　開　天柱　丁／戊	勾陳　休　天心　丙／壬	六合　生　天蓬　辛／庚乙
九地　驚　天芮禽　庚乙／己（震三 正東）	符首：戊（五中）	太陰　傷　天任　癸／丁（兌七 正西）
九天　死　天英　壬／癸（艮八 東北）	直符　景　天輔　戊／辛（坎一 正北）	騰蛇　杜　天衝　己／丙（乾六 西北）

陰四局　甲戌時　直符：天衝　直使：三傷

巽四 東南	離九 正南	坤二 西南
九天　杜　天輔　戊／戊	九地　景　天英　壬／壬	朱雀　死　天芮禽　庚乙／庚乙
直符　傷　天衝　己／己（震三 正東）	符首：己（五中）	勾陳　驚　天柱　丁／丁（兌七 正西）
騰蛇　生　天任　癸／癸（艮八 東北）	太陰　休　天蓬　辛／辛（坎一 正北）	六合　開　天心　丙／丙（乾六 西北）

陰四局　壬申時　直符：天輔　直使：四杜

巽四 東南	離九 正南	坤二 西南
騰蛇　生　天衝　己／戊	直符　傷　天輔　戊／壬	九天　杜　天英　壬／庚乙
太陰　休　天任　癸／己（震三 正東）	符首：戊（五中）	九地　景　天芮禽　庚乙／丁（兌七 正西）
六合　開　天蓬　辛／癸（艮八 東北）	勾陳　驚　天心　丙／辛（坎一 正北）	朱雀　死　天柱　丁／丙（乾六 西北）

陰四局　乙亥時　直符：天衝　直使：三傷

巽四 東南	離九 正南	坤二 西南
太陰　休　天蓬　辛／戊	騰蛇　生　天任　癸／壬	直符　傷　天衝　己／庚乙
六合　開　天心　丙／己（震三 正東）	符首：己（五中）	九天　杜　天輔　戊／丁（兌七 正西）
勾陳　驚　天柱　丁／癸（艮八 東北）	朱雀　死　天芮禽　庚乙／辛（坎一 正北）	九地　景　天英　壬／丙（乾六 西北）

乙 庚 日

陰四局　丙子時　直符：天衝　直使：三傷

巽四 東南	離九 正南	坤二 西南
丁　勾陳　天柱　死　戊	丙　六合　天心　驚　壬	辛　太陰　天蓬　開　庚乙
庚乙　朱雀　天芮禽　景　己	符首：己（五中）	癸　騰蛇　天任　休　丁
壬　九地　天英　杜　癸（艮八 東北）	戊　九天　天輔　傷　辛（坎一 正北）	己　直符　天衝　生　丙（乾六 西北）

陰四局　己卯時　直符：天衝　直使：三傷

巽四 東南	離九 正南	坤二 西南
戊　九天　天輔　開　戊	壬　九地　天英　休　壬	庚乙　朱雀　天芮禽　生　庚乙
己　直符　天衝　驚　己	符首：己（五中）	丁　勾陳　天柱　傷　丁
癸　騰蛇　天任　死　癸（艮八 東北）	辛　太陰　天蓬　景　辛（坎一 正北）	丙　六合　天心　杜　丙（乾六 西北）

陰四局　丁丑時　直符：天衝　直使：三傷

巽四 東南	離九 正南	坤二 西南
丙　六合　天心　生　戊	辛　太陰　天蓬　傷　壬	癸　騰蛇　天任　杜　庚乙
丁　勾陳　天柱　休　己	符首：己（五中）	己　直符　天衝　景　丁
庚乙　朱雀　天芮禽　開　癸（艮八 東北）	壬　九地　天英　驚　辛（坎一 正北）	戊　九天　天輔　死　丙（乾六 西北）

陰四局　庚辰時　直符：天衝　直使：三傷

巽四 東南	離九 正南	坤二 西南
辛　太陰　天蓬　驚　戊	癸　騰蛇　天任　開　壬	己　直符　天衝　休　庚乙
丙　六合　天心　死　己	符首：己（五中）	戊　九天　天輔　生　丁
丁　勾陳　天柱　景　癸（艮八 東北）	庚乙　朱雀　天芮禽　杜　辛（坎一 正北）	壬　九地　天英　傷　丙（乾六 西北）

陰四局　戊寅時　直符：天衝　直使：三傷

巽四 東南	離九 正南	坤二 西南
己　直符　天衝　景　戊	戊　九天　天輔　死　壬	壬　九地　天英　驚　庚乙
癸　騰蛇　天任　杜　己	符首：己（五中）	庚乙　朱雀　天芮禽　開　丁
辛　太陰　天蓬　傷　癸（艮八 東北）	丙　六合　天心　生　辛（坎一 正北）	丁　勾陳　天柱　休　丙（乾六 西北）

陰四局　辛巳時　直符：天衝　直使：三傷

巽四 東南	離九 正南	坤二 西南
庚乙　朱雀　天芮禽　休　戊	丁　勾陳　天柱　生　壬	丙　六合　天心　傷　庚乙
壬　九地　天英　開　己	符首：己（五中）	辛　太陰　天蓬　杜　丁
戊　九天　天輔　驚　癸（艮八 東北）	己　直符　天衝　死　辛（坎一 正北）	癸　騰蛇　天任　景　丙（乾六 西北）

乙 庚 日

陰四局　壬午時　直符：天衝　直使：三傷

巽四 東南	離九 正南	坤二 西南
癸 騰蛇 傷 天任 戊	己 直符 杜 天衝 壬	戊 九天 景 天輔 庚乙
辛 太陰 生 天蓬 己 震三 正東	符首：己 五中	壬 九地 死 天英 丁 兌七 正西
丙 六合 休 天心 癸 艮八 東北	丁 勾陳 開 天柱 辛 坎一 正北	庚乙 朱雀 驚 天芮禽 丙 乾六 西北

陰四局　乙酉時　直符：天芮禽　直使：二死

巽四 東南	離九 正南	坤二 西南
戊 太陰 休 天輔 戊	壬 騰蛇 生 天英 壬	庚乙 直符 傷 天芮禽 庚乙
己 六合 開 天衝 己 震三 正東	符首：庚 五中	丁 九天 杜 天柱 丁 兌七 正西
癸 勾陳 驚 天任 癸 艮八 東北	辛 朱雀 死 天蓬 辛 坎一 正北	丙 九地 景 天心 丙 乾六 西北

陰四局　癸未時　直符：天衝　直使：三傷

巽四 東南	離九 正南	坤二 西南
壬 九地 杜 天英 戊	庚乙 朱雀 景 天芮禽 壬	丁 勾陳 死 天柱 庚乙
戊 九天 傷 天輔 己 震三 正東	符首：己 五中	丙 六合 驚 天心 丁 兌七 正西
己 直符 生 天衝 癸 艮八 東北	癸 騰蛇 休 天任 辛 坎一 正北	辛 太陰 開 天蓬 丙 乾六 西北

陰四局　丙戌時　直符：天芮禽　直使：二死

巽四 東南	離九 正南	坤二 西南
癸 勾陳 景 天任 戊	己 六合 死 天衝 壬	戊 太陰 驚 天輔 庚乙
辛 朱雀 杜 天蓬 己 震三 正東	符首：庚 五中	壬 騰蛇 開 天英 丁 兌七 正西
丙 九地 傷 天心 癸 艮八 東北	丁 九天 生 天柱 辛 坎一 正北	庚乙 直符 休 天芮禽 丙 乾六 西北

陰四局　甲申時　直符：天芮禽　直使：二死

巽四 東南	離九 正南	坤二 西南
戊 太陰 杜 天輔 戊	壬 騰蛇 景 天英 壬	庚乙 直符 死 天芮禽 庚乙
己 六合 傷 天衝 己 震三 正東	符首：庚 五中	丁 九天 驚 天柱 丁 兌七 正西
癸 勾陳 生 天任 癸 艮八 東北	辛 朱雀 休 天蓬 辛 坎一 正北	丙 九地 開 天心 丙 乾六 西北

陰四局　丁亥時　直符：天芮禽　直使：二死

巽四 東南	離九 正南	坤二 西南
己 六合 開 天衝 戊	戊 太陰 休 天輔 壬	壬 騰蛇 生 天英 庚乙
癸 勾陳 驚 天任 己 震三 正東	符首：庚 五中	庚乙 直符 傷 天芮禽 丁 兌七 正西
辛 朱雀 死 天蓬 癸 艮八 東北	丙 九地 景 天心 辛 坎一 正北	丁 九天 杜 天柱 丙 乾六 西北

丙辛日

陰四局　戊子時

直符：天芮禽　直使：二死

巽四 東南	離九 正南	坤二 西南
庚乙 天芮禽 直符 傷 戊	丁 天柱 九天 杜 壬	丙 天心 九地 景 庚乙
震三 正東 壬 天英 騰蛇 生 己	**五中** 符首：庚	**兌七 正西** 辛 天蓬 朱雀 死 丁
艮八 東北 戊 天輔 太陰 休 癸	**坎一 正北** 己 天衝 六合 開 辛	**乾六 西北** 癸 天任 勾陳 驚 丙

陰四局　辛卯時

直符：天芮禽　直使：二死

巽四 東南	離九 正南	坤二 西南
辛 天蓬 朱雀 死 戊	癸 天任 勾陳 驚 壬	己 天衝 六合 開 庚乙
震三 正東 丙 天心 九地 景 己	**五中** 符首：庚	**兌七 正西** 戊 天輔 太陰 休 丁
艮八 東北 丁 天柱 九天 杜 癸	**坎一 正北** 庚乙 天芮禽 直符 傷 辛	**乾六 西北** 壬 天英 騰蛇 生 丙

陰四局　己丑時

直符：天芮禽　直使：二死

巽四 東南	離九 正南	坤二 西南
丁 天柱 九天 生 戊	丙 天心 九地 傷 壬	辛 天蓬 朱雀 杜 庚乙
震三 正東 庚乙 天芮禽 直符 休 己	**五中** 符首：庚	**兌七 正西** 癸 天任 勾陳 景 丁
艮八 東北 壬 天英 騰蛇 開 癸	**坎一 正北** 戊 天輔 太陰 驚 辛	**乾六 西北** 己 天衝 六合 死 丙

陰四局　壬辰時

直符：天芮禽　直使：二死

巽四 東南	離九 正南	坤二 西南
壬 天英 騰蛇 驚 戊	庚乙 天芮禽 直符 開 壬	丁 天柱 九天 休 庚乙
震三 正東 戊 天輔 太陰 死 己	**五中** 符首：庚	**兌七 正西** 丙 天心 九地 生 丁
艮八 東北 己 天衝 六合 景 癸	**坎一 正北** 癸 天任 勾陳 杜 辛	**乾六 西北** 辛 天蓬 朱雀 傷 丙

陰四局　庚寅時

直符：天芮禽　直使：二死

巽四 東南	離九 正南	坤二 西南
戊 天輔 太陰 杜 戊	壬 天英 騰蛇 景 壬	庚乙 天芮禽 直符 死 庚乙
震三 正東 己 天衝 六合 傷 己	**五中** 符首：庚	**兌七 正西** 丁 天柱 九天 驚 丁
艮八 東北 癸 天任 勾陳 生 癸	**坎一 正北** 辛 天蓬 朱雀 休 辛	**乾六 西北** 丙 天心 九地 開 丙

陰四局　癸巳時

直符：天芮禽　直使：二死

巽四 東南	離九 正南	坤二 西南
丙 天心 九地 杜 戊	辛 天蓬 朱雀 景 壬	癸 天任 勾陳 死 庚乙
震三 正東 丁 天柱 九天 傷 己	**五中** 符首：庚	**兌七 正西** 己 天衝 六合 驚 丁
艮八 東北 庚乙 天芮禽 直符 生 癸	**坎一 正北** 壬 天英 騰蛇 休 辛	**乾六 西北** 戊 天輔 太陰 開 丙

丙　辛　日

陰四局　甲午時　直符：天蓬　直使：一休

巽四 東南	離九 正南	坤二 西南
戊　朱雀〔杜〕天輔　戊	壬　勾陳〔景〕天英　壬	庚乙　六合〔死〕天芮禽　庚乙
己　九地〔傷〕天衝　己（震三 正東）	符首：辛（五中）	丁　太陰〔驚〕天柱　丁（兌七 正西）
癸　九天〔生〕天任　癸（艮八 東北）	辛　直符〔休〕天蓬　辛（坎一 正北）	丙　騰蛇〔開〕天心　丙（乾六 西北）

陰四局　丁酉時　直符：天蓬　直使：一休

巽四 東南	離九 正南	坤二 西南
庚乙　六合〔死〕天芮禽　戊	丁　太陰〔驚〕天柱　壬	丙　騰蛇〔開〕天心　庚乙
壬　勾陳〔景〕天英　己（震三 正東）	符首：辛（五中）	辛　直符〔休〕天蓬　丁（兌七 正西）
戊　朱雀〔杜〕天輔　癸（艮八 東北）	己　九地〔傷〕天衝　辛（坎一 正北）	癸　九天〔生〕天任　丙（乾六 西北）

陰四局　乙未時　直符：天蓬　直使：一休

巽四 東南	離九 正南	坤二 西南
丁　太陰〔開〕天柱　戊	丙　騰蛇〔休〕天心　壬	辛　直符〔生〕天蓬　庚乙
庚乙　六合〔驚〕天芮禽　己（震三 正東）	符首：辛（五中）	癸　九天〔傷〕天任　丁（兌七 正西）
壬　勾陳〔死〕天英　癸（艮八 東北）	戊　朱雀〔景〕天輔　辛（坎一 正北）	己　九地〔杜〕天衝　丙（乾六 西北）

陰四局　戊戌時　直符：天蓬　直使：一休

巽四 東南	離九 正南	坤二 西南
辛　直符〔景〕天蓬　戊	癸　九天〔死〕天任　壬	己　九地〔驚〕天衝　庚乙
丙　騰蛇〔杜〕天心　己（震三 正東）	符首：辛（五中）	戊　朱雀〔開〕天輔　丁（兌七 正西）
丁　太陰〔傷〕天柱　癸（艮八 東北）	庚乙　六合〔生〕天芮禽　辛（坎一 正北）	壬　勾陳〔休〕天英　丙（乾六 西北）

陰四局　丙申時　直符：天蓬　直使：一休

巽四 東南	離九 正南	坤二 西南
壬　勾陳〔傷〕天英　戊	庚乙　六合〔杜〕天芮禽　壬	丁　太陰〔景〕天柱　庚乙
戊　朱雀〔生〕天輔　己（震三 正東）	符首：辛（五中）	丙　騰蛇〔死〕天心　丁（兌七 正西）
己　九地〔休〕天衝　癸（艮八 東北）	癸　九天〔開〕天任　辛（坎一 正北）	辛　直符〔驚〕天蓬　丙（乾六 西北）

陰四局　己亥時　直符：天蓬　直使：一休

巽四 東南	離九 正南	坤二 西南
癸　九天〔驚〕天任　戊	己　九地〔開〕天衝　壬	戊　朱雀〔休〕天輔　庚乙
辛　直符〔死〕天蓬　己（震三 正東）	符首：辛（五中）	壬　勾陳〔生〕天英　丁（兌七 正西）
丙　騰蛇〔景〕天心　癸（艮八 東北）	丁　太陰〔杜〕天柱　辛（坎一 正北）	庚乙　六合〔傷〕天芮禽　丙（乾六 西北）

178

丁 壬 日

陰四局　庚子時
直符：天蓬　直使：一休

巽四 東南	離九 正南	坤二 西南
丁 太陰 [休] 天柱 戊	丙 騰蛇 [生] 天心 壬	辛 直符 [傷] 天蓬 庚乙
庚乙 六合 [開] 天芮禽 己	符首：辛 （五中）	癸 九天 [杜] 天任 丁
壬 勾陳 [驚] 天英 癸 艮八 東北	戊 朱雀 [死] 天輔 辛 坎一 正北	己 九地 [景] 天衝 丙 乾六 西北

陰四局　癸卯時
直符：天蓬　直使：一休

巽四 東南	離九 正南	坤二 西南
己 九地 [杜] 天衝 戊	戊 朱雀 [景] 天輔 壬	壬 勾陳 [死] 天英 庚乙
癸 九天 [傷] 天任 己	符首：辛 （五中）	庚乙 六合 [驚] 天芮禽 丁
辛 直符 [生] 天蓬 癸 艮八 東北	丙 騰蛇 [休] 天心 辛 坎一 正北	丁 太陰 [開] 天柱 丙 乾六 西北

陰四局　辛丑時
直符：天蓬　直使：一休

巽四 東南	離九 正南	坤二 西南
戊 朱雀 [生] 天輔 戊	壬 勾陳 [傷] 天英 壬	庚乙 六合 [杜] 天芮禽 庚乙
己 九地 [休] 天衝 己	符首：辛 （五中）	丁 太陰 [景] 天柱 丁
癸 九天 [開] 天任 癸 艮八 東北	辛 直符 [驚] 天蓬 辛 坎一 正北	丙 騰蛇 [死] 天心 丙 乾六 西北

陰四局　甲辰時
直符：天英　直使：九景

巽四 東南	離九 正南	坤二 西南
戊 騰蛇 [杜] 天輔 戊	壬 直符 [景] 天英 壬	庚乙 九天 [死] 天芮禽 庚乙
己 太陰 [傷] 天衝 己	符首：壬 （五中）	丁 九地 [驚] 天柱 丁
癸 六合 [生] 天任 癸 艮八 東北	辛 勾陳 [休] 天蓬 辛 坎一 正北	丙 朱雀 [開] 天心 丙 乾六 西北

陰四局　壬寅時
直符：天蓬　直使：一休

巽四 東南	離九 正南	坤二 西南
丙 騰蛇 [驚] 天心 戊	辛 直符 [開] 天蓬 壬	癸 九天 [休] 天任 庚乙
丁 太陰 [死] 天柱 己	符首：辛 （五中）	己 九地 [生] 天衝 丁
庚乙 六合 [景] 天芮禽 癸 艮八 東北	壬 勾陳 [杜] 天英 辛 坎一 正北	戊 朱雀 [傷] 天輔 丙 乾六 西北

陰四局　乙巳時
直符：天英　直使：九景

巽四 東南	離九 正南	坤二 西南
己 太陰 [驚] 天衝 戊	戊 騰蛇 [開] 天輔 壬	壬 直符 [休] 天英 庚乙
癸 六合 [死] 天任 己	符首：壬 （五中）	庚乙 九天 [生] 天芮禽 丁
辛 勾陳 [景] 天蓬 癸 艮八 東北	丙 朱雀 [杜] 天心 辛 坎一 正北	丁 九地 [傷] 天柱 丙 乾六 西北

丁壬日

陰四局　丙午時　直符：天英　直使：九景

巽四 東南	離九 正南	坤二 西南
辛　勾陳　生　天蓬　戊	癸　六合　傷　天任　壬	己　太陰　杜　天衝　庚乙
震三 正東	**五中**	**兌七 正西**
丙　朱雀　休　天心　己	符首：壬	戊　騰蛇　景　天輔　丁
艮八 東北	**坎一 正北**	**乾六 西北**
丁　九地　開　天柱　癸	庚乙　九天　驚　天芮禽　辛	壬　直符　死　天英　丙

陰四局　己酉時　直符：天英　直使：九景

巽四 東南	離九 正南	坤二 西南
庚乙　九天　景　天芮禽　戊	丁　九地　死　天柱　壬	丙　朱雀　驚　天心　庚乙
震三 正東	**五中**	**兌七 正西**
壬　直符　杜　天英　己	符首：壬	辛　勾陳　開　天蓬　丁
艮八 東北	**坎一 正北**	**乾六 西北**
戊　騰蛇　傷　天輔　癸	己　太陰　生　天衝　辛	癸　六合　休　天任　丙

陰四局　丁未時　直符：天英　直使：九景

巽四 東南	離九 正南	坤二 西南
癸　六合　休　天任　戊	己　太陰　生　天衝　壬	戊　騰蛇　傷　天輔　庚乙
震三 正東	**五中**	**兌七 正西**
辛　勾陳　開　天蓬　己	符首：壬	壬　直符　杜　天英　丁
艮八 東北	**坎一 正北**	**乾六 西北**
丙　朱雀　驚　天心　癸	丁　九地　死　天柱　辛	庚乙　九天　景　天芮禽　丙

陰四局　庚戌時　直符：天英　直使：九景

巽四 東南	離九 正南	坤二 西南
己　太陰　死　天衝　戊	戊　騰蛇　驚　天輔　壬	壬　直符　開　天英　庚乙
震三 正東	**五中**	**兌七 正西**
癸　六合　景　天任　己	符首：壬	庚乙　九天　休　天芮禽　丁
艮八 東北	**坎一 正北**	**乾六 西北**
辛　勾陳　杜　天蓬　癸	丙　朱雀　傷　天心　辛	丁　九地　生　天柱　丙

陰四局　戊申時　直符：天英　直使：九景

巽四 東南	離九 正南	坤二 西南
壬　直符　傷　天英　戊	庚乙　九天　杜　天芮禽　壬	丁　九地　景　天柱　庚乙
震三 正東	**五中**	**兌七 正西**
戊　騰蛇　生　天輔　己	符首：壬	丙　朱雀　死　天心　丁
艮八 東北	**坎一 正北**	**乾六 西北**
己　太陰　休　天衝　癸	癸　六合　開　天任　辛	辛　勾陳　驚　天蓬　丙

陰四局　辛亥時　直符：天英　直使：九景

巽四 東南	離九 正南	坤二 西南
丙　朱雀　傷　天心　戊	辛　勾陳　杜　天蓬　壬	癸　六合　景　天任　庚乙
震三 正東	**五中**	**兌七 正西**
丁　九地　生　天柱　己	符首：壬	己　太陰　死　天衝　丁
艮八 東北	**坎一 正北**	**乾六 西北**
庚乙　九天　休　天芮禽　癸	壬　直符　開　天英　辛	戊　騰蛇　驚　天輔　丙

戊癸日

陰四局　壬子時　直符：天英　直使：九景

巽四 東南	離九 正南	坤二 西南
騰蛇 [開] 天輔 戊／戊	直符 [休] 天英 壬／壬	九天 [生] 天芮禽 庚乙／庚乙
太陰 [驚] 天衝 己／己	五中　符首：壬	九地 [傷] 天柱 丁／丁
六合 [死] 天任 癸／癸	勾陳 [景] 天蓬 辛／辛	朱雀 [杜] 天心 丙／丙
艮八 東北	坎一 正北	乾六 西北

陰四局　乙卯時　直符：天任　直使：八生

巽四 東南	離九 正南	坤二 西南
太陰 [驚] 天心 丙／戊	騰蛇 [開] 天蓬 辛／壬	直符 [休] 天任 癸／庚乙
六合 [死] 天柱 丁／己	五中　符首：癸	九天 [生] 天衝 己／丁
勾陳 [景] 天芮禽 庚乙／癸	朱雀 [杜] 天英 壬／辛	九地 [傷] 天輔 戊／丙
艮八 東北	坎一 正北	乾六 西北

陰四局　癸丑時　直符：天英　直使：九景

巽四 東南	離九 正南	坤二 西南
九地 [杜] 天柱 丁／戊	朱雀 [景] 天心 丙／壬	勾陳 [死] 天蓬 辛／庚乙
九天 [傷] 天芮禽 庚乙／己	五中　符首：壬	六合 [驚] 天任 癸／丁
直符 [生] 天英 壬／癸	騰蛇 [休] 天輔 戊／辛	太陰 [開] 天衝 己／丙
艮八 東北	坎一 正北	乾六 西北

陰四局　丙辰時　直符：天任　直使：八生

巽四 東南	離九 正南	坤二 西南
勾陳 [死] 天芮禽 庚乙／戊	六合 [驚] 天柱 丁／壬	太陰 [開] 天心 丙／庚乙
朱雀 [景] 天英 壬／己	五中　符首：癸	騰蛇 [休] 天蓬 辛／丁
九地 [杜] 天輔 戊／癸	九天 [傷] 天衝 己／辛	直符 [生] 天任 癸／丙
艮八 東北	坎一 正北	乾六 西北

陰四局　甲寅時　直符：天任　直使：八生

巽四 東南	離九 正南	坤二 西南
九地 [杜] 天輔 戊／戊	朱雀 [景] 天英 壬／壬	勾陳 [死] 天芮禽 庚乙／庚乙
九天 [傷] 天衝 己／己	五中　符首：癸	六合 [驚] 天柱 丁／丁
直符 [生] 天任 癸／癸	騰蛇 [休] 天蓬 辛／辛	太陰 [開] 天心 丙／丙
艮八 東北	坎一 正北	乾六 西北

陰四局　丁巳時　直符：天任　直使：八生

巽四 東南	離九 正南	坤二 西南
六合 [開] 天柱 丁／戊	太陰 [休] 天心 丙／壬	騰蛇 [生] 天蓬 辛／庚乙
勾陳 [驚] 天芮禽 庚乙／己	五中　符首：癸	直符 [傷] 天任 癸／丁
朱雀 [死] 天英 壬／癸	九地 [景] 天輔 戊／辛	九天 [杜] 天衝 己／丙
艮八 東北	坎一 正北	乾六 西北

戊 癸 日

陰四局 戊午時
直符：天任　直使：八生

巽四 東南	離九 正南	坤二 西南
癸 直符 生 天任／戊	己 九天 傷 天衝／壬	戊 九地 杜 天輔／庚乙
辛 騰蛇 休 天蓬／己	五中 符首：癸	壬 朱雀 景 天英／丁
丙 太陰 開 天心／癸（艮八 東北）	丁 六合 驚 天柱／辛（坎一 正北）	庚乙 勾陳 死 天芮禽／丙（乾六 西北）

陰四局 辛酉時
直符：天任　直使：八生

巽四 東南	離九 正南	坤二 西南
壬 朱雀 景 天英／戊	庚乙 勾陳 死 天芮禽／壬	丁 六合 驚 天柱／庚乙
戊 九地 杜 天輔／己	五中 符首：癸	丙 太陰 開 天心／丁
己 九天 傷 天衝／癸（艮八 東北）	癸 直符 生 天任／辛（坎一 正北）	辛 騰蛇 休 天蓬／丙（乾六 西北）

陰四局 己未時
直符：天任　直使：八生

巽四 東南	離九 正南	坤二 西南
己 九天 傷 天衝／戊	戊 九地 杜 天輔／壬	壬 朱雀 景 天英／庚乙
癸 直符 生 天任／己	五中 符首：癸	庚乙 勾陳 死 天芮禽／丁
辛 騰蛇 休 天蓬／癸（艮八 東北）	丙 太陰 開 天心／辛（坎一 正北）	丁 六合 驚 天柱／丙（乾六 西北）

陰四局 壬戌時
直符：天任　直使：八生

巽四 東南	離九 正南	坤二 西南
辛 騰蛇 休 天蓬／戊	癸 直符 生 天任／壬	己 九天 傷 天衝／庚乙
丙 太陰 開 天心／己	五中 符首：癸	戊 九地 杜 天輔／丁
丁 六合 驚 天柱／癸（艮八 東北）	庚乙 勾陳 死 天芮禽／辛（坎一 正北）	壬 朱雀 景 天英／丙（乾六 西北）

陰四局 庚申時
直符：天任　直使：八生

巽四 東南	離九 正南	坤二 西南
丙 太陰 開 天心／戊	辛 騰蛇 休 天蓬／壬	癸 直符 生 天任／庚乙
丁 六合 驚 天柱／己	五中 符首：癸	己 九天 傷 天衝／丁
庚乙 勾陳 死 天芮禽／癸（艮八 東北）	壬 朱雀 景 天英／辛（坎一 正北）	戊 九地 杜 天輔／丙（乾六 西北）

陰四局 癸亥時
直符：天任　直使：八生

巽四 東南	離九 正南	坤二 西南
戊 九地 杜 天輔／戊	壬 朱雀 景 天英／壬	庚乙 勾陳 死 天芮禽／庚乙
己 九天 傷 天衝／己	五中 符首：癸	丁 六合 驚 天柱／丁
癸 直符 生 天任／癸（艮八 東北）	辛 騰蛇 休 天蓬／辛（坎一 正北）	丙 太陰 開 天心／丙（乾六 西北）

遁甲時盤　陰遁三局

· ·

甲己日～戊癸日

甲子時～癸亥時　六十時盤

甲己日

甲子時（陰三局）　直符：天衝　直使：三傷

巽四　東南	離九　正南	坤二　西南
九天　[杜]　乙　天輔　乙	九地　[景]　辛　天英	朱雀　[死]　己丙　天芮禽　己丙
直符　[傷]　戊　天衝　戊	符首：戊	勾陳　[驚]　癸　天柱　癸
騰蛇　[生]　壬　天任　壬	太陰　[休]　庚　天蓬　庚	六合　[開]　丁　天心　丁
艮八　東北	坎一　正北	乾六　西北

丁卯時（陰三局）　直符：天衝　直使：三傷

巽四　東南	離九　正南	坤二　西南
勾陳　[生]　癸　天柱　乙	六合　[傷]　丁　天心　辛	太陰　[杜]　庚　天蓬　己丙
朱雀　[休]　己丙　天芮禽　戊	符首：戊	騰蛇　[景]　壬　天任　癸
九地　[開]　辛　天英　壬	九天　[驚]　乙　天輔　庚	直符　[死]　戊　天衝　丁
艮八　東北	坎一　正北	乾六　西北

乙丑時（陰三局）　直符：天衝　直使：三傷

巽四　東南	離九　正南	坤二　西南
直符　[休]　戊　天衝　乙	九天　[生]　乙　天輔　辛	九地　[傷]　辛　天英　己丙
騰蛇　[開]　壬　天任　戊	符首：戊	朱雀　[杜]　己丙　天芮禽　癸
太陰　[驚]　庚　天蓬　壬	六合　[死]　丁　天心　庚	勾陳　[景]　癸　天柱　丁
艮八　東北	坎一　正北	乾六　西北

戊辰時（陰三局）　直符：天衝　直使：三傷

巽四　東南	離九　正南	坤二　西南
九天　[景]　乙　天輔　乙	九地　[死]　辛　天英　辛	朱雀　[驚]　己丙　天芮禽　己丙
直符　[杜]　戊　天衝　戊	符首：戊	勾陳　[開]　癸　天柱　癸
騰蛇　[傷]　壬　天任　壬	太陰　[生]　庚　天蓬　庚	六合　[休]　丁　天心　丁
艮八　東北	坎一　正北	乾六　西北

丙寅時（陰三局）　直符：天衝　直使：三傷

巽四　東南	離九　正南	坤二　西南
太陰　[死]　庚　天蓬　乙	騰蛇　[驚]　壬　天任　辛	直符　[開]　戊　天衝　己丙
六合　[景]　丁　天心　戊	符首：戊	九天　[休]　乙　天輔　癸
勾陳　[杜]　癸　天柱　壬	朱雀　[傷]　己丙　天芮禽　庚	九地　[生]　辛　天英　丁
艮八　東北	坎一　正北	乾六　西北

己巳時（陰三局）　直符：天衝　直使：三傷

巽四　東南	離九　正南	坤二　西南
太陰　[開]　庚　天蓬　乙	騰蛇　[休]　壬　天任　辛	直符　[生]　戊　天衝　己丙
六合　[驚]　丁　天心　戊	符首：戊	九天　[傷]　乙　天輔　癸
勾陳　[死]　癸　天柱　壬	朱雀　[景]　己丙　天芮禽　庚	九地　[杜]　辛　天英　丁
艮八　東北	坎一　正北	乾六　西北

甲己日

陰三局　庚午時　直符：天衝　直使：三傷

巽四 東南	離九 正南	坤二 西南
己丙　朱雀　驚　天芮禽　乙	癸　勾陳　開　天柱　辛	丁　六合　休　天心　己丙
震三 正東	**五中**	**兌七 正西**
辛　九地　死　天英　戊	符首：戊	庚　太陰　生　天蓬　癸
艮八 東北	**坎一 正北**	**乾六 西北**
乙　九天　景　天輔　壬	戊　直符　杜　天衝　庚	壬　騰蛇　傷　天任　丁

陰三局　癸酉時　直符：天衝　直使：三傷

巽四 東南	離九 正南	坤二 西南
丁　六合　杜　天心　乙	庚　太陰　景　天蓬　辛	壬　騰蛇　死　天任　己丙
震三 正東	**五中**	**兌七 正西**
癸　勾陳　傷　天柱　戊	符首：戊	戊　直符　驚　天衝　癸
艮八 東北	**坎一 正北**	**乾六 西北**
己丙　朱雀　生　天芮禽　壬	辛　九地　休　天英　庚	乙　九天　開　天輔　丁

陰三局　辛未時　直符：天衝　直使：三傷

巽四 東南	離九 正南	坤二 西南
壬　騰蛇　休　天任　乙	戊　直符　生　天衝　辛	乙　九天　傷　天輔　己丙
震三 正東	**五中**	**兌七 正西**
庚　太陰　開　天蓬　戊	符首：戊	辛　九地　杜　天英　癸
艮八 東北	**坎一 正北**	**乾六 西北**
丁　六合　驚　天心　壬	癸　勾陳　死　天柱　庚	己丙　朱雀　景　天芮禽　丁

陰三局　甲戌時　直符：天芮禽　直使：二死

巽四 東南	離九 正南	坤二 西南
乙　太陰　杜　天輔　乙	辛　騰蛇　景　天英　辛	己丙　直符　死　天芮禽　己丙
震三 正東	**五中**	**兌七 正西**
戊　六合　傷　天衝　戊	符首：己	癸　九天　驚　天柱　癸
艮八 東北	**坎一 正北**	**乾六 西北**
壬　勾陳　生　天任　壬	庚　朱雀　休　天蓬　庚	丁　九地　開　天心　丁

陰三局　壬申時　直符：天衝　直使：三傷

巽四 東南	離九 正南	坤二 西南
辛　九地　傷　天英　乙	己丙　朱雀　杜　天芮禽　辛	癸　勾陳　景　天柱　己丙
震三 正東	**五中**	**兌七 正西**
乙　九天　生　天輔　戊	符首：戊	丁　六合　死　天心　癸
艮八 東北	**坎一 正北**	**乾六 西北**
戊　直符　休　天衝　壬	壬　騰蛇　開　天任　庚	庚　太陰　驚　天蓬　丁

陰三局　乙亥時　直符：天芮禽　直使：二死

巽四 東南	離九 正南	坤二 西南
己丙　直符　休　天芮禽　乙	癸　九天　生　天柱　辛	丁　九地　傷　天心　己丙
震三 正東	**五中**	**兌七 正西**
辛　騰蛇　開　天英　戊	符首：己	庚　朱雀　杜　天蓬　癸
艮八 東北	**坎一 正北**	**乾六 西北**
乙　太陰　驚　天輔　壬	戊　六合　死　天衝　庚	壬　勾陳　景　天任　丁

乙 庚 日

陰三局　丙子時　直符：天芮禽　直使：二死

巽四 東南	離九 正南	坤二 西南
太陰　乙　[景]　天輔　乙	騰蛇　辛　[死]　天英　辛	直符　己丙　[驚]　天芮禽　己丙
六合　戊　[杜]　天衝　戊	符首：己　五中	九天　癸　[開]　天柱　癸
勾陳　壬　[傷]　天任　壬	朱雀　庚　[生]　天蓬　庚	九地　丁　[休]　天心　丁
艮八 東北	坎一 正北	乾六 西北

陰三局　己卯時　直符：天芮禽　直使：二死

巽四 東南	離九 正南	坤二 西南
太陰　乙　[生]　天輔　乙	騰蛇　辛　[傷]　天英　辛	直符　己丙　[杜]　天芮禽　己丙
六合　戊　[休]　天衝　戊	符首：己　五中	九天　癸　[景]　天柱　癸
勾陳　壬　[開]　天任　壬	朱雀　庚　[驚]　天蓬　庚	九地　丁　[死]　天心　丁
艮八 東北	坎一 正北	乾六 西北

陰三局　丁丑時　直符：天芮禽　直使：二死

巽四 東南	離九 正南	坤二 西南
勾陳　乙　[開]　天任　乙	六合　辛　[休]　天衝　辛	太陰　己丙　[生]　天輔　己丙
朱雀　戊　[驚]　天蓬　戊	符首：己　五中	騰蛇　癸　[傷]　天英　癸
九地　壬　[死]　天心　壬	九天　庚　[景]　天柱　庚	直符　丁　[杜]　天芮禽　丁
艮八 東北	坎一 正北	乾六 西北

陰三局　庚辰時　直符：天芮禽　直使：二死

巽四 東南	離九 正南	坤二 西南
朱雀　庚　[杜]　天蓬　乙	勾陳　壬　[景]　天任　辛	六合　戊　[死]　天衝　己丙
九地　丁　[傷]　天心　戊	符首：己　五中	太陰　乙　[驚]　天輔　癸
九天　癸　[生]　天柱　壬	直符　己丙　[休]　天芮禽　庚	騰蛇　辛　[開]　天英　丁
艮八 東北	坎一 正北	乾六 西北

陰三局　戊寅時　直符：天芮禽　直使：二死

巽四 東南	離九 正南	坤二 西南
九天　癸　[傷]　天柱　乙	九地　丁　[杜]　天心　辛	朱雀　庚　[景]　天蓬　己丙
直符　己丙　[生]　天芮禽　戊	符首：己　五中	勾陳　壬　[死]　天任　癸
騰蛇　辛　[休]　天英　壬	太陰　乙　[開]　天輔　庚	六合　戊　[驚]　天衝　丁
艮八 東北	坎一 正北	乾六 西北

陰三局　辛巳時　直符：天芮禽　直使：二死

巽四 東南	離九 正南	坤二 西南
騰蛇　辛　[死]　天英　乙	直符　己丙　[驚]　天芮禽　辛	九天　癸　[開]　天柱　己丙
太陰　乙　[景]　天輔　戊	符首：己　五中	九地　丁　[休]　天心　癸
六合　戊　[杜]　天衝　壬	勾陳　壬　[傷]　天任　庚	朱雀　庚　[生]　天蓬　丁
艮八 東北	坎一 正北	乾六 西北

乙 庚 日

陰三局　壬午時　直符：天芮禽　直使：二死

巽四 東南	離九 正南	坤二 西南
丁　天心　驚　九地　乙	庚　天蓬　開　朱雀　辛	壬　天任　休　勾陳　己丙
癸　天柱　死　九天　戊	符首：己　五中	戊　天衝　生　六合　癸
己丙　天芮禽　景　直符　壬	辛　天英　杜　騰蛇　庚	乙　天輔　傷　太陰　丁
艮八 東北	坎一 正北	乾六 西北

陰三局　乙酉時　直符：天蓬　直使：一休

巽四 東南	離九 正南	坤二 西南
庚　天蓬　開　直符　乙	壬　天任　休　九天　辛	戊　天衝　生　九地　己丙
丁　天心　驚　騰蛇　戊	符首：庚　五中	乙　天輔　傷　朱雀　癸
癸　天柱　死　太陰　壬	己丙　天芮禽　景　六合　庚	辛　天英　杜　勾陳　丁
艮八 東北	坎一 正北	乾六 西北

陰三局　癸未時　直符：天芮禽　直使：二死

巽四 東南	離九 正南	坤二 西南
戊　天衝　杜　六合　乙	乙　天輔　景　太陰　辛	辛　天英　死　騰蛇　己丙
壬　天任　傷　勾陳　戊	符首：己　五中	己丙　天芮禽　驚　直符　癸
庚　天蓬　生　朱雀　壬	丁　天心　休　九地　庚	癸　天柱　開　九天　丁
艮八 東北	坎一 正北	乾六 西北

陰三局　丙戌時　直符：天蓬　直使：一休

巽四 東南	離九 正南	坤二 西南
癸　天柱　傷　太陰　乙	丁　天心　杜　騰蛇　辛	庚　天蓬　景　直符　己丙
己丙　天芮禽　生　六合　戊	符首：庚　五中	壬　天任　死　九天　癸
辛　天英　休　勾陳　壬	乙　天輔　開　朱雀　庚	戊　天衝　驚　九地　丁
艮八 東北	坎一 正北	乾六 西北

陰三局　甲申時　直符：天蓬　直使：一休

巽四 東南	離九 正南	坤二 西南
乙　天輔　杜　朱雀　乙	辛　天英　景　勾陳　辛	己丙　天芮禽　死　六合　己丙
戊　天衝　傷　九地　戊	符首：庚　五中	癸　天柱　驚　太陰　癸
壬　天任　生　九天　壬	庚　天蓬　休　直符　庚	丁　天心　開　騰蛇　丁
艮八 東北	坎一 正北	乾六 西北

陰三局　丁亥時　直符：天蓬　直使：一休

巽四 東南	離九 正南	坤二 西南
辛　天英　死　勾陳　乙	己丙　天芮禽　驚　六合　辛	癸　天柱　開　太陰　己丙
乙　天輔　景　朱雀　戊	符首：庚　五中	丁　天心　休　騰蛇　癸
戊　天衝　杜　九地　壬	壬　天任　傷　九天　庚	庚　天蓬　生　直符　丁
艮八 東北	坎一 正北	乾六 西北

丙辛日

陰三局　戊子時　直符：天蓬　直使：一休

巽四東南	離九正南	坤二西南
壬 天任 景 九天 乙	戊 天衝 死 九地 辛	乙 天輔 驚 朱雀 己丙
庚 天蓬 杜 直符 戊 （震三正東）	符首：庚（五中）	辛 天英 開 勾陳 癸 （兌七正西）
丁 天心 傷 騰蛇 壬 （艮八東北）	癸 天柱 生 太陰 庚 （坎一正北）	己丙 天芮禽 休 六合 丁 （乾六西北）

陰三局　辛卯時　直符：天蓬　直使：一休

巽四東南	離九正南	坤二西南
丁 天心 生 騰蛇 乙	庚 天蓬 傷 直符 辛	壬 天任 杜 九天 己丙
癸 天柱 休 太陰 戊 （震三正東）	符首：庚（五中）	戊 天衝 景 九地 癸 （兌七正西）
己丙 天芮禽 開 六合 壬 （艮八東北）	辛 天英 驚 勾陳 庚 （坎一正北）	乙 天輔 死 朱雀 丁 （乾六西北）

陰三局　己丑時　直符：天蓬　直使：一休

巽四東南	離九正南	坤二西南
癸 天柱 驚 太陰 乙	丁 天心 開 騰蛇 辛	庚 天蓬 休 直符 己丙
己丙 天芮禽 死 六合 戊 （震三正東）	符首：庚（五中）	壬 天任 生 九天 癸 （兌七正西）
辛 天英 景 勾陳 壬 （艮八東北）	乙 天輔 杜 朱雀 庚 （坎一正北）	戊 天衝 傷 九地 丁 （乾六西北）

陰三局　壬辰時　直符：天蓬　直使：一休

巽四東南	離九正南	坤二西南
戊 天衝 驚 九地 乙	乙 天輔 開 朱雀 辛	辛 天英 休 勾陳 己丙
壬 天任 死 九天 戊 （震三正東）	符首：庚（五中）	己丙 天芮禽 生 六合 癸 （兌七正西）
庚 天蓬 景 直符 壬 （艮八東北）	丁 天心 杜 騰蛇 庚 （坎一正北）	癸 天柱 傷 太陰 丁 （乾六西北）

陰三局　庚寅時　直符：天蓬　直使：一休

巽四東南	離九正南	坤二西南
乙 天輔 休 朱雀 乙	辛 天英 生 勾陳 辛	己丙 天芮禽 傷 六合 己丙
戊 天衝 開 九地 戊 （震三正東）	符首：庚（五中）	癸 天柱 杜 太陰 癸 （兌七正西）
壬 天任 驚 九天 壬 （艮八東北）	庚 天蓬 死 直符 庚 （坎一正北）	丁 天心 景 騰蛇 丁 （乾六西北）

陰三局　癸巳時　直符：天蓬　直使：一休

巽四東南	離九正南	坤二西南
己丙 天芮禽 杜 六合 乙	癸 天柱 景 太陰 辛	丁 天心 死 騰蛇 己丙
辛 天英 傷 勾陳 戊 （震三正東）	符首：庚（五中）	庚 天蓬 驚 直符 癸 （兌七正西）
乙 天輔 生 朱雀 壬 （艮八東北）	戊 天衝 休 九地 庚 （坎一正北）	壬 天任 開 九天 丁 （乾六西北）

丙辛日

陰三局　甲午時　直符：天英　直使：九景

巽四 東南	離九 正南	坤二 西南
乙 杜 天輔 騰蛇	辛 景 天英 直符	己丙 死 天芮禽 九天
戊 傷 天衝 太陰	符首：辛（五中）	癸 驚 天柱 九地（兌七 正西）
壬 生 天任 六合（艮八 東北）	庚 休 天蓬 勾陳（坎一 正北）	丁 開 天心 朱雀（乾六 西北）

陰三局　丁酉時　直符：天英　直使：九景

巽四 東南	離九 正南	坤二 西南
庚 休 天蓬 勾陳	壬 生 天任 六合	戊 傷 天衝 太陰
丁 開 天心 朱雀	符首：戊（五中）	乙 杜 天輔 騰蛇（兌七 正西）
癸 驚 天柱 九地（艮八 東北）	己丙 死 天芮禽 九天（坎一 正北）	辛 景 天英 直符（乾六 西北）

陰三局　乙未時　直符：天英　直使：九景

巽四 東南	離九 正南	坤二 西南
辛 驚 天英 直符	己丙 開 天芮禽 九天	癸 休 天柱 九地
乙 死 天輔 騰蛇	符首：辛（五中）	丁 生 天心 朱雀（兌七 正西）
戊 景 天衝 太陰（艮八 東北）	壬 杜 天任 六合（坎一 正北）	庚 傷 天蓬 勾陳（乾六 西北）

陰三局　戊戌時　直符：天英　直使：九景

巽四 東南	離九 正南	坤二 西南
己丙 傷 天芮禽 九天	癸 杜 天柱 九地	丁 景 天心 朱雀
辛 生 天英 直符	符首：辛（五中）	庚 死 天蓬 勾陳（兌七 正西）
乙 休 天輔 騰蛇（艮八 東北）	戊 開 天衝 太陰（坎一 正北）	壬 驚 天任 六合（乾六 西北）

陰三局　丙申時　直符：天英　直使：九景

巽四 東南	離九 正南	坤二 西南
戊 生 天衝 太陰	乙 傷 天輔 騰蛇	辛 杜 天英 直符
壬 休 天任 六合	符首：辛（五中）	己丙 景 天芮禽 九天（兌七 正西）
庚 開 天蓬 勾陳（艮八 東北）	丁 驚 天心 朱雀（坎一 正北）	癸 死 天柱 九地（乾六 西北）

陰三局　己亥時　直符：天英　直使：九景

巽四 東南	離九 正南	坤二 西南
戊 景 天衝 太陰	乙 死 天輔 騰蛇	辛 驚 天英 直符
壬 杜 天任 六合	符首：辛（五中）	己丙 開 天芮禽 九天（兌七 正西）
庚 傷 天蓬 勾陳（艮八 東北）	丁 生 天心 朱雀（坎一 正北）	癸 休 天柱 九地（乾六 西北）

丁　壬　日

陰三局　庚子時（符首：辛／直符：天英／直使：九景）

巽四 東南	離九 正南	坤二 西南
朱雀　丁　天心 【死】 乙	勾陳　庚　天蓬 【驚】 辛	六合　壬　天任 【開】 己丙
震三 正東 九地　癸　天柱 【景】 戊	**五中** 符首：辛	**兌七 正西** 太陰　戊　天衝 【休】 癸
艮八 東北 九天　己丙　天芮禽 【杜】 壬	**坎一 正北** 直符　辛　天英 【傷】 庚	**乾六 西北** 騰蛇　乙　天輔 【生】 丁

陰三局　癸卯時（符首：辛／直符：天英／直使：九景）

巽四 東南	離九 正南	坤二 西南
六合　壬　天任 【杜】 乙	太陰　戊　天衝 【景】 辛	騰蛇　乙　天輔 【死】 己丙
震三 正東 勾陳　庚　天蓬 【傷】 戊	**五中** 符首：辛	**兌七 正西** 直符　辛　天英 【驚】 癸
艮八 東北 朱雀　丁　天心 【生】 壬	**坎一 正北** 九地　癸　天柱 【休】 庚	**乾六 西北** 九天　己丙　天芮禽 【開】 丁

陰三局　辛丑時（符首：辛／直符：天英／直使：九景）

巽四 東南	離九 正南	坤二 西南
騰蛇　乙　天輔 【傷】 乙	直符　辛　天英 【杜】 辛	九天　己丙　天芮禽 【景】 己丙
震三 正東 太陰　戊　天衝 【生】 戊	**五中** 符首：辛	**兌七 正西** 九地　癸　天柱 【死】 癸
艮八 東北 六合　壬　天任 【休】 壬	**坎一 正北** 勾陳　庚　天蓬 【開】 庚	**乾六 西北** 朱雀　丁　天心 【驚】 丁

陰三局　甲辰時（符首：壬／直符：天任／直使：八生）

巽四 東南	離九 正南	坤二 西南
九地　乙　天輔 【杜】 乙	朱雀　辛　天英 【景】 辛	勾陳　己丙　天芮禽 【死】 己丙
震三 正東 九天　戊　天衝 【傷】 戊	**五中** 符首：壬	**兌七 正西** 六合　癸　天柱 【驚】 癸
艮八 東北 直符　壬　天任 【生】 壬	**坎一 正北** 騰蛇　庚　天蓬 【休】 庚	**乾六 西北** 太陰　丁　天心 【開】 丁

陰三局　壬寅時（符首：辛／直符：天英／直使：九景）

巽四 東南	離九 正南	坤二 西南
九地　癸　天柱 【開】 乙	朱雀　丁　天心 【休】 辛	勾陳　庚　天蓬 【生】 己丙
震三 正東 九天　己丙　天芮禽 【驚】 戊	**五中** 符首：辛	**兌七 正西** 六合　壬　天任 【傷】 癸
艮八 東北 直符　辛　天英 【死】 壬	**坎一 正北** 騰蛇　乙　天輔 【景】 庚	**乾六 西北** 太陰　戊　天衝 【杜】 丁

陰三局　乙巳時（符首：壬／直符：天任／直使：八生）

巽四 東南	離九 正南	坤二 西南
直符　壬　天任 【驚】 乙	九天　戊　天衝 【開】 辛	九地　乙　天輔 【休】 己丙
震三 正東 騰蛇　庚　天蓬 【死】 戊	**五中** 符首：壬	**兌七 正西** 朱雀　辛　天英 【生】 癸
艮八 東北 太陰　丁　天心 【景】 壬	**坎一 正北** 六合　癸　天柱 【杜】 庚	**乾六 西北** 勾陳　己丙　天芮禽 【傷】 丁

丁 壬 日

陰三局　丙午時　直符：天任　直使：八生

巽四 東南	離九 正南	坤二 西南
丁 天心 太陰 **死** 乙	庚 天蓬 騰蛇 **驚** 辛	壬 天任 直符 **開** 己丙
癸 天柱 六合 **景** 戊　震三 正東	符首：壬　五中	戊 天衝 **休** 癸 九天　兌七 正西
己丙 天芮禽 勾陳 **杜** 壬　艮八 東北	辛 天英 朱雀 **傷** 庚　坎一 正北	乙 天輔 **生** 丁 九地　乾六 西北

陰三局　己酉時　直符：天任　直使：八生

巽四 東南	離九 正南	坤二 西南
丁 天心 太陰 **傷** 乙	庚 天蓬 騰蛇 **杜** 辛	壬 天任 直符 **景** 己丙
癸 天柱 六合 **生** 戊　震三 正東	符首：壬　五中	戊 天衝 **死** 癸 九天　兌七 正西
己丙 天芮禽 勾陳 **休** 壬　艮八 東北	辛 天英 朱雀 **開** 庚　坎一 正北	乙 天輔 **驚** 丁 九地　乾六 西北

陰三局　丁未時　直符：天任　直使：八生

巽四 東南	離九 正南	坤二 西南
己丙 天芮禽 勾陳 **開** 乙	癸 天柱 六合 **休** 辛	丁 天心 太陰 **生** 己丙
辛 天英 朱雀 **驚** 戊　震三 正東	符首：壬　五中	庚 天蓬 騰蛇 **傷** 癸　兌七 正西
乙 天輔 九地 **死** 壬　艮八 東北	戊 天衝 九天 **景** 庚　坎一 正北	壬 天任 直符 **杜** 丁　乾六 西北

陰三局　庚戌時　直符：天任　直使：八生

巽四 東南	離九 正南	坤二 西南
辛 天英 朱雀 **開** 乙	己丙 天芮禽 勾陳 **休** 辛	癸 天柱 六合 **生** 己丙
乙 天輔 九地 **驚** 戊　震三 正東	符首：壬　五中	丁 天心 太陰 **傷** 癸　兌七 正西
戊 天衝 九天 **死** 壬　艮八 東北	壬 天任 直符 **景** 庚　坎一 正北	庚 天蓬 騰蛇 **杜** 丁　乾六 西北

陰三局　戊申時　直符：天任　直使：八生

巽四 東南	離九 正南	坤二 西南
戊 天衝 九天 **生** 乙	乙 天輔 九地 **傷** 辛	辛 天英 朱雀 **杜** 己丙
壬 天任 直符 **休** 戊　震三 正東	符首：壬　五中	己丙 天芮禽 勾陳 **景** 癸　兌七 正西
庚 天蓬 騰蛇 **開** 壬　艮八 東北	丁 天心 太陰 **驚** 庚　坎一 正北	癸 天柱 六合 **死** 丁　乾六 西北

陰三局　辛亥時　直符：天任　直使：八生

巽四 東南	離九 正南	坤二 西南
庚 天蓬 騰蛇 **景** 乙	壬 天任 直符 **死** 辛	戊 天衝 九天 **驚** 己丙
丁 天心 太陰 **杜** 戊　震三 正東	符首：壬　五中	乙 天輔 九地 **開** 癸　兌七 正西
癸 天柱 六合 **傷** 壬　艮八 東北	己丙 天芮禽 勾陳 **生** 庚　坎一 正北	辛 天英 朱雀 **休** 丁　乾六 西北

戊 癸 日

壬子時（陰三局　直符：天生　直使：八生）

巽四 東南	離九 正南	坤二 西南
乙 天輔 休 九地　乙	辛 天英 生 朱雀　辛	己丙 天芮禽 傷 勾陳　己丙
戊 天衝 開 九天　戊	符首：壬（五中）	癸 天柱 杜 六合　癸
壬 天任 驚 直符　壬	庚 天蓬 死 騰蛇　庚	丁 天心 景 太陰　丁
震三 正東	坎一 正北	乾六 西北

乙卯時（陰三局　直符：天生　直使：七驚）

巽四 東南	離九 正南	坤二 西南
癸 天柱 傷 直符　乙	丁 天心 杜 九天　辛	庚 天蓬 景 九地　己丙
己丙 天芮禽 生 騰蛇　戊	符首：癸（五中）	壬 天任 死 朱雀　癸
辛 天英 休 太陰　壬	乙 天輔 開 六合　庚	戊 天衝 驚 勾陳　丁
震三 正東	坎一 正北	乾六 西北

癸丑時（陰三局　直符：天生　直使：八生）

巽四 東南	離九 正南	坤二 西南
癸 天柱 杜 六合　乙	丁 天心 景 太陰　辛	庚 天蓬 死 騰蛇　己丙
己丙 天芮禽 傷 勾陳　戊	符首：壬（五中）	壬 天任 驚 直符　癸
辛 天英 生 朱雀　壬	乙 天輔 休 九地　庚	戊 天衝 開 九天　丁
震三 正東	坎一 正北	乾六 西北

丙辰時（陰三局　直符：天生　直使：七驚）

巽四 東南	離九 正南	坤二 西南
辛 天英 景 太陰　乙	己丙 天芮禽 死 騰蛇　辛	癸 天柱 驚 直符　己丙
乙 天輔 杜 六合　戊	符首：癸（五中）	丁 天心 開 九天　癸
戊 天衝 傷 勾陳　壬	壬 天任 生 朱雀　庚	庚 天蓬 休 九地　丁
震三 正東	坎一 正北	乾六 西北

甲寅時（陰三局　直符：天柱　直使：七驚）

巽四 東南	離九 正南	坤二 西南
乙 天輔 杜 六合　乙	辛 天英 景 太陰　辛	己丙 天芮禽 死 騰蛇　己丙
戊 天衝 傷 勾陳　戊	符首：癸（五中）	癸 天柱 驚 直符　癸
壬 天任 生 朱雀　壬	庚 天蓬 休 九地　庚	丁 天心 開 九天　丁
震三 正東	坎一 正北	乾六 西北

丁巳時（陰三局　直符：天柱　直使：七驚）

巽四 東南	離九 正南	坤二 西南
戊 天衝 驚 勾陳　乙	乙 天輔 開 六合　辛	辛 天英 休 太陰　己丙
壬 天任 死 朱雀　戊	符首：癸（五中）	己丙 天芮禽 生 騰蛇　癸
庚 天蓬 景 九地　壬	丁 天心 杜 九天　庚	癸 天柱 傷 直符　丁
震三 正東	坎一 正北	乾六 西北

戊 癸 日

陰三局　戊午時　直符：天柱　直使：七驚

巽四 東南	離九 正南	坤二 西南
丁 開 天心 九天 乙	庚 休 天蓬 九地 辛	壬 生 天任 朱雀 己丙
震三 正東	五中	兌七 正西
癸 驚 天柱 直符 戊	符首：癸	戊 傷 天衝 勾陳 癸
艮八 東北	坎一 正北	乾六 西北
己丙 死 天芮禽 騰蛇 壬	辛 景 天英 太陰 庚	乙 杜 天輔 六合 丁

陰三局　辛酉時　直符：天柱　直使：七驚

巽四 東南	離九 正南	坤二 西南
己丙 死 天芮禽 騰蛇 乙	癸 驚 天柱 直符 辛	丁 開 天心 九天 己丙
震三 正東	五中	兌七 正西
辛 景 天英 太陰 戊	符首：癸	庚 休 天蓬 九地 癸
艮八 東北	坎一 正北	乾六 西北
乙 杜 天輔 六合 壬	戊 傷 天衝 勾陳 庚	壬 生 天任 朱雀 丁

陰三局　己未時　直符：天柱　直使：七驚

巽四 東南	離九 正南	坤二 西南
辛 景 天英 太陰 乙	己丙 死 天芮禽 騰蛇 辛	癸 驚 天柱 直符 己丙
震三 正東	五中	兌七 正西
乙 杜 天輔 六合 戊	符首：癸	丁 開 天心 九天 癸
艮八 東北	坎一 正北	乾六 西北
戊 傷 天衝 勾陳 壬	壬 生 天任 朱雀 庚	庚 休 天蓬 九地 丁

陰三局　壬戌時　直符：天柱　直使：七驚

巽四 東南	離九 正南	坤二 西南
庚 休 天蓬 九地	壬 生 天任 朱雀 辛	戊 傷 天衝 勾陳 己丙
震三 正東	五中	兌七 正西
丁 開 天心 九天 戊	符首：癸	乙 杜 天輔 六合 癸
艮八 東北	坎一 正北	乾六 西北
癸 驚 天柱 直符 壬	己丙 死 天芮禽 騰蛇 庚	辛 景 天英 太陰 丁

陰三局　庚申時　直符：天柱　直使：七驚

巽四 東南	離九 正南	坤二 西南
壬 生 天任 朱雀 乙	戊 傷 天衝 勾陳 辛	乙 杜 天輔 六合 己丙
震三 正東	五中	兌七 正西
庚 休 天蓬 九地 戊	符首：癸	辛 景 天英 太陰 癸
艮八 東北	坎一 正北	乾六 西北
丁 開 天心 九天 壬	癸 驚 天柱 直符 庚	己丙 死 天芮禽 騰蛇 丁

陰三局　癸亥時　直符：天柱　直使：七驚

巽四 東南	離九 正南	坤二 西南
乙 杜 天輔 六合 乙	辛 景 天英 太陰 辛	己丙 死 天芮禽 騰蛇 己丙
震三 正東	五中	兌七 正西
戊 傷 天衝 勾陳 戊	符首：癸	癸 驚 天柱 直符 癸
艮八 東北	坎一 正北	乾六 西北
壬 生 天任 朱雀 壬	庚 休 天蓬 九地 庚	丁 開 天心 九天 丁

遁甲時盤　陰遁二局

甲己日〜戊癸日

甲子時〜癸亥時　六十時盤

甲己日

陰二局　甲子時　直符：天芮禽　直使：二死

巽四 東南	離九 正南	坤二 西南
丙 太陰　杜　天輔 丙	庚 騰蛇　景　天英 庚	戊丁 直符　死　天芮禽 戊丁
乙 六合　傷　天衝 乙	（五中） 符首：戊	壬 九天　驚　天柱 壬
辛 勾陳　生　天任 辛	己 朱雀　休　天蓬 己	癸 九地　開　天心 癸
艮八 東北	坎一 正北	乾六 西北

陰二局　丁卯時　直符：天芮禽　直使：二死

巽四 東南	離九 正南	坤二 西南
丙 太陰　開　天輔 丙	庚 騰蛇　休　天英 庚	戊丁 直符　生　天芮禽 戊丁
乙 六合　驚　天衝 乙	（五中） 符首：戊	壬 九天　傷　天柱 壬
辛 勾陳　死　天任 辛	己 朱雀　景　天蓬 己	癸 九地　杜　天心 癸
艮八 東北	坎一 正北	乾六 西北

陰二局　乙丑時　直符：天芮禽　直使：二死

巽四 東南	離九 正南	坤二 西南
壬 九天　休　天柱 丙	癸 九地　生　天心 庚	己 朱雀　傷　天蓬 戊丁
戊丁 直符　開　天芮禽 乙	（五中） 符首：戊	辛 勾陳　杜　天任 壬
庚 騰蛇　驚　天英 辛	丙 太陰　死　天輔 己	乙 六合　景　天衝 癸
艮八 東北	坎一 正北	乾六 西北

陰二局　戊辰時　直符：天芮禽　直使：二死

巽四 東南	離九 正南	坤二 西南
丙 太陰　傷　天輔 丙	庚 騰蛇　杜　天英 庚	戊丁 直符　景　天芮禽 戊丁
乙 六合　生　天衝 乙	（五中） 符首：戊	壬 九天　死　天柱 壬
辛 勾陳　休　天任 辛	己 朱雀　開　天蓬 己	癸 九地　驚　天心 癸
艮八 東北	坎一 正北	乾六 西北

陰二局　丙寅時　直符：天芮禽　直使：二死

巽四 東南	離九 正南	坤二 西南
戊丁 直符　景　天芮禽 丙	壬 九天　死　天柱 庚	癸 九地　驚　天心 戊丁
庚 騰蛇　杜　天英 乙	（五中） 符首：戊	己 朱雀　開　天蓬 壬
丙 太陰　傷　天輔 辛	乙 六合　生　天衝 己	辛 勾陳　休　天任 癸
艮八 東北	坎一 正北	乾六 西北

陰二局　己巳時　直符：天芮禽　直使：二死

巽四 東南	離九 正南	坤二 西南
己 朱雀　生　天蓬 丙	辛 勾陳　傷　天任 庚	乙 六合　杜　天衝 戊丁
癸 九地　休　天心 乙	（五中） 符首：戊	丙 太陰　景　天輔 壬
壬 九天　開　天柱 辛	戊丁 直符　驚　天芮禽 己	庚 騰蛇　死　天英 癸
艮八 東北	坎一 正北	乾六 西北

甲己日

陰二局　庚午時　直符：天芮禽　直使：二死

巽四 東南	離九 正南	坤二 西南
庚　騰蛇 杜 天英　丙	戊丁　直符 景 天芮禽　庚	壬　九天 死 天柱　戊丁
丙　太陰 傷 天輔　乙	符首：戊（五中）	癸　九地 驚 天心　壬
乙　六合 生 天衝　辛	辛　勾陳 休 天任　己	己　朱雀 開 天蓬　癸
艮八 東北	坎一 正北	乾六 西北

陰二局　癸酉時　直符：天芮禽　直使：二死

巽四 東南	離九 正南	坤二 西南
辛　勾陳 杜 天任　丙	乙　六合 景 天衝　庚	丙　太陰 死 天輔　戊丁
己　朱雀 傷 天蓬　乙	符首：戊（五中）	庚　騰蛇 驚 天英　壬
癸　九地 生 天心　辛	壬　九天 休 天柱　己	戊丁　直符 開 天芮禽　癸
艮八 東北	坎一 正北	乾六 西北

陰二局　辛未時　直符：天芮禽　直使：二死

巽四 東南	離九 正南	坤二 西南
癸　九地 死 天心　丙	己　朱雀 驚 天蓬　庚	辛　勾陳 開 天任　戊丁
壬　九天 景 天柱　乙	符首：戊（五中）	乙　六合 休 天衝　壬
戊丁　直符 杜 天芮禽　辛	庚　騰蛇 傷 天英　己	丙　太陰 生 天輔　癸
艮八 東北	坎一 正北	乾六 西北

陰一局　甲戌時　直符：天蓬　直使：一休

巽四 東南	離九 正南	坤二 西南
丙　朱雀 杜 天輔　丙	庚　勾陳 景 天英　庚	戊丁　六合 死 天芮禽　戊丁
乙　九地 傷 天衝　乙	符首：己（五中）	壬　太陰 驚 天柱　壬
辛　九天 生 天任　己	己　直符 休 天蓬　癸	癸　騰蛇 開 天心　癸
艮八 東北	坎一 正北	乾六 西北

陰二局　壬申時　直符：天芮禽　直使：二死

巽四 東南	離九 正南	坤二 西南
乙　六合 驚 天衝　丙	丙　太陰 開 天輔　庚	庚　騰蛇 休 天英　戊丁
辛　勾陳 死 天任　乙	符首：戊（五中）	戊丁　直符 生 天芮禽　壬
己　朱雀 景 天蓬　辛	癸　九地 杜 天心　己	壬　九天 傷 天柱　癸
艮八 東北	坎一 正北	乾六 西北

陰一局　乙亥時　直符：天蓬　直使：一休

巽四 東南	離九 正南	坤二 西南
辛　九天 開 天任　丙	乙　九地 休 天衝　庚	丙　朱雀 生 天輔　戊丁
己　直符 驚 天蓬　乙	符首：己（五中）	庚　勾陳 傷 天英　壬
癸　騰蛇 死 天心　辛	壬　太陰 景 天柱　己	戊丁　六合 杜 天芮禽　癸
艮八 東北	坎一 正北	乾六 西北

乙　庚　日

丙子時（陰二局　直符：天蓬　直使：一休）

巽四 東南	離九 正南	坤二 西南
己 天蓬 傷／直符／丙	辛 天任 杜／九天／庚	乙 天衝 景／九地／戊丁
癸 天心 生／騰蛇／乙	五中　符首：己	丙 天輔 死／朱雀／壬
壬 天柱 休／太陰／辛	戊丁 天芮禽 開／六合／己	庚 天英 驚／勾陳／癸
艮八 東北	坎一 正北	乾六 西北

己卯時（陰二局　直符：天蓬　直使：一休）

巽四 東南	離九 正南	坤二 西南
丙 天輔 驚／朱雀／丙	庚 天英 開／勾陳／庚	戊丁 天芮禽 休／六合／戊丁
乙 天衝 死／九地／乙	五中　符首：己	壬 天柱 生／太陰／壬
辛 天任 景／九天／辛	己 天蓬 杜／直符／己	癸 天心 傷／騰蛇／癸
艮八 東北	坎一 正北	乾六 西北

丁丑時（陰二局　直符：天蓬　直使：一休）

巽四 東南	離九 正南	坤二 西南
壬 天柱 死／太陰／丙	癸 天心 驚／騰蛇／庚	己 天蓬 開／直符／戊丁
戊丁 天芮禽 景／六合／乙	五中　符首：己	辛 天任 休／九天／壬
庚 天英 杜／勾陳／辛	丙 天輔 傷／朱雀／己	乙 天衝 生／九地／癸
艮八 東北	坎一 正北	乾六 西北

庚辰時（陰二局　直符：天蓬　直使：一休）

巽四 東南	離九 正南	坤二 西南
癸 天心 休／騰蛇／丙	己 天蓬 生／直符／庚	辛 天任 傷／九天／戊丁
壬 天柱 開／太陰／乙	五中　符首：己	乙 天衝 杜／九地／壬
戊丁 天芮禽 驚／六合／辛	庚 天英 死／勾陳／己	丙 天輔 景／朱雀／癸
艮八 東北	坎一 正北	乾六 西北

戊寅時（陰二局　直符：天蓬　直使：一休）

巽四 東南	離九 正南	坤二 西南
壬 天柱 景／太陰／丙	癸 天心 死／騰蛇／庚	己 天蓬 驚／直符／戊丁
戊丁 天芮禽 杜／六合／乙	五中　符首：己	辛 天任 開／九天／壬
庚 天英 傷／勾陳／辛	丙 天輔 生／朱雀／己	乙 天衝 休／九地／癸
艮八 東北	坎一 正北	乾六 西北

辛巳時（陰二局　直符：天蓬　直使：一休）

巽四 東南	離九 正南	坤二 西南
乙 天衝 生／九地／丙	丙 天輔 傷／朱雀／庚	庚 天英 杜／勾陳／戊丁
辛 天任 休／九天／乙	五中　符首：己	戊丁 天芮禽 景／六合／壬
己 天蓬 開／直符／辛	癸 天心 驚／騰蛇／己	壬 天柱 死／太陰／癸
艮八 東北	坎一 正北	乾六 西北

乙庚日

陰三局　壬午時　直符：天蓬　直使：一休

巽四 東南｜六合　驚　天芮禽　戊丁／丙	離九 正南｜太陰　開　天柱　壬／庚	坤二 西南｜騰蛇　休　天心　癸／戊丁
震三 正東｜勾陳　死　天英　庚／乙	五中｜符首：己　壬	兌七 正西｜直符　生　天蓬　己／壬
艮八 東北｜朱雀　景　天輔　丙／辛	坎一 正北｜九地　杜　天衝　乙／己	乾六 西北｜九天　傷　天任　辛／癸

陰三局　乙酉時　直符：天英　直使：九景

巽四 東南｜九天　驚　天芮禽　戊丁／丙	離九 正南｜九地　開　天柱　壬／庚	坤二 西南｜朱雀　休　天心　癸／戊丁
震三 正東｜直符　死　天英　庚／乙	五中｜符首：庚　乙	兌七 正西｜勾陳　生　天蓬　己／壬
艮八 東北｜騰蛇　景　天輔　丙／辛	坎一 正北｜太陰　杜　天衝　乙／己	乾六 西北｜六合　傷　天任　辛／癸

陰三局　癸未時　直符：天蓬　直使：一休

巽四 東南｜勾陳　杜　天英　庚／丙	離九 正南｜六合　景　天芮禽　戊丁／庚	坤二 西南｜太陰　死　天柱　壬／戊丁
震三 正東｜朱雀　傷　天輔　丙／乙	五中｜符首：己	兌七 正西｜騰蛇　驚　天心　癸／壬
艮八 東北｜九地　生　天衝　乙／辛	坎一 正北｜九天　休　天任　辛／己	乾六 西北｜直符　開　天蓬　己／癸

陰三局　丙戌時　直符：天英　直使：九景

巽四 東南｜直符　生　天英　庚／丙	離九 正南｜九天　傷　天芮禽　戊丁／庚	坤二 西南｜九地　杜　天柱　壬／戊丁
震三 正東｜騰蛇　休　天輔　丙／乙	五中｜符首：庚	兌七 正西｜朱雀　景　天心　癸／壬
艮八 東北｜太陰　開　天衝　乙／辛	坎一 正北｜六合　驚　天任　辛／己	乾六 西北｜勾陳　死　天蓬　己／癸

陰三局　甲申時　直符：天英　直使：九景

巽四 東南｜騰蛇　杜　天輔　丙／丙	離九 正南｜直符　景　天英　庚／庚	坤二 西南｜九天　死　天芮禽　戊丁／戊丁
震三 正東｜太陰　傷　天衝　乙／乙	五中｜	兌七 正西｜九地　驚　天柱　符首：庚　壬／壬
艮八 東北｜六合　生　天任　辛／辛	坎一 正北｜勾陳　休　天蓬　己／己	乾六 西北｜朱雀　開　天心　癸／癸

陰三局　丁亥時　直符：天英　直使：九景

巽四 東南｜太陰　休　天衝　乙／丙	離九 正南｜騰蛇　生　天輔　丙／庚	坤二 西南｜直符　傷　天英　庚／戊丁
震三 正東｜六合　開　天任　辛／乙	五中｜符首：庚	兌七 正西｜九天　杜　天芮禽　戊丁／壬
艮八 東北｜勾陳　驚　天蓬　己／辛	坎一 正北｜朱雀　死　天心　癸／己	乾六 西北｜九地　景　天柱　壬／癸

丙辛日

陰二局　戊子時（直符：天英　直使：九景）

巽四 東南	離九 正南	坤二 西南
乙 太陰 傷 天衝 丙	丙 騰蛇 杜 天輔 庚	庚 直符 景 天英 戊丁
震三 正東	五中	兌七 正西
辛 六合 生 天任 乙	符首：庚	戊丁 九天 死 天芮禽 壬
艮八 東北	坎一 正北	乾六 西北
己 勾陳 休 天蓬 辛	癸 朱雀 開 天心 己	壬 九地 驚 天柱 癸

陰二局　辛卯時（直符：天英　直使：九景）

巽四 東南	離九 正南	坤二 西南
壬 九地 傷 天柱 丙	癸 朱雀 杜 天心 庚	己 勾陳 景 天蓬 戊丁
震三 正東	五中	兌七 正西
戊丁 九天 生 天芮禽 乙	符首：庚	辛 六合 死 天任 壬
艮八 東北	坎一 正北	乾六 西北
庚 直符 休 天英 辛	丙 騰蛇 開 天輔 己	乙 太陰 驚 天衝 癸

陰二局　己丑時（直符：天英　直使：九景）

巽四 東南	離九 正南	坤二 西南
癸 朱雀 景 天心 丙	己 勾陳 死 天蓬 庚	辛 六合 驚 天任 戊丁
震三 正東	五中	兌七 正西
壬 九地 杜 天柱 乙	符首：庚	乙 太陰 開 天衝 壬
艮八 東北	坎一 正北	乾六 西北
戊丁 九天 傷 天芮禽 辛	庚 直符 生 天英 己	丙 騰蛇 休 天輔 癸

陰二局　壬辰時（直符：天英　直使：九景）

巽四 東南	離九 正南	坤二 西南
辛 六合 開 天任 丙	乙 太陰 休 天衝 庚	丙 騰蛇 生 天輔 戊丁
震三 正東	五中	兌七 正西
己 勾陳 驚 天蓬 乙	符首：庚	庚 直符 傷 天英 壬
艮八 東北	坎一 正北	乾六 西北
癸 朱雀 死 天心 辛	壬 九地 景 天柱 己	戊丁 九天 杜 天芮禽 癸

陰二局　庚寅時（直符：天英　直使：九景）

巽四 東南	離九 正南	坤二 西南
丙 騰蛇 死 天輔 丙	庚 直符 驚 天英 庚	戊丁 九天 開 天芮禽 戊丁
震三 正東	五中	兌七 正西
乙 太陰 景 天衝 乙	符首：庚	壬 九地 休 天柱 壬
艮八 東北	坎一 正北	乾六 西北
辛 六合 杜 天任 辛	己 勾陳 傷 天蓬 己	癸 朱雀 生 天心 癸

陰二局　癸巳時（直符：天英　直使：九景）

巽四 東南	離九 正南	坤二 西南
己 勾陳 杜 天蓬 丙	辛 六合 景 天任 庚	乙 太陰 死 天衝 戊丁
震三 正東	五中	兌七 正西
癸 朱雀 傷 天心 乙	符首：庚	丙 騰蛇 驚 天輔 壬
艮八 東北	坎一 正北	乾六 西北
壬 九地 生 天柱 辛	戊丁 九天 休 天芮禽 己	庚 直符 開 天英 癸

201

丙辛日

陰三局　甲午時　直符：天任　直使：八生

巽四 東南	離九 正南	坤二 西南
九地 杜 天輔 丙	朱雀 景 天英 庚	勾陳 死 天芮禽 戊丁
九天 傷 天衝 乙（震三 正東）	符首：辛（五中）	六合 驚 天柱 壬（兌七 正西）
直符 生 天任 辛（艮八 東北）	騰蛇 休 天蓬 己（坎一 正北）	太陰 開 天心 癸（乾六 西北）

陰二局　丁酉時　直符：天任　直使：八生

巽四 東南	離九 正南	坤二 西南
太陰 開 天心 癸	騰蛇 休 天蓬 己	直符 生 天任 辛
六合 驚 天柱 壬（震三 正東）	符首：辛（五中）	九天 傷 天衝 乙（兌七 正西）
勾陳 死 天芮禽 戊丁（艮八 東北）	朱雀 景 天英 庚（坎一 正北）	九地 杜 天輔 丙（乾六 西北）

陰二局　乙未時　直符：天任　直使：八生

巽四 東南	離九 正南	坤二 西南
九天 驚 天衝 乙 丙	九地 開 天輔 丙 庚	朱雀 休 天英 庚 戊丁
直符 死 天任 辛 乙（震三 正東）	符首：辛（五中）	勾陳 生 天芮禽 戊丁 壬（兌七 正西）
騰蛇 景 天蓬 己 辛（艮八 東北）	太陰 杜 天心 癸 己（坎一 正北）	六合 傷 天柱 壬 癸（乾六 西北）

陰二局　戊戌時　直符：天任　直使：八生

巽四 東南	離九 正南	坤二 西南
太陰 生 天心 癸	騰蛇 傷 天蓬 己	直符 杜 天任 辛
六合 休 天柱 壬 乙（震三 正東）	符首：辛（五中）	九天 景 天衝 乙 壬（兌七 正西）
勾陳 開 天芮禽 戊丁 辛（艮八 東北）	朱雀 驚 天英 庚 己（坎一 正北）	九地 死 天輔 丙 癸（乾六 西北）

陰二局　丙申時　直符：天任　直使：八生

巽四 東南	離九 正南	坤二 西南
直符 死 天任 辛 丙	九天 驚 天衝 乙 庚	九地 開 天輔 丙 戊丁
騰蛇 景 天蓬 己 乙（震三 正東）	符首：辛（五中）	朱雀 休 天英 庚 壬（兌七 正西）
太陰 杜 天心 癸 辛（艮八 東北）	六合 傷 天柱 壬 己（坎一 正北）	勾陳 生 天芮禽 戊丁 癸（乾六 西北）

陰二局　己亥時　直符：天任　直使：八生

巽四 東南	離九 正南	坤二 西南
朱雀 傷 天英 庚 丙	勾陳 杜 天芮禽 戊丁 庚	六合 景 天柱 壬 戊丁
九地 生 天輔 丙 乙（震三 正東）	符首：辛（五中）	太陰 死 天心 癸 壬（兌七 正西）
九天 休 天衝 乙 辛（艮八 東北）	直符 開 天任 辛 己（坎一 正北）	騰蛇 驚 天蓬 己 癸（乾六 西北）

丁 壬 日

庚子時（陰二局　直符：天任　直使：八生）

巽四 東南	離九 正南	坤二 西南
己 天蓬　騰蛇 開　丙	辛 天任　直符 休　庚	乙 天衝　九天 生　戊丁

震三 正東	五中	兌七 正西
癸 天心　太陰 驚　乙	符首：辛　壬	丙 天輔　九地 傷　壬

艮八 東北	坎一 正北	乾六 西北
壬 天柱　六合 死　辛	戊丁 天芮禽　勾陳 景　己	庚 天英　朱雀 杜　癸

癸卯時（陰二局　直符：天任　直使：八生）

巽四 東南	離九 正南	坤二 西南
戊丁 天芮禽　勾陳 杜　丙	壬 天柱　六合 景　庚	癸 天心　太陰 死　戊丁

震三 正東	五中	兌七 正西
庚 天英　朱雀 傷　乙	符首：辛　壬	己 天蓬　騰蛇 驚　壬

艮八 東北	坎一 正北	乾六 西北
丙 天輔　九地 生　辛	乙 天衝　九天 休　己	辛 天任　直符 開　癸

辛丑時（陰二局　直符：天任　直使：八生）

巽四 東南	離九 正南	坤二 西南
丙 天輔　九地 景　丙	庚 天英　朱雀 死　庚	戊丁 天芮禽　勾陳 驚　戊丁

震三 正東	五中	兌七 正西
乙 天衝　九天 杜　乙	符首：辛　壬	壬 天柱　六合 開　壬

艮八 東北	坎一 正北	乾六 西北
辛 天任　直符 傷　辛	己 天蓬　騰蛇 生　己	癸 天心　太陰 休　癸

甲辰時（陰二局　直符：天柱　直使：七驚）

巽四 東南	離九 正南	坤二 西南
丙 天輔　六合 杜　丙	庚 天英　太陰 景　庚	戊丁 天芮禽　騰蛇 死　戊丁

震三 正東	五中	兌七 正西
乙 天衝　勾陳 傷　乙	符首：壬	壬 天柱　直符 驚　壬

艮八 東北	坎一 正北	乾六 西北
辛 天任　朱雀 生　辛	己 天蓬　九地 休　己	癸 天心　九天 開　癸

壬寅時（陰二局　直符：天任　直使：八生）

巽四 東南	離九 正南	坤二 西南
壬 天柱　六合 休　丙	癸 天心　太陰 生　庚	己 天蓬　騰蛇 傷　戊丁

震三 正東	五中	兌七 正西
戊丁 天芮禽　勾陳 開　乙	符首：辛　壬	辛 天任　直符 杜　壬

艮八 東北	坎一 正北	乾六 西北
庚 天英　朱雀 驚　辛	丙 天輔　九地 死　己	乙 天衝　九天 景　癸

乙巳時（陰二局　直符：天柱　直使：七驚）

巽四 東南	離九 正南	坤二 西南
癸 天心　九天 傷　丙	己 天蓬　九地 杜　庚	辛 天任　朱雀 景　戊丁

震三 正東	五中	兌七 正西
壬 天柱　直符 生　乙	符首：壬	乙 天衝　勾陳 死　壬

艮八 東北	坎一 正北	乾六 西北
戊丁 天芮禽　騰蛇 休　辛	庚 天英　太陰 開　己	丙 天輔　六合 驚　癸

陰三局　丙午時　直符：天柱　直使：七驚

巽四 東南	離九 正南	坤二 西南
壬 [景] 天柱 直符 丙	癸 [死] 天心 九天 庚	己 [驚] 天蓬 九地 戊丁
戊丁 [杜] 天芮禽 騰蛇 乙（震三 正東）	符首：壬（五中）	辛 [開] 天任 朱雀 壬（兌七 正西）
庚 [傷] 天英 太陰 辛（艮八 東北）	丙 [生] 天輔 六合 己（坎一 正北）	乙 [休] 天衝 勾陳 癸（乾六 西北）

陰三局　己酉時　直符：天柱　直使：七驚

巽四 東南	離九 正南	坤二 西南
辛 [景] 天任 朱雀 丙	乙 [死] 天衝 勾陳 庚	丙 [驚] 天輔 六合 戊丁
己 [杜] 天蓬 九地 乙（震三 正東）	符首：壬（五中）	庚 [開] 天英 太陰 壬（兌七 正西）
癸 [傷] 天心 九天 辛（艮八 東北）	壬 [生] 天柱 直符 己（坎一 正北）	戊丁 [休] 天芮禽 騰蛇 癸（乾六 西北）

陰三局　丁未時　直符：天柱　直使：七驚

巽四 東南	離九 正南	坤二 西南
庚 [驚] 天英 太陰 丙	戊丁 [開] 天芮禽 騰蛇 庚	壬 [休] 天柱 直符 戊丁
丙 [死] 天輔 六合 乙（震三 正東）	符首：壬（五中）	癸 [生] 天心 九天 壬（兌七 正西）
乙 [景] 天衝 勾陳 辛（艮八 東北）	辛 [杜] 天任 朱雀 己（坎一 正北）	己 [傷] 天蓬 九地 癸（乾六 西北）

陰三局　庚戌時　直符：天柱　直使：七驚

巽四 東南	離九 正南	坤二 西南
戊丁 [生] 天芮禽 騰蛇 丙	壬 [傷] 天柱 直符 庚	癸 [杜] 天心 九天 戊丁
庚 [休] 天英 太陰 乙（震三 正東）	符首：壬（五中）	己 [景] 天蓬 九地 壬（兌七 正西）
丙 [開] 天輔 六合 辛（艮八 東北）	乙 [驚] 天衝 勾陳 己（坎一 正北）	辛 [死] 天任 朱雀 癸（乾六 西北）

陰三局　戊申時　直符：天柱　直使：七驚

巽四 東南	離九 正南	坤二 西南
庚 [開] 天英 太陰 丙	戊丁 [休] 天芮禽 騰蛇 庚	壬 [生] 天柱 直符 戊丁
丙 [驚] 天輔 六合 乙（震三 正東）	符首：壬（五中）	癸 [傷] 天心 九天 壬（兌七 正西）
乙 [死] 天衝 勾陳 辛（艮八 東北）	辛 [景] 天任 朱雀 己（坎一 正北）	己 [杜] 天蓬 九地 癸（乾六 西北）

陰三局　辛亥時　直符：天柱　直使：七驚

巽四 東南	離九 正南	坤二 西南
己 [死] 天蓬 九地 丙	辛 [驚] 天任 朱雀 庚	乙 [開] 天衝 勾陳 戊丁
癸 [景] 天心 九天 乙（震三 正東）	符首：壬（五中）	丙 [休] 天輔 六合 壬（兌七 正西）
壬 [杜] 天柱 直符 辛（艮八 東北）	戊丁 [傷] 天芮禽 騰蛇 己（坎一 正北）	庚 [生] 天英 太陰 癸（乾六 西北）

戊 癸 日

陰二局　壬子時　直符：天柱　直使：七驚

巽四 東南	離九 正南	坤二 西南
六合 [休] 丙 天輔	太陰 [生] 庚 天英	騰蛇 [傷] 戊丁 天芮禽
震三 正東	五中	兌七 正西
勾陳 [開] 乙 天衝	符首：壬	直符 [杜] 壬 天柱
艮八 東北	坎一 正北	乾六 西北
朱雀 [驚] 辛 天任	九地 [死] 己 天蓬	九天 [景] 癸 天心

陰二局　乙卯時　直符：天心　直使：六開

巽四 東南	離九 正南	坤二 西南
九天 [死] 己 天蓬	九地 [驚] 辛 天任	朱雀 [開] 乙 天衝
震三 正東	五中	兌七 正西
直符 [景] 癸 天心	符首：癸	勾陳 [休] 丙 天輔
艮八 東北	坎一 正北	乾六 西北
騰蛇 [杜] 壬 天柱	太陰 [傷] 戊丁 天芮禽	六合 [生] 庚 天英

陰二局　癸丑時　直符：天柱　直使：七驚

巽四 東南	離九 正南	坤二 西南
勾陳 [杜] 乙 天衝	六合 [景] 丙 天輔	太陰 [死] 庚 天英
震三 正東	五中	兌七 正西
朱雀 [傷] 辛 天任	符首：壬	騰蛇 [驚] 戊丁 天芮禽
艮八 東北	坎一 正北	乾六 西北
九地 [生] 己 天蓬	九天 [休] 癸 天心	直符 [開] 壬 天柱

陰二局　丙辰時　直符：天心　直使：六開

巽四 東南	離九 正南	坤二 西南
直符 [開] 癸 天心	九天 [休] 己 天蓬	九地 [生] 辛 天任
震三 正東	五中	兌七 正西
騰蛇 [驚] 壬 天柱	符首：癸	朱雀 [傷] 乙 天衝
艮八 東北	坎一 正北	乾六 西北
太陰 [死] 戊丁 天芮禽	六合 [景] 庚 天英	勾陳 [杜] 丙 天輔

陰二局　甲寅時　直符：天心　直使：六開

巽四 東南	離九 正南	坤二 西南
勾陳 [杜] 丙 天輔	六合 [景] 庚 天英	太陰 [死] 戊丁 天芮禽
震三 正東	五中	兌七 正西
朱雀 [傷] 乙 天衝	符首：癸	騰蛇 [驚] 壬 天柱
艮八 東北	坎一 正北	乾六 西北
九地 [生] 辛 天任	九天 [休] 己 天蓬	直符 [開] 癸 天心

陰二局　丁巳時　直符：天心　直使：六開

巽四 東南	離九 正南	坤二 西南
太陰 [休] 戊丁 天芮禽	騰蛇 [生] 壬 天柱	直符 [傷] 癸 天心
震三 正東	五中	兌七 正西
六合 [開] 庚 天英	符首：癸	九天 [杜] 己 天蓬
艮八 東北	坎一 正北	乾六 西北
勾陳 [驚] 丙 天輔	朱雀 [死] 乙 天衝	九地 [景] 辛 天任

205

戊 癸 日

陰三局　戊午時　直符：天心　直使：六開

巽四 東南	離九 正南	坤二 西南
太陰　死　天芮禽 戊丁／丙	騰蛇　驚　天柱 壬／庚	直符　開　天心 癸／戊丁
六合　景　天英 庚／乙 **震三 正東**	符首：癸 **五中**	九天　休　天蓬 己／壬 **兌七 正西**
勾陳　杜　天輔 丙／辛 **艮八 東北**	朱雀　傷　天衝 乙／己 **坎一 正北**	九地　生　天任 辛／癸 **乾六 西北**

陰三局　辛酉時　直符：天心　直使：六開

巽四 東南	離九 正南	坤二 西南
九地　生　天任 辛／丙	朱雀　傷　天衝 乙／庚	勾陳　杜　天輔 丙／戊丁
九天　休　天蓬 己／乙 **震三 正東**	符首：癸 **五中**	六合　景　天英 庚／壬 **兌七 正西**
直符　開　天心 癸／辛 **艮八 東北**	騰蛇　驚　天柱 壬／己 **坎一 正北**	太陰　死　天芮禽 戊丁／癸 **乾六 西北**

陰三局　己未時　直符：天心　直使：六開

巽四 東南	離九 正南	坤二 西南
朱雀　傷　天衝 乙／丙	勾陳　杜　天輔 丙／庚	六合　景　天英 庚／戊丁
九地　生　天任 辛／乙 **震三 正東**	符首：癸 **五中**	太陰　死　天芮禽 戊丁／壬 **兌七 正西**
九天　休　天蓬 己／辛 **艮八 東北**	直符　開　天心 癸／己 **坎一 正北**	騰蛇　驚　天柱 壬／癸 **乾六 西北**

陰三局　壬戌時　直符：天心　直使：六開

巽四 東南	離九 正南	坤二 西南
六合　景　天英 庚／丙	太陰　死　天芮禽 戊丁／庚	騰蛇　驚　天柱 壬／戊丁
勾陳　杜　天輔 丙／乙 **震三 正東**	符首：癸 **五中**	直符　開　天心 癸／壬 **兌七 正西**
朱雀　傷　天衝 乙／辛 **艮八 東北**	九地　生　天任 辛／己 **坎一 正北**	九天　休　天蓬 己／癸 **乾六 西北**

陰三局　庚申時　直符：天心　直使：六開

巽四 東南	離九 正南	坤二 西南
騰蛇　驚　天柱 壬／丙	直符　開　天心 癸／庚	九天　休　天蓬 己／戊丁
太陰　死　天芮禽 戊丁／乙 **震三 正東**	符首：癸 **五中**	九地　生　天任 辛／壬 **兌七 正西**
六合　景　天英 庚／辛 **艮八 東北**	勾陳　杜　天輔 丙／己 **坎一 正北**	朱雀　傷　天衝 乙／癸 **乾六 西北**

陰三局　癸亥時　直符：天心　直使：六開

巽四 東南	離九 正南	坤二 西南
勾陳　杜　天輔 丙／丙	六合　景　天英 庚／庚	太陰　死　天芮禽 戊丁／戊丁
朱雀　傷　天衝 乙／乙 **震三 正東**	符首：癸 **五中**	騰蛇　驚　天柱 壬／壬 **兌七 正西**
九地　生　天任 辛／辛 **艮八 東北**	九天　休　天蓬 己／己 **坎一 正北**	直符　開　天心 癸／癸 **乾六 西北**

遁甲時盤　陰遁一局

....

甲己日〜戊癸日

甲子時〜癸亥時　六十時盤

甲己日

陰一局　甲子時　直符：天蓬　直使：一休

巽四 東南	離九 正南	坤二 西南
丁 朱雀　杜　天輔 丁	己 勾陳　景　天英 己	乙癸 六合　死　天芮禽 乙癸
震三 正東	五中	兑七 正西
丙 九地　傷　天衝 丙	符首：戊	辛 太陰　驚　天柱 辛
艮八 東北	坎一 正北	乾六 西北
庚 九天　生　天任 庚	戊 直符　休　天蓬 戊	壬 騰蛇　開　天心 壬

陰一局　丁卯時　直符：天蓬　直使：一休

巽四 東南	離九 正南	坤二 西南
戊 直符　死　天蓬 丁	庚 九天　驚　天任 己	丙 九地　開　天衝 乙癸
震三 正東	五中	兑七 正西
壬 騰蛇　景　天心 丙	符首：戊	丁 朱雀　休　天輔 辛
艮八 東北	坎一 正北	乾六 西北
辛 太陰　杜　天柱 庚	乙癸 六合　傷　天芮禽 戊	己 勾陳　生　天英 壬

陰一局　乙丑時　直符：天蓬　直使：一休

巽四 東南	離九 正南	坤二 西南
辛 太陰　開　天柱 丁	壬 騰蛇　休　天心 己	戊 直符　生　天蓬 乙癸
震三 正東	五中	兑七 正西
乙癸 六合　驚　天芮禽 丙	符首：戊	庚 九天　傷　天任 辛
艮八 東北	坎一 正北	乾六 西北
己 勾陳　死　天英 庚	丁 朱雀　景　天輔 戊	丙 九地　杜　天衝 壬

陰一局　戊辰時　直符：天蓬　直使：一休

巽四 東南	離九 正南	坤二 西南
丁 朱雀　景　天輔 丁	己 勾陳　死　天英 己	乙癸 六合　驚　天芮禽 乙癸
震三 正東	五中	兑七 正西
丙 九地　杜　天衝 丙	符首：戊	辛 太陰　開　天柱 辛
艮八 東北	坎一 正北	乾六 西北
庚 九天　傷　天任 庚	戊 直符　生　天蓬 戊	壬 騰蛇　休　天心 壬

陰一局　丙寅時　直符：天蓬　直使：一休

巽四 東南	離九 正南	坤二 西南
庚 九天　傷　天任 丁	丙 九地　杜　天衝 己	丁 朱雀　景　天輔 乙癸
震三 正東	五中	兑七 正西
戊 直符　生　天蓬 丙	符首：戊	己 勾陳　死　天英 辛
艮八 東北	坎一 正北	乾六 西北
壬 騰蛇　休　天心 庚	辛 太陰　開　天柱 戊	乙癸 六合　驚　天芮禽 壬

陰一局　己巳時　直符：天蓬　直使：一休

巽四 東南	離九 正南	坤二 西南
壬 騰蛇　驚　天心 丁	戊 直符　開　天蓬 己	庚 九天　休　天任 乙癸
震三 正東	五中	兑七 正西
辛 太陰　死　天柱 丙	符首：戊	丙 九地　生　天衝 辛
艮八 東北	坎一 正北	乾六 西北
乙癸 六合　景　天芮禽 庚	己 勾陳　杜　天英 戊	丁 朱雀　傷　天輔 壬

甲己日

陰一局　庚午時　直符：天蓬　直使：一休

巽四　東南	離九　正南	坤二　西南
丙　天衝　休　九地　丁	丁　天輔　生　朱雀　己	己　天英　傷　勾陳　乙癸
震三　正東	五中	兌七　正西
庚　天任　開　九天　丙	符首：戊	乙癸　天芮禽　杜　六合　辛
艮八　東北	坎一　正北	乾六　西北
戊　天蓬　驚　直符　庚	壬　天心　死　騰蛇　戊	辛　天柱　景　太陰　壬

陰一局　癸酉時　直符：天蓬　直使：一休

巽四　東南	離九　正南	坤二　西南
辛　天柱　杜　太陰　丁	壬　天心　景　騰蛇　己	戊　天蓬　死　直符　乙癸
震三　正東	五中	兌七　正西
乙癸　天芮禽　傷　六合　丙	符首：戊	庚　天任　驚　九天　辛
艮八　東北	坎一　正北	乾六　西北
己　天英　生　勾陳　庚	丁　天輔　休　朱雀　戊	丙　天衝　開　九地　壬

陰一局　辛未時　直符：天蓬　直使：一休

巽四　東南	離九　正南	坤二　西南
乙癸　天芮禽　生　六合　丁	辛　天柱　傷　太陰　己	壬　天心　杜　騰蛇　乙癸
震三　正東	五中	兌七　正西
己　天英　休　勾陳　丙	符首：戊	戊　天蓬　景　直符　辛
艮八　東北	坎一　正北	乾六　西北
丁　天輔　開　朱雀　庚	丙　天衝　驚　九地　戊	庚　天任　死　九天　壬

陰一局　甲戌時　直符：天蓬　直使：九景

巽四　東南	離九　正南	坤二　西南
丁　天輔　杜　騰蛇　丁	己　天英　景　直符　己	乙癸　天芮禽　死　九天　乙癸
震三　正東	五中	兌七　正西
丙　天衝　傷　太陰　丙	符首：己	辛　天柱　驚　九地　辛
艮八　東北	坎一　正北	乾六　西北
庚　天任　生　六合　庚	戊　天蓬　休　勾陳　戊	壬　天心　開　朱雀　壬

陰一局　壬申時　直符：天蓬　直使：一休

巽四　東南	離九　正南	坤二　西南
己　天英　驚　勾陳　丁	乙癸　天芮禽　開　六合　己	辛　天柱　休　太陰　乙癸
震三　正東	五中	兌七　正西
丁　天輔　死　朱雀　丙	符首：戊	壬　天心　生　騰蛇　辛
艮八　東北	坎一　正北	乾六　西北
丙　天衝　景　九地　庚	庚　天任　杜　九天　戊	戊　天蓬　傷　直符　壬

陰一局　乙亥時　直符：天英　直使：九景

巽四　東南	離九　正南	坤二　西南
丙　天衝　驚　太陰　丁	丁　天輔　開　騰蛇　己	己　天英　休　直符　乙癸
震三　正東	五中	兌七　正西
庚　天任　死　六合　丙	符首：己	乙癸　天芮禽　生　九天　辛
艮八　東北	坎一　正北	乾六　西北
戊　天蓬　景　勾陳　庚	壬　天心　杜　朱雀　戊	辛　天柱　傷　九地　壬

乙　庚　日

陰一局　丙子時（直符：天英　直使：九景）

巽四 東南	離九 正南	坤二 西南
九天　乙癸 生 天芮禽　丁	九地　辛 傷 天柱　己	朱雀　壬 杜 天心　乙癸
直符　己 休 天英　丙	五中　（符首：己）	勾陳　戊 景 天蓬　辛
騰蛇　丁 開 天輔　庚	太陰　丙 驚 天衝　戊	六合　庚 死 天任　壬
艮八 東北	坎一 正北	乾六 西北

陰一局　己卯時（直符：天英　直使：九景）

巽四 東南	離九 正南	坤二 西南
騰蛇　丁 景 天輔　丁	直符　己 死 天英　己	九天　乙癸 驚 天芮禽　乙癸
太陰　丙 杜 天衝　丙	五中　（符首：己）	九地　辛 開 天柱　辛
六合　庚 傷 天任　庚	勾陳　戊 生 天蓬　戊	朱雀　壬 休 天心　壬
艮八 東北	坎一 正北	乾六 西北

陰一局　丁丑時（直符：天英　直使：九景）

巽四 東南	離九 正南	坤二 西南
直符　己 休 天英　丁	九天　乙癸 生 天芮禽　己	九地　辛 傷 天柱　乙癸
騰蛇　丁 開 天輔　丙	五中　（符首：己）	朱雀　壬 杜 天心　辛
太陰　丙 驚 天衝　庚	六合　庚 死 天任　戊	勾陳　戊 景 天蓬　壬
艮八 東北	坎一 正北	乾六 西北

陰一局　庚辰時（直符：天英　直使：九景）

巽四 東南	離九 正南	坤二 西南
九地　辛 死 天柱　丁	朱雀　壬 驚 天心　己	勾陳　戊 開 天蓬　乙癸
九天　乙癸 景 天芮禽　丙	五中　（符首：己）	六合　庚 休 天任　辛
直符　己 杜 天英　庚	騰蛇　丁 傷 天輔　戊	太陰　丙 生 天衝　壬
艮八 東北	坎一 正北	乾六 西北

陰一局　戊寅時（直符：天英　直使：九景）

巽四 東南	離九 正南	坤二 西南
朱雀　壬 傷 天心　丁	勾陳　戊 杜 天蓬　己	六合　庚 景 天任　乙癸
九地　辛 生 天柱　丙	五中　（符首：己）	太陰　丙 死 天衝　辛
九天　乙癸 休 天芮禽　庚	直符　己 開 天英　戊	騰蛇　丁 驚 天輔　壬
艮八 東北	坎一 正北	乾六 西北

陰一局　辛巳時（直符：天英　直使：九景）

巽四 東南	離九 正南	坤二 西南
六合　庚 傷 天任　丁	太陰　丙 杜 天衝　己	騰蛇　丁 景 天輔　乙癸
勾陳　戊 生 天蓬　丙	五中　（符首：己）	直符　己 死 天英　辛
朱雀　壬 休 天心　庚	九地　辛 開 天柱　戊	九天　乙癸 驚 天芮禽　壬
艮八 東北	坎一 正北	乾六 西北

乙庚日

陰一局　壬午時
直符：天英　直使：九景　符首：己

巽四東南	離九正南	坤二西南
勾陳　開　天蓬　戊/丁	六合　休　天任　庚/己	太陰　生　天衝　丙/乙癸
震三正東	**五中**	**兌七正西**
朱雀　驚　天心　壬/丙	符首：己	騰蛇　傷　天輔　丁/辛
艮八東北	**坎一正北**	**乾六西北**
九地　死　天柱　辛/庚	九天　景　天芮禽　乙癸/戊	直符　杜　天英　己/壬

陰一局　癸未時
直符：天英　直使：九景　符首：己

巽四東南	離九正南	坤二西南
太陰　杜　天衝　丙/丁	騰蛇　景　天輔　丁/己	直符　死　天英　己/乙癸
震三正東	**五中**	**兌七正西**
六合　傷　天任　庚/丙	符首：己	九天　驚　天芮禽　乙癸/辛
艮八東北	**坎一正北**	**乾六西北**
勾陳　生　天蓬　戊/庚	朱雀　休　天心　壬/戊	九地　開　天柱　辛/壬

陰一局　甲申時
直符：天任　直使：八生　符首：庚

巽四東南	離九正南	坤二西南
九地　杜　天輔　丁/丁	朱雀　景　天英　己/己	勾陳　死　天芮禽　乙癸/乙癸
震三正東	**五中**	**兌七正西**
九天　傷　天衝　丙/丙	符首：庚	六合　驚　天柱　辛/辛
艮八東北	**坎一正北**	**乾六西北**
直符　生　天任　庚/庚	騰蛇　休　天蓬　戊/戊	太陰　開　天心　壬/壬

陰一局　乙酉時
直符：天任　直使：八生　符首：庚

巽四東南	離九正南	坤二西南
太陰　驚　天心　壬/丁	騰蛇　開　天蓬　戊/己	直符　休　天任　庚/乙癸
震三正東	**五中**	**兌七正西**
六合　死　天柱　辛/丙	符首：庚	九天　生　天衝　丙/辛
艮八東北	**坎一正北**	**乾六西北**
勾陳　景　天芮禽　乙癸/庚	朱雀　杜　天英　己/戊	九地　傷　天輔　丁/壬

陰一局　丙戌時
直符：天任　直使：八生　符首：庚

巽四東南	離九正南	坤二西南
九天　死　天衝　丙/丁	九地　驚　天輔　丁/己	朱雀　開　天英　己/乙癸
震三正東	**五中**	**兌七正西**
直符　景　天任　庚/丙	符首：庚	勾陳　休　天芮禽　乙癸/辛
艮八東北	**坎一正北**	**乾六西北**
騰蛇　杜　天蓬　戊/庚	太陰　傷　天心　壬/戊	六合　生　天柱　辛/壬

陰一局　丁亥時
直符：天任　直使：八生　符首：庚

巽四東南	離九正南	坤二西南
直符　開　天任　庚/丁	九天　休　天衝　丙/己	九地　生　天輔　丁/乙癸
震三正東	**五中**	**兌七正西**
騰蛇　驚　天蓬　戊/丙	符首：庚	朱雀　傷　天英　己/辛
艮八東北	**坎一正北**	**乾六西北**
太陰　死　天心　壬/庚	六合　景　天柱　辛/戊	勾陳　杜　天芮禽　乙癸/壬

丙辛日

陰一局　戊子時（直符：天任　直使：生門　符首：庚）

巽四東南	離九正南	坤二西南
己　朱雀　[生]　天英　丁	乙癸　勾陳　[傷]　天芮禽　己	辛　六合　[杜]　天柱　乙癸
丁　九地　[休]　天輔　丙	符首：庚　五中	壬　太陰　[景]　天心　辛
丙　九天　[開]　天衝　庚	庚　直符　[驚]　天任　戊	戊　騰蛇　[死]　天蓬　壬
艮八東北	坎一正北	乾六西北

陰一局　辛卯時（直符：天任　直使：生門　符首：庚）

巽四東南	離九正南	坤二西南
辛　六合　[景]　天柱　丁	壬　太陰　[死]　天心　己	戊　騰蛇　[驚]　天蓬　乙癸
乙癸　勾陳　[杜]　天芮禽　丙	符首：庚　五中	庚　直符　[開]　天任　辛
己　朱雀　[傷]　天英　庚	丁　九地　[生]　天輔　戊	丙　九天　[休]　天衝　壬
艮八東北	坎一正北	乾六西北

陰一局　己丑時（直符：天任　直使：生門　符首：庚）

巽四東南	離九正南	坤二西南
戊　騰蛇　[傷]　天蓬　丁	庚　直符　[杜]　天任　己	丙　九天　[景]　天衝　乙癸
壬　太陰　[生]　天心　丙	符首：庚　五中	丁　九地　[死]　天輔　辛
辛　六合　[休]　天柱　庚	乙癸　勾陳　[開]　天芮禽　戊	己　朱雀　[驚]　天英　壬
艮八東北	坎一正北	乾六西北

陰一局　壬辰時（直符：天任　直使：生門　符首：庚）

巽四東南	離九正南	坤二西南
乙癸　勾陳　[休]　天芮禽　丁	辛　六合　[生]　天柱　己	壬　太陰　[傷]　天心　乙癸
己　朱雀　[開]　天英　丙	符首：庚　五中	戊　騰蛇　[杜]　天蓬　辛
丁　九地　[驚]　天輔　庚	丙　九天　[死]　天衝　戊	庚　直符　[景]　天任　壬
艮八東北	坎一正北	乾六西北

陰一局　庚寅時（直符：天任　直使：生門　符首：庚）

巽四東南	離九正南	坤二西南
丁　九地　[開]　天輔　丁	己　朱雀　[休]　天英　己	乙癸　勾陳　[生]　天芮禽　乙癸
丙　九天　[驚]　天衝　丙	符首：庚　五中	辛　六合　[傷]　天柱　辛
庚　直符　[死]　天任　庚	戊　騰蛇　[景]　天蓬　戊	壬　太陰　[杜]　天心　壬
艮八東北	坎一正北	乾六西北

陰一局　癸巳時（直符：天任　直使：生門　符首：庚）

巽四東南	離九正南	坤二西南
壬　太陰　[杜]　天心　丁	戊　騰蛇　[景]　天蓬　己	庚　直符　[死]　天任　乙癸
辛　六合　[傷]　天柱　丙	符首：庚　五中	丙　九天　[驚]　天衝　辛
乙癸　勾陳　[生]　天芮禽　庚	己　朱雀　[休]　天英　戊	丁　九地　[開]　天輔　壬
艮八東北	坎一正北	乾六西北

丙辛日

陰一局　甲午時　直符：天柱　直使：七驚

巽四 東南	離九 正南	坤二 西南
六合　丁　天輔　杜　丁	太陰　己　天英　景　己	騰蛇　乙癸　天芮禽　死　乙癸

震三 正東	五中	兌七 正西
勾陳　丙　天衝　傷　丙	符首：辛	直符　辛　天柱　驚　辛

艮八 東北	坎一 正北	乾六 西北
朱雀　庚　天任　生　庚	九地　戊　天蓬　休　戊	九天　壬　天心　開　壬

陰二局　丁酉時　直符：天柱　直使：七驚

巽四 東南	離九 正南	坤二 西南
直符　辛　天柱　驚　丁	九天　壬　天心　開　己	九地　戊　天蓬　休　乙癸

震三 正東	五中	兌七 正西
騰蛇　乙癸　天芮禽　死　丙	符首：辛	朱雀　庚　天任　生　辛

艮八 東北	坎一 正北	乾六 西北
太陰　己　天英　景　庚	六合　丁　天輔　杜　戊	勾陳　丙　天衝　傷　壬

陰一局　乙未時　直符：天柱　直使：七驚

巽四 東南	離九 正南	坤二 西南
太陰　己　天英　傷　丁	騰蛇　乙癸　天芮禽　杜　己	直符　辛　天柱　景　乙癸

震三 正東	五中	兌七 正西
六合　丁　天輔　生　丙	符首：辛	九天　壬　天心　死　辛

艮八 東北	坎一 正北	乾六 西北
勾陳　丙　天衝　休　庚	朱雀　庚　天任　開　戊	九地　戊　天蓬　驚　壬

陰二局　戊戌時　直符：天柱　直使：七驚

巽四 東南	離九 正南	坤二 西南
朱雀　庚　天任　開　丁	勾陳　丙　天衝　休　己	六合　丁　天輔　生　乙癸

震三 正東	五中	兌七 正西
九地　戊　天蓬　驚　丙	符首：辛	太陰　己　天英　傷　辛

艮八 東北	坎一 正北	乾六 西北
九天　壬　天心　死　庚	直符　辛　天柱　景　戊	騰蛇　乙癸　天芮禽　杜　壬

陰一局　丙申時　直符：天柱　直使：七驚

巽四 東南	離九 正南	坤二 西南
九天　壬　天心　景　丁	九地　戊　天蓬　死　己	朱雀　庚　天任　驚　乙癸

震三 正東	五中	兌七 正西
直符　辛　天柱　杜　丙	符首：辛	勾陳　丙　天衝　開　辛

艮八 東北	坎一 正北	乾六 西北
騰蛇　乙癸　天芮禽　傷　庚	太陰　己　天英　生　戊	六合　丁　天輔　休　壬

陰二局　己亥時　直符：天柱　直使：七驚

巽四 東南	離九 正南	坤二 西南
騰蛇　乙癸　天芮禽　景　丁	直符　辛　天柱　死　己	九天　壬　天心　驚　乙癸

震三 正東	五中	兌七 正西
太陰　己　天英　杜　丙	符首：辛	九地　戊　天蓬　開　辛

艮八 東北	坎一 正北	乾六 西北
六合　丁　天輔　傷　庚	勾陳　丙　天衝　生　戊	朱雀　庚　天任　休　壬

丁 壬 日

陰一局　庚子時　直符：天柱　直使：七驚

巽四 東南	離九 正南	坤二 西南
戊 九地 [生] 天蓬 丁	庚 朱雀 [傷] 天任 己	丙 [杜] 天衝 乙癸
壬 九天 [休] 天心 丙	符首：辛（五中）	丁 [景] 天輔 辛
辛 直符 [開] 天柱 庚	乙癸 騰蛇 [驚] 天芮禽 戊	己 太陰 [死] 天英 壬
震三 正東	五中	兌七 正西
艮八 東北	坎一 正北	乾六 西北

陰一局　癸卯時　直符：天柱　直使：七驚

巽四 東南	離九 正南	坤二 西南
己 太陰 [杜] 天英 丁	乙癸 騰蛇 [景] 天芮禽 己	辛 直符 [死] 天柱 乙癸
丁 六合 [傷] 天輔 丙	符首：辛（五中）	壬 九天 [驚] 天心 辛
丙 勾陳 [生] 天衝 庚	庚 朱雀 [休] 天任 戊	戊 九地 [開] 天蓬 壬
震三 正東	五中	兌七 正西
艮八 東北	坎一 正北	乾六 西北

陰一局　辛丑時　直符：天柱　直使：七驚

巽四 東南	離九 正南	坤二 西南
丁 六合 [死] 天輔 丁	己 太陰 [驚] 天英 己	乙癸 騰蛇 [開] 天芮禽 乙癸
丙 勾陳 [景] 天衝 丙	符首：辛（五中）	辛 直符 [休] 天柱 辛
庚 朱雀 [杜] 天任 庚	戊 九地 [傷] 天蓬 戊	壬 九天 [生] 天心 壬
震三 正東	五中	兌七 正西
艮八 東北	坎一 正北	乾六 西北

陰一局　甲辰時　直符：天心　直使：六開

巽四 東南	離九 正南	坤二 西南
丁 勾陳 [杜] 天輔 丁	己 六合 [景] 天英 己	乙癸 太陰 [死] 天芮禽 乙癸
丙 朱雀 [傷] 天衝 丙	符首：壬（五中）	辛 騰蛇 [驚] 天柱 辛
庚 九地 [生] 天任 庚	戊 九天 [休] 天蓬 戊	壬 直符 [開] 天心 壬
震三 正東	五中	兌七 正西
艮八 東北	坎一 正北	乾六 西北

陰一局　壬寅時　直符：天柱　直使：七驚

巽四 東南	離九 正南	坤二 西南
丙 勾陳 [休] 天衝 丁	丁 六合 [生] 天輔 己	己 太陰 [傷] 天英 乙癸
庚 朱雀 [開] 天任 丙	符首：辛（五中）	乙癸 騰蛇 [杜] 天芮禽 辛
戊 九地 [驚] 天蓬 庚	壬 九天 [死] 天心 戊	辛 直符 [景] 天柱 壬
震三 正東	五中	兌七 正西
艮八 東北	坎一 正北	乾六 西北

陰一局　乙巳時　直符：天心　直使：六開

巽四 東南	離九 正南	坤二 西南
乙癸 太陰 [死] 天芮禽 丁	辛 騰蛇 [驚] 天柱 己	壬 直符 [開] 天心 乙癸
己 六合 [景] 天英 丙	符首：壬（五中）	戊 九天 [休] 天蓬 辛
丁 勾陳 [杜] 天輔 庚	丙 朱雀 [傷] 天衝 戊	庚 九地 [生] 天任 壬
震三 正東	五中	兌七 正西
艮八 東北	坎一 正北	乾六 西北

丁　壬　日

陰一局　丙午時　直符：天心　直使：六開

巽四 東南	離九 正南	坤二 西南
戊 天蓬 九天 開 丁	庚 天任 九地 休 己	丙 天衝 朱雀 生 乙癸
震三 正東	五中	兌七 正西
壬 天心 直符 驚 丙	符首：壬	丁 天輔 勾陳 傷 辛
艮八 東北	坎一 正北	乾六 西北
辛 天柱 騰蛇 死 庚	乙癸 天芮禽 太陰 景 戊	己 天英 六合 杜 壬

陰一局　己酉時　直符：天心　直使：六開

巽四 東南	離九 正南	坤二 西南
辛 天柱 騰蛇 傷 丁	壬 天心 直符 杜 己	戊 天蓬 九天 景 乙癸
震三 正東	五中	兌七 正西
乙癸 天芮禽 太陰 生 丙	符首：壬	庚 天任 九地 死 辛
艮八 東北	坎一 正北	乾六 西北
己 天英 六合 休 庚	丁 天輔 勾陳 開 戊	丙 天衝 朱雀 驚 壬

陰一局　丁未時　直符：天心　直使：六開

巽四 東南	離九 正南	坤二 西南
壬 天心 直符 休 丁	戊 天蓬 九天 生 己	庚 天任 九地 傷 乙癸
震三 正東	五中	兌七 正西
辛 天柱 騰蛇 開 丙	符首：壬	丙 天衝 朱雀 杜 辛
艮八 東北	坎一 正北	乾六 西北
乙癸 天芮禽 太陰 驚 庚	己 天英 六合 死 戊	丁 天輔 勾陳 景 壬

陰一局　庚戌時　直符：天心　直使：六開

巽四 東南	離九 正南	坤二 西南
庚 天任 九地 驚 丁	丙 天衝 朱雀 開 己	丁 天輔 勾陳 休 乙癸
震三 正東	五中	兌七 正西
戊 天蓬 九天 死 丙	符首：壬	己 天英 六合 生 辛
艮八 東北	坎一 正北	乾六 西北
壬 天心 直符 景 庚	辛 天柱 騰蛇 杜 戊	乙癸 天芮禽 太陰 傷 壬

陰一局　戊申時　直符：天心　直使：六開

巽四 東南	離九 正南	坤二 西南
丙 天衝 朱雀 死 丁	丁 天輔 勾陳 驚 己	己 天英 六合 開 乙癸
震三 正東	五中	兌七 正西
庚 天任 九地 景 丙	符首：壬	乙癸 天芮禽 太陰 休 辛
艮八 東北	坎一 正北	乾六 西北
戊 天蓬 九天 杜 庚	壬 天心 直符 傷 戊	辛 天柱 騰蛇 生 壬

陰一局　辛亥時　直符：天心　直使：六開

巽四 東南	離九 正南	坤二 西南
己 天英 六合 生 丁	乙癸 天芮禽 太陰 傷 己	辛 天柱 騰蛇 杜 乙癸
震三 正東	五中	兌七 正西
丁 天輔 勾陳 休 丙	符首：壬	壬 天心 直符 景 辛
艮八 東北	坎一 正北	乾六 西北
丙 天衝 朱雀 開 庚	庚 天任 九地 驚 戊	戊 天蓬 九天 死 壬

戊 癸 日

陰一局　壬子時（直符：天心　直使：六開）

巽四 東南	離九 正南	坤二 西南
丁 勾陳 景 天輔 丁	己 六合 死 天英 己	乙癸 太陰 驚 天禽芮 乙癸
震三 正東	五中	兌七 正西
丙 朱雀 杜 天衝 丙	符首：壬	辛 騰蛇 開 天柱 辛
艮八 東北	坎一 正北	乾六 西北
庚 九地 傷 天任 庚	戊 九天 生 天蓬 戊	壬 直符 休 天心 壬

陰一局　乙卯時（直符：天禽芮　直使：五死）

巽四 東南	離九 正南	坤二 西南
丁 太陰 死 天輔 丁	己 騰蛇 驚 天英 己	乙癸 直符 開 天禽芮 乙癸
震三 正東	五中	兌七 正西
丙 六合 景 天衝 丙	符首：癸　九天	辛 九天 休 天柱 辛
艮八 東北	坎一 正北	乾六 西北
庚 勾陳 杜 天任 庚	戊 朱雀 傷 天蓬 戊	壬 九地 生 天心 壬

陰一局　癸丑時（直符：天心　直使：六開）

巽四 東南	離九 正南	坤二 西南
乙癸 太陰 杜 天禽芮 丁	辛 騰蛇 景 天柱 己	壬 直符 死 天心 乙癸
震三 正東	五中	兌七 正西
己 六合 傷 天英 丙	符首：壬	戊 九天 驚 天蓬 辛
艮八 東北	坎一 正北	乾六 西北
丁 勾陳 生 天輔 庚	丙 朱雀 休 天衝 戊	庚 九地 開 天任 壬

陰一局　丙辰時（直符：天禽芮　直使：五死）

巽四 東南	離九 正南	坤二 西南
辛 九天 驚 天柱 丁	壬 九地 開 天心 己	戊 朱雀 休 天蓬 乙癸
震三 正東	五中	兌七 正西
乙癸 直符 死 天禽芮 丙	符首：癸	庚 勾陳 生 天任 辛
艮八 東北	坎一 正北	乾六 西北
己 騰蛇 景 天英 庚	丁 太陰 杜 天輔 戊	丙 六合 傷 天衝 壬

陰一局　甲寅時（直符：天禽芮　直使：五死）

巽四 東南	離九 正南	坤二 西南
丁 太陰 杜 天輔 丁	己 騰蛇 景 天英 己	乙癸 直符 死 天禽芮 乙癸
震三 正東	五中	兌七 正西
丙 六合 傷 天衝 丙	符首：癸	辛 九天 驚 天柱 辛
艮八 東北	坎一 正北	乾六 西北
庚 勾陳 生 天任 庚	戊 朱雀 休 天蓬 戊	壬 九地 開 天心 壬

陰一局　丁巳時（直符：天禽芮　直使：五死）

巽四 東南	離九 正南	坤二 西南
乙癸 直符 杜 天禽芮 丁	辛 九天 景 天柱 己	壬 九地 死 天心 乙癸
震三 正東	五中	兌七 正西
己 騰蛇 傷 天英 丙	符首：癸	戊 朱雀 驚 天蓬 辛
艮八 東北	坎一 正北	乾六 西北
丁 太陰 生 天輔 庚	丙 六合 休 天衝 戊	庚 勾陳 開 天任 壬

戊　癸　日

陰一局　戊午時　直符：天禽丙　直使：五死

巽四 東南	離九 正南	坤二 西南
戊 天蓬 朱雀 休 丁	庚 天任 勾陳 生 己	丙 天衝 六合 傷 乙癸
壬 天心 九地 開 丙	五中 符首：癸	丁 天輔 太陰 杜 辛
辛 天柱 九天 驚 庚	乙癸 天禽芮 直符 死 戊	己 天英 騰蛇 景 壬
震三 正東	坎一 正北	乾六 西北

陰一局　辛酉時　直符：天禽丙　直使：五死

巽四 東南	離九 正南	坤二 西南
丙 天衝 六合 傷 丁	丁 天輔 太陰 杜 己	己 天英 騰蛇 景 乙癸
庚 天任 勾陳 生 丙	五中 符首：癸	乙癸 天禽芮 直符 死 辛
戊 天蓬 朱雀 休 庚	壬 天心 九地 開 戊	辛 天柱 九天 驚 壬
震三 正東	坎一 正北	乾六 西北

陰一局　己未時　直符：天禽丙　直使：五死

巽四 東南	離九 正南	坤二 西南
己 天英 騰蛇 景 丁	乙癸 天禽芮 直符 死 己	辛 天柱 九天 驚 乙癸
丁 天輔 太陰 杜 丙	五中 符首：癸	壬 天心 九地 開 辛
丙 天衝 六合 傷 庚	庚 天任 勾陳 生 戊	戊 天蓬 朱雀 休 壬
震三 正東	坎一 正北	乾六 西北

陰一局　壬戌時　直符：天禽丙　直使：五死

巽四 東南	離九 正南	坤二 西南
庚 天任 勾陳 生 丁	丙 天衝 六合 傷 己	丁 天輔 太陰 杜 乙癸
戊 天蓬 朱雀 休 丙	五中 符首：癸	己 天英 騰蛇 景 辛
壬 天心 九地 開 庚	辛 天柱 九天 驚 戊	乙癸 天禽芮 直符 死 壬
震三 正東	坎一 正北	乾六 西北

陰一局　庚申時　直符：天禽丙　直使：五死

巽四 東南	離九 正南	坤二 西南
壬 天心 九地 開 丁	戊 天蓬 朱雀 休 己	庚 天任 勾陳 生 乙癸
辛 天柱 九天 驚 丙	五中 符首：癸	丙 天衝 六合 傷 辛
乙癸 天禽芮 直符 死 庚	己 天英 騰蛇 景 戊	丁 天輔 太陰 杜 壬
震三 正東	坎一 正北	乾六 西北

陰一局　癸亥時　直符：天禽丙　直使：五死

巽四 東南	離九 正南	坤二 西南
丁 天輔 太陰 杜 丁	己 天英 騰蛇 景 己	乙癸 天禽芮 直符 死 乙癸
丙 天衝 六合 傷 丙	五中 符首：癸	辛 天柱 九天 驚 辛
庚 天任 勾陳 生 庚	戊 天蓬 朱雀 休 戊	壬 天心 九地 開 壬
震三 正東	坎一 正北	乾六 西北

【奇門遁甲】
日盤(五符法)
陰陽遁120局盤

奇門遁甲日盤（五符法）

陽遁六十局

· ·

甲子日〜癸亥日

甲子日　艮方生門吉	中宮　咸池　金神大凶星、咸池名惡殺，鑿井以外，用事恐傷身不宜。	
	乾　開　太陰	百禍侵不得、諸事遇賢良、求財百事皆得成。
	坎　休　軒轅	百事謀為艱難、行事必纏緩、遠行途阻滯。
	艮　生　太乙	吉曜百事亨、求財得利多、遠行無阻滯。
	震　傷　天符	須防有是非、遇婦人謀害、漁獵索債成。
	巽　杜　青龍	茶酒留住客、隱伏逃避成、謀事不遂心。
	離　景　攝提	百事多坎坷、遠行災難多、惡人賊盜逢。
	坤　死　招搖	出門事不成、恐慌怪夢怕、只適捕獵事。
	兌　驚　天乙	雖有吉曜扶、求謀仍難成、出行防傷病、唯能捕賊盜。

乙丑日　艮方生門吉	中宮　青龍　金神大吉星，相生錢財旺，接貴安榮華，萬事事相同。	
	乾　開　咸池	求財賭博空手回、病患災厄臨、遠行多不利。
	坎　休　攝提	遠行必不利、財路耗損失、婚姻不如意。
	艮　生　天乙	人緣人事佳、財利亦見旺、萬事從心享。
	震　傷　招搖	謀事恐慌多、出入有阻害、陰人口舌迎。
	巽　杜　天符	行人塞路行、走失難搜尋、逃走避難成。
	離　景　太乙	謁故尋親吉、行文百事吉、遠行無阻滯。
	坤　死　軒轅	行事必牽纏、遠行必阻滯、只能獵漁事。
	兌　驚　太陰	誤詞獻詐伏兵成、知交得覓尋、餘事謹慎莫輕行。

丙寅日　坎方休門吉	中宮　天符　土神凶星，五鬼是天符，積糧尚有利，切忌有災途。	
	乾　開　青龍	青龍喜重重、遇人逢酒肉、賭博求財得不空。
	坎　休　太乙	出門無阻滯、百事見興旺、婚姻大吉昌。
	艮　生　太陰	百事災不侵、求財皆成就、貴人自來尋。
	震　傷　軒轅	遠行防血光、行事必牽纏、求財亦不利。
	巽　杜　招搖	出入多閉塞、陰人口舌迎、避難尚有路、恐慌事難成。
	離　景　天乙	相會娶嫁百事吉、求財謀事亦易成。
	坤　死　攝提	此路無吉利、老婦哭悲啼、打獵捉魚可得利。
	兌　驚　咸池	出行多不利、損財失物又患病、只宜捕捉盜賊。

丁卯日	離方開門吉	中宮	招搖	木神小凶星，陰人口舌迎，白夢多恐慌，屋響釜自鳴。

乾 傷 天符	須防有是非、遇婦人謀害、漁獵索債成。
坎 杜 天乙	吉星百事順、求財娶嫁皆有喜、陰伏避難亦得成。
艮 景 咸池	遠行多不利、求財空手歸、出入不安、損失又患病。
震 死 攝提	此路無吉利、老婦哭悲啼、打獵捉魚可得利。
巽 驚 軒轅	行事必牽纏、損財又傷身、遠行阻滯又遇恐懼事。
離 開 太陰	百禍侵不得、諸事遇賢良、求財百事皆得成。
坤 休 太乙	出門無阻滯、百事見興旺、婚姻大吉昌。
兌 生 青龍	求事喜重重、遇人逢酒肉、錢財利路通。

戊辰日	坤方休門吉	中宮	軒轅	水神小凶星，門內都不寧，賭博定輸錢，百事謀為定傷殘。

乾 傷 招搖	謀事恐慌多、出入有阻害、陰人口舌迎。
坎 杜 太陰	百事喜相成、藏身無煩惱、知交可尋得。
艮 景 青龍	遠行多不利、求財空手歸、出入不安、損失又患病。
震 死 太乙	謀事可有貴人助、謁貴求良較難成、捕漁打獵有收穫。
巽 驚 攝提	出行遇驚懼、官司凶連綿、百事必遲疑。
離 開 咸池	求財賭博空手回、病患災厄臨、遠行多不利。
坤 休 天乙	人際人和通、休閒酒食悅、謀事財利旺。
兌 生 天符	路途行人阻、有陰人妨害、走失難尋得、口論官司凶。

己巳日	離方開門吉	中宮	攝提	土神大凶星，萬事不相道同，隱匿藏遁可，言動則傷身。

乾 傷 軒轅	遠行防血光、行事必牽纏、求財亦不利。
坎 杜 咸池	遠行多不利、求財反敗失、災厄病患多。
艮 景 天符	出門路途有阻害、又須防女難之相。
震 死 天乙	求謀不堪論、遠行逢災厄、弔死行刑可、拿捕魚獵亦可行。
巽 驚 太乙	雖得吉曜助、出行事難失魂虛驚、只宜捕賊盜。
離 開 青龍	青龍喜重重、遇人逢酒肉、賭博求財得不空。
坤 休 太陰	求財謁貴欽、婚姻定情吉、百時災不侵。
兌 生 招搖	出入事難成、陰人口舌迎、情緒多不寧。

224

庚午日	震方休門吉	中宮	太乙	水神大吉星，遇陰人尤吉，諸事盡歡欣，賭博錢財愁聚。
		乾	死 攝提	此路無吉利、老婦哭悲啼、打獵捉魚可得利。
		坎	驚 青龍	賭博可見喜、其他吉事未必通、伏兵捕捉亦成。
		艮	開 招搖	出入免招映、先難後得成、婦人口舌迎。
		震	休 太陰	求財謁貴欽、婚姻定情吉、百事災不侵。
		巽	生 天乙	人緣人事佳、財利亦見旺、萬事從心享。
		離	傷 天符	須防有是非、遇婦人謀害、漁獵索債成。
		坤	杜 咸池	遠行多不利、求財反敗失、災厄病患多。
		兌	景 軒轅	諸事謀為難、常須防火災、亦要防盜難。

辛未日	巽方生門吉	中宮	天乙	火星吉神，宜見貴人，用事，求謀，嫁娶，總逐心。
		乾	死 太乙	謀事可有貴人助、謁貴求良較難成、捕漁打獵有收穫。
		坎	驚 天符	走失難覓尋、更有婦人謀、官司口舌定不利。
		艮	開 軒轅	求謀事必纏、遠行防阻滯、求財定不利。
		震	休 咸池	嫁娶尚稱吉、求財空手回、損失加病患。
		巽	生 太陰	百事災不侵、求財皆成就、貴人自來尋。
		離	傷 招搖	謀事恐慌多、出入有阻害、陰人口舌迎。
		坤	杜 青龍	茶酒留住客、隱伏逃避成、謀事不遂心。
		兌	景 攝提	百事多坎坷、遠行災難多、惡人賊盜逢。

壬申日	震方休門吉	中宮	太陰	土神吉星，知者莫交鋒、雖有勝算握，未必占奇功。
		乾	死 天乙	求謀不堪論、遠行逢災厄、弔死行刑可、拿捕魚獵亦可行。
		坎	驚 招搖	恐慌怪夢怕、陰人口舌迎、百事多不安、官司病傷纏。
		艮	開 攝提	百事必遲滯、喜事變凶事、遠行必遲滯。
		震	休 青龍	謀事盡相通、赴任貴人助、求利求財旺。
		巽	生 咸池	遠行多不利、賭博空手歸、失財又患病。
		離	傷 軒轅	遠行防血光、行事必牽纏、求財亦不利。
		坤	杜 天符	行人塞路行、走失難搜尋、逃走避難成。
		兌	景 太乙	謁故尋親吉、行文百事吉、遠行無阻滯。

癸酉日	巽方休門吉	中宮	咸池	金神大凶星，咸池名惡殺，鑿井以外，用事恐傷身不宜。

乾	景	太陰	出門皆會吉、嫁娶行商成、謀求財利甚稱佳。
坎	死	軒轅	行事必牽纏、遠行必阻滯、只能獵漁事。
艮	驚	太乙	雖得吉曜助、出行事難失魂虛驚、只宜捕賊盜。
震	開	天符	遠行見貴賢、須防婦人謀、走失難尋得。
巽	休	青龍	謀事盡相通、赴任貴人助、求利求財旺。
離	生	攝提	百事皆難成、遠行多不利、財路皆不順。
坤	傷	招搖	謀事恐慌多、出入有阻害、陰人口舌迎。
兌	杜	天乙	吉星百事順、求財娶嫁皆有喜、陰伏避難亦得成。

甲戌日	離方生門吉	中宮	青龍	金神大吉星，相生錢財旺，接貴安榮華，萬事事相同。

乾	景	咸池	遠行多不利、求財空手歸、出入不安、損失又患病。
坎	死	攝提	此路無吉利、老婦哭悲啼、打獵捉魚可得利。
艮	驚	天乙	雖有吉曜扶、求謀仍難成、出行防傷病、唯能捕賊盜。
震	開	招搖	出入免招殃、先難後得成、婦人口舌迎。
巽	休	天符	須防女難相、路途有人阻、走失難尋見。
離	生	太乙	吉曜百事亨、求財得利多、遠行無阻滯。
坤	傷	軒轅	遠行防血光、行事必牽纏、求財亦不利。
兌	杜	太陰	百事喜相成、藏身無煩惱、知交可尋得。

乙亥日	離方生門吉	中宮	天符	土神凶星，五鬼是天符，積糧尚有利，切忌有災途。

乾	景	青龍	遠行多不利、求財空手歸、出入不安、損失又患病。
坎	死	太乙	謀事可有貴人助、謁貴求良較難成、捕漁打獵有收穫。
艮	驚	太陰	誤詞獻詐伏兵成、知交得覓尋、餘事謹慎莫輕行。
震	開	軒轅	求謀事必纏、遠行防阻滯、求財定不利。
巽	休	招搖	吉宿見貴人、出入笑喜重、行事須考量、諸事尚稱意。
離	生	天乙	人緣人事佳、財利亦見旺、萬事從心享。
坤	傷	攝提	求財多不利、遠行防血光、諸事不如意。
兌	杜	咸池	遠行多不利、求財反敗失、災厄病患多。

丙子日	坎方生門吉	中宮	招搖	木神小凶星，陰人口舌迎，白夢多恐慌，屋響釜自鳴。
	乾	休	天符	須防女難相、路途有人阻、走失難尋見。
	坎	生	天乙	人緣人事佳、財利亦見旺、萬事從心享。
	艮	傷	咸池	求財多不利、遠行見血光、凶神惡殺是非多。
	震	杜	攝提	路必不通、事必遲疑、多災坎坷。
	巽	景	軒轅	諸事謀為難、常須防火災、亦要防盜難。
	離	死	太陰	知己能得尋、他事少得成、弔死行刑捕獵可。
	坤	驚	太乙	雖得吉曜助、出行事難失魂虛驚、只宜捕賊盜。
	兌	開	青龍	青龍喜重重、遇人逢酒肉、賭博求財得不空。

丁丑日	坎方生門吉	中宮	軒轅	水神小凶星，門內都不寧，賭博定輸錢，百事謀為定傷殘。
	乾	休	招搖	吉宿見貴人、出入笑喜重、行事須考量、諸事尚稱意。
	坎	生	太陰	百事災不侵、求財皆成就、貴人自來尋。
	艮	傷	青龍	求財索債成、捕獵亦可獲、他事是非多。
	震	杜	太乙	百事多得成、避難藏匿得安寧。
	巽	景	攝提	百事多坎坷、遠行災難多、惡人賊盜逢。
	離	死	咸池	損財病患來、又得防止陰女難、只適打獵捕漁。
	坤	驚	天乙	雖有吉曜扶、求謀仍難成、出行防傷病、唯能捕賊盜。
	兌	開	天符	遠行見貴賢、須防婦人謀、走失難尋得。

戊寅日	坎方生門吉	中宮	攝提	土神大凶星，萬事不相道同，隱匿藏遁可，言動則傷身。
	乾	休	軒轅	百事謀為艱難、行事必纏緩、遠行途阻滯。
	坎	生	咸池	遠行多不利、賭博空手歸、失財又患病。
	艮	傷	天符	須防有是非、遇婦人謀害、漁獵索債成。
	震	杜	天乙	吉星百事順、求財娶嫁皆有喜、陰伏避難亦得成。
	巽	景	太乙	謁故尋親吉、行文百事吉、遠行無阻滯。
	離	死	青龍	適於捕打漁獵、弔死行刑亦可、其他吉事不堪言。
	坤	驚	太陰	誤詞獻詐伏兵成、知交得覓尋、餘事謹慎莫輕行。
	兌	開	招搖	出入免招殃、先難後得成、婦人口舌迎。

己卯日	兑方休門吉	中宮	太乙	水神大吉星，遇陰人尤吉，婚姻出入謁貴，諸事盡歡欣。
		乾	生 攝提	百事皆難成、遠行多不利、財路皆不順。
		坎	傷 青龍	求財索債成、捕獵亦可獲、他事是非多。
		艮	杜 招搖	出入多閉塞、陰人口舌迎、避難尚有路、恐慌事難成。
		震	景 太陰	門路皆不通、遠行路難走、行事必纏滯。
		巽	死 天乙	求謀不堪論、遠行逢災厄、弔死行刑可、拿捕魚獵亦可行。
		離	驚 天符	走失難覓尋、更有婦人謀、官司口舌定不利。
		坤	開 咸池	求財賭博空手回、病患災厄臨、遠行多不利。
		兑	休 軒轅	百事謀為艱難、行事必纏緩、遠行途阻滯。
庚辰日	乾方生門吉	中宮	天乙	火星吉神，宜見貴人，用事，求謀，嫁娶，總逐心。
		乾	生 太乙	吉曜百事亨、求財得利多、遠行無阻滯。
		坎	傷 天符	須防有是非、遇婦人謀害、漁獵索債成。
		艮	杜 軒轅	門路皆不通、遠行路難走、行事必纏滯。
		震	景 咸池	遠行多不利、求財空手歸、出入不安、損失又患病。
		巽	死 太陰	知己能得尋、他事少得成、弔死行刑捕獵可。
		離	驚 招搖	恐慌怪夢怕、陰人口舌迎、百事多不安、官司病傷纏。
		坤	開 青龍	青龍喜重重、遇人逢酒肉、賭博求財得不空。
		兑	休 攝提	遠行必不利、財路耗損失、婚姻不如意。
辛巳日	兑方休門吉	中宮	太陰	土神吉星，知者莫交鋒、雖有勝算握，未必占奇功。
		乾	生 天乙	人緣人事佳、財利亦見旺、萬事從心享。
		坎	傷 招搖	謀事恐慌多、出入有阻害、陰人口舌迎。
		艮	杜 攝提	路必不通、事必遲疑、多災坎坷。
		震	景 青龍	遠行多不利、求財空手歸、出入不安、損失又患病。
		巽	死 咸池	損財病患來、又得防止陰女難、只適打獵捕漁。
		離	驚 軒轅	行事必牽纏、損財又傷身、遠行阻滯又遇恐懼事。
		坤	開 天符	遠行見貴賢、須防婦人謀、走失難尋得。
		兑	休 太乙	出門無阻滯、百事見興旺、婚姻大吉昌。

壬午日	艮方休門吉	中宮	咸池	金神大凶星，咸池名惡殺，鑿井以外，用事恐傷身不宜。
		乾	驚　太陰	誤詞獻詐伏兵成、知交得覓尋、餘事謹慎莫輕行。
		坎	開　軒轅	求謀事必纏、遠行防阻滯、求財定不利。
		艮	休　太乙	出門無阻滯、百事見興旺、婚姻大吉昌。
		震	生　天符	路途行人阻、有陰人妨害、走失難尋得、口論官司凶。
		巽	傷　青龍	求財索債成、捕獵亦可獲、他事是非多。
		離	杜　攝提	路必不通、事必遲疑、多災坎坷。
		坤	景　招搖	出外賊盜逢、白夢多恐慌、又得防陰人口舌事。
		兌	死　天乙	求謀不堪論、遠行逢災厄、弔死行刑可、拿捕魚獵亦可行。

癸未日	艮方休門吉	中宮	青龍	金神大吉星，相生錢財旺，接貴安榮華，萬事事相同。
		乾	驚　咸池	出行多不利、損財失物又患病、只宜捕捉盜賊。
		坎	開　攝提	百事必遲滯、喜事變凶事、遠行必遲滯。
		艮	休　天乙	人際人和通、休閒酒食悅、謀事財利旺。
		震	生　招搖	出入事難成、陰人口舌迎、情緒多不寧。
		巽	傷　天符	須防有是非、遇婦人謀害、漁獵索債成。
		離	杜　太乙	百事多得成、避難藏匿得安寧。
		坤	景　軒轅	諸事謀為難、常須防火災、亦要防盜難。
		兌	死　太陰	知己能得尋、他事少得成、弔死行刑捕獵可。

甲申日	坎方開門吉	中宮	天符	土神凶星，五鬼是天符，積糧尚有利，切忌有災途。
		乾	驚　青龍	賭博可見喜、其他吉事未必通、伏兵捕捉亦成。
		坎	開　太乙	謁貴可得扶、行事遇賢良、婚姻大吉祥、遠行無阻滯。
		艮	休　太陰	求財謁貴欽、婚姻定情吉、百事災不侵。
		震	生　軒轅	萬事尚稱可、行事防牽纏、遠行亡阻滯。
		巽	傷　招搖	謀事恐慌多、出入有阻害、陰人口舌迎。
		離	杜　天乙	吉星百事順、求財娶嫁皆有喜、陰伏避難亦得成。
		坤	景　攝提	百事多坎坷、遠行災難多、惡人賊盜逢。
		兌	死　咸池	損財病患來、又得防止陰女難、只適打獵捕漁。

乙酉日　離方休門吉	中宮　招搖　木神小凶星，陰人口舌迎，白夢多恐慌，屋響釜自鳴。

	乾	杜	天符	行人塞路行、走失難搜尋、逃走避難成。
	坎	景	天乙	相會娶嫁百事吉、求財謀事亦易成。
	艮	死	咸池	損財病患來、又得防止陰女難、只適打獵捕漁。
	震	驚	攝提	出行遇驚懼、官司凶連綿、百事必遲疑。
	巽	開	軒轅	求謀事必纏、遠行防阻滯、求財定不利。
	離	休	太陰	求財謁貴欽、婚姻定情吉、百時災不侵。
	坤	生	太乙	吉曜百事亨、求財得利多、遠行無阻滯。
	兌	傷	青龍	求財索債成、捕獵亦可獲、他事是非多。

丙戌日　坤方生門吉	中宮　軒轅　水神小凶星，門內都不寧，賭博定輸錢，百事謀為定傷殘。

	乾	杜	招搖	出入多閉塞、陰人口舌迎、避難尚有路、恐慌事難成。
	坎	景	太陰	出門皆會吉、嫁娶行商成、謀求財利甚稱佳。
	艮	死	青龍	適於捕打漁獵、弔死行刑亦可、其他吉事不堪言。
	震	驚	太乙	雖得吉曜助、出行事難失魂虛驚、只宜捕賊盜。
	巽	開	攝提	百事必遲滯、喜事變凶事、遠行必遲滯。
	離	休	咸池	嫁娶尚稱吉、求財空手回、損失加病患。
	坤	生	天乙	人緣人事佳、財利亦見旺、萬事從心享。
	兌	傷	天符	須防有是非、遇婦人謀害、漁獵索債成。

丁亥日　離方休門吉	中宮　攝提　土神大凶星，萬事不相道同，隱匿藏遁可，言動則傷身。

	乾	杜	軒轅	門路皆不通、遠行路難走、行事必纏滯。
	坎	景	咸池	遠行多不利、求財空手歸、出入不安、損失又患病。
	艮	死	天符	出門有災難、更有婦人謀、官非又口舌、只適打獵事。
	震	驚	天乙	雖有吉曜扶、求謀仍難成、出行防傷病、唯能捕賊盜。
	巽	開	太乙	謁貴可得扶、行事遇賢良、婚姻大吉祥、遠行無阻滯。
	離	休	青龍	謀事盡相通、赴任貴人助、求利求財旺。
	坤	生	太陰	百事災不侵、求財皆成就、貴人自來尋。
	兌	傷	招搖	謀事恐慌多、出入有阻害、陰人口舌迎。

戊 子 日	坎方休門吉	**中宮**	**太乙**	水神大吉星，遇陰人尤吉，婚姻出入謁貴，諸事盡歡欣。
		乾	開 攝提	百事必遲滯、喜事變凶事、遠行必遲滯。
		坎	休 青龍	謀事盡相通、赴任貴人助、求利求財旺。
		艮	生 招搖	出入事難成、陰人口舌迎、情緒多不寧。
		震	傷 太陰	百禍不能侵、牽債必得成、喜事不全吉。
		巽	杜 天乙	吉星百事順、求財娶嫁皆有喜、陰伏避難亦得成。
		離	景 天符	出門路途有阻害、又須防女難之相。
		坤	死 咸池	損財病患來、又得防止陰女難、只適打獵捕漁。
		兌	驚 軒轅	行事必牽纏、損財又傷身、遠行阻滯又遇恐懼事。

己 丑 日	乾方開門吉	**中宮**	**天乙**	火星吉神，宜見貴人，用事，求謀，嫁娶，總逐心。
		乾	開 太乙	謁貴可得扶、行事遇賢良、婚姻大吉祥、遠行無阻滯。
		坎	休 天符	須防女難相、路途有人阻、走失難尋見。
		艮	生 軒轅	萬事尚稱可、行事防牽纏、遠行亡阻滯。
		震	傷 咸池	求財多不利、遠行見血光、凶神惡殺是非多。
		巽	杜 太陰	百事喜相成、藏身無煩惱、知交可尋得。
		離	景 招搖	出外賊盜逢、白夢多恐慌、又得防陰人口舌事。
		坤	死 青龍	適於捕打漁獵、弔死行刑亦可、其他吉事不堪言。
		兌	驚 攝提	出行遇驚懼、官司凶連綿、百事必遲疑。

庚 寅 日	乾方開門吉	**中宮**	**太陰**	土神吉星，知者莫交鋒、雖有勝算握，未必占奇功。
		乾	開 天乙	求財皆和順、求謀百事成、茶酒自來迎。
		坎	休 招搖	吉宿見貴人、出入笑喜重、行事須考量、諸事尚稱意。
		艮	生 攝提	百事皆難成、遠行多不利、財路皆不順。
		震	傷 青龍	求財索債成、捕獵亦可獲、他事是非多。
		巽	杜 咸池	遠行多不利、求財反敗失、災厄病患多。
		離	景 軒轅	諸事謀為難、常須防火災、亦要防盜難。
		坤	死 天符	出門有災難、更有婦人謀、官非又口舌、只適打獵事。
		兌	驚 太乙	雖得吉曜助、出行事難失魂虛驚、只宜捕賊盜。

辛卯日	兌方生門吉	中宮	咸池	金神大凶星，咸池名惡殺，鑿井以外，用事恐傷身不宜。
		乾 傷 太陰		百禍不能侵、牽債必得成、喜事不全吉。
		坎 杜 軒轅		門路皆不通、遠行路難走、行事必纏滯。
		艮 景 太乙		謁故尋親吉、行文親吉、行文百事吉、遠行無阻滯。
		震 死 天符		出門有災難、更有婦人謀、官非又口舌、只適打獵事。
		巽 驚 青龍		賭博可見喜、其他吉事未必通、伏兵捕捉亦成。
		離 開 攝提		百事必遲滯、喜事變凶事、遠行必遲滯。
		坤 休 招搖		吉宿見貴人、出入笑喜重、行事須考量、諸事尚稱意。
		兌 生 天乙		人緣人事佳、財利亦見旺、萬事從心享。

壬辰日	離方開門吉	中宮	青龍	金神大吉星，相生錢財旺，接貴安榮華，萬事事相同。
		乾 傷 咸池		求財多不利、遠行見血光、凶神惡殺是非多。
		坎 杜 攝提		路必不通、事必遲疑、多災坎坷。
		艮 景 天乙		相會娶嫁百事吉、求財謀事亦易成。
		震 死 招搖		出門事不成、恐慌怪夢怕、只適捕獵事。
		巽 驚 天符		走失難覓尋、更有婦人謀、官司口舌定不利。
		離 開 太乙		謁貴可得扶、行事遇賢良、婚姻大吉祥、遠行無阻滯。
		坤 休 軒轅		百事謀為艱難、行事必纏緩、遠行途阻滯。
		兌 生 太陰		百事災不侵、求財皆成就、貴人自來尋。

癸巳日	離方開門吉	中宮	天符	土神凶星，五鬼是天符，積糧尚有利，切忌有災途。
		乾 傷 青龍		求財索債成、捕獵亦可獲、他事是非多。
		坎 杜 太乙		百事多得成、避難藏匿得安寧。
		艮 景 太陰		出門皆會吉、嫁娶行商成、謀求財利甚稱佳。
		震 死 軒轅		行事必牽纏、遠行必阻滯、只能獵漁事。
		巽 驚 招搖		恐慌怪夢怕、陰人口舌迎、百事多不安、官司病傷纏。
		離 開 天乙		求財皆和順、求謀百事成、茶酒自來迎。
		坤 休 攝提		遠行必不利、財路耗損失、婚姻不如意。
		兌 生 咸池		遠行多不利、賭博空手歸、失財又患病。

甲午日　艮方開門吉	中宮		招搖　水神大吉星，遇陰人尤吉，諸事尽歡欣，賭博錢財愁聚。
	乾	死　天符	出門有災難、更有婦人謀、官非又口舌、只適打獵事。
	坎	驚　天乙	雖有吉曜扶、求謀仍難成、出行防傷病、唯能捕賊盜。
	艮	開　咸池	求財賭博空手回、病患災厄臨、遠行多不利。
	震	休　攝提	遠行必不利、財路耗損失、婚姻不如意。
	巽	生　軒轅	萬事尚稱可、行事防牽纏、遠行亡阻滯。
	離	傷　太陰	百禍不能侵、牽債必得成、喜事不全吉。
	坤	杜　太乙	百事多得成、避難藏匿得安寧。
	兌	景　青龍	遠行多不利、求財空手歸、出入不安、損失又患病。

乙未日　震方休門吉	中宮		軒轅　水神小凶星，門內都不寧，賭博定輸錢，百事謀為定傷殘。
	乾	死　招搖	出門事不成、恐慌怪夢怕、只適捕獵事。
	坎	驚　太陰	誤詞獻詐伏兵成、知交得覓尋、餘事謹慎莫輕行。
	艮	開　青龍	青龍喜重重，遇人逢酒肉、賭博求財得不空。
	震	休　太乙	出門無阻滯、百事見興旺、婚姻大吉昌。
	巽	生　攝提	百事皆難成、遠行多不利、財路皆不順。
	離	傷　咸池	求財多不利、遠行見血光、凶神惡殺是非多。
	坤	杜　天乙	吉星百事順、求財娶嫁皆有喜、陰伏避難亦得成。
	兌	景　天符	出門路途有阻害、又須防女難之相。

丙申日　巽方生門吉	中宮		攝提　土神大凶星，萬事不相道同，隱匿藏遁可，言動則傷身。
	乾	死　軒轅	行事必牽纏、遠行必阻滯、只能獵漁事。
	坎	驚　咸池	出行多不利、損財失物又患病、只宜捕捉盜賊。
	艮	開　天符	遠行見貴賢、須防婦人謀、走失難尋得。
	震	休　天乙	人際人和通、休閒酒食悅、謀事財利旺。
	巽	生　太乙	吉曜百事亨、求財得利多、遠行無阻滯。
	離	傷　青龍	求財索債成、捕獵亦可獲、他事是非多。
	坤	杜　太陰	百事喜相成、藏身無煩惱、知交可尋得。
	兌	景　招搖	出外賊盜逢、白夢多恐慌、又得防陰人口舌事。

丁酉日	離方生門吉	中宮	太乙	水神大吉星，遇陰人尤吉，諸事尽歡欣，賭博錢財愁聚。
		乾 景	攝提	百事多坎坷、遠行災難多、惡人賊盜逢。
		坎 死	青龍	適於捕打漁獵、弔死行刑亦可、其他吉事不堪言。
		艮 驚	招搖	恐慌怪夢怕、陰人口舌迎、百事多不安、官司病傷纏。
		震 開	太陰	百禍侵不得、諸事遇賢良、求財百事皆得成。
		巽 休	天乙	人際人和通、休閒酒食悦、謀事財利旺。
		離 生	天符	路途行人阻、有陰人妨害、走失難尋得、口論官司凶。
		坤 傷	咸池	求財多不利、遠行見血光、凶神惡殺是非多。
		兌 杜	軒轅	門路皆不通、遠行路難走、行事必纏滯。
戊戌日	巽方休門吉	中宮	天乙	火星吉神，宜見貴人，用事，求謀，嫁娶，總逐心。
		乾 景	太乙	謁故尋親吉、行文百事吉、遠行無阻滯。
		坎 死	天符	出門有災難、更有婦人謀、官非又口舌、只適打獵事。
		艮 驚	軒轅	行事必牽纏、損財又傷身、遠行阻滯又遇恐懼事。
		震 開	咸池	求財賭博空手回、病患災厄臨、遠行多不利。
		巽 休	太陰	求財謁貴欽、婚姻定情吉、百時災不侵。
		離 生	招搖	出入事難成、陰人口舌迎、情緒多不寧。
		坤 傷	青龍	求財索債成、捕獵亦可獲、他事是非多。
		兌 杜	攝提	路必不通、事必遲疑、多災坎坷。
己亥日	震方開門吉	中宮	太陰	土神吉星，知者莫交鋒，雖有勝算握，未必占奇功。
		乾 景	天乙	相會娶嫁百事吉、求財謀事亦易成。
		坎 死	招搖	出門事不成、恐慌怪夢怕、只適捕獵事。
		艮 驚	攝提	出行遇驚懼、官司凶連綿、百事必遲疑。
		震 開	青龍	青龍喜重重、遇人逢酒肉、賭博求財得不空。
		巽 休	咸池	嫁娶尚稱吉、求財空手回、損失加病患。
		離 生	軒轅	萬事尚稱可、行事防牽纏、遠行亡阻滯。
		坤 傷	天符	須防有是非、遇婦人謀害、漁獵索債成。
		兌 杜	太乙	百事多得成、避難藏匿得安寧。

庚子日　乾方休門吉	**中宮** 咸池　金神大凶星，咸池名惡殺，鑿井以外，用事恐傷身不宜。

宮	門	星	斷語
乾	休	太陰	求財謁貴欽、婚姻定情吉、百事災不侵。
坎	生	軒轅	萬事尚稱可、行事防牽纏、遠行亡阻滯。
艮	傷	太乙	索債可得收、漁獵亦能成、他事憂慮多。
震	杜	天符	行人塞路行、走失難搜尋、逃走避難成。
巽	景	青龍	遠行多不利、求財空手歸、出入不安、損失又患病。
離	死	攝提	此路無吉利、老婦哭悲啼、打獵捉魚可得利。
坤	驚	招搖	恐慌怪夢怕、陰人口舌迎、百事多不安、官司病傷纏。
兌	開	天乙	求財皆和順、求謀百事成、茶酒自來迎。

辛丑日　兌方開門吉	**中宮** 青龍　金神大吉星，相生錢財旺，接貴安榮華，萬事事相同。

宮	門	星	斷語
乾	休	咸池	嫁娶尚稱吉、求財空手回、損失加病患。
坎	生	攝提	百事皆難成、遠行多不利、財路皆不順。
艮	傷	天乙	謹慎用事則可遂、謀事多稱心、索債漁獵亦得成。
震	杜	招搖	出入多閉塞、陰人口舌迎、避難尚有路、恐慌事難成。
巽	景	天符	出門路途有阻害、又須防女難之相。
離	死	太乙	謀事可有貴人助、謁貴求良較難成、捕漁打獵有收穫。
坤	驚	軒轅	行事必牽纏、損財又傷身、遠行阻滯又遇恐懼事。
兌	開	太陰	百禍侵不得、諸事遇賢良、求財百事皆得成。

壬寅日　坎方生門吉	**中宮** 天符　土神凶星，五鬼是天符，積糧尚有利，切忌有災途。

宮	門	星	斷語
乾	休	青龍	謀事盡相通、赴任貴人助、求利求財旺。
坎	生	太乙	吉曜百事亨、求財得利多、遠行無阻滯。
艮	傷	太陰	百禍不能侵、牽債必得成、喜事不全吉。
震	杜	軒轅	門路皆不通、遠行路難走、行事必纏滯。
巽	景	招搖	出外賊盜逢、白夢多恐慌、又得防陰人口舌事。
離	死	天乙	求謀不堪論、遠行逢災厄、弔死行刑可、拿捕魚獵亦可行。
坤	驚	攝提	出行遇驚懼、官司凶連綿、百事必遲疑。
兌	開	咸池	求財賭博空手回、病患災厄臨、遠行多不利。

癸卯日　坤方開門吉	中宮　招搖　木神小凶星，陰人口舌迎，白夢多恐慌，屋響釜自鳴。	
	乾　生　天符	路途行人阻、有陰人妨害、走失難尋得、口論官司凶。
	坎　傷　天乙	謹慎用事則可遂、謀事多稱心、索債漁獵亦得成。
	艮　杜　咸池	遠行多不利、求財反敗失、災厄病患多。
	震　景　攝提	百事多坎坷、遠行災難多、惡人賊盜逢。
	巽　死　軒轅	行事必牽纏、遠行必阻滯、只能獵漁事。
	離　驚　太陰	誤詞獻詐伏兵成、知交得覓尋、餘事謹慎莫輕行。
	坤　開　太乙	謁貴可得扶、行事遇賢良、婚姻大吉祥、遠行無阻滯。
	兌　休　青龍	謀事盡相通、赴任貴人助、求利求財旺。

甲辰日　兌方休門吉	中宮　軒轅　水神小凶星，門内都不寧，賭博定輸錢，百事謀為定傷殘。	
	乾　生　招搖	出入事難成、陰人口舌迎、情緒多不寧。
	坎　傷　太陰	百禍不能侵、牽債必得成、喜事不全吉。
	艮　杜　青龍	茶酒留住客、隱伏逃避成、謀事不遂心。
	震　景　太乙	謁故尋親吉、行文百事吉、遠行無阻滯。
	巽　死　攝提	此路無吉利、老婦哭悲啼、打獵捉魚可得利。
	離　驚　咸池	出行多不利、損財失物又患病、只宜捕捉盜賊。
	坤　開　天乙	求財皆和順、求謀百事成、茶酒自來迎。
	兌　休　天符	須防女難相、路途有人阻、走失難尋見。

乙巳日　坤方開門吉	中宮　攝提　土神大凶星，萬事不相道同，隱匿藏遁可，言動則傷身。	
	乾　生　軒轅	萬事尚稱可、行事防牽纏、遠行亡阻滯。
	坎　傷　咸池	求財多不利、遠行見血光、凶神惡殺是非多。
	艮　杜　天符	行人塞路行、走失難搜尋、逃走避難成。
	震　景　天乙	相會娶嫁百事吉、求財謀事亦易成。
	巽　死　太乙	謀事可有貴人助、謁貴求良較難成、捕漁打獵有收穫。
	離　驚　青龍	賭博可見喜、其他吉事未必通、伏兵捕捉亦成。
	坤　開　太陰	百禍侵不得、諸事遇賢良、求財百事皆得成。
	兌　休　招搖	吉宿見貴人、出入笑喜重、行事須考量、諸事尚稱意。

丙午日	坎方開門吉		中宮	太乙	水神大吉星，遇陰人尤吉，諸事盡歡欣，賭博錢財愁聚。
		乾	驚	攝提	出行遇驚懼、官司凶連綿、百事必遲疑。
		坎	開	青龍	青龍喜重重，遇人逢酒肉、賭博求財得不空。
		艮	休	招搖	吉宿見貴人、出入笑喜重、行事須考量、諸事尚稱意。
		震	生	太陰	百事災不侵、求財皆成就、貴人自來尋。
		巽	傷	天乙	謹慎用事則可遂、謀事多稱心、索債漁獵亦得成。
		離	杜	天符	行人塞路行、走失難搜尋、逃走避難成。
		坤	景	咸池	遠行多不利、求財空手歸、出入不安、損失又患病。
		兌	死	軒轅	行事必牽纏、遠行必阻滯、只能獵漁事。
丁未日	艮方休門吉		中宮	天乙	火星吉神，宜見貴人，用事，求謀，嫁娶，總遂心。
		乾	驚	太乙	雖得吉曜助、出行事難失魂虛驚、只宜捕賊盜。
		坎	開	天符	遠行見貴賢、須防婦人謀、走失難尋得。
		艮	休	軒轅	百事謀為艱難、行事必纏緩、遠行途阻滯。
		震	生	咸池	遠行多不利、賭博空手歸、失財又患病。
		巽	傷	太陰	百禍不能侵、牽債必得成、喜事不全吉。
		離	杜	招搖	出入多閉塞、陰人口舌迎、避難尚有路、恐慌事難成。
		坤	景	青龍	遠行多不利、求財空手歸、出入不安、損失又患病。
		兌	死	攝提	此路無吉利、老婦哭悲啼、打獵捉魚可得利。
戊申日	震方生門吉		中宮	太陰	土神吉星，知者莫交鋒、雖有勝算握，未必占奇功。
		乾	驚	天乙	雖有吉曜扶、求謀仍難成、出行防傷病、唯能捕賊盜。
		坎	開	招搖	出入免招殃、先難後得成、婦人口舌迎。
		艮	休	攝提	遠行必不利、財路耗損失、婚姻不如意。
		震	生	青龍	求事喜重重、遇人逢酒肉、錢財利路通。
		巽	傷	咸池	求財多不利、遠行見血光、凶神惡殺是非多。
		離	杜	軒轅	門路皆不通、遠行路難走、行事必纏滯。
		坤	景	天符	出門路途有阻害、又須防女難之相。
		兌	死	太乙	謀事可有貴人助、謁貴求良較難成、捕漁打獵有收穫。

己酉日　巽方開門吉	中宮	咸池	金神大凶星，咸池名惡殺，鑿井以外，用事恐傷身不宜。
	乾 杜	太陰	百事喜相成、藏身無煩惱、知交可尋得。
	坎 景	軒轅	諸事謀為難、常須防火災、亦要防盜難。
	艮 死	太乙	謀事可有貴人助、謁貴求良較難成、捕漁打獵有收穫。
	震 驚	天符	走失難覓尋、更有婦人謀、官司口舌定不利。
	巽 開	青龍	青龍喜重重，遇人逢酒肉、賭博求財得不空。
	離 休	攝提	遠行必不利、財路耗損失、婚姻不如意。
	坤 生	招搖	出入事難成、陰人口舌迎、情緒多不寧。
	兌 傷	天乙	謹慎用事則可遂、謀事多稱心、索債漁獵亦得成。

庚戌日　離方休門吉	中宮	青龍	金神大吉星，相生錢財旺，接貴安榮華，萬事事相同。
	乾 杜	咸池	遠行多不利、求財反敗失、災厄病患多。
	坎 景	攝提	百事多坎坷、遠行災難多、惡人賊盜逢。
	艮 死	天乙	求謀不堪論、遠行逢災厄、弔死行刑可、拿捕魚獵亦可行。
	震 驚	招搖	恐慌怪夢怕、陰人口舌迎、百事多不安、官司病傷纏。
	巽 開	天符	遠行見貴賢、須防婦人謀、走失難尋得。
	離 休	太乙	出門無阻滯、百事見興旺、婚姻大吉昌。
	坤 生	軒轅	萬事尚稱可、行事防牽纏、遠行亡阻滯。
	兌 傷	太陰	百禍不能侵、牽債必得成、喜事不全吉。

辛亥日　離方休門吉	中宮	天符	土神凶星，五鬼是天符，積糧尚有利，切忌有災途。
	乾 杜	青龍	茶酒留住客、隱伏逃避成、謀事不遂心。
	坎 景	太乙	謁故尋親吉、行文百事吉、遠行無阻滯。
	艮 死	太陰	知己能得尋、他事少得成、弔死行刑捕獵可。
	震 驚	軒轅	行事必牽纏、損財又傷身、遠行阻滯又遇恐懼事。
	巽 開	招搖	出入免招殃、先難後得成、婦人口舌迎。
	離 休	天乙	人際人和通、休閒酒食悅、謀事財利旺。
	坤 生	攝提	百事皆難成、遠行多不利、財路皆不順。
	兌 傷	咸池	求財多不利、遠行見血光、凶神惡殺是非多。

壬子日	坎方休門吉	中宮	招搖	木神小凶星，陰人口舌迎，白夢多恐慌，屋響釜自鳴。
	乾	開	天符	遠行見貴賢、須防婦人謀、走失難尋得。
	坎	休	天乙	人際人和通、休閒酒食悅、謀事財利旺。
	艮	生	咸池	遠行多不利、賭博空手歸、失財又患病。
	震	傷	攝提	求財多不利、遠行防血光、諸事不如意。
	巽	杜	軒轅	門路皆不通、遠行路難走、行事必纏滯。
	離	景	太陰	出門皆會吉、嫁娶行商成、謀求財利甚稱佳。
	坤	死	太乙	謀事可有貴人助、謁貴求良較難成、捕漁打獵有收穫。
	兌	驚	青龍	賭博可見喜、其他吉事未必通、伏兵捕捉亦成。

癸丑日	坎方休門吉	中宮	軒轅	水神小凶星，門內都不寧，賭博定輸錢，百事謀爲定傷殘。
	乾	開	招搖	出入免招殃、先難後得成、婦人口舌迎。
	坎	休	太陰	求財謁貴欽、婚姻定情吉、百事災不侵。
	艮	生	青龍	求事喜重重、遇人逢酒肉、錢財利路通。
	震	傷	太乙	索債可得收、漁獵亦能成、他事憂慮多。
	巽	杜	攝提	路必不通、事必遲疑、多災坎坷。
	離	景	咸池	遠行多不利、求財空手歸、出入不安、損失又患病。
	坤	死	天乙	求謀不堪論、遠行逢災厄、弔死行刑可、拿捕魚獵亦可行。
	兌	驚	天符	走失難覓尋、更有婦人謀、官司口舌定不利。

甲寅日	艮方生門吉	中宮	攝提	土神大凶星，萬事不相道同，隱匿藏遁可，言動則傷身。
	乾	開	軒轅	求謀事必纏、遠行防阻滯、求財定不利。
	坎	休	咸池	百禍侵不得、諸事遇賢良、求財百事皆得成。
	艮	生	天符	路途行人阻、有陰人妨害、走失難尋得、口論官司凶。
	震	傷	天乙	謹慎用事則可遂、謀事多稱心、索債漁獵亦得成。
	巽	杜	太乙	百事多得成、避難藏匿得安寧。
	離	景	青龍	遠行多不利、求財空手歸、出入不安、損失又患病。
	坤	死	太陰	知己能得尋、他事少得成、弔死行刑捕獵可。
	兌	驚	招搖	恐慌怪夢怕、陰人口舌迎、百事多不安、官司病傷纏。

乙卯日　兌方生門吉	中宮	太乙	水神大吉星，遇陰人尤吉，諸事尽歡欣，賭博錢財愁聚。
	乾	傷 攝提	求財多不利、遠行防血光、諸事不如意。
	坎	杜 青龍	茶酒留住客、隱伏逃避成、謀事不遂心。
	艮	景 招搖	出外賊盜逢、白夢多恐慌、又得防陰人口舌事。
	震	死 太陰	知己能得尋、他事少得成、弔死行刑捕獵可。
	巽	驚 天乙	雖有吉曜扶、求謀仍難成、出行防傷病、唯能捕賊盜。
	離	開 天符	遠行見貴賢、須防婦人謀、走失難尋得。
	坤	休 咸池	嫁娶尚稱吉、求財空手回、損失加病患。
	兌	生 軒轅	萬事尚稱可、行事防牽纏、遠行亡阻滯。

丙辰日　坤方休門吉	中宮	天乙	火星吉神，宜見貴人，用事，求謀，嫁娶，總遂心。
	乾	傷 太乙	索債可得收、漁獵亦能成、他事憂慮多。
	坎	杜 天符	行人塞路行、走失難搜尋、逃走避難成。
	艮	景 軒轅	諸事謀為難、常須防火災、亦要防盜難。
	震	死 咸池	損財病患來、又得防止陰女難、只適打獵捕漁。
	巽	驚 太陰	誤詞獻詐伏兵成、知交得覓尋、餘事謹慎莫輕行。
	離	開 招搖	出入免招殃、先難後得成、婦人口舌迎。
	坤	休 青龍	謀事盡相通、赴任貴人助、求利求財旺。
	兌	生 攝提	百事皆難成、遠行多不利、財路皆不順。

丁巳日　兌方生門吉	中宮	太陰	土神吉星，知者莫交鋒、雖有勝算握，未必占奇功。
	乾	傷 天乙	謹慎用事則可遂、謀事多稱心、索債漁獵亦得成。
	坎	杜 招搖	出入多閉塞、陰人口舌迎、避難尚有路、恐慌事難成。
	艮	景 攝提	百事多坎坷、遠行災難多、惡人賊盜逢。
	震	死 青龍	適於捕打漁獵、弔死行刑亦可、其他吉事不堪言。
	巽	驚 咸池	出行多不利、損財失物又患病、只宜捕捉盜賊。
	離	開 軒轅	求謀事必纏、遠行防阻滯、求財定不利。
	坤	休 天符	須防女難相、路途有人阻、走失難尋見。
	兌	生 太乙	吉曜百事亨、求財得利多、遠行無阻滯。

戊午日	巽方生門吉	中宮	咸池	金神大凶星，咸池名惡殺，鑿井以外，用事恐傷身不宜。
		乾	死 太陰	知己能得尋、他事少得成、弔死行刑捕獵可。
		坎	驚 軒轅	行事必牽纏、損財又傷身、遠行阻滯又遇恐懼事。
		艮	開 太乙	謁貴可得扶、行事遇賢良、婚姻大吉祥、遠行無阻滯。
		震	休 天符	須防女難相、路途有人阻、走失難尋見。
		巽	生 青龍	求事喜重重、遇人逢酒肉、錢財利路通。
		離	傷 攝提	求財多不利、遠行防血光、諸事不如意。
		坤	杜 招搖	出入多閉塞、陰人口舌迎、避難尚有路、恐慌事難成。
		兌	景 天乙	相會娶嫁百事吉、求財謀事亦易成。
己未日	艮方開門吉	中宮	青龍	金神大吉星，相生錢財旺，接貴安榮華，萬事事相同。
		乾	死 咸池	損財病患來、又得防止陰女難、只適打獵捕漁。
		坎	驚 攝提	出行遇驚懼、官司凶連綿、百事必遲疑。
		艮	開 天乙	求財皆和順、求謀百事成、茶酒自來迎。
		震	休 招搖	吉宿見貴人、出入笑喜重、行事須考量、諸事尚稱意。
		巽	生 天符	路途行人阻、有陰人妨害、走失難尋得、口論官司凶。
		離	傷 太乙	索債可得收、漁獵亦能成、他事憂慮多。
		坤	杜 軒轅	門路皆不通、遠行路難走、行事必纏滯。
		兌	景 太陰	出門皆會吉、嫁娶行商成、謀求財利甚稱佳。
庚申日	艮方開門吉	中宮	天符	土神凶星，五鬼是天符，積糧尚有利，切忌有災途。
		乾	死 青龍	適於捕打漁獵、弔死行刑亦可、其他吉事不堪言。
		坎	驚 太乙	雖得吉曜助、出行事難失魂虛驚、只宜捕賊盜。
		艮	開 太陰	百禍侵不得、諸事遇賢良、求財百事皆得成。
		震	休 軒轅	百事會牽纏、凶事稍得纏、凶事稍得緩、遠行途阻滯。
		巽	生 招搖	出入事難成、陰人口舌迎、情緒多不寧。
		離	傷 天乙	謹慎用事則可遂、謀事多稱心、索債漁獵亦得成。
		坤	杜 攝提	路必不通、事必遲疑、多災坎坷。
		兌	景 咸池	遠行多不利、求財空手歸、出入不安、損失又患病。

辛酉日	巽方休門吉	中宮	招搖	木神小凶星，陰人口舌迎，白夢多恐慌，屋響釜自鳴。

	乾	景	天符	出門路途有阻害、又須防女難之相。
	坎	死	天乙	求謀不堪論、遠行逢災厄、弔死行刑可、拿捕魚獵亦可行。
	艮	驚	咸池	出行多不利、損財失物又患病、只宜捕捉盜賊。
	震	開	攝提	百事必遲滯、喜事變凶事、遠行必遲滯。
	巽	休	軒轅	百事會牽纏、凶事稍得纏、凶事稍得緩、遠行途阻滯。
	離	生	太陰	百事災不侵、求財皆成就、貴人自來尋。
	坤	傷	太乙	索債可得收、漁獵亦能成、他事憂慮多。
	兌	杜	青龍	茶酒留住客、隱伏逃避成、謀事不遂心。

壬戌日	震方開門吉	中宮	軒轅	水神小凶星，門內都不寧，賭博定輸錢，百事謀爲定傷殘。

	乾	景	招搖	出外賊盜逢、白夢多恐慌、又得防陰人口舌事。
	坎	死	太陰	知己能得尋、他事少得成、弔死行刑捕獵可。
	艮	驚	青龍	賭博可見喜、其他吉事未必通、伏兵捕捉亦成。
	震	開	太乙	謁貴可得扶、行事遇賢良、婚姻大吉祥、遠行無阻滯。
	巽	休	攝提	遠行必不利、財路耗損失、婚姻不如意。
	離	生	咸池	遠行多不利、賭博空手歸、失財又患病。
	坤	傷	天乙	謹慎用事則可遂、謀事多稱心、索債漁獵亦得成。
	兌	杜	天符	行人塞路行、走失難搜尋、逃走避難成。

癸亥日	巽方休門吉	中宮	攝提	土神大凶星，萬事不相道同，隱匿藏遁可，言動則傷身。

	乾	景	軒轅	諸事謀爲難、常須防火災、亦要防盜難。
	坎	死	咸池	損財病患來、又得防止陰女難、只適打獵捕漁。
	艮	驚	天符	走失難覓尋、更有婦人謀、官司口舌定不利。
	震	開	天乙	求財皆和順、求謀百事成、茶酒自來迎。
	巽	休	太乙	出門無阻滯、百事見興旺、婚姻大吉昌。
	離	生	青龍	求事喜重重、遇人逢酒肉、錢財利路通。
	坤	傷	太陰	百禍不能侵、牽債必得成、喜事不全吉。
	兌	杜	招搖	出入多閉塞、陰人口舌迎、避難尚有路、恐慌事難成。

奇門遁甲日盤（五符法）

陰遁六十局

....

甲子日～癸亥日

甲子日　坤方生門吉	中宮　咸池　金神大凶星，咸池名惡殺，鑿井以外，用事恐傷身不宜。		

乾	杜	青龍	茶酒留住客、隱伏逃避成、謀事不遂心。
坎	景	攝提	百事多坎坷、遠行災難多、惡人賊盜逢。
艮	死	招搖	出門事不成、恐慌怪夢怕、只適捕獵事。
震	驚	天乙	雖有吉曜扶、求謀仍難成、出行防傷病、唯能捕賊盜。
巽	開	太陰	百禍侵不得、謀事不空回、求財定可得。
離	休	軒轅	百事謀為艱難、行事必纏緩、遠行途阻滯。
坤	生	太乙	吉曜百事亨、求財得利多、遠行無阻滯。
兌	傷	天符	須防有是非、遇婦人謀害、漁獵索債成。

乙丑日　坤方生門吉	中宮　青龍　金神大吉星，相生錢財旺，接貴安榮華，萬事事相同。		

乾	杜	天符	行人塞路行、走失難搜尋、逃走避難成。
坎	景	太乙	謁故尋親吉、行文百事吉、遠行無阻滯。
艮	死	軒轅	行事必牽纏、遠行必阻滯、只能獵漁事。
震	驚	太陰	誤詞獻詐伏兵成、知交得覓尋、餘事謹慎莫輕行。
巽	開	咸池	求財賭博空手回、病患災厄臨、遠行多不利。
離	休	攝提	遠行必不利、財路耗損失、婚姻不如意。
坤	生	天乙	人緣人事佳、財利亦見旺、萬事從心享。
兌	傷	招搖	謀事恐慌多、出入有阻害、陰人口舌迎。

丙寅日　坤方生門吉	中宮　天符　土神凶星，五鬼是天符，積糧尚有利，切忌有災途。		

乾	杜	招搖	出入多閉塞、陰人口舌迎、避難尚有路、恐慌事難成。
坎	景	天乙	相會娶嫁百事吉、求財謀事亦易成。
艮	死	攝提	此路無吉利、老婦哭悲啼、打獵捉魚可得利。
震	驚	咸池	出行多不利、損財失物又患病、只宜捕捉盜賊。
巽	開	青龍	青龍喜重重、遇人逢酒肉、賭博求財得不空。
離	休	太乙	出門無阻滯、百事見興旺、婚姻大吉昌。
坤	生	太陰	百事災不侵、求財皆成就、貴人自來尋。
兌	傷	軒轅	遠行防血光、行事必牽纏、求財亦不利。

丁卯日	坎方開門吉	中宮	招搖	木神小凶星，陰人口舌迎，白夢多恐慌，屋響釜自鳴。

乾	驚	軒轅	行事必牽纏、損財又傷身、遠行阻滯又遇恐懼事。
坎	開	太陰	百禍侵不得、謀事不空回、求財定可得。
艮	休	太乙	出門無阻滯、百事見興旺、婚姻大吉昌。
震	生	青龍	求事喜重重、遇人逢酒肉、錢財利路通。
巽	傷	天符	須防有是非、遇婦人謀害、漁獵索債成。
離	杜	天乙	吉星百事順、求財娶嫁皆有喜、陰伏避難亦得成。
坤	景	咸池	遠行多不利、求財空手歸、出入不安、損失又患病。
兌	死	攝提	此路無吉利、老婦哭悲啼、打獵捉魚可得利。

戊辰日	艮方休門吉	中宮	軒轅	水神小凶星，門內都不寧，賭博定輸錢，百事謀為定傷殘。

乾	驚	攝提	出行遇驚懼、官司凶連綿、百事必遲疑。
坎	開	咸池	求財賭博空手回、病患災厄臨、遠行多不利。
艮	休	天乙	人際人和通、休閒酒食悅、謀事財利旺。
震	生	天符	路途行人阻、有陰人妨害、走失難尋得、口論官司凶。
巽	傷	招搖	謀事恐慌多、出入有阻害、陰人口舌迎。
離	杜	太陰	百事喜相成、藏身無煩惱、知交可尋得。
坤	景	青龍	遠行多不利、求財空手歸、出入不安、損失又患病。
兌	死	太乙	謀事可有貴人助、謁貴求良較難成、捕漁打獵有收穫。

己巳日	坎方開門吉	中宮	攝提	土神大凶星，萬事不相道同，隱匿藏遁可，言動則傷身。

乾	驚	太乙	雖得吉曜助、出行事難失魂虛驚、只宜捕賊盜。
坎	開	青龍	青龍喜重重、遇人逢酒肉、賭博求財得不空。
艮	休	太陰	求財謁貴欽、婚姻定情吉、百事災不侵。
震	生	招搖	出入事難成、陰人口舌迎、情緒多不寧。
巽	傷	軒轅	遠行防血光、行事必牽纏、求財亦不利。
離	杜	咸池	遠行多不利、求財反敗失、災厄病患多。
坤	景	天符	出門路途有阻害、又須防女難之相。
兌	死	天乙	求謀不堪論、遠行逢災厄、弔死行刑可、拿捕魚獵亦可行。

庚午日	兌方休門吉	中宮	太乙	水神大吉星，遇陰人尤吉，諸事尽歡欣，賭博錢財愁聚。
		乾	生　天乙	人緣人事佳、財利亦見旺、萬事從心享。
		坎	傷　天符	須防有是非、遇婦人謀害、漁獵索債成。
		艮	杜　咸池	遠行多不利、求財反敗失、災厄病患多。
		震	景　軒轅	諸事謀為難、常須防火災、亦要防盜難。
		巽	死　攝提	此路無吉利、老婦哭悲啼、打獵捉魚可得利。
		離	驚　青龍	賭博可見喜、其他吉事未必通、伏兵捕捉亦成。
		坤	開　招搖	出入免招殃、先難後得成、婦人口舌迎。
		兌	休　太陰	求財謁貴欽、婚姻定情吉、百時災不侵。

辛未日	乾方生門吉	中宮	天乙	火星吉神，宜見貴人，用事，求謀，嫁娶，總遂心。
		乾	生　太陰	百事災不侵、求財皆成就、貴人自來尋。
		坎	傷　招搖	謀事恐慌多、出入有阻害、陰人口舌迎。
		艮	杜　青龍	茶酒留住客、隱伏逃避成、謀事不遂心。
		震	景　攝提	百事多坎坷、遠行災難多、惡人賊盜逢。
		巽	死　太乙	謀事可有貴人助、謁貴求良較難成、捕漁打獵有收穫。
		離	驚　天符	走失難覓尋、更有婦人謀、官司口舌定不利。
		坤	開　軒轅	求謀事必纏、遠行防阻滯、求財定不利。
		兌	休　咸池	嫁娶尚稱吉、求財空手回、損失加病患。

壬申日	乾方生門吉	中宮	太陰	土神吉星，知者莫交鋒、雖有勝算握，未必占奇功。
		乾	生　咸池	遠行多不利、賭博空手歸、失財又患病。
		坎	傷　軒轅	遠行防血光、行事必牽纏、求財亦不利。
		艮	杜　天符	行人塞路行、走失難搜尋、逃走避難成。
		震	景　太乙	謁故尋親吉、行文百事吉、遠行無阻滯。
		巽	死　天乙	求謀不堪論、遠行逢災厄、弔死行刑可、拿捕魚獵亦可。
		離	驚　招搖	恐慌怪夢怕、陰人口舌迎、百事多不安、官司病傷纏。
		坤	開　攝提	百事必遲滯、喜事變凶事、遠行必遲滯。
		兌	休　青龍	謀事盡相通、赴任貴人助、求利求財旺。

癸酉日	乾方休門吉	中宮	咸池	金神大凶星，咸池名惡殺，鑿井以外，用事恐傷身不宜。
		乾 休 青龍		謀事盡相通、赴任貴人助、求利求財旺。
		坎 生 攝提		百事皆難成、遠行多不利、財路皆不順。
		艮 傷 招搖		謀事恐慌多、出入有阻害、陰人口舌迎。
		震 杜 天乙		吉星百事順、求財娶嫁皆有喜、陰伏避難亦得成。
		巽 景 太陰		門路皆不通、遠行路難走、行事必纏滯。
		離 死 軒轅		行事必牽纏、遠行必阻滯、只能獵漁事。
		坤 驚 太乙		誤詞獻詐伏兵成、知交得覓尋、餘事謹慎莫輕行。
		兌 開 天符		遠行見貴賢、須防婦人謀、走失難尋得。

甲戌日	坎方生門吉	中宮	青龍	金神大吉星，相生錢財旺，接貴安榮華，萬事事相同。
		乾 休 天符		須防女難相、路途有人阻、走失難尋見。
		坎 生 太乙		吉曜百事亨、求財得利多、遠行無阻滯。
		艮 傷 軒轅		遠行防血光、行事必牽纏、求財亦不利。
		震 杜 太陰		百事喜相成、藏身無煩惱、知交可尋得。
		巽 景 咸池		遠行多不利、求財空手歸、出入不安、損失又患病。
		離 死 攝提		此路無吉利、老婦哭悲啼、打獵捉魚可得利。
		坤 驚 天乙		雖有吉曜扶、求謀仍難成、出行防傷病、唯能捕賊盜。
		兌 開 招搖		出入免招殃、先難後得成、婦人口舌迎。

乙亥日	坎方生門吉	中宮	天符	土神凶星，五鬼是天符，積糧尚有利，切忌有災途。
		乾 休 招搖		吉宿見貴人、出入笑喜重、行事須考量、諸事尚稱意。
		坎 生 天乙		人緣人事佳、財利亦見旺、萬事從心享。
		艮 傷 攝提		求財多不利、遠行防血光、諸事不如意。
		震 杜 咸池		遠行多不利、求財反敗失、災厄病患多。
		巽 景 青龍		遠行多不利、求財空手歸、出入不安、損失又患病。
		離 死 太乙		謀事可有貴人助、謁貴求良較難成、捕漁打獵有收穫。
		坤 驚 太陰		誤詞獻詐伏兵成、知交得覓尋、餘事謹慎莫輕行。
		兌 開 軒轅		求謀事必纏、遠行防阻滯、求財定不利。

丙子日	離方生門吉	中宮	招搖	木神小凶星，陰人口舌迎，白夢多恐慌，屋響釜自鳴。
		乾	景 軒轅	諸事謀為難、常須防火災、亦要防盜難。
		坎	死 太陰	知己能得尋、他事少得成、弔死行刑捕獵可。
		艮	驚 太乙	雖得吉曜助、出行事難失魂虛驚、只宜捕賊盜。
		震	開 青龍	青龍喜重重，遇人逢酒肉、賭博求財得不空。
		巽	休 天符	須防女難相、路途有人阻、走失難尋見。
		離	生 天乙	人緣人事佳、財利亦見旺、萬事從心享。
		坤	傷 咸池	求財多不利、遠行見血光、凶神惡殺是非多。
		兌	杜 攝提	路必不通、事必遲疑、多災坎坷。

丁丑日	離方生門吉	中宮	軒轅	水神小凶星，門內都不寧，賭博定輸錢，百事謀為定傷殘。
		乾	景 攝提	百事多坎坷、遠行災難多、惡人賊盜逢。
		坎	死 咸池	損財病患來、又得防止陰女難、只適打獵捕漁。
		艮	驚 天乙	雖有吉曜扶、求謀仍難成、出行防傷病、唯能捕賊盜。
		震	開 天符	遠行見貴賢、須防婦人謀、走失難尋得。
		巽	休 招搖	吉宿見貴人、出入笑喜重、行事須考量、諸事尚稱意。
		離	生 太陰	百事災不侵、求財皆成就、貴人自來尋。
		坤	傷 青龍	求財索債成、捕獵亦可獲、他事是非多。
		兌	杜 太乙	百事多得成、避難藏匿得安寧。

戊寅日	離方生門吉	中宮	攝提	土神大凶星，萬事不相道同，隱匿藏遁可，言動則傷身。
		乾	景 太乙	謁故尋親吉、行文百事吉、遠行無阻滯。
		坎	死 青龍	適於捕打漁獵、弔死行刑亦可、其他吉事不堪言。
		艮	驚 太陰	誤詞獻詐伏兵成、知交得覓尋、餘事謹慎莫輕行。
		震	開 招搖	出入免招殃、先難後得成、婦人口舌迎。
		巽	休 軒轅	門路皆不通、遠行路難走、行事必纏滯。
		離	生 咸池	遠行多不利、賭博空手歸、失財又患病。
		坤	傷 天符	須防有是非、遇婦人謀害、漁獵索債成。
		兌	杜 天乙	吉星百事順、求財娶嫁皆有喜、陰伏避難亦得成。

249

己卯日 震方休門吉	中宮	太乙	神大吉星，遇陰人尤吉，諸事尽歡欣，賭博錢財愁聚。
	乾	死 天乙	求謀不堪論、遠行逢災厄、弔死行刑可、拿捕魚獵亦可行。
	坎	驚 天符	走失難覓尋、更有婦人謀、官司口舌定不利。
	艮	開 咸池	求財賭博空手回、病患災厄臨、遠行多不利。
	震	休 軒轅	百事牽纏、凶事稍得纏、凶事稍得緩、遠行途阻滯。
	巽	生 攝提	百事皆難成、遠行多不利、財路皆不順。
	離	傷 青龍	求財索債成、捕獵亦可獲、他事是非多。
	坤	杜 招搖	出入多閉塞、陰人口舌迎、避難尚有路、恐慌事難成。
	兌	景 太陰	門路皆不通、遠行路難走、行事必纏滯。
庚辰日 巽方生門吉	中宮	天乙	火星吉神，宜見貴人，用事，求謀，嫁娶，總逐心。
	乾	死 太陰	知己能得尋、他事少得成、弔死行刑捕獵可。
	坎	驚 招搖	恐慌怪夢怕、陰人口舌迎、百事多不安、官司病傷纏。
	艮	開 青龍	青龍喜重重、遇人逢酒肉、賭博求財得不空。
	震	休 攝提	遠行必不利、財路耗損失、婚姻不如意。
	巽	生 太乙	吉曜百事亨、求財得利多、遠行無阻滯。
	離	傷 天符	須防有是非、遇婦人謀害、漁獵索債成。
	坤	杜 軒轅	門路皆不通、遠行路難走、行事必纏滯。
	兌	景 咸池	遠行多不利、求財空手歸、出入不安、損失又患病。
辛巳日 震方休門吉	中宮	太陰	土神吉星，知者莫交鋒、雖有勝算握，未必占奇功。
	乾	死 咸池	損財病患來、又得防止陰女難、只適打獵捕漁。
	坎	驚 軒轅	行事必牽纏、損財又傷身、遠行阻滯又遇恐懼事。
	艮	開 天符	遠行見貴賢、須防婦人謀、走失難尋得。
	震	休 太乙	出門無阻滯、百事見興旺、婚姻大吉昌。
	巽	生 天乙	人緣人事佳、財利亦見旺、萬事從心享。
	離	傷 招搖	謀事恐慌多、出入有阻害、陰人口舌迎。
	坤	杜 攝提	路必不通、事必遲疑、多災坎坷。
	兌	景 青龍	遠行多不利、求財空手歸、出入不安、損失又患病。

壬午日　坤方休門吉	中宮	咸池	金神大凶星，咸池名惡殺，鑿井以外，用事恐傷身不宜。
	乾	傷 青龍	求財索債成、捕獵亦可獲、他事是非多。
	坎	杜 攝提	路必不通、事必遲疑、多災坎坷。
	艮	景 招搖	出外賊盜逢、白夢多恐慌、又得防陰人口舌事。
	震	死 天乙	求謀不堪論、遠行逢災厄、弔死行刑可、拿捕魚獵亦可行。
	巽	驚 太陰	誤詞獻詐伏兵成、知交得覓尋、餘事謹慎莫輕行。
	離	開 軒轅	求謀事必纏、遠行防阻滯、求財定不利。
	坤	休 太乙	出門無阻滯、百事見興旺、婚姻大吉昌。
	兌	生 天符	路途行人阻、有陰人妨害、走失難尋得、口論官司凶。

癸未日　兌方休門吉	中宮	青龍	金神大吉星，相生錢財旺，接貴安榮華，萬事事相同。
	乾	傷 天符	須防有是非、遇婦人謀害、漁獵索債成。
	坎	杜 太乙	百事多得成、避難藏匿得安寧。
	艮	景 軒轅	諸事謀為難、常須防火災、亦要防盜難。
	震	死 太陰	知己能得尋、他事少得成、弔死行刑捕獵可。
	巽	驚 咸池	出行多不利、損財失物又患病、只宜捕捉盜賊。
	離	開 攝提	百事必遲滯、喜事變凶事、遠行必遲滯。
	坤	休 天乙	人際人和通、休閒酒食悅、謀事財利旺。
	兌	生 招搖	出入事難成、陰人口舌迎、情緒多不寧。

甲申日　離方開門吉	中宮	天符	土神凶星，五鬼是天符，積糧尚有利，切忌有災途。
	乾	傷 招搖	謀事恐慌多、出入有阻害、陰人口舌迎。
	坎	杜 天乙	吉星百事順、求財娶嫁皆有喜、陰伏避難亦得成。
	艮	景 攝提	百事多坎坷、遠行災難多、惡人賊盜逢。
	震	死 咸池	損財病患來、又得防止陰女難、只適打獵捕漁。
	巽	驚 青龍	賭博可見喜、其他吉事未必通、伏兵捕捉亦成。
	離	開 太乙	謁貴可得扶、行事遇賢良、婚姻大吉祥、遠行無阻滯。
	坤	休 太陰	求財謁貴欽、婚姻定情吉、百事災不侵。
	兌	生 軒轅	萬事尚稱可、行事防牽纏、遠行亡阻滯。

乙酉日	坎方休門吉	中宮	招搖	木神小凶星，陰人口舌迎，白夢多恐慌，屋響釜自鳴。
		乾 開 軒轅		求謀事必纏、遠行防阻滯、求財定不利。
		坎 休 太陰		求財謁貴欽、婚姻定情吉、百事災不侵。
		艮 生 太乙		吉曜百事亨、求財得利多、遠行無阻滯。
		震 傷 青龍		求財索債成、捕獵亦可獲、他事是非多。
		巽 杜 天符		行人塞路行、走失難搜尋、逃走避難成。
		離 景 天乙		相會娶嫁百事吉、求財謀事亦易成。
		坤 死 咸池		出門有災難、更有婦人謀、官非又口舌、只適打獵事。
		兌 驚 攝提		出行遇驚懼、官司凶連綿、百事必遲疑。

丙戌日	艮方生門吉	中宮	軒轅	水神小凶星，門內都不寧，賭博定輸錢，百事謀爲定傷殘。
		乾 開 攝提		百事必遲滯、喜事變凶事、遠行必遲滯。
		坎 休 咸池		嫁娶尚稱吉、求財空手回、損失加病患。
		艮 生 天乙		人緣人事佳、財利亦見旺、萬事從心享。
		震 傷 天符		須防有是非、遇婦人謀害、漁獵索債成。
		巽 杜 招搖		出入多閉塞、陰人口舌迎、避難尚有路、恐慌事難成。
		離 景 太陰		門路皆不通、遠行路難走、行事必纏滯。
		坤 死 青龍		適於捕打漁獵、弔死行刑亦可、其他吉事不堪言。
		兌 驚 太乙		雖得吉曜助、出行事難失魂虛驚、只宜捕賊盜。

丁亥日	坎方休門吉	中宮	攝提	土神大凶星，萬事不相道同，隱匿藏遁可，言動則傷身。
		乾 開 太乙		謁貴可得扶、行事遇賢良、婚姻大吉祥、遠行無阻滯。
		坎 休 青龍		謀事盡相通、赴任貴人助、求利求財旺。
		艮 生 太陰		百事災不侵、求財皆成就、貴人自來尋。
		震 傷 招搖		謀事恐慌多、出入有阻害、陰人口舌迎。
		巽 杜 軒轅		門路皆不通、遠行路難走、行事必纏滯。
		離 景 咸池		遠行多不利、求財空手歸、出入不安、損失又患病。
		坤 死 天符		出門有災難、更有婦人謀、官非又口舌、只適打獵事。
		兌 驚 天乙		雖有吉曜扶、求謀仍難成、出行防傷病、唯能捕賊盜。

戊子日　離方休門吉	中宮	太乙	水神大吉星，遇陰人尤吉，諸事盡歡欣，賭博錢財秘聚。
	乾	杜 天乙	吉星百事順、求財娶嫁皆有喜、陰伏避難亦得成。
	坎	景 天符	出門路途有阻害、又須防女難之相。
	艮	死 咸池	損財病患來、又得防止陰女難、只適打獵捕漁。
	震	驚 軒轅	行事必牽纏、損財又傷身、遠行阻滯又遇恐懼事。
	巽	開 攝提	百事必遲滯、喜事變凶事、遠行必遲滯。
	離	休 青龍	謀事盡相通、赴任貴人助、求利求財旺。
	坤	生 招搖	出入事難成、陰人口舌迎、情緒多不寧。
	兌	傷 太陰	百禍不能侵、牽債必得成、喜事不全吉。

己丑日　乾方開門吉	中宮	天乙	火星吉神，宜見貴人，用事，求謀，嫁娶，總逐心。
	乾	杜 太陰	百事喜相成、藏身無煩惱、知交可尋得。
	坎	景 招搖	出外賊盜逢、白夢多恐慌、又得防陰人口舌事。
	艮	死 青龍	適於捕打漁獵、弔死行刑亦可、其他吉事不堪言。
	震	驚 攝提	出行遇驚懼、官司凶連綿、百事必遲疑。
	巽	開 太乙	謁貴可得扶、行事遇賢良、婚姻大吉祥、遠行無阻滯。
	離	休 天符	須防女難相、路途有人阻、走失難尋見。
	坤	生 軒轅	萬事尚稱可、行事防牽纏、遠行亡阻滯。
	兌	傷 咸池	求財多不利、遠行見血光、凶神惡殺是非多。

庚寅日　乾方開門吉	中宮	太陰	土神吉星，知者莫交鋒、雖有勝算握，未必占奇功。
	乾	杜 咸池	遠行多不利、求財反敗失、災厄病患多。
	坎	景 軒轅	諸事謀為難、常須防火災、亦要防盜難。
	艮	死 天符	出門有災難、更有婦人謀、官非又口舌、只適打獵事。
	震	驚 太乙	雖得吉曜助、出行事難失魂虛驚、只宜捕賊盜。
	巽	開 天乙	求財皆和順、求謀百事成、茶酒自來迎。
	離	休 招搖	吉宿見貴人、出入笑喜重、行事須考量、諸事尚稱意。
	坤	生 攝提	出入事難成、陰人口舌迎、情緒多不寧。
	兌	傷 青龍	求財索債成、捕獵亦可獲、他事是非多。

辛卯日	震方生門吉	中宮	咸池	金神大凶星，咸池名惡殺，鑿井以外，用事恐傷身不宜。

乾	驚 青龍	賭博可見喜、其他吉事未必通、伏兵捕捉亦成。
坎	開 攝提	百事必遲滯、喜事變凶事、遠行必遲滯。
艮	休 招搖	吉宿見貴人、出入笑喜重、行事須考量、諸事尚稱意。
震	生 天乙	人緣人事佳、財利亦見旺、萬事從心享。
巽	傷 太陰	百禍不能侵、牽債必得成、喜事不全吉。
離	杜 軒轅	門路皆不通、遠行路難走、行事必纏滯。
坤	景 太乙	謁故尋親吉、行文百事吉、遠行無阻滯。
兌	死 天符	出門有災難、更有婦人謀、官非又口舌、只適打獵事。

壬辰日	坎方開門吉	中宮	青龍	金神大吉星，相生錢財旺，接貴安榮華，萬事事相同。

乾	驚 天符	走失難覓尋、更有婦人謀、官司口舌定不利。
坎	開 太乙	謁貴可得扶、行事遇賢良、婚姻大吉祥、遠行無阻滯。
艮	休 軒轅	百事謀為艱難、行事必纏緩、遠行途阻滯。
震	生 太陰	百事災不侵、求財皆成就、貴人自來尋。
巽	傷 咸池	求財多不利、遠行見血光、凶神惡殺是非多。
離	杜 攝提	路必不通、事必遲疑、多災坎坷。
坤	景 天乙	相會娶嫁百事吉、求財謀事亦易成。
兌	死 招搖	出門事不成、恐慌怪夢怕、只適捕獵事。

癸巳日	坎方開門吉	中宮	天符	土神凶星，五鬼是天符，積糧尚有利，切忌有災途。

乾	驚 招搖	恐慌怪夢怕、陰人口舌迎、百事多不安、官司病傷纏。
坎	開 天乙	求財皆和順、求謀百事成、茶酒自來迎。
艮	休 攝提	遠行必不利、財路耗損失、婚姻不如意。
震	生 咸池	遠行多不利、賭博空手歸、失財又患病。
巽	傷 青龍	求財索債成、捕獵亦可獲、他事是非多。
離	杜 太乙	百事多得成、避難藏匿得安寧。
坤	景 太陰	門路皆不通、遠行路難走、行事必纏滯。
兌	死 軒轅	行事必牽纏、遠行必阻滯、只能獵漁事。

甲午日	乾方生門吉	中宮	招搖	木神小凶星，陰人口舌迎，白夢多恐慌，屋響釜自鳴。
	乾	生	軒轅	萬事尚稱可、行事防牽纏、遠行亡阻滯。
	坎	傷	太陰	百禍不能侵、牽債必得成、喜事不全吉。
	艮	杜	太乙	百事多得成、避難藏匿得安寧。
	震	景	青龍	遠行多不利、求財空手歸、出入不安、損失又患病。
	巽	死	天符	出門有災難、更有婦人謀、官非又口舌、只適打獵事。
	離	驚	天乙	雖有吉曜扶、求謀仍難成、出行防傷病、唯能捕賊盜。
	坤	開	咸池	求財賭博空手回、病患災厄臨、遠行多不利。
	兌	休	攝提	遠行必不利、財路耗損失、婚姻不如意。

乙未日	兌方休門吉	中宮	軒轅	水神小凶星，門內都不寧，賭博定輸錢，百事謀為定傷殘。
	乾	生	攝提	百事皆難成、遠行多不利、財路皆不順。
	坎	傷	咸池	求財多不利、遠行見血光、凶神惡殺是非多。
	艮	杜	天乙	吉星百事順、求財娶嫁皆有喜、陰伏避難亦得成。
	震	景	天符	出門路途有阻害、又須防女難之相。
	巽	死	招搖	出門事不成、恐慌怪夢怕、只適捕獵事。
	離	驚	太陰	誤詞獻詐伏兵成、知交得覓尋、餘事謹慎莫輕行。
	坤	開	青龍	青龍喜重重、遇人逢酒肉、賭博求財得不空。
	兌	休	太乙	出門無阻滯、百事見興旺、婚姻大吉昌。

丙申日	乾方生門吉	中宮	攝提	土神大凶星，萬事不相道同，隱匿藏遁可，言動則傷身。
	乾	生	太乙	吉曜百事亨、求財得利多、遠行無阻滯。
	坎	傷	青龍	求財索債成、捕獵亦可獲、他事是非多。
	艮	杜	太陰	百事喜相成、藏身無煩惱、知交可尋得。
	震	景	招搖	出外賊盜逢、白夢多恐慌、又得防陰人口舌事。
	巽	死	軒轅	行事必牽纏、遠行必阻滯、只能獵漁事。
	離	驚	咸池	出行多不利、損財失物又患病、只宜捕捉盜賊。
	坤	開	天符	遠行見貴賢、須防婦人謀、走失難尋得。
	兌	休	天乙	人際人和通、休閒酒食悅、謀事財利旺。

丁酉日 兌方開門吉	中宮	太乙	水神大吉星，遇陰人尤吉，諸事盡歡欣，賭博錢財愁聚。
	乾 休	天乙	人際人和通、休閒酒食悦、謀事財利旺。
	坎 生	天符	路途行人阻、有陰人妨害、走失難尋得、口論官司凶。
	艮 傷	咸池	求財多不利、遠行見血光、凶神惡殺是非多。
	震 杜	軒轅	門路皆不通、遠行路難走、行事必纏滯。
	巽 景	攝提	百事多坎坷、遠行災難多、惡人賊盜逢。
	離 死	青龍	適於捕打漁獵、弔死行刑亦可、其他吉事不堪言。
	坤 驚	招搖	恐慌怪夢怕、陰人口舌迎、百事多不安、官司病傷纏。
	兌 開	太陰	百禍侵不得、謀事不空回、求財定可得。
戊戌日 乾方休門吉	中宮	天乙	火星吉神，宜見貴人，用事，求謀，嫁娶，總逐心。
	乾 休	太陰	求財謁貴欽、婚姻定情吉、百時災不侵。
	坎 生	招搖	出入事難成、陰人口舌迎、情緒多不寧。
	艮 傷	青龍	求財索債成、捕獵亦可獲、他事是非多。
	震 杜	攝提	路必不通、事必遲疑、多災坎坷。
	巽 景	太乙	謁故尋親吉、行文百事吉、遠行無阻滯。
	離 死	天符	出門有災難、更有婦人謀、官非又口舌、只適打獵事。
	坤 驚	軒轅	行事必牽纏、損財又傷身、遠行阻滯又遇恐懼事。
	兌 開	咸池	求財賭博空手回、病患災厄臨、遠行多不利。
己亥日 兌方開門吉	中宮	太陰	土神吉星，知者莫交鋒，雖有勝算握，未必占奇功。
	乾 休	咸池	嫁娶尚稱吉、求財空手回、損失加病患。
	坎 生	軒轅	萬事尚稱可、行事防牽纏、遠行亡阻滯。
	艮 傷	天符	須防有是非、遇婦人謀害、漁獵索債成。
	震 杜	太乙	百事多得成、避難藏匿得安寧。
	巽 景	天乙	相會娶嫁百事吉、求財謀事亦易成。
	離 死	招搖	出門事不成、恐慌怪夢怕、只適捕獵事。
	坤 驚	攝提	出行遇驚懼、官司凶連綿、百事必遲疑。
	兌 開	青龍	青龍喜重重、遇人逢酒肉、賭博求財得不空。

庚 子 日　巽 方 休 門 吉	中宮	咸池	金神大凶星，咸池名惡殺，鑿井以外，用事恐傷身不宜。
	乾 景	青龍	遠行多不利、求財空手歸、出入不安、損失又患病。
	坎 死	攝提	此路無吉利、老婦哭悲啼、打獵捉魚可得利。
	艮 驚	招搖	恐慌怪夢怕、陰人口舌迎、百事多不安、官司病傷纏。
	震 開	天乙	求財皆和順、求謀百事成、茶酒自來迎。
	巽 休	太陰	求財謁貴欽、婚姻定情吉、百事災不侵。
	離 生	軒轅	萬事尚稱可、行事防牽纏、遠行亡阻滯。
	坤 傷	太乙	索債可得收、漁獵亦能成、他事憂慮多。
	兌 杜	天符	行人塞路行、走失難搜尋、逃走避難成。

辛 丑 日　震 方 開 門 吉	中宮	青龍	金神大吉星，相生錢財旺，接貴安榮華，萬事事相同。
	乾 景	天符	出門路途有阻害、又須防女難之相。
	坎 死	太乙	謀事可有貴人助、謁貴求良較難成、捕漁打獵有收穫。
	艮 驚	軒轅	行事必牽纏、損財又傷身、遠行阻滯又遇恐懼事。
	震 開	太陰	百禍侵不得、諸事遇賢良、求財百事皆得成。
	巽 休	咸池	嫁娶尚稱吉、求財空手回、損失加病患。
	離 生	攝提	百事皆難成、遠行多不利、財路皆不順。
	坤 傷	天乙	謹慎用事則可遂、謀事多稱心、索債漁獵亦得成。
	兌 杜	招搖	出入多閉塞、陰人口舌迎、避難尚有路、恐慌事難成。

壬 寅 日　巽 方 休 門 吉	中宮	天符	土神凶星，五鬼是天符，積糧尚有利，切忌有災途。
	乾 景	招搖	出外賊盜逢、白夢多恐慌、又得防陰人口舌事。
	坎 死	天乙	求謀不堪論、遠行逢災厄、弔死行刑可、拿捕魚獵亦可行。
	艮 驚	攝提	出行遇驚懼、官司凶連綿、百事必遲疑。
	震 開	咸池	求財賭博空手回、病患災厄臨、遠行多不利。
	巽 休	青龍	謀事盡相通、赴任貴人助、求利求財旺。
	離 生	太乙	吉曜百事亨、求財得利多、遠行無阻滯。
	坤 傷	太陰	百禍不能侵、牽債必得成、喜事不全吉。
	兌 杜	軒轅	門路皆不通、遠行路難走、行事必纏滯。

癸卯日 艮方開門吉	中宮	招搖	木神小凶星，陰人口舌迎，白夢多恐慌，屋響釜自鳴。
	乾 死 軒轅		行事必牽纏、遠行必阻滯、只能獵漁事。
	坎 驚 太陰		誤詞獻詐伏兵成、知交得覓尋、餘事謹慎莫輕行。
	艮 開 太乙		謁貴可得扶、行事遇賢良、婚姻大吉祥、遠行無阻滯。
	震 休 青龍		謀事盡相通、赴任貴人助、求利求財旺。
	巽 生 天符		路途行人阻、有陰人妨害、走失難尋得、口論官司凶。
	離 傷 天乙		謹慎用事則可遂、謀事多稱心、索債漁獵亦得成。
	坤 杜 咸池		遠行多不利、求財反敗失、災厄病患多。
	兌 景 攝提		百事多坎坷、遠行災難多、惡人賊盜逢。

甲辰日 艮方開門吉	中宮	軒轅	水神小凶星，門內都不寧，賭博定輸錢，百事謀為定傷殘。
	乾 死 攝提		此路無吉利、老婦哭悲啼、打獵捉魚可得利。
	坎 驚 咸池		出行多不利、損財失物又患病、只宜捕捉盜賊。
	艮 開 天乙		求財皆和順、求謀百事成、茶酒自來迎。
	震 休 天符		須防女難相、路途有人阻、走失難尋見。
	巽 生 招搖		出入事難成、陰人口舌迎、情緒多不寧。
	離 傷 太陰		百禍不能侵、牽債必得成、喜事不全吉。
	坤 杜 青龍		茶酒留住客、隱伏逃避成、謀事不遂心。
	兌 景 太乙		謁故尋親吉、行文百事吉、遠行無阻滯。

乙巳日 艮方開門吉	中宮	攝提	土神大凶星，萬事不相道同，隱匿藏遁可，言動則傷身。
	乾 死 太乙		謀事可有貴人助、謁貴求良較難成、捕漁打獵有收穫。
	坎 驚 青龍		賭博可見喜、其他吉事未必通、伏兵捕捉亦成。
	艮 開 太陰		百禍侵不得、諸事遇賢良、求財百事皆得成。
	震 休 招搖		吉宿見貴人、出入笑喜重、行事須考量、諸事尚稱意。
	巽 生 軒轅		萬事尚稱可、行事防牽纏、遠行七阻滯。
	離 傷 咸池		求財多不利、遠行見血光、凶神惡殺是非多。
	坤 杜 天符		行人塞路行、走失難搜尋、逃走避難成。
	兌 景 天乙		相會娶嫁百事吉、求財謀事亦易成。

丙午日	兌方生門吉	中宮	太乙	水神大吉星，遇陰人尤吉，諸事尽歡欣，賭博錢財愁聚。
	乾	傷	天乙	謹慎用事則可遂、謀事多稱心、索債漁獵亦得成。
	坎	杜	天符	行人塞路行、走失難搜尋、逃走避難成。
	艮	景	咸池	遠行多不利、求財空手歸、出入不安、損失又患病。
	震	死	軒轅	行事必牽纏、遠行必阻滯、只能獵漁事。
	巽	驚	攝提	出行遇驚懼、官司凶連綿、百事必遲疑。
	離	開	青龍	青龍喜重重、遇人逢酒肉、賭博求財得不空。
	坤	休	招搖	吉宿見貴人、出入笑喜重、行事須考量、諸事尚稱意。
	兌	生	太陰	百事災不侵、求財皆成就、貴人自來尋。
丁未日	離方開門吉	中宮	天乙	火星吉神，宜見貴人，用事，求謀，嫁娶，總逐心。
	乾	傷	太陰	百禍不能侵、牽債必得成、喜事不全吉。
	坎	杜	招搖	出入多閉塞、陰人口舌迎、避難尚有路、恐慌事難成。
	艮	景	青龍	遠行多不利、求財空手歸、出入不安、損失又患病。
	震	死	攝提	此路無吉利、老婦哭悲啼、打獵捉魚可得利。
	巽	驚	太乙	雖得吉曜助、出行事難失魂虛驚、只宜捕賊盜。
	離	開	天符	遠行見貴賢、須防婦人謀、走失難尋得。
	坤	休	軒轅	百事謀為艱難、行事必纏緩、遠行途阻滯。
	兌	生	咸池	遠行多不利、賭博空手歸、失財又患病。
戊申日	兌方生門吉	中宮	太陰	土神吉星，知者莫交鋒，雖有勝算握，未必占奇功。
	乾	傷	咸池	求財多不利、遠行見血光、凶神惡殺是非多。
	坎	杜	軒轅	門路皆不通、遠行路難走、行事必纏滯。
	艮	景	天符	出門路途有阻害、又須防女難之相。
	震	死	太乙	謀事可有貴人助、謁貴求良較難成、捕漁打獵有收穫。
	巽	驚	天乙	雖有吉曜扶、求謀仍難成、出行防傷病、唯能捕賊盜。
	離	開	招搖	出入免招殃、先難後得成、婦人口舌迎。
	坤	休	攝提	遠行必不利、財路耗損失、婚姻不如意。
	兌	生	青龍	求事喜重重、遇人逢酒肉、錢財利路通。

己酉日	乾方開門吉		中宮	咸池	金神大凶星，咸池名惡殺，鑿井以外，用事恐傷身不宜。
		乾	開	青龍	青龍喜重重，遇人逢酒肉、賭博求財得不空。
		坎	休	攝提	遠行必不利、財路耗損失、婚姻不如意。
		艮	生	招搖	出入事難成、陰人口舌迎、情緒多不寧。
		震	傷	天乙	謹慎用事則可遂、謀事多稱心、索債漁獵亦得成。
		巽	杜	太陰	百事喜相成、藏身無煩惱、知交可尋得。
		離	景	軒轅	諸事謀為難、常須防火災、亦要防盜難。
		坤	死	太乙	謀事可有貴人助、謁貴求良較難成、捕漁打獵有收穫。
		兌	驚	天符	走失難覓尋、更有婦人謀、官司口舌定不利。

庚戌日	坎方休門吉		中宮	青龍	金神大吉星，相生錢財旺，接貴安榮華，萬事事相同。
		乾	開	天符	遠行見貴賢、須防婦人謀、走失難尋得。
		坎	休	太乙	出門無阻滯、百事見興旺、婚姻大吉昌。
		艮	生	軒轅	萬事尚稱可、行事防牽纏、遠行亡阻滯。
		震	傷	太陰	百禍不能侵、牽債必得成、喜事不全吉。
		巽	杜	咸池	遠行多不利、求財反敗失、災厄病患多。
		離	景	攝提	百事多坎坷、遠行災難多、惡人賊盜逢。
		坤	死	天乙	求謀不堪論、遠行逢災厄、弔死行刑可、拿捕魚獵亦可行。
		兌	驚	招搖	恐慌怪夢怕、陰人口舌迎、百事多不安、官司病傷纏。

辛亥日	坎方休門吉		中宮	天符	土神凶星，五鬼是天符，積糧尚有利，切忌有災途。
		乾	開	招搖	出入免招殃、先難後得成、婦人口舌迎。
		坎	休	天乙	人際人和通、休閒酒食悅、謀事財利旺。
		艮	生	攝提	百事皆難成、遠行多不利、財路皆不順。
		震	傷	咸池	求財多不利、遠行見血光、凶神惡殺是非多。
		巽	杜	青龍	茶酒留住客、隱伏逃避成、謀事不遂心。
		離	景	太乙	謁故尋親吉、行文親吉、行文百事吉、遠行無阻滯。
		坤	死	太陰	知己能得尋、他事少得成、弔死行刑捕獵可。
		兌	驚	軒轅	行事必牽纏、損財又傷身、遠行阻滯又遇恐懼事。

壬子日　離方休門吉	中宮	招搖	木神小凶星，陰人口舌迎，白夢多恐慌，屋響釜自鳴。
	乾	杜 軒轅	門路皆不通、遠行路難走、行事必纏滯。
	坎	景 太陰	出門皆會吉、嫁娶行商成、謀求財利甚稱佳。
	艮	死 太乙	謀事可有貴人助、謁貴求良較難成、捕漁打獵有收穫。
	震	驚 青龍	賭博可見喜、其他吉事未必通、伏兵捕捉亦成。
	巽	開 天符	遠行見貴賢、須防婦人謀、走失難尋得。
	離	休 天乙	人際人和通、休閒酒食悅、謀事財利旺。
	坤	生 咸池	遠行多不利、賭博空手歸、失財又患病。
	兌	傷 攝提	求財多不利、遠行防血光、諸事不如意。

癸丑日　離方休門吉	中宮	軒轅	水神小凶星，門內都不寧，賭博定輸錢，百事謀為定傷殘。
	乾	杜 攝提	路必不通、事必遲疑、多災坎坷。
	坎	景 咸池	遠行多不利、求財空手歸、出入不安、損失又患病。
	艮	死 天乙	求謀不堪論、遠行逢災厄、弔死行刑可、拿捕魚獵亦可行。
	震	驚 天符	走失難覓尋、更有婦人謀、官司口舌定不利。
	巽	開 招搖	出入免招映、先難後得成、婦人口舌迎。
	離	休 太陰	求財謁貴欽、婚姻定情吉、百事災不侵。
	坤	生 青龍	求事喜重重、遇人逢酒肉、錢財利路通。
	兌	傷 太乙	索債可得收、漁獵亦能成、他事憂慮多。

甲寅日　坤方生門吉	中宮	攝提	土神大凶星，萬事不相道同，隱匿藏遁可，言動則傷身。
	乾	杜 太乙	百事多得成、避難藏匿得安寧。
	坎	景 青龍	遠行多不利、求財空手歸、出入不安、損失又患病。
	艮	死 太陰	知己能得尋、他事少得成、弔死行刑捕獵可。
	震	驚 招搖	恐慌怪夢怕、陰人口舌迎、百事多不安、官司病傷纏。
	巽	開 軒轅	求謀事必纏、遠行防阻滯、求財定不利。
	離	休 咸池	百禍侵不得、諸事遇賢良、求財百事皆得成。
	坤	生 天符	路途行人阻、有陰人妨害、走失難尋得、口論官司凶。
	兌	傷 天乙	謹慎用事則可遂、謀事多稱心、索債漁獵亦得成。

乙卯日	震方生門吉	中宮	太乙	水神大吉星，遇陰人尤吉，諸事盡歡欣，賭博錢財愁聚。

乾	驚	天乙	雖有吉曜扶、求謀仍難成、出行防傷病、唯能捕賊盜。
坎	開	天符	遠行見貴賢、須防婦人謀、走失難尋得。
艮	休	咸池	嫁娶尚稱吉、求財空手回、損失加病患。
震	生	軒轅	萬事尚稱可、行事防牽纏、遠行亡阻滯。
巽	傷	攝提	求財多不利、遠行防血光、諸事不如意。
離	杜	青龍	茶酒留住客、隱伏逃避成、謀事不遂心。
坤	景	招搖	出外賊盜逢、白夢多恐慌、又得防陰人口舌事。
兌	死	太陰	知己能得尋、他事少得成、弔死行刑捕獵可。

丙辰日	艮方休門吉	中宮	天乙	火星吉神，宜見貴人，用事，求謀，嫁娶，總遂心。

乾	驚	太陰	誤詞獻詐伏兵成、知交得覓尋、餘事謹慎莫輕行。
坎	開	招搖	出入免招殃、先難後得成、婦人口舌迎。
艮	休	青龍	謀事盡相通、赴任貴人助、求利求財旺。
震	生	攝提	百事皆難成、遠行多不利、財路皆不順。
巽	傷	太乙	索債可得收、漁獵亦能成、他事憂慮多。
離	杜	天符	行人塞路行、走失難搜尋、逃走避難成。
坤	景	軒轅	諸事謀為難、常須防火災、亦要防盜難。
兌	死	咸池	損財病患來、又得防止陰女難、只適打獵捕漁。

丁巳日	震方生門吉	中宮	太陰	土神吉星，知者莫交鋒、雖有勝算握，未必占奇功。

乾	驚	咸池	出行多不利、損財失物又患病、只宜捕捉盜賊。
坎	開	軒轅	求謀事必纏、遠行防阻滯、求財定不利。
艮	休	天符	須防女難相、路途有人阻、走失難尋見。
震	生	太乙	吉曜百事亨、求財得利多、遠行無阻滯。
巽	傷	天乙	謹慎用事則可遂、謀事多稱心、索債漁獵亦得成。
離	杜	招搖	出入多閉塞、陰人口舌迎、避難尚有路、恐慌事難成。
坤	景	攝提	百事多坎坷、遠行災難多、惡人賊盜逢。
兌	死	青龍	適於捕打漁獵、弔死行刑亦可、其他吉事不堪言。

262

戊午日	乾方生門吉	中宮	咸池	金神大凶星，咸池名惡殺，鑿井以外，用事恐傷身不宜。

	乾	生	青龍	求事喜重重、遇人逢酒肉、錢財利路通。
	坎	傷	攝提	求財多不利、遠行防血光、諸事不如意。
	艮	杜	招搖	出入多閉塞、陰人口舌迎、避難尚有路、恐慌事難成。
	震	景	天乙	相會娶嫁百事吉、求財謀事亦易成。
	巽	死	太陰	知己能得尋、他事少得成、弔死行刑捕獵可。
	離	驚	軒轅	行事必牽纏、損財又傷身、遠行阻滯又遇恐懼事。
	坤	開	太乙	謁貴可得扶、行事遇賢良、婚姻大吉祥、遠行無阻滯。
	兌	休	天符	須防女難相、路途有人阻、走失難尋見。

己未日	坤方開門吉	中宮	青龍	金神大吉星，相生錢財旺，接貴安榮華，萬事事相同。

	乾	生	天符	路途行人阻、有陰人妨害、走失難尋得、口論官司凶。
	坎	傷	太乙	索債可得收、漁獵亦能成、他事憂慮多。
	艮	杜	軒轅	門路皆不通、遠行路難走、行事必纏滯。
	震	景	太陰	出門皆會吉、嫁娶行商成、謀求財利甚稱佳。
	巽	死	咸池	損財病患來、又得防止陰女難、只適打獵捕漁。
	離	驚	攝提	出行遇驚懼、官司凶連綿、百事必遲疑。
	坤	開	天乙	求財皆和順、求謀百事成、茶酒自來迎。
	兌	休	招搖	吉宿見貴人、出入笑喜重、行事須考量、諸事尚稱意。

庚申日	坤方開門吉	中宮	天符	土神凶星，五鬼是天符，積糧尚有利，切忌有災途。

	乾	生	招搖	出入事難成、陰人口舌迎、情緒多不寧。
	坎	傷	天乙	謹慎用事則可遂、謀事多稱心、索債漁獵亦得成。
	艮	杜	攝提	路必不通、事必遲疑、多災坎坷。
	震	景	咸池	遠行多不利、求財空手歸、出入不安、損失又患病。
	巽	死	青龍	適於捕打漁獵、弔死行刑亦可、其他吉事不堪言。
	離	驚	太乙	雖得吉曜助、出行事難失魂虛驚、只宜捕賊盜。
	坤	開	太陰	百禍侵不得、諸事遇賢良、求財百事皆得成。
	兌	休	軒轅	百事會牽纏、凶事稍得纏、凶事稍得緩、遠行途阻滯。

辛酉日	坎方生門吉	中宮	招搖	木神小凶星，陰人口舌迎，白夢多恐慌，屋響釜自鳴。
		乾 休 軒轅		百事謀為艱難、行事必纏緩、遠行途阻滯。
		坎 生 太陰		百事災不侵、求財皆成就、貴人自來尋。
		艮 傷 太乙		索債可得收、漁獵亦能成、他事憂慮多。
		震 杜 青龍		茶酒留住客、隱伏逃避成、謀事不遂心。
		巽 景 天符		出門路途有阻害、又須防女難之相。
		離 死 天乙		求謀不堪論、遠行逢災厄、弔死行刑可、拿捕魚獵亦可行。
		坤 驚 咸池		出行多不利、損財失物又患病、只宜捕捉盜賊。
		兌 開 攝提		百事必遲滯、喜事變凶事、遠行必遲滯。
壬戌日	兌方開門吉	中宮	軒轅	水神小凶星，門內都不寧，賭博定輸錢，百事謀為定傷殘。
		乾 休 攝提		遠行必不利、財路耗損失、婚姻不如意。
		坎 生 咸池		遠行多不利、賭博空手歸、失財又患病。
		艮 傷 天乙		謹慎用事則可遂、謀事多稱心、索債漁獵亦得成。
		震 杜 天符		行人塞路行、走失難搜尋、逃走避難成。
		巽 景 招搖		出外賊盜逢、白夢多恐慌、又得防陰人口舌事。
		離 死 太陰		知己能得尋、他事少得成、弔死行刑捕獵可。
		坤 驚 青龍		賭博可見喜、其他吉事未必通、伏兵捕捉亦成。
		兌 開 太乙		謁貴可得扶、行事遇賢良、婚姻大吉祥、遠行無阻滯。
癸亥日	乾方休門吉	中宮	攝提	土神大凶星，萬事不相道同，隱匿藏遁可，言動則傷身。
		乾 休 太乙		出門無阻滯、百事見興旺、婚姻大吉昌。
		坎 生 青龍		求事喜重重、遇人逢酒肉、錢財利路通。
		艮 傷 太陰		百禍不能侵、牽債必得成、喜事不全吉。
		震 杜 招搖		出入多閉塞、陰人口舌迎、避難尚有路、恐慌事難成。
		巽 景 軒轅		諸事謀為難、常須防火災、亦要防盜難。
		離 死 咸池		損財病患來、又得防止陰女難、只適打獵捕漁。
		坤 驚 天符		走失難覓尋、更有婦人謀、官司口舌定不利。
		兌 開 天乙		求財皆和順、求謀百事成、茶酒自來迎。

【奇門遁甲】

遁甲月盤

月盤：上元　陰遁一局

月盤：中元　陰遁四局

月盤：下元　陰遁七局

陰一局

甲子旬

丙寅月

直符：天蓬
直使：一休

庚　天任 九天 傷 丁 巽四 東南	丙　天衝 九地 杜 己 離九 正南	丁 朱雀 景 乙癸 坤二 西南
戊 直符 生 天蓬 丙 震三 正東	符首：戊 五中	己 勾陳 死 辛 兌七 正西
壬 騰蛇 休 天心 庚 艮八 東北	辛 太陰 開 天柱 戊 坎一 正北	乙癸 六合 驚 天丙禽 壬 乾六 西北

陰一局

甲子旬

丙寅月

直符：天蓬
直使：一休

庚　天任 九天 傷 丁 巽四 東南	丙　天衝 九地 杜 己 離九 正南	丁 朱雀 景 乙癸 坤二 西
戊 直符 生 天蓬 丙 震三 正東	符首：戊 五中	己 勾陳 死 辛 兌七 正
壬 騰蛇 休 天心 庚 艮八 東北	辛 太陰 開 天柱 戊 坎一 正北	乙癸 六合 驚 壬 乾六 西

天輔 勾陳 死 己 東南 離九 正南	乙癸 天丙禽 驚 乙癸 坤二 西南
天衝 符首：戊 正東 五中	辛 太陰 開 天柱 辛 兌七 正西
天任 直符 生 戊 天蓬	壬 騰蛇 休 天心 壬

月盤：上元　陰遁一局

・・・・・・・・・・・・・・・・・・・・・・・・・・・

丙寅〜乙丑 60 月干支　六十月盤

（甲子　己卯　甲午　己酉　各年共用）
（乙丑　庚辰　乙未　庚戌　各年共用）
（丙寅　辛巳　丙申　辛亥　各年共用）
（丁卯　壬午　丁酉　壬子　各年共用）
（戊辰　癸未　戊戌　癸丑　各年共用）

上元　陰一局　（甲子　己卯　甲午　己酉　各年）

陰一局　甲子旬　丙寅月　直符：天蓬　直使：一休

巽四　東南	離九　正南	坤二　西南
九天　傷　天任　丁	九地　杜　天衝　己	朱雀　景　天輔　乙癸
震三　正東	五中	兌七　正西
直符　生　天蓬　丙	符首：戊	勾陳　死　天英　辛
艮八　東北	坎一　正北	乾六　西北
騰蛇　休　天心　壬	太陰　開　天柱　戊	六合　驚　天芮禽　壬

陰一局　甲子旬　己巳月　直符：一休　天蓬

巽四　東南	離九　正南	坤二　西南
騰蛇　驚　天心　壬	直符　開　天蓬　己	九天　休　天任　庚
震三　正東	五中	兌七　正西
太陰　死　天柱　丙	符首：戊	九地　生　天衝　辛
艮八　東北	坎一　正北	乾六　西北
六合　景　天芮禽　庚	勾陳　杜　天英　戊	朱雀　傷　天輔　壬

陰一局　甲子旬　丁卯月　直符：一休　天蓬

巽四　東南	離九　正南	坤二　西南
直符　死　天蓬　丁	九天　驚　天任　己	九地　開　天衝　乙癸
震三　正東	五中	兌七　正西
騰蛇　景　天心　丙	符首：戊	朱雀　休　天輔　辛
艮八　東北	坎一　正北	乾六　西北
太陰　杜　天柱　庚	六合　傷　天芮禽　戊	勾陳　生　天英　壬

陰一局　甲子旬　庚午月　直符：一休　天蓬

巽四　東南	離九　正南	坤二　西南
九地　休　天衝　丁	朱雀　生　天輔　己	勾陳　傷　天英　乙癸
震三　正東	五中	兌七　正西
九天　開　天任　丙	符首：戊	六合　杜　天芮禽　乙癸
艮八　東北	坎一　正北	乾六　西北
直符　驚　天蓬　戊	騰蛇　死　天心　庚	太陰　景　天柱　壬

陰一局　甲子旬　戊辰月　直符：一休　天蓬

巽四　東南	離九　正南	坤二　西南
朱雀　景　天輔　丁	勾陳　死　天英　己	六合　驚　天芮禽　乙癸
震三　正東	五中	兌七　正西
九地　杜　天衝　丙	符首：戊	太陰　開　天柱　辛
艮八　東北	坎一　正北	乾六　西北
九天　傷　天任　庚	直符　生　天蓬　戊	騰蛇　休　天心　壬

陰一局　甲子旬　辛未月　直符：一休　天蓬

巽四　東南	離九　正南	坤二　西南
六合　生　天芮禽　乙癸	太陰　傷　天柱　己	騰蛇　杜　天心　壬
震三　正東	五中	兌七　正西
勾陳　休　天英　己	符首：戊	直符　景　天蓬　辛
艮八　東北	坎一　正北	乾六　西北
朱雀　開　天輔　庚	九地　驚　天衝　戊	九天　死　天任　庚

上元　陰一局　（甲子　己卯　甲午　己酉　各年）

陰一局　甲子旬　壬申月　直使::一休　直符::一天蓬

巽四 東南	離九 正南	坤二 西南
己 勾陳 驚 天英 丁	乙癸 六合 開 天芮禽 己	辛 太陰 休 天柱 乙癸
震三 正東	五中	兌七 正西
丁 朱雀 死 天輔 丙	符首::戊	壬 騰蛇 生 天心 辛
艮八 東北	坎一 正北	乾六 西北
丙 九地 景 天衝 庚	庚 九天 杜 天任 戊	戊 直符 傷 天蓬 壬

陰一局　甲戌旬　乙亥月　直使::九景　直符::九天英

巽四 東南	離九 正南	坤二 西南
丙 太陰 驚 天衝 丁	丁 騰蛇 開 天輔 己	己 直符 休 天英 乙癸
震三 正東	五中	兌七 正西
庚 六合 死 天任 丙	符首::己	乙癸 九天 生 天芮禽 辛
艮八 東北	坎一 正北	乾六 西北
戊 勾陳 景 天蓬 庚	壬 朱雀 杜 天心 戊	辛 九地 傷 天柱 壬

陰一局　甲子旬　癸酉月　直使::一休　直符::一天蓬

巽四 東南	離九 正南	坤二 西南
辛 太陰 杜 天柱 丁	壬 騰蛇 景 天心 己	戊 直符 死 天蓬 乙癸
震三 正東	五中	兌七 正西
乙癸 六合 傷 天芮禽 丙	符首::戊	庚 九天 驚 天任 辛
艮八 東北	坎一 正北	乾六 西北
己 勾陳 生 天英 庚	丁 朱雀 休 天輔 戊	丙 九地 開 天衝 壬

陰一局　甲戌旬　丙子月　直使::九景　直符::九天英

巽四 東南	離九 正南	坤二 西南
乙癸 九天 生 天芮禽 丁	辛 九地 傷 天柱 己	壬 朱雀 杜 天心 乙癸
震三 正東	五中	兌七 正西
己 直符 休 天英 丙	符首::己	戊 勾陳 景 天蓬 辛
艮八 東北	坎一 正北	乾六 西北
丁 騰蛇 開 天輔 庚	丙 太陰 驚 天衝 戊	庚 六合 死 天任 壬

陰一局　甲戌旬　甲戌月　直使::九景　直符::九天英

巽四 東南	離九 正南	坤二 西南
丁 騰蛇 杜 天輔 丁	己 直符 景 天英 己	乙癸 九天 死 天芮禽 乙癸
震三 正東	五中	兌七 正西
丙 太陰 傷 天衝 丙	符首::己	辛 九地 驚 天柱 辛
艮八 東北	坎一 正北	乾六 西北
庚 六合 生 天任 庚	戊 勾陳 休 天蓬 戊	壬 朱雀 開 天心 壬

陰一局　甲戌旬　丁丑月　直使::九景　直符::九天英

巽四 東南	離九 正南	坤二 西南
己 直符 休 天英 丁	乙癸 九天 生 天芮禽 己	辛 九地 傷 天柱 乙癸
震三 正東	五中	兌七 正西
丁 騰蛇 開 天輔 丙	符首::己	壬 朱雀 杜 天心 辛
艮八 東北	坎一 正北	乾六 西北
丙 太陰 驚 天衝 庚	庚 六合 死 天任 戊	戊 勾陳 景 天蓬 壬

上元　陰一局　　（乙丑 庚辰 乙未 庚戌 各年）

陰一局　甲戌旬　戊寅月　直符：：天景　直使：：九景

壬　天心　朱雀　[傷]　丁　巽四 東南	戊　天蓬　勾陳　[杜]　己　離九 正南	庚　天任　六合　[景]　乙癸　坤二 西南
辛　天柱　九地　[生]　丙　震三 正東	太陰　符首：己　五中	丙　天衝　[死]　辛　兌七 正西
乙癸　天芮禽　九天　[休]　庚　艮八 東北	己　天英　直符　[開]　戊　坎一 正北	丁　天輔　騰蛇　[驚]　壬　乾六 西北

陰一局　甲戌旬　辛巳月　直符：：天景　直使：：九景

庚　天任　六合　[傷]　丁　巽四 東南	丙　天衝　太陰　[杜]　己　離九 正南	丁　天輔　騰蛇　[景]　乙癸　坤二 西南
戊　天蓬　勾陳　[生]　丙　震三 正東	符首：己　五中	己　天英　直符　[死]　辛　兌七 正西
壬　天心　朱雀　[休]　庚　艮八 東北	辛　天柱　九地　[開]　戊　坎一 正北	乙癸　天芮禽　九天　[驚]　壬　乾六 西北

陰一局　甲戌旬　己卯月　直符：：天景　直使：：九景

丁　天輔　騰蛇　[景]　丁　巽四 東南	己　天英　直符　[死]　己　離九 正南	乙癸　天芮禽　九天　[驚]　乙癸　坤二 西南
丙　天衝　太陰　[杜]　丙　震三 正東	符首：己　五中	辛　天柱　九地　[開]　辛　兌七 正西
庚　天任　六合　[傷]　庚　艮八 東北	戊　天蓬　勾陳　[生]　戊　坎一 正北	壬　天心　朱雀　[休]　壬　乾六 西北

陰一局　甲戌旬　壬午月　直符：：天景　直使：：九景

戊　天蓬　勾陳　[開]　丁　巽四 東南	庚　天任　六合　[休]　己　離九 正南	丙　天衝　太陰　[生]　乙癸　坤二 西南
壬　天心　朱雀　[驚]　丙　震三 正東	符首：己　五中	丁　天輔　騰蛇　[傷]　辛　兌七 正西
辛　天柱　九地　[死]　庚　艮八 東北	乙癸　天芮禽　九天　[景]　戊　坎一 正北	己　天英　直符　[杜]　壬　乾六 西北

陰一局　甲戌旬　庚辰月　直符：：天景　直使：：九景

辛　天柱　九地　[死]　丁　巽四 東南	壬　天心　朱雀　[驚]　己　離九 正南	戊　天蓬　勾陳　[開]　乙癸　坤二 西南
乙癸　天芮禽　九天　[景]　丙　震三 正東	符首：己　五中	庚　天任　六合　[休]　辛　兌七 正西
己　天英　直符　[杜]　庚　艮八 東北	丁　天輔　騰蛇　[傷]　戊　坎一 正北	丙　天衝　太陰　[生]　壬　乾六 西北

陰一局　甲戌旬　癸未月　直符：：天景　直使：：九景

丙　天衝　太陰　[杜]　丁　巽四 東南	丁　天輔　騰蛇　[景]　己　離九 正南	己　天英　直符　[死]　乙癸　坤二 西南
庚　天任　六合　[傷]　丙　震三 正東	符首：己　五中	乙癸　天芮禽　九天　[驚]　辛　兌七 正西
戊　天蓬　勾陳　[生]　庚　艮八 東北	壬　天心　朱雀　[休]　戊　坎一 正北	辛　天柱　九地　[開]　壬　乾六 西北

上元 陰一局　（乙丑 庚辰 乙未 庚戌 各年）

陰一局　甲申旬　甲申月　直符：天生　直使：八生

巽四 東南	離九 正南	坤二 西南
九地　丁 杜 天輔 丁	朱雀　己 景 天英 己	勾陳　乙癸 死 天芮禽 乙癸
震三 正東 九天　丙 傷 天衝 丙	**五中** 符首：庚	**兌七 正西** 六合　辛 驚 天柱 辛
艮八 東北 直符　庚 生 天任 庚	**坎一 正北** 騰蛇　戊 休 天蓬 戊	**乾六 西北** 太陰　壬 開 天心 壬

陰一局　甲申旬　丁亥月　直符：天生　直使：八生

巽四 東南	離九 正南	坤二 西南
直符　庚 開 天任 丁	九天　丙 休 天衝 己	九地　丁 生 天輔 乙癸
震三 正東 騰蛇　戊 驚 天蓬 丙	**五中** 符首：庚	**兌七 正西** 朱雀　己 傷 天英 辛
艮八 東北 太陰　壬 死 天心 庚	**坎一 正北** 六合　辛 景 天柱 戊	**乾六 西北** 勾陳　乙癸 杜 天芮禽 壬

陰一局　甲申旬　乙酉月　直符：天生　直使：八生

巽四 東南	離九 正南	坤二 西南
太陰　壬 驚 天心 丁	騰蛇　戊 開 天蓬 己	直符　庚 休 天任 乙癸
震三 正東 六合　辛 死 天柱 丙	**五中** 符首：庚	**兌七 正西** 九天　丙 生 天衝 辛
艮八 東北 勾陳　乙癸 景 天芮禽 庚	**坎一 正北** 朱雀　己 杜 天英 戊	**乾六 西北** 九地　丁 傷 天輔 壬

陰一局　甲申旬　戊子月　直符：天生　直使：八生

巽四 東南	離九 正南	坤二 西南
朱雀　己 生 天英 丁	勾陳　乙癸 傷 天芮禽 己	六合　辛 杜 天柱 乙癸
震三 正東 九地　丁 休 天輔 丙	**五中** 符首：庚	**兌七 正西** 太陰　壬 景 天心 辛
艮八 東北 九天　丙 開 天衝 庚	**坎一 正北** 直符　庚 驚 天任 戊	**乾六 西北** 騰蛇　戊 死 天蓬 壬

陰一局　甲申旬　丙戌月　直符：天生　直使：八生

巽四 東南	離九 正南	坤二 西南
九天　丙 死 天衝 丁	九地　丁 驚 天輔 己	朱雀　己 開 天英 乙癸
震三 正東 直符　庚 景 天任 丙	**五中** 符首：庚	**兌七 正西** 勾陳　乙癸 休 天芮禽 辛
艮八 東北 騰蛇　戊 杜 天蓬 庚	**坎一 正北** 太陰　壬 傷 天心 戊	**乾六 西北** 六合　辛 生 天柱 壬

陰一局　甲申旬　己丑月　直符：天生　直使：八生

巽四 東南	離九 正南	坤二 西南
騰蛇　戊 傷 天蓬 丁	直符　庚 杜 天任 己	九天　丙 景 天衝 乙癸
震三 正東 太陰　壬 生 天心 丙	**五中** 符首：庚	**兌七 正西** 九地　丁 死 天輔 辛
艮八 東北 六合　辛 休 天柱 庚	**坎一 正北** 勾陳　乙癸 開 天芮禽 戊	**乾六 西北** 朱雀　己 驚 天英 壬

上元　陰一局　（丙寅 辛巳 丙申 辛亥 各年）

陰一局　甲申旬　庚寅月　直符：天任　直使：八　天生

巽四　東南	離九　正南	坤二　西南
丁　開　天輔　九地　丁	己　休　天英　朱雀　己	乙癸　生　天芮禽　勾陳　乙癸
丙　驚　天衝　九天　丙	符首：庚（五中）	辛　傷　天柱　六合　辛
庚　死　天任　直符　庚（艮八　東北）	戊　景　天蓬　騰蛇　戊（坎一　正北）	壬　杜　天心　太陰　壬（乾六　西北）

陰一局　甲申旬　癸巳月　直符：天任　直使：八　天生

巽四　東南	離九　正南	坤二　西南
壬　杜　天心　太陰　丁	戊　景　天蓬　騰蛇　己	庚　死　天任　直符　乙癸
辛　傷　天柱　六合　丙	符首：庚（五中）	丙　驚　天衝　九天　辛
乙癸　生　天芮禽　勾陳　庚（艮八　東北）	己　休　天英　朱雀　戊（坎一　正北）	丁　開　天輔　九地　壬（乾六　西北）

陰一局　甲申旬　辛卯月　直符：天任　直使：八　天生

巽四　東南	離九　正南	坤二　西南
辛　景　天柱　六合　丁	壬　死　天心　太陰　己	戊　驚　天蓬　騰蛇　乙癸
乙癸　杜　天芮禽　勾陳　丙	符首：庚（五中）	庚　開　天任　直符　辛
己　傷　天英　朱雀　庚（艮八　東北）	丁　生　天輔　九地　戊（坎一　正北）	丙　休　天衝　九天　壬（乾六　西北）

陰一局　甲午旬　甲午月　直符：天柱　直使：七　天驚

巽四　東南	離九　正南	坤二　西南
丁　杜　天輔　六合　丁	己　景　天英　太陰　己	乙癸　死　天芮禽　騰蛇　乙癸
丙　傷　天衝　勾陳　丙	符首：辛（五中）	辛　驚　天柱　直符　辛
庚　生　天任　朱雀　庚（艮八　東北）	戊　休　天蓬　九地　戊（坎一　正北）	壬　開　天心　九天　壬（乾六　西北）

陰一局　甲申旬　壬辰月　直符：天任　直使：八　天生

巽四　東南	離九　正南	坤二　西南
乙癸　休　天芮禽　勾陳　丁	辛　生　天柱　六合　己	壬　傷　天心　太陰　乙癸
己　開　天英　朱雀　丙	符首：庚（五中）	戊　杜　天蓬　騰蛇　辛
丁　驚　天輔　九地　庚（艮八　東北）	丙　死　天衝　九天　戊（坎一　正北）	庚　景　天任　直符　壬（乾六　西北）

陰一局　甲午旬　乙未月　直符：天柱　直使：七　天驚

巽四　東南	離九　正南	坤二　西南
己　傷　天英　太陰　丁	乙癸　杜　天芮禽　騰蛇　己	辛　景　天柱　直符　乙癸
丁　生　天輔　六合　丙	符首：辛（五中）	壬　死　天心　九天　辛
丙　休　天衝　勾陳　庚（艮八　東北）	庚　開　天任　朱雀　戊（坎一　正北）	戊　驚　天蓬　九地　壬（乾六　西北）

273

陰一局　甲午旬　丙申月　直符：天柱　直使：七驚

巽四 東南	離九 正南	坤二 西南
壬 〔景〕 天心 九天　丁	戊 〔死〕 天蓬 九地　己	庚 〔驚〕 天任 朱雀　乙癸
辛 〔杜〕 天柱 直符　丙	符首：辛 五中	丙 〔開〕 天衝 勾陳　辛
乙癸 〔傷〕 天芮禽 騰蛇　庚	己 〔生〕 天英 太陰　戊	丁 〔休〕 天輔 六合　壬

陰一局　甲午旬　己亥月　直符：天柱　直使：七驚

巽四 東南	離九 正南	坤二 西南
乙癸 〔景〕 天芮禽 騰蛇　丁	辛 〔死〕 天柱 直符　己	壬 〔驚〕 天心 九天　乙癸
己 〔杜〕 天英 太陰　丙	符首：辛 五中	戊 〔開〕 天蓬 九地　辛
丁 〔傷〕 天輔 六合　庚	丙 〔生〕 天衝 勾陳　戊	庚 〔休〕 天任 朱雀　壬

陰一局　甲午旬　丁酉月　直符：天柱　直使：七驚

巽四 東南	離九 正南	坤二 西南
辛 〔驚〕 天柱 直符　丁	壬 〔開〕 天心 九天　己	戊 〔休〕 天蓬 九地　乙癸
乙癸 〔死〕 天芮禽 騰蛇　丙	符首：辛 五中	庚 〔生〕 天任 朱雀　辛
己 〔景〕 天英 太陰　庚	丁 〔杜〕 天輔 六合　戊	丙 〔傷〕 天衝 勾陳　壬

陰一局　甲午旬　庚子月　直符：天柱　直使：七驚

巽四 東南	離九 正南	坤二 西南
戊 〔生〕 天蓬 九地　丁	庚 〔傷〕 天任 朱雀　己	丙 〔杜〕 天衝 勾陳　乙癸
壬 〔休〕 天心 九天　丙	符首：辛 五中	丁 〔景〕 天輔 六合　辛
辛 〔開〕 天柱 直符　庚	乙癸 〔驚〕 天芮禽 騰蛇　戊	己 〔死〕 天英 太陰　壬

陰一局　甲午旬　戊戌月　直符：天柱　直使：七驚

巽四 東南	離九 正南	坤二 西南
庚 〔開〕 天任 朱雀　丁	丙 〔休〕 天衝 勾陳　己	丁 〔生〕 天輔 六合　乙癸
戊 〔驚〕 天蓬 九地　丙	符首：辛 五中	己 〔傷〕 天英 太陰　辛
壬 〔死〕 天心 九天　庚	辛 〔景〕 天柱 直符　戊	乙癸 〔杜〕 天芮禽 騰蛇　壬

陰一局　甲午旬　辛丑月　直符：天柱　直使：七驚

巽四 東南	離九 正南	坤二 西南
丁 〔死〕 天輔 六合　丁	己 〔驚〕 天英 太陰　己	乙癸 〔開〕 天芮禽 騰蛇　乙癸
丙 〔景〕 天衝 勾陳　丙	符首：辛 五中	辛 〔休〕 天柱 直符　辛
庚 〔杜〕 天任 朱雀　庚	戊 〔傷〕 天蓬 九地　戊	壬 〔生〕 天心 九天　壬

上元　陰一局　（丁卯 壬午 丁酉 壬子 各年）

陰一局　甲午旬　壬寅月　　直符：天柱　直使：七驚

巽四 東南	離九 正南	坤二 西南
丙　天衝　勾陳　休　丁	丁　天輔　六合　生　己	己　天英　太陰　傷　乙癸
庚　天任　朱雀　開　丙	五中　符首：辛	乙癸　天芮禽　騰蛇　杜　辛
震三 正東		兌七 正西
戊　天蓬　九地　驚　庚	壬　天心　九天　死　戊	辛　天柱　直符　景　壬
艮八 東北	坎一 正北	乾六 西北

陰一局　甲辰旬　乙巳月　　直符：天心　直使：六開

巽四 東南	離九 正南	坤二 西南
乙癸　天芮禽　太陰　死　丁	辛　天柱　騰蛇　驚　己	壬　天心　直符　開　乙癸
己　天英　六合　景　丙	五中　符首：壬	戊　天蓬　九天　休　辛
震三 正東		兌七 正西
丁　天輔　勾陳　杜　庚	丙　天衝　朱雀　傷　戊	庚　天任　九地　生　壬
艮八 東北	坎一 正北	乾六 西北

陰一局　甲午旬　癸卯月　　直符：天柱　直使：七驚

巽四 東南	離九 正南	坤二 西南
己　天英　太陰　杜　丁	乙癸　天芮禽　騰蛇　景　己	辛　天柱　直符　死　乙癸
丁　天輔　六合　傷　丙	五中　符首：辛	壬　天心　九天　驚　辛
震三 正東		兌七 正西
丙　天柱　勾陳　生　庚	庚　天任　朱雀　休　戊	戊　天蓬　九地　開　壬
艮八 東北	坎一 正北	乾六 西北

陰一局　甲辰旬　丙午月　　直符：天心　直使：六開

巽四 東南	離九 正南	坤二 西南
戊　天蓬　九天　開　丁	庚　天任　九地　休　己	丙　天衝　朱雀　生　乙癸
壬　天心　直符　驚　丙	五中　符首：壬	丁　天輔　勾陳　傷　辛
震三 正東		兌七 正西
辛　天柱　騰蛇　死　庚	乙癸　天芮禽　太陰　景　戊	己　天英　六合　杜　壬
艮八 東北	坎一 正北	乾六 西北

陰一局　甲辰旬　甲辰月　　直符：天心　直使：六開

巽四 東南	離九 正南	坤二 西南
丁　天輔　勾陳　杜　丁	己　天英　六合　景　己	乙癸　天芮禽　太陰　死　乙癸
丙　天衝　朱雀　傷　丙	五中　符首：壬	辛　天柱　騰蛇　驚　辛
震三 正東		兌七 正西
庚　天任　九地　生　庚	戊　天蓬　九天　休　戊	壬　天心　直符　開　壬
艮八 東北	坎一 正北	乾六 西北

陰一局　甲辰旬　丁未月　　直符：天心　直使：六開

巽四 東南	離九 正南	坤二 西南
壬　天心　直符　休　丁	戊　天蓬　九天　生　己	庚　天任　九地　傷　乙癸
辛　天柱　騰蛇　開　丙	五中　符首：壬	丙　天衝　朱雀　杜　辛
震三 正東		兌七 正西
乙癸　天芮禽　太陰　驚　庚	己　天英　六合　死　戊	丁　天輔　勾陳　景　壬
艮八 東北	坎一 正北	乾六 西北

上元 陰一局　（丁卯 壬午 丁酉 壬子 各年）

陰一局　甲辰旬　戊申月　直符：天心　直使：六開

巽四 東南	離九 正南	坤二 西南
丙　朱雀　[死]　天衝　丁	丁　勾陳　[驚]　天輔　己	己　六合　[開]　天英　乙癸
震三 正東	**五中**	**兌七 正西**
庚　九地　[景]　天任　丙	符首：壬	乙癸　太陰　[休]　天芮禽　辛
艮八 東北	**坎一 正北**	**乾六 西北**
戊　九天　[杜]　天蓬　庚	壬　直符　[傷]　天心　戊	辛　騰蛇　[生]　天柱　壬

陰一局　甲辰旬　辛亥月　直符：天心　直使：六開

巽四 東南	離九 正南	坤二 西南
己　六合　[生]　天英　丁	乙癸　太陰　[傷]　天芮禽　己	辛　騰蛇　[杜]　天柱　乙癸
震三 正東	**五中**	**兌七 正西**
丁　勾陳　[休]　天輔　丙	符首：壬	壬　直符　[景]　天心　辛
艮八 東北	**坎一 正北**	**乾六 西北**
丙　朱雀　[開]　天衝　庚	庚　九地　[驚]　天任　戊	戊　九天　[死]　天蓬　壬

陰一局　甲辰旬　己酉月　直符：天心　直使：六開

巽四 東南	離九 正南	坤二 西南
辛　騰蛇　[傷]　天柱　丁	壬　直符　[杜]　天心　己	戊　九天　[景]　天蓬　乙癸
震三 正東	**五中**	**兌七 正西**
乙癸　太陰　[生]　天芮禽　丙	符首：壬	庚　九地　[死]　天任　辛
艮八 東北	**坎一 正北**	**乾六 西北**
己　六合　[休]　天英　庚	丁　勾陳　[開]　天輔　戊	丙　朱雀　[驚]　天衝　壬

陰一局　甲辰旬　壬子月　直符：天心　直使：六開

巽四 東南	離九 正南	坤二 西南
丁　勾陳　[景]　天輔　丁	己　六合　[死]　天英　己	乙癸　太陰　[驚]　天芮禽　乙癸
震三 正東	**五中**	**兌七 正西**
丙　朱雀　[杜]　天衝　丙	符首：壬	辛　騰蛇　[開]　天柱　辛
艮八 東北	**坎一 正北**	**乾六 西北**
庚　九地　[傷]　天任　庚	戊　九天　[生]　天蓬　戊	壬　直符　[休]　天心　壬

陰一局　甲辰旬　庚戌月　直符：天心　直使：六開

巽四 東南	離九 正南	坤二 西南
庚　九地　[驚]　天任　丁	丙　朱雀　[開]　天衝　己	丁　勾陳　[休]　天輔　乙癸
震三 正東	**五中**	**兌七 正西**
戊　九天　[死]　天蓬　丙	符首：壬	己　六合　[生]　天英　辛
艮八 東北	**坎一 正北**	**乾六 西北**
壬　直符　[景]　天心　庚	辛　騰蛇　[杜]　天柱　戊	乙癸　太陰　[傷]　天芮禽　壬

陰一局　甲辰旬　癸丑　直符：天心　直使：六開

巽四 東南	離九 正南	坤二 西南
乙癸　太陰　[杜]　天芮禽　丁	辛　騰蛇　[景]　天柱　己	壬　直符　[死]　天心　乙癸
震三 正東	**五中**	**兌七 正西**
己　六合　[傷]　天英　丙	符首：壬	戊　九天　[驚]　天蓬　辛
艮八 東北	**坎一 正北**	**乾六 西北**
丁　勾陳　[生]　天輔　庚	丙　朱雀　[休]　天衝　戊	庚　九地　[開]　天任　壬

上元　陰一局　（戊辰 癸未 戊戌 癸丑 各年）

陰一局　甲寅旬　甲寅月　直符：天禽芮　直使：五死

巽四 東南	離九 正南	坤二 西南
丁／太陰 杜 天輔／丁	己／騰蛇 景 天英／己	乙癸／直符 死 天禽芮／乙癸
震三 正東	**五中**	**兌七 正西**
丙／六合 傷 天衝／丙	符首：癸	辛／九天 驚 天柱／辛
艮八 東北	**坎一 正北**	**乾六 西北**
庚／勾陳 生 天任／庚	戊／朱雀 休 天蓬／戊	壬／九地 開 天心／壬

陰一局　甲寅旬　丁巳月　直符：天禽芮　直使：五死

巽四 東南	離九 正南	坤二 西南
乙癸／直符 杜 天禽芮／丁	辛／九天 景 天柱／己	壬／九地 死 天心／乙癸
震三 正東	**五中**	**兌七 正西**
己／騰蛇 傷 天英／丙	符首：癸	戊／朱雀 驚 天蓬／辛
艮八 東北	**坎一 正北**	**乾六 西北**
丁／太陰 生 天輔／庚	丙／六合 休 天衝／戊	庚／勾陳 開 天任／壬

陰一局　甲寅旬　乙卯月　直符：天禽芮　直使：五死

巽四 東南	離九 正南	坤二 西南
丁／太陰 死 天輔／丁	己／騰蛇 驚 天英／己	乙癸／直符 開 天禽芮／乙癸
震三 正東	**五中**	**兌七 正西**
丙／六合 景 天衝／丙	符首：癸	辛／九天 休 天柱／辛
艮八 東北	**坎一 正北**	**乾六 西北**
庚／勾陳 杜 天任／庚	戊／朱雀 傷 天蓬／戊	壬／九地 生 天心／壬

陰一局　甲寅旬　戊午月　直符：天禽芮　直使：五死

巽四 東南	離九 正南	坤二 西南
戊／朱雀 休 天蓬／丁	庚／勾陳 生 天任／己	丙／六合 傷 天衝／乙癸
震三 正東	**五中**	**兌七 正西**
壬／九地 開 天心／丙	符首：癸	丁／太陰 杜 天輔／辛
艮八 東北	**坎一 正北**	**乾六 西北**
辛／九天 驚 天柱／庚	乙癸／直符 死 天禽芮／戊	己／騰蛇 景 天英／壬

陰一局　甲寅旬　丙辰月　直符：天禽芮　直使：五死

巽四 東南	離九 正南	坤二 西南
辛／九天 驚 天柱／丁	壬／九地 開 天心／己	戊／朱雀 休 天蓬／乙癸
震三 正東	**五中**	**兌七 正西**
乙癸／直符 死 天禽芮／丙	符首：癸	庚／勾陳 生 天任／辛
艮八 東北	**坎一 正北**	**乾六 西北**
己／騰蛇 景 天英／庚	丁／太陰 杜 天輔／戊	丙／六合 傷 天衝／壬

陰一局　甲寅旬　己未月　直符：天禽芮　直使：五死

巽四 東南	離九 正南	坤二 西南
己／騰蛇 景 天英／丁	乙癸／直符 死 天禽芮／己	辛／九天 驚 天柱／乙癸
震三 正東	**五中**	**兌七 正西**
丁／太陰 杜 天輔／丙	符首：癸	壬／九地 開 天心／辛
艮八 東北	**坎一 正北**	**乾六 西北**
丙／六合 傷 天衝／庚	庚／勾陳 生 天任／戊	戊／朱雀 休 天蓬／壬

上元 陰一局　（戊辰 癸未 戊戌 癸丑 各年）

陰一局　甲寅旬　庚申月　直符：天禽芮　直使：五死

巽四 東南	離九 正南	坤二 西南
壬 [開] 天心 九地 丁	戊 [休] 天蓬 朱雀 己	庚 [生] 天任 勾陳 乙癸
辛 [驚] 天柱 九天 丙	五中　符首：癸	丙 [傷] 天衝 六合 辛
乙癸 [死] 天禽芮 直符 庚	己 [景] 天英 騰蛇 戊	丁 [杜] 天輔 太陰 壬
艮八 東北	坎一 正北	乾六 西北

陰一局　甲寅旬　癸亥月　直符：天禽芮　直使：五死

巽四 東南	離九 正南	坤二 西南
丁 [杜] 天輔 太陰 丁	己 [景] 天英 騰蛇 己	乙癸 [死] 天禽芮 直符 乙癸
丙 [傷] 天衝 六合 丙	五中　符首：癸	辛 [驚] 天柱 九天 辛
庚 [生] 天任 勾陳 庚	戊 [休] 天蓬 朱雀 戊	壬 [開] 天心 九地 壬
艮八 東北	坎一 正北	乾六 西北

陰一局　甲寅旬　辛酉月　直符：天禽芮　直使：五死

巽四 東南	離九 正南	坤二 西南
丙 [傷] 天衝 六合 丁	丁 [杜] 天輔 太陰 己	己 [景] 天英 騰蛇 乙癸
庚 [生] 天任 勾陳 丙	五中　符首：癸	乙癸 [死] 天禽芮 直符 辛
戊 [休] 天蓬 朱雀 庚	壬 [開] 天心 九地 戊	辛 [驚] 天柱 九天 壬
艮八 東北	坎一 正北	乾六 西北

陰一局　甲子旬　甲子月　直符：天蓬　直使：一休

巽四 東南	離九 正南	坤二 西南
丁 [杜] 天輔 朱雀 丁	己 [景] 天英 勾陳 己	乙癸 [死] 天芮禽 六合 乙癸
丙 [傷] 天衝 九地 丙	五中　符首：戊	辛 [驚] 天柱 太陰 辛
庚 [生] 天任 九天 庚	戊 [休] 天蓬 直符 戊	壬 [開] 天心 騰蛇 壬
艮八 東北	坎一 正北	乾六 西北

陰一局　甲寅旬　壬戌月　直符：天禽芮　直使：五死

巽四 東南	離九 正南	坤二 西南
庚 [生] 天任 勾陳 丁	丙 [傷] 天衝 六合 己	丁 [杜] 天輔 太陰 乙癸
戊 [休] 天蓬 朱雀 丙	五中　符首：癸	己 [景] 天英 騰蛇 辛
壬 [開] 天心 九地 庚	辛 [驚] 天柱 九天 戊	乙癸 [死] 天禽芮 直符 壬
艮八 東北	坎一 正北	乾六 西北

陰一局　甲子旬　乙丑月　直符：天蓬　直使：一休

巽四 東南	離九 正南	坤二 西南
辛 [開] 天柱 太陰 丁	壬 [休] 天心 騰蛇 己	戊 [生] 天蓬 直符 乙癸
乙癸 [驚] 天芮禽 六合 丙	五中　符首：戊	庚 [傷] 天任 九天 辛
己 [死] 天英 勾陳 庚	丁 [景] 天輔 朱雀 戊	丙 [杜] 天衝 九地 壬
艮八 東北	坎一 正北	乾六 西北

278

月盤：中元　陰遁四局

丙寅～乙丑 60 月干支　六十月盤

（己巳　甲申　己亥　甲寅　各年共用）
（庚午　乙酉　庚子　乙卯　各年共用）
（辛未　丙戌　辛丑　丙辰　各年共用）
（壬申　丁亥　壬寅　丁巳　各年共用）
（癸酉　戊子　癸卯　戊午　各年共用）

中元　陰四局　（己巳　甲申　己亥　甲寅　各年）

陰四局　甲子旬　丙寅月　直符：丙　直使：四天輔

巽四 東南	離九 正南	坤二 西南
丙　天心 勾陳　[生]　戊	辛　天蓬 六合　[傷]　壬	癸　天任 太陰　[杜]　庚乙
震三 正東	**五中**	**兌七 正西**
丁　天柱 朱雀　[休]　己	符首：戊	己　天衝 騰蛇　[景]　丁
艮八 東北	**坎一 正北**	**乾六 西北**
庚乙　天輔 九地　[開]　癸	壬　天芮禽 九天　[驚]　辛	戊　天英 直符　[死]　丙

陰四局　甲子旬　己巳月　直使：四天柱

巽四 東南	離九 正南	坤二 西南
壬　天英 九天　[死]　戊	庚乙　天芮禽 九地　[驚]　壬	丁　天柱 朱雀　[開]　庚乙
震三 正東	**五中**	**兌七 正西**
戊　天輔 直符　[景]　己	符首：戊	丙　天心 勾陳　[休]　丁
艮八 東北	**坎一 正北**	**乾六 西北**
己　天衝 騰蛇　[杜]　癸	癸　天任 太陰　[傷]　辛	辛　天蓬 六合　[生]　丙

陰四局　甲子旬　丁卯月　直使：四天輔

巽四 東南	離九 正南	坤二 西南
辛　天蓬 六合　[驚]　戊	癸　天任 太陰　[開]　壬	己　天衝 騰蛇　[休]　庚乙
震三 正東	**五中**	**兌七 正西**
丙　天心 勾陳　[死]　己	符首：戊	戊　天輔 直符　[生]　丁
艮八 東北	**坎一 正北**	**乾六 西北**
丁　天柱 朱雀　[景]　癸	庚乙　天芮禽 九地　[杜]　辛	壬　天英 九天　[傷]　丙

陰四局　甲子旬　庚午月　直使：四天輔

巽四 東南	離九 正南	坤二 西南
癸　天任 太陰　[休]　戊	己　天衝 騰蛇　[生]　壬	戊　天輔 直符　[傷]　庚乙
震三 正東	**五中**	**兌七 正西**
辛　天蓬 六合　[開]　己	符首：戊	壬　天英 九天　[杜]　丁
艮八 東北	**坎一 正北**	**乾六 西北**
丙　天心 勾陳　[驚]　癸	丁　天柱 朱雀　[死]　辛	庚乙　天芮禽 九地　[景]　丙

陰四局　甲子旬　戊辰月　直使：四天輔

巽四 東南	離九 正南	坤二 西南
戊　天輔 直符　[傷]　戊	壬　天英 九天　[杜]　壬	庚乙　天芮禽 九地　[景]　庚乙
震三 正東	**五中**	**兌七 正西**
己　天衝 騰蛇　[生]　己	符首：戊	丁　天柱 朱雀　[死]　丁
艮八 東北	**坎一 正北**	**乾六 西北**
癸　天任 太陰　[休]　癸	辛　天蓬 六合　[開]　辛	丙　天心 勾陳　[驚]　丙

陰四局　甲子旬　辛未月　直使：四天輔

巽四 東南	離九 正南	坤二 西南
丁　天柱 朱雀　[開]　戊	丙　天心 勾陳　[休]　壬	辛　天蓬 六合　[生]　庚乙
震三 正東	**五中**	**兌七 正西**
庚乙　天芮禽 九地　[驚]　己	符首：戊	癸　天任 太陰　[傷]　丁
艮八 東北	**坎一 正北**	**乾六 西北**
壬　天輔 九天　[死]　癸	戊　天英 直符　[景]　辛	己　天衝 騰蛇　[杜]　丙

中元 陰四局　（己巳 甲申 己亥 甲寅 各年）

陰四局　甲子旬　壬申月　直符：天輔　直使：四 杜

巽四 東南	離九 正南	坤二 西南
己 騰蛇 生 天衝	戊 直符 傷 天輔	壬 九天 杜 天英
癸 太陰 休 天任　震三 正東	符首：戊　中五	庚乙 九地 景 天芮禽
辛 六合 開 天蓬　艮八 東北	丙 勾陳 驚 天心　坎一 正北	丁 朱雀 死 天柱　乾六 西北

陰四局　甲戌旬　乙亥月　直符：天心　直使：三 傷

巽四 東南	離九 正南	坤二 西南
辛 太陰 休 天蓬	癸 騰蛇 生 天任	己 直符 傷 天衝
丙 六合 開 天心　震三 正東	符首：己　中五	戊 九天 杜 天輔
丁 勾陳 驚 天柱　艮八 東北	庚乙 朱雀 死 天芮禽　坎一 正北	壬 九地 景 天英　乾六 西北

陰四局　甲子旬　癸酉月　直符：天輔　直使：四 杜

巽四 東南	離九 正南	坤二 西南
庚乙 九地 杜 天芮禽	丁 朱雀 景 天柱	丙 勾陳 死 天心
壬 九天 傷 天英　震三 正東	符首：戊　中五	辛 六合 驚 天蓬
戊 直符 生 天輔　艮八 東北	己 騰蛇 休 天衝　坎一 正北	癸 太陰 開 天任　乾六 西北

陰四局　甲戌旬　丙子月　直符：天心　直使：三 傷

巽四 東南	離九 正南	坤二 西南
丁 勾陳 死 天柱	丙 六合 驚 天心	辛 太陰 開 天蓬
庚乙 朱雀 景 天芮禽　震三 正東	符首：己　中五	癸 騰蛇 休 天任
壬 九地 杜 天英　艮八 東北	戊 九天 傷 天輔　坎一 正北	己 直符 生 天衝　乾六 西北

陰四局　甲戌旬　甲戌月　直符：天衝　直使：三 傷

巽四 東南	離九 正南	坤二 西南
戊 九天 杜 天輔	壬 九地 景 天英	庚乙 朱雀 死 天芮禽
己 直符 傷 天衝　震三 正東	符首：己　中五	丁 勾陳 驚 天柱
癸 騰蛇 生 天任　艮八 東北	辛 太陰 休 天蓬　坎一 正北	丙 六合 開 天心　乾六 西北

陰四局　甲戌旬　丁丑月　直符：天衝　直使：三 傷

巽四 東南	離九 正南	坤二 西南
丙 六合 生 天心	辛 太陰 傷 天蓬	癸 騰蛇 杜 天任
丁 勾陳 休 天柱　震三 正東	符首：己　中五	己 直符 景 天衝
庚乙 朱雀 開 天芮禽　艮八 東北	壬 九地 驚 天英　坎一 正北	戊 九天 死 天輔　乾六 西北

中元 陰四局 　（庚午 乙酉 庚子 乙卯 各年）

陰四局　甲戌旬　戊寅月
直符：　直使：　三傷

巽四 東南	離九 正南	坤二 西南
己 天衝　直符　景　戊	戊 天輔　九天　死　壬	壬 天英　九地　驚　庚乙
震三 正東	五中	兌七 正西
癸 天任　騰蛇　杜　己	符首：己	庚乙 天芮禽　朱雀　開　丁
艮八 東北	坎一 正北	乾六 西北
辛 天蓬　太陰　傷　癸	丙 天心　六合　生　辛	丁 天柱　勾陳　休　丙

陰四局　甲戌旬　辛巳月
直符：天　直使：三傷

巽四 東南	離九 正南	坤二 西南
庚乙 天芮禽　朱雀　休　戊	丁 天柱　勾陳　生　壬	丙 天心　六合　傷　庚乙
震三 正東	五中	兌七 正西
壬 天英　九地　開　己	符首：己	辛 天蓬　太陰　杜　丁
艮八 東北	坎一 正北	乾六 西北
戊 天輔　九天　驚　癸	己 天衝　直符　死　辛	癸 天任　騰蛇　景　丙

陰四局　甲戌旬　己卯月
直符：天衝　直使：三傷

巽四 東南	離九 正南	坤二 西南
戊 天輔　九天　開　戊	壬 天英　九地　休　壬	庚乙 天芮禽　朱雀　生　庚乙
震三 正東	五中	兌七 正西
己 天衝　直符　驚　己	符首：己	丁 天柱　勾陳　傷　丁
艮八 東北	坎一 正北	乾六 西北
癸 天任　騰蛇　死　癸	辛 天蓬　太陰　景　辛	丙 天心　六合　杜　丙

陰四局　甲戌旬　壬午月
直符：天　直使：三傷

巽四 東南	離九 正南	坤二 西南
癸 天任　騰蛇　傷　戊	己 天衝　直符　杜　壬	戊 天輔　九天　景　庚乙
震三 正東	五中	兌七 正西
辛 天蓬　太陰　生　己	符首：己	壬 天英　九地　死　丁
艮八 東北	坎一 正北	乾六 西北
丙 天心　六合　休　癸	丁 天柱　勾陳　開　辛	庚乙 天芮禽　朱雀　驚　丙

陰四局　甲戌旬　庚辰月
直符：天衝　直使：三傷

巽四 東南	離九 正南	坤二 西南
辛 天蓬　太陰　驚　戊	癸 天任　騰蛇　開　壬	己 天衝　直符　休　庚乙
震三 正東	五中	兌七 正西
丙 天心　六合　死　己	符首：己	戊 天輔　九天　生　丁
艮八 東北	坎一 正北	乾六 西北
丁 天柱　勾陳　景　癸	庚乙 天芮禽　朱雀　杜　辛	壬 天英　九地　傷　丙

陰四局　甲戌旬　癸未月
直符：天　直使：三傷

巽四 東南	離九 正南	坤二 西南
壬 天英　九地　杜　戊	庚乙 天芮禽　朱雀　景　壬	丁 天柱　勾陳　死　庚乙
震三 正東	五中	兌七 正西
戊 天輔　九天　傷　己	符首：己	丙 天心　六合　驚　丁
艮八 東北	坎一 正北	乾六 西北
己 天衝　直符　生　癸	癸 天任　騰蛇　休　辛	辛 天蓬　太陰　開　丙

中元 陰四局　（庚午 乙酉 庚子 乙卯 各年）

陰四局　甲申旬　甲申月　直符：天芮禽　直使：二死

巽四 東南	離九 正南	坤二 西南
太陰　戊　杜　天輔　戊	騰蛇　壬　景　天英　壬	直符　庚乙　死　天芮禽　庚乙
六合　己　傷　天衝　己	符首：庚（五中）	丁　驚　天柱　丁　正西
勾陳　癸　生　天任　癸　艮八 東北	朱雀　辛　休　天蓬　辛　坎一 正北	丙　開　天心　丙　乾六 西北

陰四局　甲申旬　丁亥月　直符：天芮禽　直使：二死

巽四 東南	離九 正南	坤二 西南
六合　己　開　天衝　戊	太陰　戊　休　天輔　壬	騰蛇　壬　生　天英　庚乙
勾陳　癸　驚　天任　己	符首：庚（五中）	直符　庚乙　傷　天芮禽　丁　正西
朱雀　辛　死　天蓬　癸　艮八 東北	九地　丙　景　天心　辛　坎一 正北	九天　丁　杜　天柱　丙　乾六 西北

陰四局　甲申旬　乙酉月　直符：天芮禽　直使：二死

巽四 東南	離九 正南	坤二 西南
太陰　戊　休　天輔　戊	騰蛇　壬　生　天英　壬	直符　庚乙　傷　天芮禽　庚乙
六合　己　開　天衝　己	符首：庚（九天　五中）	丁　杜　天柱　丁　正西
勾陳　癸　驚　天任　癸　艮八 東北	朱雀　辛　死　天蓬　辛　坎一 正北	九地　丙　景　天心　丙　乾六 西北

陰四局　甲申旬　戊子月　直符：天芮禽　直使：二死

巽四 東南	離九 正南	坤二 西南
直符　庚乙　傷　天芮禽　戊	九天　丁　杜　天柱　壬	九地　丙　景　天心　庚乙
騰蛇　壬　生　天英　己	符首：庚（五中）	朱雀　辛　死　天蓬　丁　正西
太陰　戊　休　天輔　癸　艮八 東北	六合　己　開　天衝　辛　坎一 正北	勾陳　癸　驚　天任　丙　乾六 西北

陰四局　甲申旬　丙戌月　直符：天芮禽　直使：二死

巽四 東南	離九 正南	坤二 西南
勾陳　癸　景　天任　戊	六合　己　死　天衝　壬	太陰　戊　驚　天輔　庚乙
朱雀　辛　杜　天蓬　己	符首：庚（五中）	騰蛇　壬　開　天英　丁　正西
九地　丙　傷　天心　癸　艮八 東北	九天　丁　生　天柱　辛　坎一 正北	直符　庚乙　休　天芮禽　丙　乾六 西北

陰四局　甲申旬　己丑月　直符：天芮禽　直使：二死

巽四 東南	離九 正南	坤二 西南
九天　丁　生　天柱　戊	九地　丙　傷　天心　壬	朱雀　辛　杜　天蓬　庚乙
直符　庚乙　休　天芮禽　己	符首：庚（五中）	勾陳　癸　景　天任　丁　正西
騰蛇　壬　開　天英　癸　艮八 東北	太陰　戊　驚　天輔　辛　坎一 正北	六合　己　死　天衝　丙　乾六 西北

中元　陰四局　（辛未 丙戌 辛丑 丙辰 各年）

陰四局　甲申旬　庚寅月　直符：二天芮禽　直使：二死

巽四 東南	離九 正南	坤二 西南
戊　太陰　杜　天輔　戊	壬　騰蛇　景　天英　壬	庚乙　直符　死　天芮禽　庚乙
己　六合　傷　天衝　己	符首：庚　五中	丁　九天　驚　天柱　丁
癸　勾陳　生　天任　癸	辛　朱雀　休　天蓬　辛	丙　九地　開　天心　丙
艮八 東北	坎一 正北	乾六 西北

陰四局　甲申旬　癸巳月　直符：二天芮禽　直使：二死

巽四 東南	離九 正南	坤二 西南
丙　九地　杜　天心　戊	辛　朱雀　景　天蓬　壬	癸　勾陳　死　天任　庚乙
丁　九天　傷　天柱　己	符首：庚　五中	己　六合　驚　天衝　丁
庚乙　直符　生　天芮禽　癸	壬　騰蛇　休　天英　辛	戊　太陰　開　天輔　丙
艮八 東北	坎一 正北	乾六 西北

陰四局　甲申旬　辛卯月　直符：二天芮禽　直使：二死

巽四 東南	離九 正南	坤二 西南
辛　朱雀　死　天蓬　戊	癸　勾陳　驚　天任　壬	己　六合　開　天衝　庚乙
丙　九地　景　天心　己	符首：庚　五中	戊　太陰　休　天輔　丁
丁　九天　杜　天柱　癸	庚乙　直符　傷　天芮禽　辛	壬　騰蛇　生　天英　丙
艮八 東北	坎一 正北	乾六 西北

陰四局　甲午旬　甲午月　直符：一天蓬　直使：一休

巽四 東南	離九 正南	坤二 西南
戊　朱雀　杜　天輔　戊	壬　勾陳　景　天英　壬	庚乙　六合　死　天芮禽　庚乙
己　九地　傷　天衝　己	符首：辛　五中	丁　太陰　驚　天柱　丁
癸　九天　生　天任　癸	辛　直符　休　天蓬　辛	丙　騰蛇　開　天心　丙
艮八 東北	坎一 正北	乾六 西北

陰四局　甲申旬　壬辰月　直符：二天芮禽　直使：二死

巽四 東南	離九 正南	坤二 西南
壬　騰蛇　驚　天英　戊	庚乙　直符　開　天芮禽　壬	丁　九天　休　天柱　庚乙
戊　太陰　死　天輔　己	符首：庚　五中	丙　九地　生　天心　丁
己　六合　景　天衝　癸	癸　勾陳　杜　天任　辛	辛　朱雀　傷　天蓬　丙
艮八 東北	坎一 正北	乾六 西北

陰四局　甲午旬　乙未月　直符：一天蓬　直使：一休

巽四 東南	離九 正南	坤二 西南
丁　太陰　開　天柱　戊	丙　騰蛇　休　天心　壬	辛　直符　生　天蓬　庚乙
庚乙　六合　驚　天芮禽　己	符首：辛　五中	癸　九天　傷　天任　丁
壬　勾陳　死　天英　癸	戊　朱雀　景　天輔　辛	己　九地　杜　天衝　丙
艮八 東北	坎一 正北	乾六 西北

中元　陰四局　(辛未　丙戌　辛丑　丙辰　各年)

陰四局　甲午旬　丙申月　直符：天蓬　直使：一休

巽四　東南	離九　正南	坤二　西南
壬　天英　傷　勾陳　戊	庚乙　天芮禽　杜　六合　壬	丁　天柱　景　太陰　庚乙

震三　正東	五中	兌七　正西
戊　天輔　生　朱雀　己	符首：辛	丙　天心　死　騰蛇　丁

艮八　東北	坎一　正北	乾六　西北
己　天衝　休　九地　癸	癸　天任　開　九天　辛	辛　天蓬　驚　直符　丙

陰四局　甲午旬　己亥月　直符：天蓬　直使：一休

巽四　東南	離九　正南	坤二　西南
癸　天任　驚　九天　戊	己　天衝　開　九地　壬	戊　天輔　休　朱雀　庚乙

震三　正東	五中	兌七　正西
辛　天蓬　死　直符　己	符首：辛	壬　天英　生　勾陳　丁

艮八　東北	坎一　正北	乾六　西北
丙　天心　景　騰蛇　癸	丁　天柱　杜　太陰　辛	庚乙　天芮禽　傷　六合　丙

陰四局　甲午旬　丁酉月　直符：天蓬　直使：一休

巽四　東南	離九　正南	坤二　西南
庚乙　天芮禽　死　六合　戊	丁　天柱　驚　太陰　壬	丙　天心　開　騰蛇　庚乙

震三　正東	五中	兌七　正西
壬　天英　景　勾陳　己	符首：辛	辛　天蓬　休　直符　丁

艮八　東北	坎一　正北	乾六　西北
戊　天輔　杜　朱雀　癸	己　天衝　傷　九地　辛	癸　天任　生　九天　丙

陰四局　甲午旬　庚子月　直符：天蓬　直使：一休

巽四　東南	離九　正南	坤二　西南
丁　天柱　休　太陰　戊	丙　天心　生　騰蛇　壬	辛　天蓬　傷　直符　庚乙

震三　正東	五中	兌七　正西
庚乙　天芮禽　開　六合　己	符首：辛	癸　天任　杜　九天　丁

艮八　東北	坎一　正北	乾六　西北
壬　天英　驚　勾陳　癸	戊　天輔　死　朱雀　辛	己　天衝　景　九地　丙

陰四局　甲午旬　戊戌月　直符：天蓬　直使：一休

巽四　東南	離九　正南	坤二　西南
辛　天蓬　景　直符　戊	癸　天任　死　九天　壬	己　天衝　驚　九地　庚乙

震三　正東	五中	兌七　正西
丙　天心　杜　騰蛇　己	符首：辛	戊　天輔　開　朱雀　丁

艮八　東北	坎一　正北	乾六　西北
丁　天柱　傷　太陰　癸	庚乙　天芮禽　生　六合　辛	壬　天英　休　勾陳　丙

陰四局　甲午旬　辛丑月　直符：天蓬　直使：一休

巽四　東南	離九　正南	坤二　西南
戊　天輔　生　朱雀　戊	壬　天英　傷　勾陳　壬	庚乙　天芮禽　杜　六合　庚乙

震三　正東	五中	兌七　正西
己　天衝　休　九地　己	符首：辛	丁　天柱　景　太陰　丁

艮八　東北	坎一　正北	乾六　西北
癸　天任　開　九天　癸	辛　天蓬　驚　直符　辛	丙　天心　死　騰蛇　丙

中元　陰四局　（壬申　丁亥　壬寅　丁巳　各年）

陰四局　甲午旬　壬寅月　直符：天蓬　直使：一休

東南 巽四	正南 離九	西南 坤二
丙　騰蛇　[驚]　天心　戊	辛　直符　[開]　天蓬　壬	癸　九天　[休]　天任　庚乙
丁　太陰　[死]　天柱　己	五中　符首：辛	己　九地　[生]　天衝　丁
庚乙　六合　[景]　天芮禽　癸	壬　勾陳　[杜]　天英　辛	戊　朱雀　[傷]　天輔　丙
正東 震三	正北 坎一	西北 乾六

陰四局　甲辰旬　乙巳月　直符：天英　直使：九景

東南 巽四	正南 離九	西南 坤二
己　太陰　[驚]　天衝　戊	戊　騰蛇　[開]　天輔　壬	壬　直符　[休]　天英　庚乙
癸　六合　[死]　天任　己	五中　符首：壬	庚乙　九天　[生]　天芮禽　丁
辛　勾陳　[景]　天蓬　癸	丙　朱雀　[杜]　天心　辛	丁　九地　[傷]　天柱　丙
正東 震三	正北 坎一	西北 乾六

陰四局　甲午旬　癸卯月　直符：天蓬　直使：一休

東南 巽四	正南 離九	西南 坤二
己　九地　[杜]　天衝　戊	戊　朱雀　[景]　天輔　壬	壬　勾陳　[死]　天英　庚乙
癸　九天　[傷]　天任　己	五中　符首：辛	庚乙　六合　[驚]　天芮禽　丁
辛　直符　[生]　天蓬　癸	丙　騰蛇　[休]　天心　辛	丁　太陰　[開]　天柱　丙
正東 震三	正北 坎一	西北 乾六

陰四局　甲辰旬　丙午月　直符：天英　直使：九景

東南 巽四	正南 離九	西南 坤二
辛　勾陳　[生]　天蓬　戊	癸　六合　[傷]　天任　壬	己　太陰　[杜]　天衝　庚乙
丙　朱雀　[休]　天心　己	五中　符首：壬	戊　騰蛇　[景]　天輔　丁
丁　九地　[開]　天柱　癸	庚乙　九天　[驚]　天芮禽　辛	壬　直符　[死]　天英　丙
正東 震三	正北 坎一	西北 乾六

陰四局　甲辰旬　甲辰月　直符：天英　直使：九景

東南 巽四	正南 離九	西南 坤二
戊　騰蛇　[杜]　天輔　戊	壬　直符　[景]　天英　壬	庚乙　九天　[死]　天芮禽　庚乙
己　太陰　[傷]　天衝　己	五中　符首：壬	丁　九地　[驚]　天柱　丁
癸　六合　[生]　天任　癸	辛　勾陳　[休]　天蓬　辛	丙　朱雀　[開]　天心　丙
正東 震三	正北 坎一	西北 乾六

陰四局　甲辰旬　丁未月　直符：天英　直使：九景

東南 巽四	正南 離九	西南 坤二
癸　六合　[休]　天任　戊	己　太陰　[生]　天衝　壬	戊　騰蛇　[傷]　天輔　庚乙
辛　勾陳　[開]　天蓬　己	五中　符首：壬	壬　直符　[杜]　天英　丁
丙　朱雀　[驚]　天心　癸	丁　九地　[死]　天柱　辛	庚乙　九天　[景]　天芮禽　丙
正東 震三	正北 坎一	西北 乾六

中元 陰四局　（壬申 丁亥 壬寅 丁巳 各年）

陰四局　甲辰旬　戊申月　直符：天英　直使：九景

巽四 東南	離九 正南	坤二 西南
壬　直符　[傷]　天英　戊	庚乙　九天　[杜]　天芮禽　壬	丁　九地　[景]　天柱　庚乙
戊　騰蛇　[生]　天輔　己（震三 正東）	符首：壬（五中）	丙　朱雀　[死]　天心　丁（兌七 正西）
己　太陰　[休]　天衝　癸（艮八 東北）	癸　六合　[開]　天任　辛（坎一 正北）	辛　勾陳　[驚]　天蓬　丙（乾六 西北）

陰四局　甲辰旬　辛亥月　直符：天英　直使：九景

巽四 東南	離九 正南	坤二 西南
丙　朱雀　[傷]　天心　戊	辛　勾陳　[杜]　天蓬　壬	癸　六合　[景]　天任　庚乙
丁　九地　[生]　天柱　己（震三 正東）	符首：壬（五中）	己　太陰　[死]　天衝　丁（兌七 正西）
庚乙　九天　[休]　天芮禽　癸（艮八 東北）	壬　直符　[開]　天英　辛（坎一 正北）	戊　騰蛇　[驚]　天輔　丙（乾六 西北）

陰四局　甲辰旬　己酉月　直符：天英　直使：九景

巽四 東南	離九 正南	坤二 西南
庚乙　九天　[景]　天芮禽　戊	丁　九地　[死]　天柱　壬	丙　朱雀　[驚]　天心　庚乙
壬　直符　[杜]　天英　己（震三 正東）	符首：壬（五中）	辛　勾陳　[開]　天蓬　丁（兌七 正西）
戊　騰蛇　[傷]　天輔　癸（艮八 東北）	己　太陰　[生]　天衝　辛（坎一 正北）	癸　六合　[休]　天任　丙（乾六 西北）

陰四局　甲辰旬　壬子月　直符：天英　直使：九景

巽四 東南	離九 正南	坤二 西南
戊　騰蛇　[開]　天輔　戊	壬　直符　[休]　天英　壬	庚乙　九天　[生]　天芮禽　庚乙
己　太陰　[驚]　天衝　己（震三 正東）	符首：壬（五中）	丁　九地　[傷]　天柱　丁（兌七 正西）
癸　六合　[死]　天任　癸（艮八 東北）	辛　勾陳　[景]　天蓬　辛（坎一 正北）	丙　朱雀　[杜]　天心　丙（乾六 西北）

陰四局　甲辰旬　庚戌月　直符：天英　直使：九景

巽四 東南	離九 正南	坤二 西南
己　太陰　[死]　天衝　戊	戊　騰蛇　[驚]　天輔　壬	壬　直符　[開]　天英　庚乙
癸　六合　[景]　天任　己（震三 正東）	符首：壬（五中）	庚乙　九天　[休]　天芮禽　丁（兌七 正西）
辛　勾陳　[杜]　天蓬　癸（艮八 東北）	丙　朱雀　[傷]　天心　辛（坎一 正北）	丁　九地　[生]　天柱　丙（乾六 西北）

陰四局　甲辰旬　癸丑月　直符：天英　直使：九景

巽四 東南	離九 正南	坤二 西南
丁　九地　[杜]　天柱　戊	丙　朱雀　[景]　天心　壬	辛　勾陳　[死]　天蓬　庚乙
庚乙　九天　[傷]　天芮禽　己（震三 正東）	符首：壬（五中）	癸　六合　[驚]　天任　丁（兌七 正西）
壬　直符　[生]　天英　癸（艮八 東北）	戊　騰蛇　[休]　天輔　辛（坎一 正北）	己　太陰　[開]　天衝　丙（乾六 西北）

288

中元 陰四局　（癸酉 戊子 癸卯 戊午 各年）

陰四局　甲寅旬　甲寅月　直符：天任　直使：八生

巽四 東南	離九 正南	坤二 西南
戊　九地 [杜] 天輔　戊	壬　朱雀 [景] 天英　壬	庚乙　勾陳 [死] 天芮禽　庚乙
己　九天 [傷] 天衝　己	符首：癸	丁　六合 [驚] 天柱　丁
癸　直符 [生] 天任　癸	辛　騰蛇 [休] 天蓬　辛	丙　太陰 [開] 天心　丙

| 艮八 東北 | 坎一 正北 | 乾六 西北 |

陰四局　甲寅旬　丁巳月　直符：天任　直使：八生

巽四 東南	離九 正南	坤二 西南
丁　六合 [開] 天柱　戊	丙　太陰 [休] 天心　壬	辛　騰蛇 [生] 天蓬　庚乙
庚乙　勾陳 [驚] 天芮禽　己	符首：癸	癸　直符 [傷] 天任　丁
壬　朱雀 [死] 天英　癸	戊　九地 [景] 天輔　辛	己　九天 [杜] 天衝　丙

陰四局　甲寅旬　乙卯月　直符：天任　直使：八生

巽四 東南	離九 正南	坤二 西南
丙　太陰 [驚] 天心　戊	辛　騰蛇 [開] 天蓬　壬	癸　直符 [休] 天任　庚乙
丁　六合 [死] 天柱　己	符首：癸	己　九天 [生] 天衝　丁
庚乙　勾陳 [景] 天芮禽　癸	壬　朱雀 [杜] 天英　辛	戊　九地 [傷] 天輔　丙

陰四局　甲寅旬　戊午月　直符：天任　直使：八生

巽四 東南	離九 正南	坤二 西南
癸　直符 [生] 天任　戊	己　九天 [傷] 天衝　壬	戊　九地 [杜] 天輔　庚乙
辛　騰蛇 [休] 天蓬　己	符首：癸	壬　朱雀 [景] 天英　丁
丙　太陰 [開] 天心　癸	丁　六合 [驚] 天柱　辛	庚乙　勾陳 [死] 天芮禽　丙

陰四局　甲寅旬　丙辰月　直符：天任　直使：八生

巽四 東南	離九 正南	坤二 西南
庚乙　勾陳 [死] 天芮禽　戊	丁　六合 [驚] 天柱　壬	丙　太陰 [開] 天心　庚乙
壬　朱雀 [景] 天英　己	符首：癸	辛　騰蛇 [休] 天蓬　丁
戊　九地 [杜] 天輔　癸	己　九天 [傷] 天衝　辛	癸　直符 [生] 天任　丙

陰四局　甲寅旬　己未月　直符：天任　直使：八生

巽四 東南	離九 正南	坤二 西南
己　九天 [傷] 天衝　戊	戊　九地 [杜] 天輔　壬	壬　朱雀 [景] 天英　庚乙
癸　直符 [生] 天任　己	符首：癸	庚乙　勾陳 [死] 天芮禽　丁
辛　騰蛇 [休] 天蓬　癸	丙　太陰 [開] 天心　辛	丁　六合 [驚] 天柱　丙

289

中元 陰四局　（癸酉 戊子 癸卯 戊午 各年）

陰四局　甲寅旬　庚申月　直符：天任　直使：八生

巽四 東南	離九 正南	坤二 西南
太陰　丙 [開] 天心　戊	騰蛇　辛 [休] 天蓬　壬	直符　癸 [生] 天任　庚乙
六合　丁 [驚] 天柱　己	符首：癸	九天　己 [傷] 天衝　丁
震三 正東	五中	兌七 正西
勾陳　庚乙 [死] 天芮禽　癸	朱雀　壬 [景] 天英　辛	九地　戊 [杜] 天輔　丙
艮八 東北	坎一 正北	乾六 西北

陰四局　甲寅旬　癸亥月　直符：天任　直使：八生

巽四 東南	離九 正南	坤二 西南
九地　戊 [杜] 天輔　戊	朱雀　壬 [景] 天英　壬	勾陳　庚乙 [死] 天芮禽　庚乙
九天　己 [傷] 天衝　己	符首：癸	六合　丁 [驚] 天柱　丁
震三 正東	五中	兌七 正西
直符　癸 [生] 天任　癸	騰蛇　辛 [休] 天蓬　辛	太陰　丙 [開] 天心　丙
艮八 東北	坎一 正北	乾六 西北

陰四局　甲寅旬　辛酉月　直符：天任　直使：八生

巽四 東南	離九 正南	坤二 西南
朱雀　壬 [景] 天英　戊	勾陳　庚乙 [死] 天芮禽　壬	六合　丁 [驚] 天柱　庚乙
九地　戊 [杜] 天輔　己	符首：癸	太陰　丙 [開] 天心　丁
震三 正東	五中	兌七 正西
九天　己 [傷] 天衝　癸	直符　癸 [生] 天任　辛	騰蛇　辛 [休] 天蓬　丙
艮八 東北	坎一 正北	乾六 西北

陰四局　甲子旬　甲子月　直符：天輔　直使：四杜

巽四 東南	離九 正南	坤二 西南
直符　戊 [杜] 天輔　戊	九天　壬 [景] 天英　壬	九地　庚乙 [死] 天芮禽　庚乙
騰蛇　己 [傷] 天衝　己	符首：戊	朱雀　丁 [驚] 天柱　丁
震三 正東	五中	兌七 正西
太陰　癸 [生] 天任　癸	六合　辛 [休] 天蓬　辛	勾陳　丙 [開] 天心　丙
艮八 東北	坎一 正北	乾六 西北

陰四局　甲寅旬　壬戌月　直符：天任　直使：八生

巽四 東南	離九 正南	坤二 西南
騰蛇　辛 [休] 天蓬　戊	直符　癸 [生] 天任　壬	九天　己 [傷] 天衝　庚乙
太陰　丙 [開] 天心　己	符首：癸	九地　戊 [杜] 天輔　丁
震三 正東	五中	兌七 正西
六合　丁 [驚] 天柱　癸	勾陳　庚乙 [死] 天芮禽　辛	朱雀　壬 [景] 天英　丙
艮八 東北	坎一 正北	乾六 西北

陰四局　甲子旬　乙丑月　直符：天輔　直使：四杜

巽四 東南	離九 正南	坤二 西南
太陰　癸 [景] 天任　戊	騰蛇　己 [死] 天衝　壬	直符　戊 [驚] 天輔　庚乙
六合　辛 [杜] 天蓬　己	符首：戊	九天　壬 [開] 天英　丁
震三 正東	五中	兌七 正西
勾陳　丙 [傷] 天心　癸	朱雀　丁 [生] 天柱　辛	九地　庚乙 [休] 天芮禽　丙
艮八 東北	坎一 正北	乾六 西北

月盤：下元　陰遁七局

丙寅～乙丑 60 月干支　六十月盤

（甲戌　己丑　甲辰　己未　各年共用）
（乙亥　庚寅　乙巳　庚申　各年共用）
（丙子　辛卯　丙午　辛酉　各年共用）
（丁丑　壬辰　丁未　壬戌　各年共用）
（戊寅　癸巳　戊申　癸亥　各年共用）

下元　陰七局　（甲戌 己丑 甲辰 己未 各年）

陰七局　甲子旬　丙寅月　直符：天柱　直使：七驚

巽四 東南	離九 正南	坤二 西南
騰蛇 [景] 癸庚 天芮禽 辛	直符 [死] 戊 天柱 丙	九天 [驚] 己 天心 癸庚
太陰 [杜] 丙 天英 壬 震三 正東	符首：戊 五中	九地 [開] 丁 天蓬 戊 兌七 正西
六合 [傷] 辛 天輔 乙 艮八 東北	勾陳 [生] 壬 天衝 丁 坎一 正北	朱雀 [休] 乙 天任 乾六 西北

陰七局　甲子旬　己巳月　直符：天柱　直使：七驚

巽四 東南	離九 正南	坤二 西南
勾陳 [景] 壬 天衝 辛	六合 [死] 辛 天輔 丙	太陰 [驚] 丙 天英 癸庚
朱雀 [杜] 乙 天任 壬 震三 正東	符首：戊 五中	騰蛇 [開] 癸庚 天芮禽 戊 兌七 正西
九地 [傷] 丁 天蓬 乙 艮八 東北	九天 [生] 己 天心 丁 坎一 正北	直符 [休] 戊 天柱 乾六 西北

陰七局　甲子旬　丁卯月　直符：天柱　直使：七驚

巽四 東南	離九 正南	坤二 西南
朱雀 [驚] 乙 天任 辛	勾陳 [開] 壬 天衝 丙	六合 [休] 辛 天輔 癸庚
九地 [死] 丁 天蓬 壬 震三 正東	符首：戊 五中	太陰 [生] 丙 天英 戊 兌七 正西
九天 [景] 己 天心 乙 艮八 東北	直符 [杜] 戊 天柱 丁 坎一 正北	騰蛇 [傷] 癸庚 天芮禽 己 乾六 西北

陰七局　甲子旬　庚午月　直符：天柱　直使：七驚

巽四 東南	離九 正南	坤二 西南
太陰 [生] 丙 天英 辛	騰蛇 [傷] 癸庚 天芮禽 丙	直符 [杜] 戊 天柱 癸庚
六合 [休] 辛 天輔 壬 震三 正東	符首：戊 五中	九天 [景] 己 天心 戊 兌七 正西
勾陳 [開] 壬 天衝 乙 艮八 東北	朱雀 [驚] 乙 天任 丁 坎一 正北	九地 [死] 丁 天蓬 己 乾六 西北

陰七局　甲子旬　戊辰月　直符：天柱　直使：七驚

巽四 東南	離九 正南	坤二 西南
六合 [開] 辛 天輔 辛	太陰 [休] 丙 天英 丙	騰蛇 [生] 癸庚 天芮禽 癸庚
勾陳 [驚] 壬 天衝 壬 震三 正東	符首：戊 五中	直符 [傷] 戊 天柱 戊 兌七 正西
朱雀 [死] 乙 天任 乙 艮八 東北	九地 [景] 丁 天蓬 丁 坎一 正北	九天 [杜] 己 天心 己 乾六 西北

陰七局　甲子旬　辛未月　直符：天柱　直使：七驚

巽四 東南	離九 正南	坤二 西南
直符 [死] 戊 天柱 辛	九天 [驚] 己 天心 丙	九地 [開] 丁 天蓬 癸庚
騰蛇 [景] 癸庚 天芮禽 壬 震三 正東	符首：戊 五中	朱雀 [休] 乙 天任 戊 兌七 正西
太陰 [杜] 丙 天英 乙 艮八 東北	六合 [傷] 辛 天輔 丁 坎一 正北	勾陳 [生] 壬 天衝 己 乾六 西北

下元 陰七局　（甲戌 己丑 甲辰 己未 各年）

陰七局　甲子旬　壬申月　直符：壬　直使：七　天柱　驚

己 休 天心（九天 辛）巽四 東南	丁 生 天蓬（九地 丙）離九 正南	乙 傷 天任（朱雀 癸庚）坤二 西南
戊 開 天柱（直符 壬）震三 正東	符首：戊　五中	壬 杜 天衝（勾陳 戊）兌七 正西
癸庚 驚 天芮禽（騰蛇 乙）艮八 東北	丙 死 天英（太陰 丁）坎一 正北	辛 景 天輔（六合 己）乾六 西北

陰七局　甲戌旬　乙亥月　直符：天心　直使：六開

乙 死 天任（九地 辛）巽四 東南	壬 驚 天衝（朱雀 丙）離九 正南	辛 開 天輔（勾陳 癸庚）坤二 西南
丁 景 天蓬（九天 壬）震三 正東	符首：己　五中	丙 休 天英（六合 戊）兌七 正西
己 杜 天心（直符 乙）艮八 東北	戊 傷 天柱（騰蛇 丁）坎一 正北	癸庚 生 天芮禽（太陰 己）乾六 西北

陰七局　甲子旬　癸酉月　直符：天柱　直使：七驚

丙 杜 天英（太陰 辛）巽四 東南	癸庚 景 天芮禽（騰蛇 丙）離九 正南	戊 死 天柱（直符 癸庚）坤二 西南
辛 傷 天輔（六合 壬）震三 正東	符首：戊　五中	己 驚 天心（九天 戊）兌七 正西
壬 生 天衝（勾陳 乙）艮八 東北	乙 休 天任（朱雀 丁）坎一 正北	丁 開 天蓬（九地 己）乾六 西北

陰七局　甲戌旬　丙子月　直符：天心　直使：六開

戊 開 天柱（騰蛇 辛）巽四 東南	己 休 天心（直符 丙）離九 正南	丁 生 天蓬（九天 癸庚）坤二 西南
癸庚 驚 天芮禽（太陰 壬）震三 正東	符首：己　五中	乙 傷 天任（九地 戊）兌七 正西
丙 死 天英（六合 乙）艮八 東北	辛 景 天輔（勾陳 丁）坎一 正北	壬 杜 天衝（朱雀 己）乾六 西北

陰七局　甲戌旬　甲戌月　直符：天心　直使：六開

辛 杜 天輔（勾陳 辛）巽四 東南	丙 景 天英（六合 丙）離九 正南	癸庚 死 天芮禽（太陰 癸庚）坤二 西南
壬 傷 天衝（朱雀 壬）震三 正東	符首：己　五中	戊 驚 天柱（騰蛇 戊）兌七 正西
乙 生 天任（九地 乙）艮八 東北	丁 休 天蓬（九天 丁）坎一 正北	己 開 天心（直符 己）乾六 西北

陰七局　甲戌旬　丁丑月　直符：天心　直使：六開

壬 休 天衝（朱雀 辛）巽四 東南	辛 生 天輔（勾陳 丙）離九 正南	丙 傷 天英（六合 癸庚）坤二 西南
乙 開 天任（九地 壬）震三 正東	符首：己　五中	癸庚 杜 天芮禽（太陰 戊）兌七 正西
丁 驚 天蓬（九天 乙）艮八 東北	己 死 天心（直符 丁）坎一 正北	戊 景 天柱（騰蛇 己）乾六 西北

下元　陰七局　（乙亥　庚寅　乙巳　庚申　各年）

陰七局　甲戌旬　戊寅月　直符：天心　直使：六開

丙 天英　六合　死　辛 巽四 東南	癸庚 天芮禽　太陰　驚　丙 離九 正南	戊 天柱　騰蛇　開　癸庚 坤二 西南
辛 天輔　勾陳　景　壬 震三 正東	符首：己 五中	己 天心　直符　休　戊 兌七 正西
壬 天衝　朱雀　杜　乙 艮八 東北	乙 天任　九地　傷　丁 坎一 正北	丁 天蓬　九天　生　己 乾六 西北

陰七局　甲戌旬　辛巳月　直符：天心　直使：六開

己 天心　直符　生　辛 巽四 東南	丁 天蓬　九天　傷　丙 離九 正南	乙 天任　九地　杜　癸庚 坤二 西南
戊 天柱　騰蛇　休　壬 震三 正東	符首：己 五中	壬 天衝　朱雀　景　戊 兌七 正西
癸庚 天芮禽　太陰　開　乙 艮八 東北	丙 天英　六合　驚　丁 坎一 正北	辛 天輔　勾陳　死　己 乾六 西北

陰七局　甲戌旬　己卯月　直符：天心　直使：六開

辛 天輔　勾陳　傷　辛 巽四 東南	丙 天英　六合　杜　丙 離九 正南	癸庚 天芮禽　太陰　景　癸庚 坤二 西南
壬 天衝　朱雀　生　壬 震三 正東	符首：己 五中	戊 天柱　騰蛇　死　戊 兌七 正西
乙 天任　九地　休　乙 艮八 東北	丁 天蓬　九天　開　丁 坎一 正北	己 天心　直符　驚　己 乾六 西北

陰七局　甲戌旬　壬午月　直符：天心　直使：六開

丁 天蓬　九天　景　辛 巽四 東南	乙 天任　九地　死　丙 離九 正南	壬 天衝　朱雀　驚　癸庚 坤二 西南
己 天心　直符　杜　壬 震三 正東	符首：己 五中	辛 天輔　勾陳　開　戊 兌七 正西
戊 天柱　騰蛇　傷　乙 艮八 東北	癸庚 天芮禽　太陰　生　丁 坎一 正北	丙 天英　六合　休　己 乾六 西北

陰七局　甲戌旬　庚辰月　直符：天心　直使：六開

癸庚 天芮禽　太陰　驚　辛 巽四 東南	戊 天柱　騰蛇　開　丙 離九 正南	己 天心　直符　休　癸庚 坤二 西南
丙 天英　六合　死　壬 震三 正東	符首：己 五中	丁 天蓬　九天　生　戊 兌七 正西
辛 天輔　勾陳　景　乙 艮八 東北	壬 天衝　朱雀　杜　丁 坎一 正北	乙 天任　九地　傷　己 乾六 西北

陰七局　甲戌旬　癸未月　直符：天心　直使：六開

癸庚 天芮禽　太陰　杜　辛 巽四 東南	戊 天柱　騰蛇　景　丙 離九 正南	己 天心　直符　死　癸庚 坤二 西南
丙 天英　六合　傷　壬 震三 正東	符首：己 五中	丁 天蓬　九天　驚　戊 兌七 正西
辛 天輔　勾陳　生　乙 艮八 東北	壬 天衝　朱雀　休　丁 坎一 正北	乙 天任　九地　開　己 乾六 西北

下元 陰七局　（乙亥 庚寅 乙巳 庚申 各年）

陰七局　甲申旬　甲申月　直符：天禽芮　直使：五死

辛 太陰　杜　天輔 辛 巽四　東南	丙 騰蛇　景　天英 丙 離九　正南	癸庚 直符　死　天禽芮 癸庚 坤二　西南
壬 六合　傷　天衝 壬 震三　正東	符首：庚 五中	戊 九天　驚　天柱 戊 兌七　正西
乙 勾陳　生　天任 乙 艮八　東北	丁 朱雀　休　天蓬 丁 坎一　正北	己 九地　開　天心 己 乾六　西北

陰七局　甲申旬　丁亥月　直符：天禽芮　直使：五死

丁 朱雀　杜　天蓬 辛 巽四　東南	乙 勾陳　景　天任 丙 離九　正南	壬 六合　死　天衝 癸庚 坤二　西南
己 九地　傷　天心 壬 震三　正東	符首：庚 五中	辛 太陰　驚　天輔 戊 兌七　正西
戊 九天　生　天柱 乙 艮八　東北	癸庚 直符　休　天禽芮 丁 坎一　正北	丙 騰蛇　開　天英 己 乾六　西北

陰七局　甲申旬　乙酉月　直符：天禽芮　直使：五死

己 九地　死　天心 辛 巽四　東南	丁 朱雀　驚　天蓬 丙 離九　正南	乙 勾陳　開　天任 癸庚 坤二　西南
戊 九天　景　天柱 壬 震三　正東	符首：庚 五中	壬 六合　休　天衝 戊 兌七　正西
癸庚 直符　杜　天禽芮 乙 艮八　東北	丙 騰蛇　傷　天英 丁 坎一　正北	辛 太陰　生　天輔 己 乾六　西北

陰七局　甲申旬　戊子月　直符：天禽芮　直使：五死

壬 六合　休　天衝 辛 巽四　東南	辛 太陰　生　天輔 丙 離九　正南	丙 騰蛇　傷　天英 癸庚 坤二　西南
乙 勾陳　開　天任 壬 震三　正東	符首：庚 五中	癸庚 直符　杜　天禽芮 戊 兌七　正西
丁 朱雀　驚　天蓬 乙 艮八　東北	己 九地　死　天心 丁 坎一　正北	戊 九天　景　天柱 己 乾六　西北

陰七局　甲申旬　丙戌月　直符：天禽芮　直使：五死

丙 騰蛇　驚　天英 辛 巽四　東南	癸庚 直符　開　天禽芮 丙 離九　正南	戊 九天　休　天柱 癸庚 坤二　西南
辛 太陰　死　天輔 壬 震三　正東	符首：庚 五中	己 九地　生　天心 戊 兌七　正西
壬 六合　景　天衝 乙 艮八　東北	乙 勾陳　杜　天任 丁 坎一　正北	丁 朱雀　傷　天蓬 己 乾六　西北

陰七局　甲申旬　己丑月　直符：天禽芮　直使：五死

乙 勾陳　景　天任 辛 巽四　東南	壬 六合　死　天衝 丙 離九　正南	辛 太陰　驚　天輔 癸庚 坤二　西南
丁 朱雀　杜　天蓬 壬 震三　正東	符首：庚 五中	丙 騰蛇　開　天英 戊 兌七　正西
己 九地　傷　天心 乙 艮八　東北	戊 九天　生　天柱 丁 坎一　正北	癸庚 直符　休　天禽芮 己 乾六　西北

下元　陰七局　（丙子 辛卯 丙午 辛酉 各年）

陰七局　甲申旬　庚寅月　直符：天禽芮　直使：五死

巽四 東南	離九 正南	坤二 西南
辛 太陰 [開] 天輔 辛	丙 騰蛇 [休] 天英 丙	癸庚 直符 [生] 天禽芮 癸庚
壬 六合 [驚] 天衝 壬	**五中** 符首：庚	戊 九天 [傷] 天柱 戊
乙 勾陳 [死] 天任 乙	丁 朱雀 [景] 天蓬 丁	己 九地 [杜] 天心 己

陰七局　甲申旬　癸巳月　直符：天禽芮　直使：五死

巽四 東南	離九 正南	坤二 西南
辛 太陰 [杜] 天輔 辛	丙 騰蛇 [景] 天英 丙	癸庚 直符 [死] 天禽芮 癸庚
壬 六合 [傷] 天衝 壬	**五中** 符首：庚	戊 九天 [驚] 天柱 戊
乙 勾陳 [生] 天任 乙	丁 朱雀 [休] 天蓬 丁	己 九地 [開] 天心 己

陰七局　甲申旬　辛卯月　直符：天禽芮　直使：五死

巽四 東南	離九 正南	坤二 西南
癸庚 直符 [傷] 天禽芮 辛	戊 九天 [杜] 天柱 丙	己 九地 [景] 天心 癸庚
丙 騰蛇 [生] 天英 壬	**五中** 符首：庚	丁 朱雀 [死] 天蓬 戊
辛 太陰 [休] 天輔 辛	壬 六合 [開] 天衝 丁	乙 勾陳 [驚] 天任 己

陰七局　甲午旬　甲午月　直符：天輔　直使：四杜

巽四 東南	離九 正南	坤二 西南
辛 直符 [杜] 天輔 辛	丙 九天 [景] 天英 丙	癸庚 九地 [死] 天芮禽 癸庚
壬 騰蛇 [傷] 天衝 壬	**五中** 符首：辛	戊 朱雀 [驚] 天柱 戊
乙 太陰 [生] 天任 乙	丁 六合 [休] 天蓬 丁	己 勾陳 [開] 天心 己

陰七局　甲申旬　壬辰月　直符：天禽芮　直使：五死

巽四 東南	離九 正南	坤二 西南
戊 九天 [生] 天柱 辛	己 九地 [傷] 天心 丙	丁 朱雀 [杜] 天蓬 癸庚
癸庚 直符 [休] 天禽芮 壬	**五中** 符首：庚	乙 勾陳 [景] 天任 戊
丙 騰蛇 [開] 天英 乙	辛 太陰 [驚] 天輔 丁	壬 六合 [死] 天衝 己

陰七局　甲午旬　乙未月　直符：天輔　直使：四杜

巽四 東南	離九 正南	坤二 西南
癸庚 九地 [景] 天芮禽 辛	戊 朱雀 [死] 天柱 丙	己 勾陳 [驚] 天心 癸庚
丙 九天 [杜] 天英 壬	**五中** 符首：辛	丁 六合 [開] 天蓬 戊
辛 直符 [傷] 天輔 乙	壬 騰蛇 [生] 天衝 丁	乙 太陰 [休] 天任 己

297

下元 陰七局　（丙子 辛卯 丙午 辛酉 各年）

陰七局　甲午旬　丙申月　直符：天輔　直使：四杜

巽四 東南	離九 正南	坤二 西南
壬　天衝　騰蛇　生　辛	辛　天輔　直符　傷　丙	丙　天英　九天　杜　癸庚
乙　天任　太陰　休　壬（震三 正東）	符首：辛（五中）	癸庚　天芮禽　九地　景　戊（兌七 正西）
丁　天輔　六合　開　乙（艮八 東北）	己　天蓬　勾陳　驚　丁（坎一 正北）	戊　天柱　朱雀　死　己（乾六 西北）

陰七局　甲午旬　己亥月　直符：天輔　直使：四杜

巽四 東南	離九 正南	坤二 西南
己　天心　勾陳　死　辛	丁　天蓬　六合　驚　丙	乙　天任　太陰　開　癸庚
戊　天柱　朱雀　景　壬（震三 正東）	符首：辛（五中）	壬　天衝　騰蛇　休　戊（兌七 正西）
癸庚　天芮禽　九地　杜　乙（艮八 東北）	丙　天英　九天　傷　丁（坎一 正北）	辛　天輔　直符　生　己（乾六 西北）

陰七局　甲午旬　丁酉月　直符：天輔　直使：四杜

巽四 東南	離九 正南	坤二 西南
戊　天柱　朱雀　驚　辛	己　天心　勾陳　開　丙	丁　天蓬　六合　休　癸庚
癸庚　天芮禽　九地　死　壬（震三 正東）	符首：辛（五中）	乙　天任　太陰　生　戊（兌七 正西）
丙　天英　九天　景　乙（艮八 東北）	辛　天輔　直符　杜　丁（坎一 正北）	壬　天衝　騰蛇　傷　己（乾六 西北）

陰七局　甲午旬　庚子月　直符：天輔　直使：四杜

巽四 東南	離九 正南	坤二 西南
乙　天任　太陰　休　辛	壬　天衝　騰蛇　生　丙	辛　天輔　直符　傷　癸庚
丁　天蓬　六合　開　壬（震三 正東）	符首：辛（五中）	丙　天英　九天　杜　戊（兌七 正西）
己　天心　勾陳　驚　乙（艮八 東北）	戊　天柱　朱雀　死　丁（坎一 正北）	癸庚　天芮禽　九地　景　己（乾六 西北）

陰七局　甲午旬　戊戌月　直符：天輔　直使：四杜

巽四 東南	離九 正南	坤二 西南
丁　天蓬　六合　傷　辛	乙　天任　太陰　杜　丙	壬　天衝　騰蛇　景　癸庚
己　天心　勾陳　生　壬（震三 正東）	符首：辛（五中）	辛　天輔　直符　死　戊（兌七 正西）
戊　天柱　朱雀　休　乙（艮八 東北）	癸庚　天芮禽　九地　開　丁（坎一 正北）	丙　天英　九天　驚　己（乾六 西北）

陰七局　甲午旬　辛丑月　直符：天輔　直使：四杜

巽四 東南	離九 正南	坤二 西南
辛　天輔　直符　開　辛	丙　天英　九天　休　丙	癸庚　天芮禽　九地　生　癸庚
壬　天衝　騰蛇　驚　壬（震三 正東）	符首：辛（五中）	戊　天柱　朱雀　傷　戊（兌七 正西）
乙　天任　太陰　死　乙（艮八 東北）	丁　天蓬　六合　景　丁（坎一 正北）	己　天心　勾陳　杜　己（乾六 西北）

298

下元　陰七局　（丁丑　壬辰　丁未　壬戌　各年）

陰七局　甲午旬　壬寅月　直符：天輔　直使：四杜

巽四　東南	離九　正南	坤二　西南
丙　九天　生　天英　辛	癸庚　九地　傷　天芮禽　丙	戊　杜　天柱　朱雀　癸庚
辛　直符　休　天輔　壬	五中　符首：辛	己　景　天心　勾陳　戊　兌七　正西
震三　正東		
壬　騰蛇　開　天衝　乙	乙　太陰　驚　天任　丁	丁　死　天蓬　六合　己
艮八　東北	坎一　正北	乾六　西北

陰七局　甲辰旬　乙巳月　直符：天衝　直使：三傷

巽四　東南	離九　正南	坤二　西南
丙　九地　休　天英　辛	癸庚　朱雀　生　天芮禽　丙	戊　勾陳　傷　天柱　癸庚
辛　九天　開　天輔　壬	五中　符首：壬	己　六合　杜　天心　戊　兌七　正西
震三　正東		
壬　直符　驚　天衝　乙	乙　騰蛇　死　天任　丁	丁　太陰　景　天蓬　己
艮八　東北	坎一　正北	乾六　西北

陰七局　甲午旬　癸卯月　直符：天輔　直使：四杜

巽四　東南	離九　正南	坤二　西南
乙　太陰　杜　天任　辛	壬　騰蛇　景　天衝　丙	辛　直符　死　天輔　癸庚
丁　六合　傷　天蓬　壬	五中　符首：辛	丙　九天　驚　天英　戊　兌七　正西
震三　正東		
己　勾陳　生　天心　乙	戊　朱雀　休　天柱　丁	癸庚　九地　開　天芮禽　己
艮八　東北	坎一　正北	乾六　西北

陰七局　甲辰旬　丙午月　直符：天衝　直使：三傷

巽四　東南	離九　正南	坤二　西南
乙　騰蛇　死　天任　辛	壬　直符　驚　天衝　丙	辛　九天　開　天輔　癸庚
丁　太陰　景　天蓬　壬	五中　符首：壬	丙　九地　休　天英　戊　兌七　正西
震三　正東		
己　六合　杜　天心　乙	戊　勾陳　傷　天柱　丁	癸庚　朱雀　生　天芮禽　己
艮八　東北	坎一　正北	乾六　西北

陰七局　甲辰旬　甲辰月　直符：天衝　直使：三傷

巽四　東南	離九　正南	坤二　西南
辛　九天　杜　天輔　辛	丙　九地　景　天英　丙	癸庚　朱雀　死　天芮禽　癸庚
壬　直符　傷　天衝　壬	五中　符首：壬	戊　勾陳　驚　天柱　戊　兌七　正西
震三　正東		
乙　騰蛇　生　天任　乙	丁　太陰　休　天蓬　丁	己　六合　開　天心　己
艮八　東北	坎一　正北	乾六　西北

陰七局　甲辰旬　丁未月　直符：天衝　直使：三傷

巽四　東南	離九　正南	坤二　西南
癸庚　朱雀　生　天芮禽　辛	戊　勾陳　傷　天柱　丙	己　六合　杜　天心　癸庚
丙　九地　休　天英　壬	五中　符首：壬	丁　太陰　景　天蓬　戊　兌七　正西
震三　正東		
辛　九天　開　天輔　乙	壬　直符　驚　天衝　丁	乙　騰蛇　死　天任　己
艮八　東北	坎一　正北	乾六　西北

下元 陰七局　（丁丑 壬辰 丁未 壬戌 各年）

陰七局 甲辰旬 戊申月　直符：天衝　直使：三傷

巽四 東南	離九 正南	坤二 西南
己 天心 / 六合 景 / 辛	丁 天蓬 / 太陰 死 / 丙	乙 天任 / 騰蛇 驚 / 癸庚
戊 天柱 / 勾陳 杜 / 壬（震三 正東）	符首：戊（五中）	壬 天衝 / 開 符首：戊 直符（兌七 正西）
癸庚 天芮禽 / 朱雀 傷 / 乙（艮八 東北）	丙 天英 / 九地 生 / 丁（坎一 正北）	辛 天輔 / 九天 休 / 己（乾六 西北）

陰七局 甲辰旬 辛亥月　直符：天衝　直使：三傷

巽四 東南	離九 正南	坤二 西南
壬 天衝 / 直符 休 / 辛	辛 天輔 / 九天 生 / 丙	丙 天英 / 九地 傷 / 癸庚
乙 天任 / 騰蛇 開 / 壬（震三 正東）	符首：戊（五中）	癸庚 天芮禽 / 朱雀 杜 / 戊（兌七 正西）
丁 天蓬 / 太陰 驚 / 乙（艮八 東北）	己 天心 / 六合 死 / 丁（坎一 正北）	戊 天柱 / 勾陳 景 / 己（乾六 西北）

陰七局 甲辰旬 己酉月　直符：天衝　直使：三傷

巽四 東南	離九 正南	坤二 西南
戊 天柱 / 勾陳 開 / 辛	己 天心 / 六合 休 / 丙	丁 天蓬 / 太陰 生 / 癸庚
癸庚 天芮禽 / 朱雀 驚 / 壬（震三 正東）	符首：戊（五中）	乙 天任 / 騰蛇 傷 / 戊（兌七 正西）
丙 天英 / 九地 死 / 乙（艮八 東北）	辛 天輔 / 九天 景 / 丁（坎一 正北）	壬 天衝 / 直符 杜 / 己（乾六 西北）

陰七局 甲辰旬 壬子月　直符：天衝　直使：三傷

巽四 東南	離九 正南	坤二 西南
辛 天輔 / 九天 傷 / 辛	丙 天英 / 九地 杜 / 丙	癸庚 天芮禽 / 朱雀 景 / 癸庚
壬 天衝 / 直符 生 / 壬（震三 正東）	符首：戊（五中）	戊 天柱 / 勾陳 死 / 戊（兌七 正西）
乙 天任 / 騰蛇 休 / 乙（艮八 東北）	丁 天蓬 / 太陰 開 / 丁（坎一 正北）	己 天心 / 六合 驚 / 己（乾六 西北）

陰七局 甲辰旬 庚戌月　直符：天衝　直使：三傷

巽四 東南	離九 正南	坤二 西南
丁 天蓬 / 太陰 驚 / 辛	乙 天任 / 騰蛇 開 / 丙	壬 天衝 / 直符 休 / 癸庚
己 天心 / 六合 死 / 壬（震三 正東）	符首：戊（五中）	辛 天輔 / 九天 生 / 戊（兌七 正西）
戊 天柱 / 勾陳 景 / 乙（艮八 東北）	癸庚 天芮禽 / 朱雀 杜 / 丁（坎一 正北）	丙 天英 / 九地 傷 / 己（乾六 西北）

陰七局 甲辰旬 癸丑月　直符：天衝　直使：三傷

巽四 東南	離九 正南	坤二 西南
丁 天蓬 / 太陰 杜 / 辛	乙 天任 / 騰蛇 景 / 丙	壬 天衝 / 直符 死 / 癸庚
己 天心 / 六合 傷 / 壬（震三 正東）	符首：戊（五中）	辛 天輔 / 九天 驚 / 戊（兌七 正西）
戊 天柱 / 勾陳 生 / 乙（艮八 東北）	癸庚 天芮禽 / 朱雀 休 / 丁（坎一 正北）	丙 天英 / 九地 開 / 己（乾六 西北）

下元　陰七局　（戊寅　癸巳　戊申　癸亥　各年）

陰七局　甲寅旬　甲寅月　直符：天芮禽　直使：二死

巽四 東南	離九 正南	坤二 西南
辛　天輔 太陰　杜 辛	丙　天英 騰蛇　景 丙	癸庚　天芮禽 直符　死 癸庚
震三 正東	五中	兌七 正西
壬　天衝 六合　傷 壬	符首：癸	戊　天柱 九天　驚 戊
艮八 東北	坎一 正北	乾六 西北
乙　天任 勾陳　生 乙	丁　天蓬 朱雀　休 丁	己　天心 九地　開 己

陰七局　甲寅旬　丁巳月　直符：天芮禽　直使：二死

巽四 東南	離九 正南	坤二 西南
丁　天蓬 朱雀　開 辛	乙　天任 勾陳　休 丙	壬　天衝 六合　生 癸庚
震三 正東	五中	兌七 正西
己　天心 九地　驚 壬	符首：癸	辛　天輔 太陰　傷 戊
艮八 東北	坎一 正北	乾六 西北
戊　天柱 九天　死 乙	癸庚　天芮禽 直符　景 丁	丙　天英 騰蛇　杜 己

陰七局　甲寅旬　乙卯月　直符：天芮禽　直使：二死

巽四 東南	離九 正南	坤二 西南
己　天心 九地　休 辛	丁　天蓬 朱雀　生 丙	乙　天任 勾陳　傷 癸庚
震三 正東	五中	兌七 正西
戊　天柱 九天　開 壬	符首：癸	壬　天衝 六合　杜 戊
艮八 東北	坎一 正北	乾六 西北
癸庚　天芮禽 直符　驚 乙	丙　天英 騰蛇　死 丁	辛　天輔 太陰　景 己

陰七局　甲寅旬　戊午月　直符：天芮禽　直使：二死

巽四 東南	離九 正南	坤二 西南
壬　天衝 六合　傷 辛	辛　天輔 太陰　杜 丙	丙　天英 騰蛇　景 癸庚
震三 正東	五中	兌七 正西
乙　天任 勾陳　生 壬	符首：癸	癸庚　天芮禽 直符　死 戊
艮八 東北	坎一 正北	乾六 西北
丁　天蓬 朱雀　休 乙	己　天心 九地　開 丁	戊　天柱 九天　驚 己

陰七局　甲寅旬　丙辰月　直符：天芮禽　直使：二死

巽四 東南	離九 正南	坤二 西南
丙　天英 騰蛇　景 辛	癸庚　天芮禽 直符　死 丙	戊　天柱 九天　驚 癸庚
震三 正東	五中	兌七 正西
辛　天輔 太陰　杜 壬	符首：癸	己　天心 九地　開 戊
艮八 東北	坎一 正北	乾六 西北
壬　天衝 六合　傷 乙	乙　天任 勾陳　生 丁	丁　天蓬 朱雀　休 己

陰七局　甲寅旬　己未月　直符：天芮禽　直使：二死

巽四 東南	離九 正南	坤二 西南
乙　天任 勾陳　生 辛	壬　天衝 六合　傷 丙	辛　天輔 太陰　杜 癸庚
震三 正東	五中	兌七 正西
丁　天蓬 朱雀　休 壬	符首：癸	丙　天英 騰蛇　景 戊
艮八 東北	坎一 正北	乾六 西北
己　天心 九地　開 乙	戊　天柱 九天　驚 丁	癸庚　天芮禽 直符　死 己

下元 陰七局　（戊寅 癸巳 戊申 癸亥 各年）

陰七局　甲寅旬　庚申月　直符：天芮禽　直使：二死

巽四 東南	離九 正南	坤二 西南
太陰　辛　[杜]　天輔　辛	騰蛇　丙　[景]　天英　丙	直符　癸庚　[死]　天芮禽　癸庚
六合　壬　[傷]　天衝　壬（震三 正東）	符首：癸（五中）	九天　戊　[驚]　天柱　戊（兌七 正西）
勾陳　乙　[生]　天任　乙（艮八 東北）	朱雀　丁　[休]　天蓬　丁（坎一 正北）	九地　己　[開]　天心　己（乾六 西北）

陰七局　甲寅旬　癸亥月　直符：天芮禽　直使：二死

巽四 東南	離九 正南	坤二 西南
太陰　辛　[杜]　天輔　辛	騰蛇　丙　[景]　天英　丙	直符　癸庚　[死]　天芮禽　癸庚
六合　壬　[傷]　天衝　壬（震三 正東）	符首：癸（五中）	九天　戊　[驚]　天柱　戊（兌七 正西）
勾陳　乙　[生]　天任　乙（艮八 東北）	朱雀　丁　[休]　天蓬　丁（坎一 正北）	九地　己　[開]　天心　己（乾六 西北）

陰七局　甲寅旬　辛酉月　直符：天芮禽　直使：二死

巽四 東南	離九 正南	坤二 西南
直符　癸庚　[死]　天芮禽　辛	九天　戊　[驚]　天柱　丙	九地　己　[開]　天心　癸庚
騰蛇　丙　[景]　天英　壬（震三 正東）	符首：癸（五中）	朱雀　丁　[休]　天蓬　戊（兌七 正西）
太陰　辛　[杜]　天輔　乙（艮八 東北）	六合　壬　[傷]　天衝　丁（坎一 正北）	勾陳　乙　[生]　天任　己（乾六 西北）

陰七局　甲子旬　甲子月　直符：天柱　直使：七驚

巽四 東南	離九 正南	坤二 西南
六合　辛　[杜]　天輔　辛	太陰　丙　[景]　天英　丙	騰蛇　癸庚　[死]　天芮禽　癸庚
勾陳　壬　[傷]　天衝　壬（震三 正東）	符首：戊（五中）	直符　戊　[驚]　天柱　戊（兌七 正西）
朱雀　乙　[生]　天任　乙（艮八 東北）	九地　丁　[休]　天蓬　丁（坎一 正北）	九天　己　[開]　天心　己（乾六 西北）

陰七局　甲寅旬　壬戌月　直符：天芮禽　直使：二死

巽四 東南	離九 正南	坤二 西南
九天　戊　[驚]　天柱　辛	九地　己　[開]　天心　丙	朱雀　丁　[休]　天蓬　癸庚
直符　癸庚　[死]　天芮禽　壬（震三 正東）	符首：癸（五中）	勾陳　乙　[生]　天任　戊（兌七 正西）
騰蛇　丙　[景]　天英　乙（艮八 東北）	太陰　辛　[杜]　天輔　丁（坎一 正北）	六合　壬　[傷]　天衝　己（乾六 西北）

陰七局　甲子旬　乙丑月　直符：天柱　直使：七驚

巽四 東南	離九 正南	坤二 西南
九地　丁　[傷]　天蓬　辛	朱雀　乙　[杜]　天任　丙	勾陳　壬　[景]　天衝　癸庚
九天　己　[生]　天心　壬（震三 正東）	符首：戊（五中）	六合　辛　[死]　天輔　戊（兌七 正西）
直符　戊　[休]　天柱　乙（艮八 東北）	騰蛇　癸庚　[開]　天芮禽　丁（坎一 正北）	太陰　丙　[驚]　天英　己（乾六 西北）

302

【奇門遁甲】
時盤專用曆

1984～2025年

1 9 8 4　　　　　　　　　歲次　甲子年

1月 1/6 小寒 1/21 大寒	2月 2/4 立春 2/19 雨水	3月 3/5 驚蟄 3/20 春分
1 日甲午　超小寒　陽二局	5 日己巳　超立春　陽五局	1 日甲午　超驚蟄　陽一局
6 日己亥　超小寒　陽八局	10 日甲戌　超立春　陽二局	6 日己亥　超驚蟄　陽七局
11 日甲辰　超小寒　陽五局	15 日己卯　超雨水　陽九局	11 日甲辰　超驚蟄　陽四局
16 日己酉　超大寒　陽三局	20 日甲申　超雨水　陽六局	16 日己酉　超春分　陽三局
21 日甲寅　超大寒　陽九局	25 日己丑　超雨水　陽三局	21 日甲寅　超春分　陽九局
26 日己巳　超大寒　陽六局		26 日己未　超春分　陽六局
31 日甲子　超立春　陽八局		31 日甲子　超清明　陽四局

4月 4/4 清明 4/20 穀雨	5月 5/5 立夏 5/21 小滿	6月 6/5 芒種 6/21 夏至
5 日己巳　超清明　陽一局	5 日己亥　超立夏　陽一局	4 日己巳　超芒種　陽三局
10 日甲戌　超清明　陽七局	10 日甲辰　超立夏　陽七局	9 日甲戌　超芒種　陽九局
15 日己卯　超穀雨　陽五局	15 日己酉　超小滿　陽五局	14 日己卯　超夏至　陰九局
20 日甲申　超穀雨　陽二局	20 日甲寅　超小滿　陽二局	19 日甲申　超夏至　陰三局
25 日己丑　超穀雨　陽八局	25 日己未　超小滿　陽八局	24 日己丑　超夏至　陰六局
30 日甲午　超立夏　陽四局	30 日甲子　超芒種　陽六局	29 日甲午　超小暑　陰八局

7月 7/7 小暑 7/22 大暑	8月 8/7 立秋 8/23 處暑	9月 9/7 白露 9/23 秋分
4 日己亥　超小暑　陰二局	3 日己巳　超立秋　陰五局	2 日己亥　超白露　陰三局
9 日甲辰　超小暑　陰五局	8 日甲戌　超立秋　陰八局	7 日甲辰　超白露　陰六局
14 日己酉　超大暑　陰七局	13 日己卯　超處暑　陰一局	12 日己酉　超秋分　陰七局
19 日甲寅　超大暑　陰一局	18 日甲申　超處暑　陰四局	17 日甲寅　超秋分　陰一局
24 日己未　超大暑　陰四局	23 日己丑　超處暑　陰七局	22 日己未　超秋分　陰四局
29 日甲子　超立秋　陰二局	28 日甲午　超白露　陰九局	27 日甲子　超寒露　陰六局

10月 10/8 寒露 10/23 霜降	11月 11/7 立冬 11/22 小雪	12月 12/7 大雪 11/22 冬至
2 日己巳　超寒露　陰九局	1 日己亥　超立冬　陰九局	1 日己巳　超大雪　陰七局
7 日甲戌　超寒露　陰三局	6 日甲辰　超立冬　陰三局	6 日甲戌　超大雪　陰一局
12 日己卯　超霜降　陰五局	11 日己酉　超小雪　陰五局	11 日己卯　閏大雪　陰四局
17 日甲申　超霜降　陰八局	16 日甲寅　超小雪　陰八局	16 日甲申　閏大雪　陰七局
22 日己丑　超霜降　陰二局	21 日己未　超小雪　陰二局	21 日己卯　閏大雪　陰一局
27 日甲午　超立冬　陰六局	26 日甲子　超大雪　陰四局	26 日甲午　接冬至　陽一局
		31 日己亥　接冬至　陽七局

1985　　　　　　　　　　　　歲次　乙丑年

1月　1/5 小寒 1/20 大寒	2月　2/4 立春 2/9 雨水	3月　3/5 驚蟄 3/21 春分
5日甲辰　接冬至　陽四局	4日甲戌　接大寒　陽六局	1日己亥　接雨水　陽六局
10日己酉　接小寒　陽二局	9日己卯　接立春　陽八局	6日甲辰　接雨水　陽三局
15日甲寅　接小寒　陽八局	14日甲申　接立春　陽五局	11日己酉　接驚蟄　陽一局
20日己未　接小寒　陽五局	19日己丑　接立春　陽二局	16日甲寅　接驚蟄　陽七局
25日甲子　接大寒　陽三局	24日甲午　接雨水　陽九局	21日己未　接驚蟄　陽四局
30日己巳　接大寒　陽九局		26日甲子　接春分　陽三局
		31日己巳　接春分　陽九局

4月　4/5 清明 4/20 穀雨	5月　5/5 立夏 5/21 小滿	6月　6/6 芒種 6/21 夏至
5日甲戌　接春分　陽六局	5日甲辰　接穀雨　陽八局	4日甲戌　接小滿　陽八局
10日己卯　接清明　陽四局	10日己酉　接立夏　陽四局	9日己卯　接芒種　陽六局
15日甲申　接清明　陽一局	15日甲寅　接立夏　陽一局	14日甲申　接芒種　陽三局
20日己丑　接清明　陽七局	20日己未　接立夏　陽七局	19日己丑　接芒種　陽九局
25日甲午　接穀雨　陽五局	25日甲子　接小滿　陽五局	24日甲午　接夏至　陰九局
30日己申　接穀雨　陽二局	30日己巳　接小滿　陽二局	29日己亥　接夏至　陰三局

7月　7/7 小暑 7/23 大暑	8月　8/7 立秋 8/23 處暑	9月　9/8 白露 9/23 秋分
4日甲辰　接夏至　陰六局	3日甲戌　接大暑　陰四局	2日甲辰　正處暑　陰七局
9日己酉　接小暑　陰八局	8日己卯　接立秋　陰二局	7日己酉　超白露　陰九局
14日甲寅　接小暑　陰二局	13日甲申　接立秋　陰五局	12日甲寅　超白露　陰三局
19日己未　接小暑　陰五局	18日己丑　接立秋　陰八局	17日己未　超白露　陰六局
24日甲子　接大暑　陰七局	23日甲午　正處暑　陰一局	22日甲子　超秋分　陰七局
29日己巳　接大暑　陰一局	28日己亥　正處暑　陰四局	26日己巳　接秋分　陰一局

10月　10/8 寒露 10/23 霜降	11月　11/7 立冬 11/22 小雪	12月　12/7 大雪 12/22 冬至
2日甲戌　超秋分　陰四局	1日甲辰　超霜降　陰二局	1日甲戌　超小雪　陰二局
7日己卯　超寒露　陰六局	6日己酉　超立冬　陰六局	6日己卯　超大雪　陰四局
12日甲申　超寒露　陰九局	11日甲寅　超立冬　陰九局	11日甲申　超大雪　陰七局
17日己丑　超寒露　陰三局	16日己未　超立冬　陰三局	16日己丑　超大雪　陰一局
22日甲午　超霜降　陰五局	21日甲子　超小雪　陰五局	21日甲午　超冬至　陽一局
27日己亥　超霜降　陰八局	26日己巳　超小雪　陰八局	26日己亥　超冬至　陽七局
		31日甲辰　超冬至　陽四局

１９８６　　　　　　　　歲次　丙寅年

1月　1/5 小寒 1/20 大寒	2月　2/4 立春 2/19 雨水	3月　3/6 驚蟄 3/21 春分
5日己酉　正小寒　陽二局	4日己巳　正立春　陽八局	1日甲辰　正雨水　陽三局
10日甲寅　正小寒　陽八局	9日甲申　正立春　陽五局	6日己酉　正驚蟄　陽一局
15日己未　正小寒　陽五局	14日己丑　正立春　陽二局	11日甲寅　正驚蟄　陽七局
20日甲子　正大寒　陽三局	19日甲午　正雨水　陽九局	16日己未　正驚蟄　陽四局
25日己巳　正大寒　陽九局	24日己亥　正雨水　陽六局	21日甲子　正春分　陽三局
30日甲戌　正大寒　陽六局		26日己巳　正春分　陽九局
		31日甲戌　正春分　陽六局
4月　4/5 清明 4/20 穀雨	**5月　5/6 立夏 5/21 小滿**	**6月　6/6 芒種 6/21 夏至**
5日己卯　正清明　陽四局	5日己酉　超立夏　陽四局	4日己卯　超芒種　陽六局
10日甲申　正清明　陽一局	10日甲寅　超立夏　陽一局	9日甲申　超芒種　陽三局
15日己丑　正清明　陽七局	15日己未　超立夏　陽七局	14日己丑　超芒種　陽九局
20日甲午　正穀雨　陽五局	20日甲子　超小滿　陽五局	19日甲午　超夏至　陰九局
25日己亥　正穀雨　陽二局	25日己巳　超小滿　陽二局	24日己亥　超夏至　陰三局
30日甲辰　正穀雨　陽八局	30日甲戌　超小滿　陽八局	29日甲辰　超夏至　陰六局
7月　7/7 小暑 7/23 大暑	**8月　8/8 立秋 8/23 處暑**	**9月　9/8 白露 9/23 秋分**
4日己酉　超小暑　陰八局	3日己卯　超立秋　陰二局	2日己酉　超白露　陰九局
9日甲寅　超小暑　陰二局	8日甲申　超立秋　陰五局	7日甲寅　超白露　陰三局
14日己未　超小暑　陰五局	13日己丑　超立秋　陰八局	12日己未　超白露　陰六局
19日甲子　超大暑　陰七局	18日甲午　超處暑　陰一局	17日甲子　超秋分　陰七局
24日己巳　超大暑　陰一局	23日己亥　超處暑　陰四局	22日己巳　超秋分　陰一局
29日甲戌　超大暑　陰四局	28日甲辰　超處暑　陰七局	27日甲戌　超秋分　陰四局
10月　10/8 寒露 10/24 霜降	**11月　11/8 立冬 11/22 小雪**	**12月　12/7 大雪　12/22 冬至**
2日己卯　超寒露　陰六局	1日己酉　超立冬　陰六局	1日己卯　超大雪　陰四局
7日甲申　超寒露　陰九局	6日甲寅　超立冬　陰九局	6日甲申　超大雪　陰七局
12日己丑　超寒露　陰三局	11日己未　超立冬　陰三局	11日己丑　超大雪　陰一局
17日甲午　超霜降　陰五局	16日甲子　超小雪　陰五局	16日甲午　超冬至　陽一局
22日己亥　超霜降　陰八局	21日己巳　超小雪　陰八局	21日己亥　超冬至　陽七局
27日甲辰　超霜降　陰二局	26日甲戌　超小雪　陰二局	26日甲辰　超冬至　陽四局
		31日己酉　超小寒　陽二局

1月 1/5 小寒 1/20 大寒	2月 2/4 立春 2/19 雨水	3月 3/6 驚蟄 3/21 春分
5日甲寅　超小寒　陽 八局	4日甲申　超立春　陽 五局	1日己酉　超驚蟄　陽 一局
10日己未　超小寒　陽 五局	9日己丑　超立春　陽 二局	6日甲寅　超驚蟄　陽 七局
15日甲子　超大寒　陽 三局	14日甲午　超雨水　陽 九局	11日己未　超驚蟄　陽 四局
20日己巳　超大寒　陽 九局	19日己亥　超雨水　陽 六局	16日甲子　超春分　陽 三局
25日甲戌　超大寒　陽 六局	24日甲辰　超雨水　陽 三局	21日己巳　超春分　陽 九局
30日己卯　超立春　陽 八局		26日甲戌　超春分　陽 六局
		31日己卯　超清明　陽 四局

4月 4/5 清明 4/20 穀雨	5月 5/6 立夏 5/21 小滿	6月 6/6 芒種 6/22 夏至
5日甲申　超清明　陽 一局	5日甲寅　超立夏　陽 一局	4日甲申　超芒種　陽 三局
10日己丑　超清明　陽 七局	10日己未　超立夏　陽 七局	9日己丑　超芒種　陽 九局
15日甲午　超穀雨　陽 五局	15日甲子　超小滿　陽 五局	14日甲午　閏芒種　陽 六局
20日己亥　超穀雨　陽 二局	20日己巳　超小滿　陽 二局	19日己亥　閏芒種　陽 三局
25日甲辰　超穀雨　陽 八局	25日甲戌　超小滿　陽 八局	24日甲辰　閏芒種　陽 九局
30日己酉　超立夏　陽 四局	30日己卯　超芒種　陽 六局	29日己酉　接夏至　陰 九局

7月 7/7 小暑 7/23 大暑	8月 8/8 立秋 8/24 處暑	9月 9/8 白露 9/23 秋分
4日甲寅　接夏至　陰 三局	3日甲申　接大暑　陰 一局	2日甲寅　接處暑　陰 四局
9日己未　接夏至　陰 六局	8日己丑　接大暑　陰 四局	7日己未　接處暑　陰 七局
14日甲子　接小暑　陰 八局	13日甲午　接立秋　陰 二局	12日甲子　接白露　陰 九局
19日己巳　接小暑　陰 二局	18日己亥　接立秋　陰 五局	17日己巳　接白露　陰 三局
24日甲戌　接小暑　陰 五局	23日甲辰　接立秋　陰 八局	22日甲戌　接白露　陰 六局
29日己卯　接大暑　陰 七局	28日己酉　接處暑　陰 一局	27日己卯　接秋分　陰 七局

10月 10/9 寒露 10/23 霜降	11月 11/8 立冬 11/23 小雪	12月 12/8 大雪 12/22 冬至
2日甲申　接秋分　陰 一局	1日甲寅　接霜降　陰 八局	1日甲申　接小雪　陰 八局
7日己丑　接秋分　陰 四局	6日己未　接霜降　陰 二局	6日己丑　接小雪　陰 二局
12日甲午　接寒露　陰 六局	11日甲子　接立冬　陰 六局	11日甲午　接大雪　陰 四局
17日己亥　接寒露　陰 九局	16日己巳　接立冬　陰 九局	16日己亥　接大雪　陰 七局
22日甲辰　接寒露　陰 三局	21日甲戌　接立冬　陰 三局	21日甲辰　接大雪　陰 一局
27日己酉　接霜降　亥 五局	26日己卯　接小雪　陰 五局	26日己酉　接冬至　陽 一局
		31日甲寅　接冬至　陽 七局

１９８８　　　　　　　　　　　歲次 戊辰年

1月 1/6 小寒 1/21 大寒	2月 2/4 立春 2/18 雨水	3月 3/5 驚蟄 3/21 春分
5日己未　接冬至　陽四局	4日己丑　接大寒　陽六局	5日己未　接雨水　陽三局
10日甲子　接小寒　陽二局	9日甲午　接立春　陽八局	10日甲子　接驚蟄　陽一局
15日己巳　接小寒　陽八局	14日己亥　接立春　陽五局	15日己巳　接驚蟄　陽七局
20日甲戌　接小寒　陽五局	19日甲辰　接立春　陽二局	20日甲戌　接驚蟄　陽四局
25日己卯　接大寒　陽三局	24日己酉　接雨水　陽九局	25日己卯　接春分　陽三局
30日甲申　接大寒　陽九局	29日甲寅　接雨水　陽六局	30日甲申　接春分　陽九局
4月 4/4 清明 4/20 穀雨	5月 5/6 立夏 5/21 小滿	6月 6/5 芒種 6/21 夏至
4日己丑　接春分　陽六局	4日己未　接穀雨　陽八局	3日己丑　接小滿　陽八局
9日甲午　接清明　陽四局	9日甲子　接立夏　陽四局	8日甲午　接芒種　陽六局
14日己亥　接清明　陽一局	14日己巳　接立夏　陽一局	13日己亥　接芒種　陽三局
19日甲辰　接清明　陽七局	19日甲戌　接立夏　陽七局	18日甲辰　接芒種　陽九局
24日己酉　接穀雨　陽五局	24日己卯　接小滿　陽五局	23日己酉　接夏至　陰九局
29日甲寅　接穀雨　陽二局	29日甲申　接小滿　陽二局	28日甲寅　接夏至　陰三局
7月 7/7 小暑 7/23 大暑	8月 8/7 立秋 8/24 處暑	9月 9/7 白露 9/23 秋分
3日己未　接夏至　陰六局	2日己丑　接大暑　陰四局	1日己未　超處暑　陰七局
8日甲子　接小暑　陰八局	7日甲午　正立秋　陰二局	6日甲子　超白露　陰九局
13日己巳　接小暑　陰二局	12日己亥　正立秋　陰五局	11日己巳　超白露　陰三局
18日甲戌　接小暑　陰五局	17日甲辰　正立秋　陰八局	16日甲戌　超白露　陰六局
23日己卯　接大暑　陰七局	22日己酉　超處暑　陰一局	21日己卯　超秋分　陰七局
28日甲申　接大暑　陰一局	27日甲寅　接處暑　陰四局	26日甲申　超秋分　陰一局
10月 10/9 寒露 10/24 霜降	11月 11/8 立冬 11/23 小雪	12月 12/7 大雪 12/22 冬至
1日己丑　超秋分　陰四局	5日甲子　超立冬　陰六局	5日甲午　超大雪　陰四局
6日甲午　超寒露　陰六局	10日己巳　超立冬　陰九局	10日己亥　超大雪　陰七局
11日己亥　超寒露　陰九局	15日甲戌　超立冬　陰三局	15日甲辰　超大雪　陰一局
16日甲辰　超寒露　陰三局	20日己卯　超小雪　陰五局	20日己酉　超冬至　陽一局
21日己酉　超霜降　陰五局	25日甲申　超小雪　陰八局	25日甲寅　超冬至　陽七局
26日甲寅　超霜降　陰八局	30日己丑　超小雪　陰二局	30日己未　超冬至　陽四局
31 己未　超霜降　陰二局		

1月　1/5 小寒 1/20 大寒	2月　2/4 立春 2/19 雨水	3月　3/5 驚蟄 3/20 春分
4日甲子　超小寒　陽二局	3日甲午　超立春　陽八局	5日甲子　超驚蟄　陽一局
9日己巳　超小寒　陽八局	8日己亥　超立春　陽五局	10日己巳　超驚蟄　陽七局
14日甲戌　超小寒　陽五局	13日甲辰　超立春　陽二局	15日甲戌　超驚蟄　陽四局
19日己卯　超大寒　陽三局	18日己酉　超雨水　陽九局	20日己卯　超春分　陽三局
24日甲申　超大寒　陽九局	23日甲寅　超雨水　陽六局	25日甲申　超春分　陽九局
29日己丑　超大寒　陽六局	28日己未　超雨水　陽三局	30日己丑　超春分　陽六局
4月　4/5 清明 4/20 穀雨	5月　5/5 立夏 5/21 小滿	6月　6/6芒種　6/21 夏至
4日甲午　超清明　陽四局	4日甲子　超立夏　陽四局	3日甲午　超芒種　陽六局
9日己亥　超清明　陽一局	9日己巳　超立夏　陽一局	8日己亥　超芒種　陽三局
14日甲辰　超清明　陽七局	14日甲戌　超立夏　陽七局	13日甲辰　超芒種　陽九局
19日己酉　超穀雨　陽五局	19日己卯　超小滿　陽五局	18日己酉　超夏至　陰九局
24日甲寅　超穀雨　陽二局	24日甲申　超小滿　陽二局	23日甲寅　超夏至　陰三局
29日己未　超穀雨　陽八局	29日己丑　超小滿　陽八局	28日己未　超夏至　陰六局
7月　7/7 小暑 7/23 大暑	8月　8/7 立秋 8/23 處暑	9月　9/8 白露 9/23 秋分
3日甲子　超小暑　陰八局	2日甲午　超立秋　陰二局	1日甲子　超白露　陰九局
8日己巳　超小暑　陰二局	7日己亥　超立秋　陰五局	6日己巳　超白露　陰三局
13日甲戌　超小暑　陰五局	12日甲辰　超立秋　陰八局	11日甲戌　超白露　陰六局
18日己卯　超大暑　陰七局	17日己酉　超處暑　陰一局	16日己卯　超秋分　陰七局
23日甲申　超大暑　陰一局	22日甲寅　超處暑　陰四局	21日甲申　超秋分　陰一局
28日己丑　超大暑　陰四局	27日己未　超處暑　亥七局	26日己丑　超秋分　陰四局
10月　10/8 寒露 10/23 霜降	11月　11/7立冬 11/22 小雪	12月　12/7 大雪　12/22 冬至
1日甲午　超寒露　陰六局	5日己巳　超立冬　陰九局	5日己亥　超大雪　陰七局
6日己亥　超寒露　陰九局	10日甲戌　超立冬　陰三局	10日甲辰　超大雪　陰一局
11日甲辰　超寒露　陰三局	15日己卯　超小雪　陰五局	15日己酉　超冬至　陽一局
16日己亥　超霜降　陰五局	20日甲申　超小雪　陰八局	20日甲寅　超冬至　陽七局
21日甲寅　超霜降　陰八局	25日己丑　超小雪　陰二局	25日己未　超冬至　陽四局
26日己酉　超霜降　陰二局	30日甲午　超大雪　陰四局	30日甲子　超小寒　陽二局
31日甲子　超立冬　陰六局		

1990　　　　　　歲次 庚午年

1月 1/5 小寒 1/20 大寒	2月 2/4 立春 2/19 雨水	3月 3/6 驚蟄 3/21 春分
4日己巳　超小寒　陽 八局	3日己亥　超立春　陽 五局	5日己巳　超驚蟄　陽 七局
9日甲戌　超小寒　陽 五局	8日甲辰　超立春　陽 二局	10日甲戌　超驚蟄　陽 四局
14日己卯　超大寒　陽 三局	13日己酉　超雨水　陽 九局	15日己卯　超春分　陽 三局
19日甲申　超大寒　陽 九局	18日甲寅　超雨水　陽 六局	20日甲申　超春分　陽 九局
24日己丑　超大寒　陽 六局	23日己未　超雨水　陽 三局	25日己丑　超春分　陽 六局
29日甲午　超立春　陽 八局	28日甲子　超驚蟄　陽 一局	30日甲午　超清明　陽 四局

4月 4/5 清明 4/20 穀雨	5月 5/6 立夏 5/21 小滿	6月 6/6 芒種 6/22 夏至
4日己亥　超清明　陽 一局	4日己巳　超立夏　陽 一局	3日己亥　超芒種　陽 三局
9日甲辰　超清明　陽 七局	9日甲戌　超立夏　陽 七局	8日甲辰　超芒種　陽 九局
14日己酉　超穀雨　陽 五局	14日己卯　超小滿　陽 五局	13日己酉　閏芒種　陽 六局
19日甲寅　超穀雨　陽 二局	19日甲申　超小滿　陽 二局	18日甲寅　閏芒種　陽 三局
24日己未　超穀雨　陽 八局	24日己丑　超小滿　陽 八局	23日己未　閏芒種　陽 九局
29日甲子　超立夏　陽 四局	29日甲午　超芒種　陽 六局	28日甲子　接夏至　陰 九局

7月 7/7 小暑 7/23 大暑	8月 8/8 立秋 8/23 處暑	9月 9/8 白露 9/23 秋分
3日己巳　接夏至　陰 三局	2日己亥　接大暑　陰 一局	1日己巳　接處暑　陰 四局
8日甲戌　接夏至　陰 六局	7日甲辰　接大暑　陰 四局	6日甲戌　接處暑　陰 七局
13日己卯　接小暑　陰 八局	12日己酉　接立秋　陰 二局	11日己卯　接白露　陰 九局
18日甲申　接小暑　陰 二局	17日甲寅　接立秋　陰 五局	16日甲申　接白露　陰 三局
23日己丑　接小暑　陰 五局	22日己未　接立秋　陰 八局	21日己丑　接白露　陰 六局
28日甲午　接大暑　陰 七局	27日甲子　接處暑　陰 一局	26日甲午　接秋分　陰 七局

10月 10/8 寒露 10/24 霜降	11月 11/8 立冬 11/22 小雪	12月 12/7 大雪 12/22 冬至
1日己亥　接秋分　陰 一局	5日甲戌　接霜降　陰 二局	5日甲辰　接小雪　陰 二局
6日甲辰　接秋分　陰 四局	10日己卯　接立冬　陰 六局	10日己酉　接大雪　陰 四局
11日己酉　接寒露　陰 六局	15日甲申　接立冬　陰 九局	15日甲寅　接大雪　陰 七局
16日甲寅　接寒露　陰 九局	20日己丑　接立冬　陰 三局	20日己未　接大雪　陰 一局
21日己未　接寒露　陰 三局	25日甲午　接小雪　陰 五局	25日甲子　接冬至　陽 一局
26日甲子　接霜降　陰 五局	30日己亥　接小雪　陰 八局	30日己巳　接冬至　陽 七局
31日己巳　接霜降　陰 八局		

1月 1/6 小寒 1/20 大寒	2月 2/4 立春 2/19 雨水	3月 3/6 驚蟄 3/20 春分
4日甲戌 接冬至 陽四局	3日甲辰 接大寒 陽六局	5日甲戌 接雨水 陽三局
9日己卯 接小寒 陽二局	8日己酉 接立春 陽八局	10日己卯 接驚蟄 陽一局
14日甲申 接小寒 陽八局	13日甲寅 接立春 陽五局	15日甲申 接驚蟄 陽七局
19日己丑 接小寒 陽五局	18日己未 接立春 陽二局	20日己丑 接驚蟄 陽四局
24日甲午 接大寒 陽三局	23日甲子 接雨水 陽九局	25日甲午 接春分 陽三局
29日己亥 接大寒 陽九局	28日己巳 接雨水 陽六局	30日己亥 接春分 陽九局

4月 4/5 清明 4/20 穀雨	5月 5/6 立夏 5/21 小滿	6月 6/6 芒種 6/22 夏至
4日甲辰 接春分 陽六局	4日甲戌 接穀雨 陽八局	3日甲辰 接小滿 陽八局
9日己酉 接清明 陽四局	9日己卯 接立夏 陽四局	8日己酉 接芒種 陽六局
14日甲寅 接清明 陽一局	14日甲申 接立夏 陽一局	13日甲寅 接芒種 陽三局
19日己未 接清明 陽七局	19日己丑 接立夏 陽七局	18日己未 接芒種 陽九局
24日甲子 接穀雨 陽五局	24日甲午 接小滿 陽五局	23日甲子 接夏至 陰九局
29日己巳 接穀雨 陽二局	29日己亥 接小滿 陽二局	28日己巳 接夏至 陰三局

7月 7/7 小暑 7/23 大暑	8月 8/8 立秋 8/23 處暑	9月 9/8 白露 9/23 秋分
3日甲戌 接夏至 陰六局	2日甲辰 正大暑 陰四局	1日甲戌 超處暑 陰七局
8日己卯 接小暑 陰八局	7日己酉 正立秋 陰二局	6日己卯 超白露 陰九局
13日甲申 接小暑 陰二局	12日甲寅 超立秋 陰五局	11日甲申 超白露 陰三局
18日己丑 接小暑 陰五局	17日己未 超立秋 陰八局	16日己丑 超白露 陰六局
23日甲午 正大暑 陰七局	22日甲子 超處暑 陰一局	21日甲午 超秋分 陰七局
28日己亥 接大暑 陰一局	27日己巳 超處暑 陰四局	26日己亥 超秋分 陰一局

10月 10/9 寒露 10/24 霜降	11月 11/8 立冬 11/23 小雪	12月 12/8 大雪 12/22 冬至
1日甲辰 超秋分 陰四局	5日己卯 超立冬 陰六局	5日己酉 超大雪 陰四局
6日己酉 超寒露 陰六局	10日甲申 超立冬 陰九局	10日甲寅 超大雪 陰七局
11日甲寅 超寒露 陰九局	15日己丑 超立冬 陰三局	15日己未 超大雪 陰一局
16日己未 超寒露 陰三局	20日甲午 超小雪 陰五局	20日甲子 超冬至 陽一局
21日甲子 超霜降 陰五局	25日己亥 超小雪 陰八局	25日己巳 超冬至 陽七局
26日己巳 超霜降 陰八局	30日甲辰 超小雪 陰二局	30日甲戌 超冬至 陽四局
31日甲戌 超霜降 陰二局		

１９９２　　　　　　　　　　歲次 壬申年

1月　1/6 小寒 1/21 大寒	2月　2/4 立春 2/19 雨水	3月　3/5 驚蟄 3/20 春分
4日己卯　超小寒　陽二局	3日己酉　超立春　陽八局	4日己卯　超驚蟄　陽一局
9日甲申　超小寒　陽八局	8日甲寅　超立春　陽五局	9日甲申　超驚蟄　陽七局
14日己丑　超小寒　陽五局	13日己未　超立春　陽二局	14日己丑　超驚蟄　陽四局
19日甲午　超大寒　陽三局	18日甲子　超雨水　陽九局	19日甲午　超春分　陽三局
24日己亥　超大寒　陽九局	23日己巳　超雨水　陽六局	24日己亥　超春分　陽九局
29日甲辰　超大寒　陽六局	28日甲戌　超雨水　陽三局	29日甲辰　超春分　陽六局
4月　4/4 清明 4/20 穀雨	5月　5/6 立夏 5/21 小滿	6月　6/5 芒種　6/21 夏至
3日己酉　超清明　陽四局	3日己卯　超立夏　陽四局	2日己酉　超芒種　陽六局
8日甲寅　超清明　陽一局	8日甲申　超立夏　陽一局	7日甲寅　超芒種　陽三局
13日己未　超清明　陽七局	13日己丑　超立夏　陽七局	12日己未　超芒種　陽九局
18日甲子　超穀雨　陽五局	18日甲午　超小滿　陽五局	17日甲子　超夏至　陰九局
23日己巳　超穀雨　陽二局	23日己亥　超小滿　陽二局	22日己巳　超夏至　陰三局
28日甲戌　超穀雨　陽八局	28日甲辰　超小滿　陽八局	27日甲戌　超夏至　陰六局
7月　7/7 小暑 7/22 大暑	8月　8/7 立秋 8/23 處暑	9月　9/7 白露 9/23 秋分
2日己卯　超小暑　陰八局	1日己酉　超立秋　陰二局	5日甲申　超白露　陰三局
7日甲申　超小暑　陰二局	6日甲寅　超立秋　陰五局	10日己丑　超白露　陰六局
12日己丑　超小暑　陰五局	11日己未　超立秋　陰八局	15日甲午　超秋分　陰七局
17日甲午　超大暑　陰七局	16日甲子　超處暑　陰一局	20日己亥　超秋分　陰一局
22日己亥　超大暑　陰一局	21日己巳　超處暑　陰四局	25日甲辰　超秋分　陰四局
27日甲辰　超大暑　陰四局	26日甲戌　超處暑　陰七局	30日己酉　超寒露　陰六局
	31日己卯　超白露　陰九局	
10月　10/8 寒露 10/23 霜降	11月　11/7 立冬 11/22 小雪	12月　12/7 大雪 12/21 冬至
5日甲寅　超寒露　陰九局	4日甲申　超立冬　陰九局	4日甲寅　超大雪　陰七局
10日己未　超寒露　陰三局	9日己丑　超立冬　陰三局	9日己未　超大雪　陰一局
15日甲子　超霜降　陰五局	14日甲午　超小雪　陰五局	14日甲子　超冬至　陽一局
20日己巳　超霜降　陰八局	19日己亥　超小雪　陰八局	19日己巳　超冬至　陽七局
25日甲戌　超霜降　陰二局	24日甲辰　超小雪　陰二局	24日甲戌　超冬至　陽四局
30日己卯　超立冬　陰六局	29日己酉　超大雪　陰四局	29日己卯　超小寒　陽二局

1993 　　　　　　　　歲次 癸酉年

1月 1/5 小寒 1/20 大寒	2月 2/4 立春 2/18 雨水	3月 3/5 驚蟄 3/20 春分
3日甲申　超小寒　陽八局	2日甲寅　超立春　陽五局	4日甲申　超驚蟄　陽七局
8日己丑　超小寒　陽五局	7日己未　超立春　陽二局	9日己丑　超驚蟄　陽四局
13日甲午　超大寒　陽三局	12日甲子　超雨水　陽九局	14日甲午　超春分　陽二局
18日己亥　超大寒　陽九局	17日己巳　超雨水　陽六局	19日己亥　超春分　陽八局
23日甲辰　超大寒　陽六局	22日甲戌　超雨水　陽三局	24日甲辰　超春分　陽五局
28日己酉　超立春　陽八局	27日己卯　超驚蟄　陽一局	29日己酉　超清明　陽四局

4月 4/5 清明 4/20 穀雨	5月 5/5 立夏 5/21 小滿	6月 6/8 芒種 6/21 夏至
3日甲寅　超清明　陽一局	3日甲申　超立夏　陽一局	2日甲寅　超芒種　陽三局
8日己未　超清明　陽七局	8日己丑　超立夏　陽七局	7日己未　超芒種　陽九局
13日甲子　超穀雨　陽五局	13日甲午　超小滿　陽五局	12日甲子　閏芒種　陽六局
18日己巳　超穀雨　陽二局	18日己亥　超小滿　陽二局	17日己巳　閏芒種　陽三局
23日甲戌　超穀雨　陽八局	23日甲辰　超小滿　陽八局	22日甲戌　閏芒種　陽九局
28日己卯　超立夏　陽四局	28日己酉　超芒種　陽六局	27日己卯　接夏至　陰九局

7月 7/7 小暑 7/23 大暑	8月 8/7 立秋 8/23 處暑	9月 9/8 白露 9/23 秋分
2日甲申　接夏至　陰三局	1日甲寅　接大暑　陰一局	5日己丑　接處暑　陰七局
7日己丑　接夏至　陰六局	6日己未　接大暑　陰四局	10日甲午　接白露　陰九局
12日甲午　接小暑　陰八局	11日甲子　接立秋　陰二局	15日己亥　接白露　陰三局
17日己亥　接小暑　陰二局	16日己巳　接立秋　陰五局	20日甲辰　接白露　陰六局
22日甲辰　接小暑　陰五局	21日甲戌　接立秋　陰八局	25日己酉　接秋分　陰七局
27日己酉　接大暑　陰七局	26日己卯　接處暑　陰一局	30日甲寅　接秋分　陰一局
	31日甲申　接處暑　陰四局	

10月 10/8 寒露 10/23 霜降	11月 11/7 立冬 11/22 小雪	12月 12/7 大雪 12/22 冬至
5日己未　接秋分　陰四局	4日己丑　接霜降　陰二局	4日己未　接小雪　陰二局
10日甲子　接寒露　陰六局	9日甲午　接立冬　陰六局	9日甲子　接大雪　陰四局
15日己巳　接寒露　陰九局	14日己亥　接立冬　陰九局	14日己巳　接大雪　陰七局
20日甲戌　接寒露　陰三局	19日甲辰　接立冬　陰三局	19日甲戌　接大雪　陰一局
25日己卯　接霜降　陰五局	24日己酉　接小雪　陰五局	24日己卯　接冬至　陽一局
30日甲申　接霜降　陰八局	29日甲寅　接小雪　陰八局	29日甲申　接冬至　陽七局

1994　　　　　　　　　　　歲次 甲戌年

1月 1/5 小寒 1/20 大寒	2月 2/4 立春 2/19 雨水	3月 3/6 驚蟄 3/21 春分
3日己丑　接冬至　陽四局	2日己未　接大寒　陽六局	4日己丑　接雨水　陽三局
8日甲午　接小寒　陽二局	7日甲子　接立春　陽八局	9日甲午　接驚蟄　陽一局
13日己亥　接小寒　陽八局	12日己巳　接立春　陽五局	14日己亥　接驚蟄　陽七局
18日甲辰　接小寒　陽五局	17日甲戌　接立春　陽二局	19日甲辰　接驚蟄　陽四局
23日己酉　接大寒　陽三局	22日己卯　接雨水　陽九局	24日己酉　接春分　陽三局
28日甲寅　接大寒　陽九局	27日甲申　接雨水　陽六局	29日甲寅　接春分　陽九局

4月 4/5 清明 4/20 穀雨	5月 5/6 立夏 5/21 小滿	6月 6/6 芒種 6/21 夏至
3日己未　接春分　陽六局	3日己丑　接穀雨　陽八局	2日己未　接小滿　陽八局
8日甲子　接清明　陽四局	8日甲午　接立夏　陽四局	7日甲子　接芒種　陽六局
13日己巳　接清明　陽一局	13日己亥　接立夏　陽一局	12日己巳　接芒種　陽三局
18日甲戌　接清明　陽七局	18日甲辰　接立夏　陽七局	17日甲戌　接芒種　陽九局
23日己卯　接穀雨　陽五局	23日己酉　接小滿　陽五局	22日己卯　接夏至　陰九局
28日甲申　接穀雨　陽二局	28日甲寅　接小滿　陽二局	27日甲申　接夏至　陰三局

7月 7/7 小暑 7/23 大暑	8月 8/8 立秋 8/23 處暑	9月 9/8 白露 9/23 秋分
2日己丑　接夏至　陰六局	1日己未　超大暑　陰四局	5日甲午　超白露　陰九局
7日甲午　正小暑　陰八局	6日甲子　超立秋　陰二局	10日己亥　超白露　陰三局
12日己亥　正小暑　陰二局	11日己巳　超立秋　陰五局	15日甲辰　超白露　陰六局
17日甲辰　正小暑　陰五局	16日甲戌　超立秋　陰八局	20日己酉　超秋分　陰七局
22日己酉　超大暑　陰七局	21日己卯　超處暑　陰一局	25日甲寅　超秋分　陰一局
27日甲寅　超大暑　陰一局	26日甲申　超處暑　陰四局	30日己未　超秋分　陰四局
	31日己丑　超處暑　陰七局	

10月 10/8 寒露 10/23 霜降	11月 11/8 立冬 11/22 小雪	12月 12/7 大雪 12/22 冬至
5日甲子　超寒露　陰六局	4日甲午　超立冬　陰六局	4日甲子　超大雪　陰四局
10日己巳　超寒露　陰九局	9日己亥　超立冬　陰九局	9日己巳　超大雪　陰七局
15日甲戌　超寒露　陰三局	14日甲辰　超立冬　陰三局	14日甲戌　超大雪　陰一局
20日己卯　超霜降　陰五局	19日己酉　超小雪　陰五局	19日己卯　超冬至　陽一局
25日甲申　超霜降　陰八局	24日甲寅　超小雪　陰八局	24日甲申　超冬至　陽七局
30日己丑　超霜降　陰二局	29日己未　超小雪　陰二局	29日己丑　超冬至　陽四局

1995 　　　　　　　　　　　　　歲次 乙亥年

1月 1/6 小寒 1/20 大寒			2月 2/4 立春 2/19 雨水			3月 3/6 驚蟄 3/21 春分		
3日甲午	超小寒	陽二局	2日甲子	超立春	陽八局	4日甲午	超驚蟄	陽一局
8日己亥	超小寒	陽八局	7日己巳	超立春	陽五局	9日己亥	超驚蟄	陽七局
13日甲辰	超小寒	陽五局	12日甲戌	超立春	陽三局	14日甲辰	超驚蟄	陽四局
18日己酉	超大寒	陽三局	17日己卯	超雨水	陽九局	19日己酉	超春分	陽三局
23日甲寅	超大寒	陽九局	22日甲申	超雨水	陽六局	24日甲寅	超春分	陽九局
28日己未	超大寒	陽六局	27日己丑	超雨水	陽三局	29日己未	超春分	陽六局

4月 4/5 清明 4/20 穀雨			5月 5/6 立夏 5/21 小滿			6月 6/6 芒種 6/22 夏至		
3日甲子	超清明	陽四局	3日甲午	超立夏	陽四局	2日甲子	超芒種	陽六局
8日己巳	超清明	陽一局	8日己亥	超立夏	陽一局	7日己巳	超芒種	陽三局
13日甲戌	超清明	陽七局	13日甲辰	超立夏	陽七局	12日甲戌	超芒種	陽九局
18日己卯	超穀雨	陽五局	18日己酉	超小滿	陽五局	17日己卯	超夏至	陰九局
23日甲申	超穀雨	陽二局	23日甲寅	超小滿	陽二局	22日甲申	超夏至	陰三局
28日己丑	超穀雨	陽八局	28日己未	超小滿	陽八局	27日己丑	超夏至	陰六局

7月 7/7 小暑 7/23 大暑			8月 8/8 立秋 8/22 處暑			9月 9/8 白露 9/23 秋分		
2日甲午	超小暑	陰八局	1日甲子	超立秋	陰二局	5日己亥	超白露	陰三局
7日己亥	超小暑	陰二局	6日己巳	超立秋	陰五局	10日甲辰	超白露	陰六局
12日甲辰	超小暑	陰五局	11日甲戌	超立秋	陰八局	15日己酉	超秋分	陰七局
17日己酉	超大暑	陰七局	16日己卯	超處暑	陰一局	20日甲寅	超秋分	陰一局
22日甲寅	超大暑	陰一局	21日甲申	超處暑	陰四局	25日己未	超秋分	陰四局
27日己未	超大暑	陰四局	26日己丑	超處暑	陰七局	30日甲子	超寒露	陰六局
			31日甲午	超白露	陰九局			

10月 10/9 寒露 10/23 霜降			11月 11/8 立冬 11/23 小雪			12月 12/7 大雪 12/22 冬至		
5日己巳	超寒露	陰九局	4日己亥	超立冬	陰九局	4日己巳	超大雪	陰七局
10日甲戌	超寒露	陰三局	9日甲辰	超立冬	陰三局	9日甲戌	超大雪	陰一局
15日己卯	超霜降	陰五局	14日己酉	超小雪	陰五局	14日己卯	超冬至	陽一局
20日甲申	超霜降	陰八局	19日甲寅	超小雪	陰八局	19日甲申	超冬至	陽七局
25日己丑	超霜降	陰二局	24日己未	超小雪	陰二局	24日己丑	超冬至	陽四局
30日甲午	超立冬	陰六局	29日甲子	超大雪	陰四局	29日甲午	超小寒	陽二局

１９９６　　　　　　　歲次 丙子年

1月 1/6 小寒 1/21 大寒	2月 2/4 立春 2/19 雨水	3月 3/5 驚蟄 3/20 春分
3 日己亥　超小寒　陽 八局	2 日己巳　超立春　陽 五局	3 日己亥　超驚蟄　陽 七局
8 日甲辰　超小寒　陽 五局	7 日甲戌　超立春　陽 二局	8 日甲辰　超驚蟄　陽 四局
13 日己酉　超大寒　陽 三局	12 日己卯　超雨水　陽 九局	13 日己酉　超春分　陽 三局
18 日甲寅　超大寒　陽 九局	17 日甲申　超雨水　陽 六局	18 日甲寅　超春分　陽 九局
23 日己未　超大寒　陽 六局	22 日己丑　超雨水　陽 三局	23 日己未　超春分　陽 六局
28 日甲子　超立春　陽 八局	27 日甲午　超驚蟄　陽 一局	28 日甲子　超清明　陽 八局

4月 4/4 清明 4/20 穀雨	5月 5/5 立夏 5/21 小滿	6月 6/5 芒種 6/21 夏至
2 日己巳　超清明　陽 五局	2 日己亥　超立夏　陽 一局	1 日己巳　超芒種　陽 三局
7 日甲戌　超清明　陽 二局	7 日甲辰　超立夏　陽 七局	6 日甲戌　超芒種　陽 九局
12 日己卯　超穀雨　陽 五局	12 日己酉　超小滿　陽 五局	11 日己卯　閏芒種　陽 六局
17 日甲申　超穀雨　陽 二局	17 日甲寅　超小滿　陽 二局	16 日甲申　閏芒種　陽 三局
22 日己丑　超穀雨　陽 八局	22 日己未　超小滿　陽 八局	21 日己丑　閏芒種　陽 九局
27 日甲午　超立夏　陽 四局	27 日甲子　超芒種　陽 六局	26 日甲午　接夏至　陰 九局

7月 7/7 小暑 7/22 大暑	8月 8/7 立秋 8/23 處暑	9月 9/7 白露 9/23 秋分
1 日己亥　接夏至　陰 三局	5 日甲戌　接大暑　陰 四局	4 日甲辰　接處暑　陰 七局
6 日甲辰　接夏至　陰 六局	10 日己卯　接立秋　陰 二局	9 日己酉　接白露　陰 九局
11 日己酉　接小暑　陰 八局	15 日甲申　接立秋　陰 五局	14 日甲寅　接白露　陰 三局
16 日甲寅　接小暑　陰 二局	20 日己丑　接立秋　陰 八局	19 日己未　接白露　陰 六局
21 日己未　接小暑　陰 五局	25 日甲午　接處暑　陰 一局	24 日甲子　接秋分　陰 七局
26 日甲子　接大暑　陰 七局	30 日己亥　接處暑　陰 四局	29 日己巳　接秋分　陰 一局
31 日己巳　接大暑　陰 一局		

10月 10/8 寒露 10/23 霜降	11月 11/7 立冬 11/22 小雪	12月 12/7 大雪 12/22 冬至
4 日甲戌　接秋分　陰 四局	3 日甲辰　接霜降　陰 二局	3 日甲戌　接小雪　陰 二局
9 日己卯　接寒露　陰 六局	8 日己酉　接立冬　陰 六局	8 日己卯　接大雪　陰 四局
14 日甲申　接寒露　陰 九局	13 日甲寅　接立冬　陰 九局	13 日甲申　接大雪　陰 七局
19 日己丑　接寒露　陰 三局	18 日己未　接立冬　陰 三局	18 日己丑　接大雪　陰 一局
24 日甲午　接霜降　陰 五局	23 日甲子　接小雪　陰 五局	23 日甲午　接冬至　陽 一局
29 日己亥　接霜降　陰 八局	28 日己巳　接小雪　陰 八局	28 日己亥　接冬至　陽 七局

1997   歲次 丁丑年

1月 1/6 小寒 1/20 大寒	2月 2/4 立春 2/18 雨水	3月 3/5 驚蟄 3/20 春分
2日甲辰　接冬至　陽四局	1日甲戌　接大寒　陽六局	3日甲辰　接雨水　陽三局
7日己酉　接小寒　陽二局	6日己卯　接立春　陽八局	8日己酉　接驚蟄　陽一局
12日甲寅　接小寒　陽八局	11日甲申　接立春　陽五局	13日甲寅　接驚蟄　陽七局
17日己未　接小寒　陽五局	16日己丑　接立春　陽二局	18日己未　接驚蟄　陽四局
22日甲子　接大寒　陽三局	21日甲午　接雨水　陽九局	23日甲子　接春分　陽三局
27日己巳　接大寒　陽九局	26日己亥　接雨水　陽六局	28日己巳　接春分　陽九局

4月 4/5 清明 4/19 穀雨	5月 5/5 立夏 5/21 小滿	6月 6/5 芒種 6/21 夏至
2日甲戌　接春分　陽六局	2日甲辰　接穀雨　陽八局	1日甲戌　接小滿　陽八局
7日己卯　接清明　陽四局	7日戊酉　接立夏　陽四局	6日己卯　接芒種　陽六局
12日甲申　接清明　陽一局	12日甲寅　接立夏　陽一局	11日甲申　接芒種　陽三局
17日己丑　接清明　陽七局	17日戊未　接立夏　陽七局	16日己丑　接芒種　陽九局
22日甲午　接穀雨　陽五局	22日甲子　接小滿　陽五局	21日甲午　正夏至　陰九局
27日己亥　接穀雨　陽二局	27日己巳　接小滿　陽二局	26日己亥　正夏至　陰三局

7月 7/7 小暑 7/23 大暑	8月 8/7 立秋 8/23 處暑	9月 9/7 白露 9/23 秋分
1日甲辰　正夏至　陰六局	5日己卯　超立秋　陰二局	4日己酉　超白露　陰九局
6日己酉　超小暑　陰八局	10日甲申　超立秋　陰五局	9日甲寅　超白露　陰三局
11日甲寅　超小暑　陰二局	15日己丑　超立秋　陰八局	14日己未　超白露　陰六局
16日己未　超小暑　陰五局	20日甲午　超處暑　陰一局	19日甲子　超秋分　陰七局
21日甲子　超大暑　陰七局	25日己亥　超處暑　陰四局	24日己巳　超秋分　陰一局
26日己巳　超大暑　陰一局	30日甲辰　超處暑　陰七局	29日甲戌　超秋分　陰四局
31日甲戌　超大暑　陰四局		

10月 10/8 寒露 10/23 霜降	11月 11/7 立冬 11/22 小雪	12月 12/7 大雪 12/22 冬至
4日己卯　超寒露　陰六局	3日己酉　超立冬　陰六局	3日己卯　超大雪　陰四局
9日甲申　超寒露　陰九局	8日甲寅　超立冬　陰九局	8日甲申　超大雪　陰七局
14日己丑　超寒露　陰三局	13日己未　超立冬　陰三局	13日己丑　超大雪　陰一局
19日甲午　超霜降　陰五局	18日甲子　超小雪　陰五局	18日甲午　超冬至　陽一局
24日己亥　超霜降　陰八局	23日己巳　超小雪　陰八局	23日己亥　超冬至　陽七局
29日甲辰　超霜降　陰二局	28日甲戌　超小雪　陰二局	28日甲辰　超冬至　陽四局

1998　　　　　　　　　　歲次 戊寅年

1月　1/5 小寒 1/20 大寒	2月　2/4 立春 2/19 雨水	3月　3/6 啓蟄 3/21 春分
2日己酉　超小寒　陽二局	1日己卯　超立春　陽八局	3日己酉　超驚蟄　陽一局
7日甲寅　超小寒　陽八局	6日甲申　超立春　陽五局	8日甲寅　超驚蟄　陽七局
12日己未　超小寒　陽五局	11日己丑　超立春　陽二局	13日己未　超驚蟄　陽四局
17日甲子　超大寒　陽三局	16日甲午　超雨水　陽九局	18日甲子　超春分　陽三局
22日己巳　超大寒　陽九局	21日己亥　超雨水　陽六局	23日己巳　超春分　陽九局
27日甲戌　超大寒　陽六局	26日甲辰　超雨水　陽三局	28日甲戌　超春分　陽六局

4月　4/5 清明 4/20 穀雨	5月　5/6 立夏 5/21 小滿	6月　6/6 芒種 6/21 夏至
2日己卯　超清明　陽四局	2日己酉　超立夏　陽四局	1日己卯　超芒種　陽六局
7日甲申　超清明　陽一局	7日甲寅　超立夏　陽一局	6日甲申　超芒種　陽三局
12日己丑　超清明　陽七局	12日己未　超立夏　陽七局	11日己丑　超芒種　陽九局
17日甲午　超穀雨　陽五局	17日甲子　超小滿　陽五局	16日甲午　超夏至　陰九局
22日己亥　超穀雨　陽二局	22日己巳　超小滿　陽二局	21日己亥　超夏至　陰三局
27日甲辰　超穀雨　陽八局	27日甲戌　超小滿　陽八局	26日甲辰　超夏至　陰六局

7月　7/7 小暑 7/23 大暑	8月　8/8 立秋 8/23 處暑	9月　9/8 白露 9/3 秋分
1日己酉　超小暑　陰八局	5日甲申　超立秋　陰五局	4日甲寅　超白露　陰三局
6日甲寅　超小暑　陰二局	10日己丑　超立秋　陰八局	9日己未　超白露　陰六局
11日己未　超小暑　陰五局	15日甲午　超處暑　陰一局	14日甲子　超秋分　陰七局
16日甲子　超大暑　陰七局	20日己亥　超處暑　陰四局	19日己巳　超秋分　陰一局
21日己巳　超大暑　陰一局	25日甲辰　超處暑　陰七局	24日甲戌　超秋分　陰四局
26日甲戌　超大暑　陰四局	30日己酉　超白露　陰九局	29日己卯　超寒露　陰六局
31日己卯　超立秋　陰二局		

10月　10/8 寒露 10/23 霜降	11月　11/8 立冬 11/22 小雪	12月　12/7 大雪 12/22 冬至
4日甲申　超寒露　陰九局	3日甲寅　超立冬　陰九局	3日甲申　超大雪　陰七局
9日己丑　超寒露　陰三局	8日己未　超立冬　陰三局	8日己丑　超大雪　陰一局
14日甲午　超霜降　陰五局	13日甲子　超小雪　陰五局	13日甲午　閏大雪　陰四局
19日己亥　超霜降　陰八局	18日己巳　超小雪　陰八局	18日己亥　閏大雪　陰七局
24日甲辰　超霜降　陰二局	23日甲戌　超小雪　陰二局	23日甲辰　閏大雪　陰一局
29日己酉　超立冬　陰六局	28日己卯　超大雪　陰四局	28日己酉　接冬至　陽一局

1月　1/6 小寒 1/20 大寒	2月　2/4 立春 2/19 雨水	3月　3/6 驚蟄 3/21 春分
2日甲寅　接冬至　陽七局	1日甲申　接大寒　陽九局	3日甲寅　接雨水　陽六局
7日己未　接冬至　陽四局	6日己丑　接大寒　陽六局	8日己未　接雨水　陽三局
12日甲子　接小寒　陽二局	11日甲午　接立春　陽八局	13日甲子　接驚蟄　陽一局
17日己巳　接小寒　陽八局	16日己亥　接立春　陽五局	18日己巳　接驚蟄　陽七局
22日甲戌　接小寒　陽五局	21日甲辰　接立春　陽二局	23日甲戌　接驚蟄　陽四局
27日己卯　接大寒　陽三局	26日己酉　接雨水　陽九局	28日己卯　接春分　陽三局
4月　4/5 清明 4/20 穀雨	5月　5/6 立夏 5/21 小滿	6月　6/6 芒種 6/22 夏至
2日甲申　接春分　陽九局	2日甲寅　接穀雨　陽二局	1日甲申　接小滿　陽二局
7日己丑　接春分　陽六局	7日己未　接穀雨　陽八局	6日己丑　接小滿　陽八局
12日甲午　接清明　陽四局	12日甲子　接立夏　陽四局	11日甲午　接芒種　陽六局
17日己亥　接清明　陽一局	17日己巳　接立夏　陽一局	16日己亥　接芒種　陽三局
22日甲辰　接清明　陽七局	22日甲戌　接立夏　陽七局	21日甲辰　接芒種　陽九局
27日己酉　接穀雨　陽五局	27日己卯　接小滿　陽五局	26日己酉　接夏至　陰九局
7月　7/7 小暑 7/23 大暑	8月　8/8 立秋 8/23 處暑	9月　9/8 白露 9/23 秋分
1日甲寅　接夏至　陰三局	5日己丑　接大暑　陰四局	4日己未　接處暑　陰七局
6日己未　接夏至　陰六局	10日甲午　接立秋　陰二局	9日甲子　接白露　陰九局
11日甲子　接小暑　陰八局	15日己亥　接立秋　陰五局	14日己巳　接白露　陰三局
16日己巳　接小暑　陰二局	20日甲辰　接立秋　陰八局	19日甲戌　接白露　陰六局
21日甲戌　接小暑　陰五局	25日己酉　接處暑　陰一局	24日己卯　接秋分　陰七局
26日己卯　接大暑　陰七局	30日甲寅　接處暑　陰四局	29日甲申　接秋分　陰一局
31日甲申　接大暑　陰一局		
10月　10/9 寒露 10/24 霜降	11月　11/8 立冬 11/23 小雪	12月　12/7 大雪 12/22 冬至
4日己丑　接秋分　陰四局	3日己未　正霜降　陰二局	3日己酉　正小雪　陰二局
9日甲午　正寒露　陰六局	8日甲子　正立冬　陰六局	8日甲午　正大雪　陰四局
14日己亥　正寒露　陰九局	13日己巳　正立冬　陰九局	13日己亥　正大雪　陰七局
19日甲辰　正寒露　陰三局	18日甲戌　正立冬　陰三局	18日甲辰　正大雪　陰一局
24日己酉　正霜降　陰五局	23日己卯　正小雪　陰五局	23日己酉　接冬至　陽一局
29日甲寅　正霜降　陰八局	28日甲申　正小雪　陰八局	28日甲寅　接冬至　陽七局

2000　　　　　　　　　歲次 庚辰年

1月　1/6 小寒 1/21 大寒	2月　2/3 立春 2/19 雨水	3月　3/5 驚蟄 3/20 春分
2日己未　接冬至　陽四局	1日己丑　接大寒　陽六局	2日己未　接雨水　陽六局
7日甲子　接小寒　陽二局	6日甲午　接立春　陽八局	7日甲子　接驚蟄　陽一局
12日己巳　接小寒　陽八局	11日己亥　接立春　陽五局	12日己巳　接驚蟄　陽七局
17日甲戌　接小寒　陽五局	16日甲辰　接立春　陽二局	17日甲戌　接驚蟄　陽四局
22日己卯　接大寒　陽三局	21日己酉　接雨水　陽九局	22日己卯　接春分　陽三局
27日甲申　接大寒　陽九局	26日甲寅　接雨水　陽三局	27日甲申　接春分　陽九局

4月　4/4 清明 4/20 穀雨	5月　5/5 立夏 5/21 小滿	6月　6/5 芒種 6/21 夏至
1日己丑　接春分　陽六局	1日己未　接穀雨　陽八局	5日甲午　正芒種　陽六局
6日甲午　接清明　陽四局	6日甲子　接立夏　陽四局	10日己亥　正芒種　陽三局
11日己亥　接清明　陽一局	11日己巳　接立夏　陽一局	15日甲辰　正芒種　陽九局
16日甲辰　接清明　陽七局	16日甲戌　接立夏　陽七局	20日己酉　超夏至　陰九局
21日己酉　接穀雨　陽五局	21日己卯　接小滿　陽五局	25日甲寅　超夏至　陰三局
26日甲寅　接穀雨　陽二局	26日甲申　接小滿　陽二局	30日己未　超夏至　陰六局
	31日己丑　接小滿　陽八局	

7月　7/7 小暑 7/22 大暑	8月　8/7 立秋 8/23 處暑	9月　9/7 白露 9/23 秋分
5日甲子　超小暑　陰八局	4日甲午　超立秋　陰二局	3日甲子　超白露　陰九局
10日己巳　超小暑　陰二局	9日己亥　超立秋　陰五局	8日己巳　超白露　陰三局
15日甲戌　超小暑　陰五局	14日甲辰　超立秋　陰八局	13日甲戌　超百露　陰六局
20日己卯　超大暑　陰七局	19日己酉　超處暑　陰一局	18日己卯　超秋分　陰一局
25日甲申　超大暑　陰一局	24日甲寅　超處暑　陰四局	23日甲申　超秋分　陰七局
30日己丑　超大暑　陰四局	29日己未　超處暑　陰七局	28日己丑　超秋分　陰四局

10月　10/8 寒露 10/23 霜降	11月　11/7 立冬 11/22 小雪	12月　12/7 大雪 12/21 冬至
3日甲午　超寒露　陰六局	2日甲子　超立冬　陰六局	2日甲午　超大雪　陰四局
8日己亥　超寒露　陰九局	7日己巳　超立冬　陰九局	7日己亥　超大雪　陰七局
13日甲辰　超寒露　陰三局	12日甲戌　超立冬　陰三局	12日甲辰　超大雪　陰一局
18日己酉　超霜降　陰五局	17日己卯　超小雪　陰五局	17日己酉　超冬至　陽一局
23日甲寅　超霜降　陰八局	22日甲申　超小雪　陰八局	22日甲寅　超冬至　陽七局
28日己未　超霜降　陰二局	27日己丑　超小雪　陰二局	27日己未　超冬至　陽四局

2001　　　　　　　　　歲次 辛巳年

1月　1/5 小寒 1/20 大寒	2月　2/4 立春 2/18 雨水	3月　3/5 驚蟄 3/20 春分
1日甲子　超小寒　陽二局	5日己亥　超立春　陽五局	2日甲子　超驚蟄　陽一局
6日己巳　超小寒　陽八局	10日甲辰　超立春　陽二局	7日己巳　超驚蟄　陽七局
11日甲戌　超小寒　陽五局	15日己酉　超雨水　陽九局	12日甲戌　超驚蟄　陽四局
16日己卯　超大寒　陽三局	20日甲寅　超雨水　陽六局	17日己卯　超春分　陽三局
21日甲申　超大寒　陽九局	25日己未　超雨水　陽三局	22日甲申　超春分　陽九局
26日己丑　超大寒　陽六局		27日己丑　超春分　陽六局
31日甲午　超立春　陽八局		

4月　4/5 清明 4/20 穀雨	5月　5/5 立夏 5/21 小滿	6月　6/5 芒種　6/21 夏至
1日甲午　超清明　陽四局	1日甲子　超立夏　陽四局	5日己亥　超芒種　陽三局
6日己亥　超清明　陽一局	6日己巳　超立夏　陽一局	10日甲辰　超芒種　陽九局
11日甲辰　超清明　陽七局	11日甲戌　超立夏　陽七局	15日己酉　超夏至　陰九局
16日己酉　超穀雨　陽五局	16日己卯　超小滿　陽五局	20日甲寅　超夏至　陰三局
21日甲寅　超穀雨　陽二局	21日甲申　超小滿　陽二局	25日己未　超夏至　陰六局
26日己未　超穀雨　陽八局	26日己亥　超小滿　陽八局	30日甲子　超小暑　陰八局
	31日甲午　超芒種　陽六局	

7月　7/7 小暑 7/23 大暑	8月　8/7 立秋 8/23 處暑	9月　9/7 白露 9/23 秋分
5日己巳　超小暑　陰二局	4日己亥　超立秋　陰五局	3日己巳　超白露　陰三局
10日甲戌　超小暑　陰五局	9日甲辰　超立秋　陰八局	8日甲戌　超白露　陰六局
15日己卯　超大暑　陰七局	14日己酉　超處暑　陰一局	13日己卯　超秋分　陰七局
20日甲申　超大暑　陰一局	19日甲寅　超處暑　陰四局	18日甲申　超秋分　陰一局
25日己丑　超大暑　陰四局	24日己未　超處暑　陰七局	23日己丑　超秋分　陰四局
30日甲午　超立秋　陰二局	29日甲子　超白露　陰九局	28日甲午　超寒露　陰六局

10月　10/8 寒露 10/23 霜降	11月　11/7 立冬 11/22 小雪	12月　12/7 大雪 12/22 冬至
3日己亥　超寒露　陰九局	2日己巳　超立冬　陰九局	2日己亥　超大雪　陰七局
8日甲辰　超寒露　陰三局	7日甲戌　超立冬　陰三局	7日甲辰　超大雪　陰一局
13日己酉　超霜降　陰五局	12日己卯　超小雪　陰五局	12日己酉　閏大雪　陰四局
18日甲寅　超霜降　陰八局	17日甲申　超小雪　陰八局	17日甲寅　閏大雪　陰七局
23日己未　超霜降　陰二局	22日己丑　超小雪　陰二局	22日己未　閏大雪　陰一局
28日甲子　超立冬　陰六局	27日甲午　超大雪　陰四局	27日甲子　接冬至　陽一局

２００２　　　　　　　　　　　　歲次 壬午年

1月　1/5 小寒 1/20 大寒	2月　2/4 立春 2/19 雨水	3月　3/6 驚蟄 3/21 春分
1日己巳　接多至　　陽七局	5日甲辰　接大寒　　陽六局	2日己巳　接雨水　　陽六局
6日甲戌　接多至　　陽四局	10日己酉　接立春　　陽八局	7日甲戌　接雨水　　陽三局
11日己卯　接小寒　　陽二局	15日甲寅　接立春　　陽五局	12日己卯　接驚蟄　　陽一局
16日甲申　接小寒　　陽八局	20日己未　接立春　　陽二局	17日甲申　接驚蟄　　陽七局
21日己丑　接小寒　　陽五局	25日甲子　接雨水　　陽九局	22日己丑　接驚蟄　　陽四局
26日甲午　接大寒　　陽三局		27日甲午　接春分　　陽三局
31日己亥　接大寒　　陽九局		
4月　4/5 清明 4/20 穀雨	**5月　5/6 立夏 5/21 小滿**	**6月　6/6 芒種 6/21 夏至**
1日己亥　接春分　　陽九局	1日己巳　接穀雨　　陽二局	5日甲辰　接小滿　　陽八局
6日甲辰　接春分　　陽六局	6日甲戌　接穀雨　　陽八局	10日己酉　接亡種　　陽六局
11日己酉　接清明　　陽四局	11日己卯　接立夏　　陽四局	15日甲寅　接芒種　　陽三局
16日甲寅　接清明　　陽一局	16日甲申　接立夏　　陽一局	20日己未　接芒種　　陽九局
21日己未　接清明　　陽七局	21日己丑　接立夏　　陽七局	25日甲子　接夏至　　陰九局
26日甲子　接穀雨　　陽五局	26日甲午　接小滿　　陽五局	30日己巳　接夏至　　陰三局
	31日己亥　接小滿　　陽二局	
7月　7/7 小暑 7/23 大暑	**8月　8/8 立秋 8/23 處暑**	**9月　9/8 白露 9/23 秋分**
5日甲戌　接夏至　　陰六局	4日甲辰　接大暑　　陰四局	3日甲戌　接處暑　　陰七局
10日己卯　接小暑　　陰八局	9日己酉　接立秋　　陰二局	8日己卯　正白露　　陰九局
15日甲申　接小暑　　陰二局	14日甲寅　接立秋　　陰五局	13日甲申　正白露　　陰三局
20日己丑　接小暑　　陰五局	19日己未　接立秋　　陰八局	18日己丑　正白露　　陰六局
25日甲午　接大暑　　陰七局	24日甲子　接處暑　　陰一局	23日甲午　正秋分　　陰七局
30日己亥　接大暑　　陰一局	29日己巳　接處暑　　陰四局	28日己亥　正秋分　　陰一局
10月　10/8 寒露 10/23 霜降	**11月　11/7 立冬 11/22 小雪**	**12月　12/7 大雪 12/22 冬至**
3日甲辰　正秋分　　陰四局	2日甲戌　正霜降　　陰二局	2日甲辰　正小雪　　陰二局
8日己酉　正寒露　　陰六局	7日己巳　正立冬　　陰六局	7日己酉　正大雪　　陰四局
13日甲寅　正寒露　　陰九局	12日甲申　正立冬　　陰九局	12日甲寅　正大雪　　陰七局
18日己未　正寒露　　陰三局	17日己卯　正立冬　　陰三局	17日己未　正大雪　　陰一局
23日甲子　正霜降　　陰五局	22日甲午　正小雪　　陰五局	22日甲子　正冬至　　陽一局
28日己巳　正霜降　　陰八局	27日己亥　正小雪　　陰八局	27日己巳　正冬至　　陽七局

2003 歳次 癸未年

1月 1/6 小寒 1/20 大寒	2月 2/4 立春 2/19 雨水	3月 3/6 驚蟄 3/21 春分
1日甲戌 正冬至 陽四局	5日己酉 接立春 陽八局	2日甲戌 接雨水 陽三局
6日己卯 正小寒 陽二局	10日甲寅 接立春 陽五局	7日己卯 接驚蟄 陽一局
11日甲申 正小寒 陽八局	15日己未 接立春 陽二局	12日甲申 接驚蟄 陽七局
16日己丑 正小寒 陽五局	20日甲子 接雨水 陽九局	17日己丑 接驚蟄 陽四局
21日甲午 接大寒 陽三局	25日己巳 接雨水 陽六局	22日甲午 接春分 陽三局
26日己亥 接大寒 陽九局		27日己亥 接春分 陽九局
31日甲辰 接大寒 陽六局		

4月 4/5 清明 4/20 穀雨	5月 5/6 立夏 5/21 小滿	6月 6/6 芒種 6/22 夏至
1日甲辰 接春分 陽六局	1日甲戌 接穀雨 陽八局	5日己酉 超芒種 陽六局
6日己酉 接清明 陽四局	6日己卯 正立夏 陽四局	10日甲寅 超芒種 陽三局
11日甲寅 接清明 陽一局	11日甲申 正立夏 陽一局	15日己未 超芒種 陽九局
16日己未 接清明 陽七局	16日己丑 正立夏 陽七局	29日甲子 超夏至 陰九局
21日甲子 接穀雨 陽五局	21日甲午 正小滿 陽五局	25日己巳 超夏至 陰三局
26日己巳 接穀雨 陽二局	26日己亥 正小滿 陽二局	30日甲戌 超夏至 陰六局
	31日甲辰 正小滿 陽八局	

7月 7/7 小暑 7/23 大暑	8月 8/8 立秋 8/23 處暑	9月 9/8 白露 9/23 秋分
5日己卯 超小暑 陰八局	4日己酉 超立秋 陰二局	3日己卯 超白露 陰九局
10日甲申 超小暑 陰二局	9日甲寅 超立秋 陰五局	8日甲申 超白露 陰三局
15日己丑 超小暑 陰五局	14日己未 超立秋 陰八局	13日己丑 超白露 陰六局
20日甲午 超大暑 陰七局	19日甲子 超處暑 陰一局	18日甲午 超秋分 陰七局
25日己亥 超大暑 陰一局	24日己巳 超處暑 陰四局	23日己亥 超秋分 陰一局
30日甲辰 超大暑 陰四局	29日甲戌 超處暑 陰七局	28日甲辰 超秋分 陰四局

10月 10/9 寒露 10/24 霜降	11月 11/8 立冬 11/23 小雪	12月 12/7 大雪 12/22 冬至
3日己酉 超寒露 陰六局	2日己卯 超立冬 陰六局	2日己酉 超大雪 陰四局
8日甲寅 超寒露 陰九局	7日甲申 超立冬 陰九局	7日甲寅 超大雪 陰七局
13日己未 超寒露 陰三局	12日己丑 超立冬 陰三局	12日己未 超大雪 陰一局
18日甲子 超霜降 陰五局	17日甲午 超小雪 陰五局	17日甲子 超冬至 陽一局
23日己巳 超霜降 陰八局	22日己亥 超小雪 陰八局	22日己巳 超冬至 陽七局
28日甲戌 超霜降 陰二局	27日甲辰 超小雪 陰二局	27日甲戌 超冬至 陽四局

２００４　　　　　　　　　　　歲次 甲申年

1月　1/6 小寒 1/21 大寒	2月　2/4 立春 2/19 雨水	3月　3/5 驚蟄 3/20 春分
1 日己卯　超小寒　陽二局	5 日甲寅　超立春　陽五局	1 日 己卯　超驚蟄　陽一局
6 日甲申　超小寒　陽八局	10 日己未　超立春　陽二局	6 日 甲申　超驚蟄　陽七局
11 日己丑　超小寒　陽五局	15 日甲子　超雨水　陽九局	11 日 己丑　超驚蟄　陽四局
16 日甲午　超大寒　陽三局	20 日己巳　超雨水　陽六局	16 日 甲午　超春分　陽三局
21 日己亥　超大寒　陽九局	25 日甲戌　超雨水　陽三局	21 日 己亥　超春分　陽九局
26 日甲辰　超大寒　陽六局		26 日 甲辰　超春分　陽六局
31 日己酉　超立春　陽八局		31 日 己酉　超清明　陽四局
4月　4/4 清明 4/20 穀雨	5月　5/5 立夏 5/21 小滿	6月　6/5 芒種 6/21 夏至
5 日甲寅　超清明　陽一局	5 日甲申　超立夏　陽一局	4 日甲寅　超芒種　陽三局
10 日己未　超清明　陽七局	10 日己丑　超立夏　陽七局	9 日己未　超芒種　陽九局
15 日甲子　超穀雨　陽五局	15 日甲午　超小滿　陽五局	14 日甲子　超夏至　陰九局
20 日己巳　超穀雨　陽二局	20 日己亥　超小滿　陽二局	19 日己巳　超夏至　陰三局
25 日甲戌　超穀雨　陽八局	25 日甲辰　超小滿　陽八局	24 日甲戌　超夏至　陰六局
30 日己卯　超立夏　陽四局	30 日己酉　超芒種　陽六局	29 日己卯　超小暑　陰八局
7月　7/7 小暑 7/22 大暑	8月　8/7 立秋 8/23 處暑	9月　9/7 白露 9/23 秋分
4 日甲申　超小暑　陰二局	3 日甲寅　超立秋　陰五局	2 日甲申　超白露　陰三局
9 日己丑　超小暑　陰五局	8 日己未　超立秋　陰八局	7 日己丑　超白露　陰六局
14 日甲午　超大暑　陰七局	13 日甲子　超處暑　陰一局	12 日甲午　超秋分　陰七局
19 日己亥　超大暑　陰一局	18 日己巳　超處暑　陰四局	17 日己亥　超秋分　陰一局
24 日甲辰　超大暑　陰四局	23 日甲戌　超處暑　陰七局	22 日甲辰　超秋分　陰四局
29 日己酉　超立秋　陰二局	28 日己卯　超白露　陰九局	27 日己酉　超寒露　陰六局
10月　10/8 寒露 10/23 霜降	11月　11/7 立冬 11/22 小雪	12月　12/6 大雪 12/21 冬至
2 日甲寅　超寒露　陰九局	1 日甲申　超立冬　陰九局	1 日甲寅　超大雪　陰七局
7 日己未　超寒露　陰三局	6 日己丑　超立冬　陰三局	6 日己未　超大雪　陰一局
12 日甲子　超霜降　陰五局	11 日甲午　超小雪　陰五局	11 日甲子　閏大雪　陰四局
17 日己巳　超霜降　陰八局	16 日己亥　超小雪　陰八局	16 日己巳　閏大雪　陰七局
22 日甲戌　超霜降　陰二局	21 日甲辰　超小雪　陰二局	21 日甲戌　閏大雪　陰一局
27 日己卯　超立冬　陰六局	26 日己酉　超大雪　陰四局	26 日己卯　接冬至　陽一局
		31 日甲申　接冬至　陽七局

1月　1/5 小寒 1/20 大寒	2月　2/4 立春 2/18 雨水	3月　3/5 驚蟄 3/20 春分
5日己丑　接冬至　　陽四局	4日己未　接大寒　　陽六局	1日甲申　接雨水　　陽六局
10日甲午　接小寒　　陽二局	9日甲子　接立春　　陽八局	6日己丑　接雨水　　陽三局
15日己亥　接小寒　　陽八局	14日己巳　接立春　　陽五局	11日甲午　接驚蟄　　陽一局
20日甲辰　接小寒　　陽五局	19日甲戌　接立春　　陽二局	16日己亥　接驚蟄　　陽七局
25日己酉　接大寒　　陽三局	24日己卯　接雨水　　陽九局	21日甲辰　接驚蟄　　陽四局
30日甲寅　接大寒　　陽九局		26日己酉　接春分　　陽三局
		31日甲寅　接春分　　陽九局

4月　4/5 清明 4/20 穀雨	5月　5/5 立夏 5/21 小滿	6月　6/5 芒種　6/21 夏至
5日己未　接春分　　陽六局	5日己丑　接穀雨　　陽八局	4日己未　接小滿　　陽八局
10日甲子　接清明　　陽四局	10日甲午　接立夏　　陽四局	9日甲子　接芒種　　陽六局
15日己巳　接清明　　陽一局	15日己亥　接立夏　　陽一局	14日己巳　接芒種　　陽三局
20日甲戌　接清明　　陽七局	20日甲辰　接立夏　　陽七局	19日甲戌　接芒種　　陽九局
25日己卯　接穀雨　　陽五局	25日己酉　接小滿　　陽五局	24日己卯　接夏至　　陰九局
30日甲申　接穀雨　　陽二局	30日甲寅　接小滿　　陽二局	29日甲申　接夏至　　陰三局

7月　7/7 小暑 7/23 大暑	8月　8/7 立秋 8/23 處暑	9月　9/7 白露 9/23 秋分
4日己丑　接夏至　　陰六局	3日己未　接大暑　　陰四局	2日己丑　正處暑　　陰七局
9日甲午　接小暑　　陰八局	8日甲子　接立秋　　陰二局	7日甲午　正白露　　陰九局
14日己亥　接小暑　　陰二局	13日己巳　接立秋　　陰五局	12日己亥　正白露　　陰三局
19日甲辰　接小暑　　陰五局	18日甲戌　接立秋　　陰八局	17日甲辰　正白露　　陰六局
24日己酉　接大暑　　陰七局	23日己卯　正處暑　　陰一局	22日己酉　超秋分　　陰九局
29日甲寅　接大暑　　陰一局	28日甲申　正處暑　　陰四局	27日甲寅　超秋分　　陰一局

10月　10/8 寒露 10/23 霜降	11月　11/7 立冬 11/22 小雪	12月　12/7 大雪 12/22 冬至
2日己未　超秋分　　陰四局	1日己丑　超霜降　　陰二局	1日己未　超小雪　　陰二局
7日甲子　超寒露　　陰六局	6日甲午　超立冬　　陰六局	6日甲子　超大雪　　陰四局
12日己巳　超寒露　　陰九局	11日己亥　超立冬　　陰九局	11日己巳　超大雪　　陰七局
17日甲戌　超寒露　　陰三局	16日甲辰　超立冬　　陰三局	16日甲戌　超大雪　　陰一局
22日己卯　超霜降　　陰五局	21日己酉　超小雪　　陰五局	21日己卯　超冬至　　陽一局
27日甲申　超霜降　　陰八局	26日甲寅　超小雪　　陰八局	26日甲申　超冬至　　陽七局
		31日己丑　超冬至　　陽四局

２００６　　　　　　　　　　　　歲次　丙戌年

1月　1/5 小寒 1/20 大寒	2月　2/4 立春 2/19 雨水	3月　3/6 驚蟄 3/21 春分
5日甲午　　正小寒　　陽二局	4日甲子　　正立春　　陽八局	1日己丑　　正雨水　　陽三局
10日己亥　　正小寒　　陽八局	9日己巳　　正立春　　陽五局	6日甲午　　正驚蟄　　陽一局
15日甲辰　　正小寒　　陽五局	14日甲戌　　正立春　　陽二局	11日己亥　　正驚蟄　　陽七局
20日己酉　　正大寒　　陽三局	19日己卯　　正雨水　　陽九局	16日甲辰　　正驚蟄　　陽四局
25日甲寅9　正大寒　　陽九局	24日甲申　　正雨水　　陽六局	21日己酉　　正春分　　陽三局
30日己未　　正大寒　　陽六局		26日甲寅　　正春分　　陽九局
		31日己未　　正春分　　陽六局

4月　4/5 清明 4/23 穀雨	5月　5/5 立夏 5/21 小滿	6月　6/6 芒種 6/21 夏至
5日甲子　　正清明　　陽四局	5日甲午　　正立夏　　陽四局	4日甲子　　超芒種　　陽六局
10日己巳　　正清明　　陽一局	10日己亥　　正立夏　　陽一局	9日己巳　　超芒種　　陽三局
15日甲戌　　正清明　　陽七局	15日甲辰　　正立夏　　陽七局	14日甲戌　　超芒種　　陽九局
20日己卯　　正穀雨　　陽五局	20日己酉　　超小滿　　陽五局	19日己卯　　超夏至　　陰九局
25日甲申　　正穀雨　　陽二局	25日甲寅　　超小滿　　陽二局	24日甲申　　超夏至　　陰三局
30日己丑　　正穀雨　　陽八局	30日己未　　超小滿　　陽八局	29日己丑　　超夏至　　陰六局

7月　7/7 小暑 7/23 大暑	8月　8/8 立秋 8/23 處暑	9月　9/8 白露 9/23 秋分
4日甲午　　超小暑　　陰八局	3日甲子　　超立秋　　陰二局	2日甲午　　超白露　　陰九局
9日己亥　　超小暑　　陰二局	8日己巳　　超立秋　　陰五局	7日己亥　　超白露　　陰三局
14日甲辰　　超小暑　　陰五局	13日甲戌　　超立秋　　陰八局	12日甲辰　　超白露　　陰六局
19日己酉　　超大暑　　陰七局	18日己卯　　超處暑　　陰一局	17日己酉　　超秋分　　陰七局
24日甲寅　　超大暑　　陰一局	23日甲申　　超處暑　　陰四局	22日甲寅　　超秋分　　陰一局
29日己未　　超大暑　　陰四局	28日己丑　　超處暑　　陰七局	27日己未　　超秋分　　陰四局

10月　10/8 寒露 10/23 霜降	11月　11/7 立冬 11/22 小雪	12月　12/7 大雪 12/22 冬至
2日甲子　　超寒露　　陰六局	1日甲午　　超立冬　　陰六局	1日甲子　　超大雪　　陰四局
7日己巳　　超寒露　　陰九局	6日己亥　　超立冬　　陰九局	6日己巳　　超大雪　　陰七局
12日甲戌　　超寒露　　陰三局	11日甲辰　　超立冬　　陰三局	11日甲戌　　超大雪　　陰一局
17日己卯　　超霜降　　陰五局	16日己酉　　超小雪　　陰五局	16日己卯　　超冬至　　陽一局
22日甲申　　超霜降　　陰八局	21日甲寅　　超小雪　　陰八局	21日甲申　　超冬至　　陽七局
27日己丑　　超霜降　　陰二局	26日己未　　超小雪　　陰二局	26日己丑　　超冬至　　陽四局
		31日甲午　　超小寒　　陽二局

1月　1/6 小寒 1/20 大寒	2月　2/4 立春 2/19 雨水	3月　3/6 驚蟄 3/21 春分
5日己亥　超小寒　陽八局	4日己巳　超立春　陽五局	1日甲午　超驚蟄　陽一局
10日甲辰　超小寒　陽五局	9日甲戌　超立春　陽二局	6日己亥　超驚蟄　陽七局
15日己酉　超大寒　陽三局	14日己卯　超雨水　陽九局	11日甲辰　超驚蟄　陽四局
20日甲寅　超大寒　陽九局	19日甲申　超雨水　陽六局	16日己酉　超春分　陽三局
25日己未　超大寒　陽六局	24日己丑　超雨水　陽三局	21日甲寅　超春分　陽九局
30日甲子　超立春　陽八局		26日己未　超春分　陽六局
		31日甲子　超清明　陽四局

4月　4/5 清明 4/20 穀雨	5月　5/6 立夏 5/21 小滿	6月　6/6 芒種 6/22 夏至
5日己巳　超清明　陽一局	5日己亥　超立夏　陽一局	4日己巳　超芒種　陽三局
10日甲戌　超清明　陽七局	10日甲辰　超立夏　陽七局	9日甲戌　超芒種　陽九局
15日己卯　超穀雨　陽五局	15日己酉　超小滿　陽五局	14日己巳　閏芒種　陽六局
20日甲申　超穀雨　陽二局	20日甲寅　超小滿　陽二局	19日甲申　閏芒種　陽三局
25日己丑　超穀雨　陽八局	25日己未　超小滿　陽八局	24日己丑　閏芒種　陽九局
30日甲午　超立夏　陽四局	30日甲子　超芒種　陽六局	29日甲午　接夏至　陰九局

7月　7/7 小暑 7/23 大暑	8月　8/8 立秋 8/23 處暑	9月　9/8 白露 9/23 秋分
4日己亥　接夏至　陰三局	3日己巳　接大暑　陰一局	2日己亥　接處暑　陰四局
9日甲辰　接夏至　陰六局	8日甲戌　接大暑　陰四局	7日甲辰　接處暑　陰七局
14日己酉　接小暑　陰八局	13日己卯　接立秋　陰二局	12日己酉　接白露　陰九局
19日甲寅　接小暑　陰二局	18日甲申　接立秋　陰五局	17日甲寅　接白露　陰三局
24日己未　接小暑　陰五局	23日己丑　接立秋　陰八局	22日己未　接白露　陰六局
29日甲子　接大暑　陰七局	28日甲午　接處暑　陰一局	27日甲子　接秋分　陰七局

10月　10/9 寒露 10/24 霜降	11月　11/8 立冬 11/23 小雪	12月　12/7 大雪 12/22 冬至
2日己巳　接秋分　陰一局	1日己亥　接霜降　陰八局	1日己巳　接小雪　陰八局
7日甲戌　接秋分　陰四局	6日甲辰　接霜降　陰二局	6日甲戌　接小雪　亥二局
12日己卯　接寒露　陰六局	11日己酉　接立冬　陰六局	11日己卯　接大雪　陰四局
17日甲申　接寒露　陰九局	16日甲寅　接立冬　陰九局	16日甲申　接大雪　陰七局
22日己丑　接寒露　陰三局	21日己未　接立冬　陰三局	21日己丑　接大雪　陰一局
27日甲午　接霜降　陰五局	26日甲子　接小雪　陰五局	26日甲午　接冬至　陽一局
		31日己亥　接冬至　陽七局

２００８　　　　　　　　歲次 戊子年

1月　1/6 小寒 1/21 大寒	2月　2/4 立春 2/19 雨水	3月　3/5 驚蟄 3/20 春分
5日甲辰　接冬至　陽四局	4日甲戌　接大寒　陽六局	5日甲辰　接雨水　陽三局
10日己酉　接小寒　陽二局	9日己卯　接立春　陽八局	10日己酉　接驚蟄　陽一局
15日甲寅　接小寒　陽八局	14日甲申　接立春　陽五局	15日甲寅　接驚蟄　陽七局
20日己未　接小寒　陽五局	19日己丑　接立春　陽二局	20日己未　接驚蟄　陽四局
25日甲子　接大寒　陽三局	24日甲午　接雨水　陽九局	25日甲子　接春分　陽三局
30日己巳　接大寒　陽九局	29日己亥　接雨水　陽六局	30日己巳　接春分　陽九局

4月　4/4 清明 4/20 穀雨	5月　5/5 立夏 5/21 小滿	6月　6/6 芒種 6/22 夏至
4日甲戌　接春分　陽六局	4日甲辰　接穀雨　陽八局	3日甲戌　接小滿　陽八局
9日己卯　接清明　陽四局	9日己酉　接立夏　陽四局	8日己卯　接芒種　陽六局
14日甲申　接清明　陽一局	14日甲寅　接立夏　陽一局	13日甲申　接芒種　陽三局
19日　己丑接清明　陽七局	19日己未　接立夏　陽七局	18日己丑　接芒種　陽九局
24日甲午　接穀雨　陽五局	24日甲子　接小滿　陽五局	23日甲午　接夏至　陰九局
29日甲亥　接穀雨　陽二局	29日己巳　接小滿　陽二局	28日己亥　接夏至　陰三局

7月　7/7 小暑 7/22 大暑	8月　8/7 立秋 8/23 處暑	9月　9/7 白露 9/22 秋分
3日甲辰　接夏至　陰六局	2日甲戌　接大暑　陰四局	1日甲辰　接處暑　陰七局
8日己酉　接小暑　陰八局	7日己卯　接立秋　陰二局	6日己酉　接白露　陰九局
13日甲寅　接小暑　陰二局	12日甲申　接立秋　陰五局	11日甲寅　接白露　陰三局
18日己未　接小暑　陰五局	17日己丑　接立秋　陰八局	16日己未　接白露　陰六局
23日甲子　接大暑　陰七局	22日甲午　接處暑　陰一局	21日甲子　接秋分　陰七局
28日己巳　接大暑　陰一局	27日己亥　接處暑　陰四局	26日己巳　接秋分　陰一局

10月　10/8 寒露 10/23 霜降	11月　11/7 立冬 11/22 小雪	12月　12/7 大雪　12/21 冬至
1日甲戌　接秋分　陰四局	5日己酉　超立冬　陰六局	5日己卯　超大雪　陰四局
6日己卯　超寒露　陰六局	10日甲寅　超立冬　陰九局	10日甲申　超大雪　陰七局
11日甲申　超寒露　陰九局	15日己未　超立冬　陰三局	15日己丑　超大雪　陰一局
16日己丑　超寒露　陰三局	20日甲子　超小雪　陰五局	20日甲午　超冬至　陽一局
21日甲午　超霜降　陰五局	25日己巳　超小雪　陰八局	25日己亥　超冬至　陽七局
26日己亥　超霜降　陰八局	30日甲戌　超小雪　陰二局	30日甲辰　超冬至　陽四局
31日甲辰　超霜降　陰二局		

1月 1/6 小寒 1/21 大寒	2月 2/4 立春 2/19 雨水	3月 3/5 驚蟄 3/20 春分
4日己酉　超小寒　陽二局	3日己卯　超立春　陽八局	5日己酉　正驚蟄　陽一局
9日甲寅　超小寒　陽八局	8日甲申　超立春　陽五局	10日甲寅　正驚蟄　陽七局
14日己未　超小寒　陽五局	13日己丑　超立春　陽二局	15日己未　正驚蟄　陽四局
19日甲子　超大寒　陽三局	18日甲午　正雨水　陽九局	20日甲子　正春分　陽三局
24日己巳　超大寒　陽九局	23日己亥　正雨水　陽六局	25日己巳　正春分　陽九局
29日甲戌　超大寒　陽六局	28日甲辰　正雨水　陽三局	30日甲戌　正春分　陽六局
4月 4/4 清明 4/20 穀雨	5月 5/5 立夏 5/21 小滿	6月 6/5 芒種 6/21 夏至
4日己卯　正清明　陽四局	4日己酉　超立夏　陽四局	3日己卯　超芒種　陽六局
9日甲申　正清明　陽一局	9日甲寅　超立夏　陽一局	8日甲申　超芒種　陽三局
14日己丑　正清明　陽七局	14日己未　超立夏　陽七局	13日己丑　超芒種　陽九局
19日甲午　超穀雨　陽五局	19日甲子　超小滿　陽五局	18日甲午　超夏至　陰九局
24日己亥　超穀雨　陽二局	24日己巳　超小滿　陽二局	23日己巳　超夏至　陰三局
29日甲辰　超穀雨　陽八局	29日甲戌　超小滿　陽八局	28日甲辰　超夏至　陰六局
7月 7/7 小暑 7/22 大暑	8月 8/7 立秋 8/23 處暑	9月 9/7 白露 9/22 秋分
3日己酉　超小暑　陰八局	2日己卯　超立秋　陰二局	1日己酉　超白露　陰九局
8日甲寅　超小暑　陰二局	7日甲申　超立秋　陰五局	6日甲寅　超百露　陰三局
13日己未　超小暑　陰五局	12日己丑　超立秋　陰八局	11日己未　超白露　陰六局
18日甲子　超大暑　陰七局	17日甲午　超處暑　陰一局	16日甲子　超秋分　陰七局
23日己巳　超大暑　陰一局	22日己亥　超處暑　陰四局	21日己巳　超秋分　陰一局
28日甲戌　超大暑　陰四局	27日甲辰　超處暑　陰七局	26日甲戌　超秋分　陰四局
10月 10/8 寒露 10/23 霜降	11月 11/7 立冬 11/22 小雪	12月 12/7 大雪 12/22 冬至
1日己卯　超寒露　陰六局	5日甲寅　超立冬　陰九局	5日甲申　超大雪　陰七局
6日甲申　超寒露　陰九局	10日己未　超立冬　陰三局	10日己丑　超大雪　陰一局
11日己丑　超寒露　陰三局	15日甲子　超小雪　陰五局	15日甲午　超冬至　陽一局
16日甲午　超霜降　陰五局	20日己巳　超小雪　陰八局	20日己亥　超冬至　陽七局
21日己亥　超霜降　陰八局	25日甲戌　超小雪　陰二局	25日甲辰　超冬至　陽四局
26日甲辰　超霜降　陰二局	30日己卯　超大雪　陰四局	30日己酉　超小寒　陽二局
31日己酉　超立冬　陰六局		

２０１０　　　　　　　　歲次 庚寅年

1月 1/5小寒 1/20 大寒	2月 2/4 立春 2/19 雨水	3月 3/6驚蟄 3/21 春分
4日甲寅　超小寒　陽八局	3日甲申　超立春　陽五局	5日甲寅　超驚蟄　陽七局
9日己未　超小寒　陽五局	8日己丑　超立春　陽二局	10日己未　超驚蟄　陽四局
14日甲子　超大寒　陽三局	13日甲午　超雨水　陽九局	15日甲子　超春分　陽三局
19日己巳　超大寒　陽九局	18日己亥　超雨水　陽六局	20日己巳　超春分　陽九局
24日甲戌　超大寒　陽六局	23日甲辰　徵雨水　陽三局	25日甲戌　超春分　陽六局
29日己卯　超立春　陽八局	28日己酉　超驚蟄　陽一局	30日己卯　超清明　陽四局

4月 4/5清明 4/20 穀雨	5月 5/5立夏 5/21 小滿	6月 6/6芒種 6/21 夏至
4日甲申　超清明　陽一局	4日甲寅　超立夏　陽一局	3日甲申　超芒種　陽三局
9日己丑　超清明　陽七局	9日己未　超立夏　陽七局	8日己丑　超芒種　陽九局
14日甲午　超穀雨　陽五局	14日甲子　超小滿　陽五局	13日甲午　閏芒種　陽六局
19日己亥　超穀雨　陽二局	19日己巳　超小滿　陽二局	18日己亥　閏芒種　陽三局
24日甲辰　超穀雨　陽八局	24日甲戌　超小滿　陽八局	23日甲辰　閏芒種　陽九局
29日己酉　超立夏　陽四局	29日己卯　超芒種　陽六局	28日己酉　接夏至　陰九局

7月 7/7小暑 7/23 大暑	8月 8/7立秋 8/23 處暑	9月 9/8白露 9/23 秋分
3日甲寅　接夏至　陰三局	2日甲申　接大暑　陰一局	1日甲寅　接處暑　陰四局
8日己未　接夏至　陰六局	7日己丑　接大暑　陰四局	6日己未　接處暑　陰七局
13日甲子　接小暑　陰八局	12日甲午　接立秋　陰二局	11日甲子　接白露　陰九局
18日己巳　接小暑　陰二局	17日己亥　接立秋　陰五局	16日己巳　接白露　陰三局
23日甲戌　接小暑　陰五局	22日甲辰　接立秋　陰八局	21日甲戌　接白露　陰六局
28日己卯　接大暑　陰七局	27日己酉　接處暑　陰一局	26日己卯　接秋分　陰七局

10月 10/8寒露 10/23 霜降	11月 11/7立冬 11/22 小雪	12月 12/7大雪 12/22 冬至
1日甲申　接秋分　陰一局	5日己酉　接霜降　陰二局	5日己丑　接小雪　陰五局
6日己丑　接秋分　陰四局	10日甲子　接立冬　陰一局	10日甲午　接大雪　陰四局
11日甲午　接寒露　陰六局	15日己巳　接立冬　陰七局	15日己亥　接大雪　陰七局
16日己亥　接寒露　陰九局	20日甲戌　接立冬　陰四局	20日甲辰　接大雪　陰一局
21日甲辰　接寒露　陰三局	25日己卯　接小雪　陰二局	25日己酉　接冬至　陽一局
26日己酉　接霜降　陰五局	30日甲申　接小雪　陰八局	30日甲寅　接冬至　陽七局
31日甲寅　接霜降　陰八局		

1月　1/6 小寒　1/20 大寒	2月　2/4 立春　2/19 雨水	3月　3/6 驚蟄　3/21 春分
4日己未　接冬至　陽四局	3日己丑　接大寒　陽六局	5日己未　接雨水　陽三局
9日甲子　接小寒　陽二局	8日甲午　接立春　陽八局	10日甲子　接驚蟄　陽一局
14日己巳　接小寒　陽八局	13日己亥　接立春　陽五局	15日己巳　接驚蟄　陽七局
19日甲戌　接小寒　陽五局	18日甲辰　接立春　陽二局	20日甲戌　接驚蟄　陽四局
24日己卯　接大寒　陽三局	23日己酉　接雨水　陽九局	25日己卯　接春分　陽三局
29日甲申　接大寒　陽九局	28日甲寅　接雨水　陽六局	30日甲申　接春分　陽九局

4月　4/5 清明　4/20 穀雨	5月　5/6 立夏　5/21 小滿	6月　6/6 芒種　6/22 夏至
4日己丑　接春分　陽六局	4日己未　接穀雨　陽八局	3日己未　接小滿　陽八局
9日甲午　接清明　陽四局	9日甲子　接立夏　陽四局	8日甲午　接芒種　陽六局
14日己亥　接清明　陽一局	14日己巳　接立夏　陽一局	13日己亥　接芒種　陽三局
19日甲辰　接清明　陽七局	19日甲戌　接立夏　陽七局	18日甲辰　接芒種　陽九局
24日己酉　接穀雨　陽五局	24日己卯　接小滿　陽五局	23日己酉　接夏至　陰九局
29日甲寅　接穀雨　陽二局	29日甲申　接小滿　陽二局	28日甲寅　接夏至　陰三局

7月　7/7 小暑　7/23 大暑	8月　8/8 立秋　8/23 處暑	9月　9/8 白露　9/23 秋分
3日己未　接夏至　陰六局	2日己丑　正大暑　陰四局	1日己未　超處暑　陰七局
8日甲子　接小暑　陰八局	7日甲午　超立秋　陰二局	6日甲子　超白露　陰九局
13日己巳　接小暑　陰二局	12日己亥　超立秋　陰五局	11日己巳　超白露　陰三局
18日甲戌　接小暑　陰五局	17日甲辰　超立秋　陰八局	16日甲戌　超白露　陰六局
23日己卯　正大暑　陰七局	22日己酉　超處暑　陰一局	21日己卯　超秋分　陰七局
28日甲申　正大暑　陰一局	27日甲寅　超處暑　陰四局	26日甲申　超秋分　陰一局

10月　10/9 寒露　10/24 霜降	11月　11/8 立冬　11/23 小雪	12月　12/7 大雪　12/22 冬至
1日己丑　超秋分　陰四局	5日甲子　超立冬　陰六局	5日甲午　超大雪　陰四局
6日甲午　超寒露　陰六局	10日己巳　超立冬　陰九局	10日己亥　超大雪　陰七局
11日己亥　超寒露　陰九局	15日甲戌　超立冬　陰三局	15日甲辰　超大雪　陰一局
16日甲辰　超寒露　陰三局	20日己卯　超小雪　陰五局	20日己酉　超冬至　陽一局
21日己酉　超霜降　陰五局	25日甲申　超小雪　陰八局	25日甲寅　超冬至　陽七局
26日甲寅　超霜降　陰八局	30日己丑　超小雪　陰二局	30日己未　超冬至　陽四局
31日己未　超霜降　陰二局		

2012　　　　　　　　　　歲次 壬辰年

1月　1/6 小寒　1/21 大寒	2月　2/4 立春　2/19 雨水	3月　3/5 驚蟄　3/20 春分
4日甲子　超小寒　陽二局	3日甲午　超立春　陽八局	4日甲子　超驚蟄　陽一局
9日己巳　超小寒　陽八局	8日己亥　超立春　陽五局	9日己巳　超驚蟄　陽七局
14日甲戌　超小寒　陽五局	13日甲辰　超立春　陽二局	14日甲戌　超驚蟄　陽四局
19日乙卯　超大寒　陽三局	18日己酉　超雨水　陽九局	19日己卯　超春分　陽三局
24日甲申　超大寒　陽九局	23日甲寅　超雨水　陽六局	24日甲申　超春分　陽九局
29日己丑　超大寒　陽六局	28日己未　超雨水　陽三局	29日己丑　超春分　陽六局

4月　4/4 清明　4/20 穀雨	5月　5/5 立夏　5/20 小滿	6月　6/5 芒種　6/21 夏至
3日甲午　超清明　陽四局	3日甲子　超立夏　陽四局	2日甲午　超芒種　陽六局
8日己亥　超清明　陽一局	8日己巳　超立夏　陽一局	7日己亥　超芒種　陽三局
13日甲辰　超清明　陽七局	13日甲戌　超立夏　陽七局	12日甲辰　超芒種　陽九局
18日己酉　超穀雨　陽五局	18日己卯　超小滿　陽五局	17日己酉　超夏至　陰九局
23日甲寅　超穀雨　陽二局	23日甲申　超小滿　陽二局	22日甲寅　超夏至　陰三局
28日己未　超穀雨　陽八局	28日己丑　超小滿　陽八局	27日己未　超夏至　陰六局

7月　7/7 小暑　7/22 大暑	8月　8/7 立秋　8/23 處暑	9月　9/7 白露　9/22 秋分
2日甲子　超小暑　陰八局	1日甲午　超立秋　陰二局	5日己巳　超白露　陰三局
7日己巳　超小暑　陰二局	6日己亥　超立秋　陰五局	10日甲戌　超白露　陰六局
12日甲戌　超小暑　陰五局	11日甲辰　超立秋　陰八局	15日己卯　超秋分　陰七局
17日己卯　超大暑　陰七局	16日己酉　超處暑　陰一局	20日甲申　超秋分　陰一局
22日甲申　超大暑　陰一局	21日甲寅　超處暑　陰四局	25日己丑　超秋分　陰四局
27日己丑　超大暑　陰四局	26日己未　超處暑　陰七局	30日甲午　超寒露　陰六局
	31日甲子　超白露　陰九局	

10月　10/8 寒露 10/23 霜降	11月　11/7 立冬 11/22 小雪	12月　12/7 大雪 12/21 冬至
5日己亥　超寒露　　九局	4日己巳　超立冬　　九局	4日己亥　超大雪　陰七局
10日甲辰　超寒露　　三局	9日甲戌　超立冬　　三局	9日甲辰　超大雪　陰一局
15日己酉　超霜降　　五局	14日己卯　超小雪　　五局	14日己酉　超冬至　陽一局
20日甲寅　超霜降　　八局	19日甲申　超小雪　　八局	19日甲寅　超冬至　陽七局
25日己未　超霜降　　二局	24日己丑　超小雪　　二局	24日己未　超冬至　陽四局
30日甲子　超立冬　　六局	29日甲午　超大雪　　四局	29日甲子　超小寒　陽二局

1月 1/5 小寒　1/20 大寒	**2月** 2/4 立春　2/18 雨水	**3月** 3/5 驚蟄　3/20 春分
3 日己巳　超小寒　陽八局	2 日己亥　超立春　陽五局	4 日己巳　超驚蟄　陽七局
8 日甲戌　超小寒　陽五局	7 日甲辰　超立春　陽二局	9 日甲戌　超驚蟄　陽四局
13 日己卯　超大寒　陽三局	12 日己酉　超雨水　陽九局	14 日己卯　超春分　陽三局
18 日甲申　超大寒　陽九局	17 日甲寅　超雨水　陽六局	19 日甲申　超春分　陽九局
23 日己丑　超大寒　陽六局	22 日己未　超雨水　陽三局	24 日己丑　超春分　陽六局
28 日甲午　超立春　陽八局	27 日甲子　超驚蟄　陽一局	29 日甲午　超清明　陽四局

4月 4/4 清明　4/20 穀雨	**5月** 5/5 立夏　5/21 小滿	**6月** 6/5 芒種　6/21 夏至
3 日己亥　超清明　陽一局	3 日己巳　超立夏　陽一局	2 日己亥　超芒種　陽三局
8 日甲辰　超清明　陽七局	8 日甲戌　超立夏　陽七局	7 日甲辰　超芒種　陽九局
13 日己酉　超穀雨　陽五局	13 日己卯　超小滿　陽五局	12 日己酉　閏芒種　陽六局
18 日甲寅　超穀雨　陽二局	18 日甲申　超小滿　陽二局	17 日甲寅　閏芒種　陽三局
23 日己未　超穀雨　陽八局	23 日己丑　超小滿　陽八局	22 日己未　閏芒種　陽九局
28 日甲子　超立夏　陽四局	28 日甲午　超芒種　陽六局	27 日甲子　接夏至　陰九局

7月 7/7 小暑　7/22 大暑	**8月** 8/7 立秋　8/23 處暑	**9月** 9/7 白露　9/23 秋分
2 日己巳　接夏至　陰三局	1 日己亥　接大暑　陰一局	5 日甲戌　接處暑　陰七局
7 日甲戌　接夏至　陰六局	6 日甲辰　接大暑　陰四局	10 日己卯　接白露　陰九局
12 日己卯　接小暑　陰八局	11 日己酉　接立秋　陰二局	15 日甲申　接白露　陰三局
17 日甲申　接小暑　陰二局	16 日甲寅　接立秋　陰五局	20 日己丑　接白露　陰六局
22 日己丑　接小暑　陰五局	21 日己未　接立秋　陰八局	25 日甲午　接秋分　陰七局
27 日甲午　接大暑　陰七局	26 日甲子　接處暑　陰一局	30 日己亥　接秋分　陰一局
	31 日己巳　接處暑　陰四局	

10月 10/8 寒露 10/23 霜降	**11月** 11/7 立冬 11/22 小雪	**12月** 12/7 大雪 12/22 冬至
5 日甲辰　接秋分　陰四局	4 日甲戌　接霜降　陰二局	4 日甲辰　接小雪　陰二局
10 日己酉　接寒露　陰六局	9 日己卯　接立冬　陰六局	9 日己酉　超大雪　陰四局
15 日甲寅　接寒露　陰九局	14 日甲申　接立冬　陰九局	14 日甲寅　超大雪　陰七局
20 日己未　接寒露　陰三局	19 日己丑　接立冬　陰三局	19 日己未　超大雪　陰一局
25 日甲子　接霜降　陰五局	24 日甲午　接小雪　陰五局	24 日甲子　超冬至　陽一局
30 日己巳　接霜降　陰八局	29 日己亥　接小雪　陰八局	29 日己巳　超冬至　陽七局

２０１４　　　　　　　　　　歲次　甲午年

1月 1/5 小寒 1/20 大寒			2月 2/4 立春　2/19 雨水			3月 3/6 驚蟄　3/21 春分		
3日甲戌	超冬至	陽四局	2日甲辰	超大寒	陽六局	4日甲戌	超雨水	陽三局
8日己卯	超小寒	陽二局	7日己酉	超立春	陽八局	9日己卯	超驚蟄	陽一局
13日甲申	超小寒	陽八局	12日甲寅	超立春	陽五局	14日甲申	超驚蟄	陽七局
18日己丑	超小寒	陽五局	17日己未	超立春	陽二局	19日己丑	超驚蟄	陽四局
23日甲午	超大寒	陽三局	22日甲子	超雨水	陽九局	24日甲午	超春分	陽三局
28日己亥	超大寒	陽九局	27日己巳	超雨水	陽六局	29日己亥	超春分	陽九局
4月 4/5 清明　4/20 穀雨			5月 5/6 立夏　5/21 小滿			6月 6/6 芒種　6/22 夏至		
3日甲辰	超春分	陽六局	3日甲戌	超穀雨	陽八局	2日甲辰	超小滿	陽八局
8日己酉	超清明	陽四局	8日己卯	超立夏	陽四局	7日己酉	超芒種	陽六局
13日甲寅	超清明	陽一局	13日甲申	超立夏	陽一局	12日甲寅	超芒種	陽三局
18日己未	超清明	陽七局	18日己丑	超立夏	陽七局	17日己未	超芒種	陽九局
23日甲子	超穀雨	陽五局	23日甲午	超小滿	陽五局	22日甲子	正夏至	陰九局
28日己巳	超穀雨	陽二局	28日己亥	超小滿	陽二局	27日己巳	正夏至	陰三局
7月 7/7 小暑　7/23 大暑			8月 8/8 立秋　8/23 處暑			9月 9/8 白露　9/23 秋分		
2日甲戌	正夏至	陰六局	1日甲辰	超大暑	陰四局	5日己卯	超白露	陰九局
7日己卯	正小暑	陰八局	6日己丑	超立秋	陰二局	10日甲申	超白露	陰三局
12日甲申	正小暑	陰二局	11日甲寅	超立秋	陰五局	15日己丑	超白露	陰六局
17日己丑	正小暑	陰五局	16日己未	超立秋	陰八局	20日甲午	超秋分	陰七局
22日甲午	超大暑	陰七局	21日甲子	超處暑	陰一局	25日己亥	超秋分	陰一局
27日己亥	超大暑	陰一局	26日己巳	超處暑	陰四局	30日甲辰	超秋分	陰四局
			31日甲戌	超處暑	陰七局			
10月 10/8 寒露 10/24 霜降			11月 11/8 立冬 11/22 小雪			12月 12/7 大雪 12/22 冬至		
5日己酉	超寒露	陰六局	4日己卯	超立冬	陰六局	4日己酉	超大雪	陰四局
10日甲寅	超寒露	陰九局	9日甲申	超立冬	陰九局	9日甲寅	超大雪	陰七局
15日己未	超寒露	陰三局	14日己丑	超立冬	陰三局	14日己未	超大雪	陰一局
20日甲子	超霜降	陰五局	19日甲午	超小雪	陰五局	19日甲子	超冬至	陽一局
25日己巳	超霜降	陰八局	24日己亥	超小雪	陰八局	24日己巳	超冬至	陽七局
30日甲戌	超霜降	陰二局	29日甲辰	超小雪	陰二局	29日甲戌	超冬至	陽四局

1月 1/6 小寒 1/20 大寒	2月 2/4 立春 2/19 雨水	3月 3/6 驚蟄 3/21 春分
3日己卯　超小寒　陽二局	2日己酉　超立春　陽八局	4日己卯　超驚蟄　陽一局
8日甲申　超小寒　陽八局	7日甲寅　超立春　陽五局	9日甲申　超驚蟄　陽七局
13日己丑　超小寒　陽五局	12日己未　超立春　陽二局	14日己丑　超驚蟄　陽四局
18日甲午　超大寒　陽三局	17日甲子　超雨水　陽九局	19日甲午　超春分　陽三局
23日己亥　超大寒　陽九局	22日己巳　超雨水　陽六局	24日己亥　超春分　陽九局
28日甲辰　超大寒　陽六局	27日甲戌　超雨水　陽三局	29日甲辰　超春分　陽六局

4月 4/5 清明 4/20 穀雨	5月 5/6 立夏 5/21 小滿	6月 6/6 芒種 6/22 夏至
3日己酉　超清明　陽四局	3日己卯　超立夏　陽四局	2日己酉　超芒種　陽六局
8日甲寅　超清明　陽一局	8日甲申　超立夏　陽一局	7日甲寅　超芒種　陽三局
13日己未　超清明　陽七局	13日己丑　超立夏　陽七局	12日己未　超芒種　陽九局
18日甲子　超穀雨　陽五局	18日甲午　超小滿　陽五局	17日甲子　超夏至　陰九局
23日己巳　超穀雨　陽二局	23日己亥　超小滿　陽二局	22日己巳　超夏至　陰三局
28日甲戌　超穀雨　陽八局	28日甲辰　超小滿　陽八局	27日甲戌　超夏至　陰六局

7月 7/7 小暑 7/23 大暑	8月 8/8 立秋 8/23 處暑	9月 9/8 白露 9/23 秋分
2日己卯　超小暑　陰八局	1日己酉　超立秋　陰二局	5日甲申　超白露　陰三局
7日甲申　超小暑　陰二局	6日甲寅　超立秋　陰五局	10日己丑　超白露　陰六局
12日己丑　超小暑　陰五局	11日己未　超立秋　陰八局	15日甲午　超秋分　陰七局
17日甲午　超大暑　陰七局	16日甲子　超處暑　陰一局	20日己亥　超秋分　陰一局
22日己亥　超大暑　陰一局	21日己巳　超處暑　陰四局	25日甲辰　超秋分　陰四局
27日甲辰　超大暑　陰四局	26日甲戌　超處暑　陰七局	30日己酉　超寒露　陰六局
	31日己卯　超白露　陰九局	

10月 10/8 寒露 10/24 霜降	11月 11/8 立冬 11/22 小雪	12月 12/7 大雪 12/22 冬至
5日甲寅　超寒露　陰九局	4日甲申　超立冬　陰九局	4日甲寅　超大雪　陰七局
10日己未　超寒露　陰三局	9日己丑　超立冬　陰三局	9日己未　超大雪　陰一局
15日甲子　超霜降　陰五局	14日甲午　超小雪　陰五局	14日甲子　閏大雪　陰四局
20日己巳　超霜降　陰八局	19日己亥　超小雪　陰八局	19日己巳　閏大雪　陰七局
25日甲戌　超霜降　陰二局	24日甲辰　超小雪　陰二局	24日甲戌　閏大雪　陰一局
30日己卯　超立冬　陰六局	29日己酉　超大雪　陰四局	29日己卯　接冬至　陽一局

２０１６　　　　　　　　　歲次 丙申年

1月　1/6 小寒 1/20 大寒	2月　2/4 立春 2/19 雨水	3月　3/5 驚蟄 3/20 春分
3 日甲申　接冬至　陽七局	2 日甲寅　接大寒　陽九局	3 日甲申　接雨水　陽六局
8 日己丑　接冬至　陽四局	7 日己未　接大寒　陽六局	8 日己丑　接雨水　陽三局
13 日甲午　接小寒　陽二局	12 日甲子　接立春　陽八局	13 日甲午　接驚蟄　陽一局
18 日己亥　接小寒　陽八局	17 日己巳　接立春　陽五局	18 日己亥　接驚蟄　陽七局
23 日甲辰　接小寒　陽五局	22 日甲戌　接立春　陽二局	23 日甲辰　接驚蟄　陽四局
28 日己酉　接大寒　陽三局	27 日己卯　接雨水　陽九局	28 日己酉　接春分　陽三局

4月　4/4 清明 4/19 穀雨	5月　5/5 立夏 5/20 小滿	6月　6/5 芒種 6/21 夏至
2 日甲寅　接春分　陽九局	2 日甲申　接穀雨　陽二局	1 日甲寅　接小滿　陽二局
7 日己未　接春分　陽六局	7 日己丑　接穀雨　陽八局	6 日己未　超小滿　陽八局
12 日甲子　接清明　陽四局	12 日甲午　接立夏　陽四局	11 日甲子　接芒種　陽六局
17 日己巳　接清明　陽一局	17 日己亥　接立夏　陽一局	16 日己巳　接芒種　陽三局
22 日甲戌　接清明　陽七局	22 日甲辰　接立夏　陽七局	21 日甲戌　接芒種　陽九局
27 日己卯　接穀雨　陽五局	27 日己酉　接小滿　陽五局	26 日己卯　接夏至　陰九局

7月　7/7 小暑 7/22 大暑	8月　8/7 立秋 8/23 處暑	9月　9/7 白露 9/22 秋分
1 日甲申　接夏至　陰三局	5 日己未　接大暑　陰四局	4 日己丑　接處暑　陰七局
6 日己丑　接夏至　陰六局	10 日甲子　接立秋　陰二局	9 日甲午　接白露　陰九局
11 日甲午　接小暑　陰八局	15 日己巳　接立秋　陰五局	14 日己亥　接白露　陰三局
16 日己亥　接小暑　陰二局	20 日甲戌　接立秋　陰八局	19 日甲辰　接白露　陰六局
21 日甲辰　接小暑　陰五局	25 日己卯　接處暑　陰一局	24 日己酉　接秋分　陰七局
26 日己酉　接大暑　陰七局	30 日甲申　接處暑　陰四局	29 日甲寅　接秋分　陰一局
31 日甲寅　接大暑　陰一局		

10月　10/8 寒露 10/23 霜降	11月　11/7 立冬 11/22 小雪	12月　12/7 大雪 12/21 冬至
4 日己未　接秋分　陰四局	3 日己丑　接霜降　陰二局	3 日己未　接小雪　陰二局
9 日甲子　接寒露　陰六局	8 日甲午　接立冬　陰六局	8 日甲子　接大雪　陰四局
14 日己巳　接寒露　陰九局	13 日己亥　接立冬　陰九局	13 日己巳　接大雪　陰七局
19 日甲戌　接寒露　陰三局	18 日甲辰　接立冬　陰三局	18 日甲戌　接大雪　陰一局
24 日己卯　接霜降　陰五局	23 日己酉　接小雪　陰五局	23 日己卯　接冬至　陽一局
29 日甲申　接霜降　陰八局	28 日甲寅　接小雪　陰八局	28 日甲申　接冬至　陽七局

1月　1/5 小寒　1/20 大寒	2月　2/3 立春　2/18 雨水	3月　3/5 驚蟄　3/20 春分
2日己丑　接冬至　陽四局	1日己未　接大寒　陽六局	3日己丑　接雨水　陽三局
7日甲午　接小寒　陽二局	6日甲子　接立春　陽八局	8日甲午　接驚蟄　陽一局
12日己亥　接小寒　陽八局	11日己巳　接立春　陽五局	13日己亥　接驚蟄　陽七局
17日甲辰　接小寒　陽五局	16日甲戌　接立春　陽二局	18日甲辰　接驚蟄　陽四局
22日己酉　接大寒　陽三局	21日己卯　接雨水　陽九局	23日己酉　接春分　陽三局
27日甲寅　接大寒　陽九局	26日甲申　接雨水　陽六局	28日甲寅　接春分　陽九局

4月　4/4 清明　4/20 穀雨	5月　5/5 立夏　5/21 小滿	6月　6/5 芒種　6/21 夏至
2日己未　接春分　陽六局	2日己丑　接穀雨　陽八局	1日己未　接小滿　陽八局
7日甲子　接清明　陽四局	7日甲午　接立夏　陽四局	6日甲子　接芒種　陽六局
12日己巳　接清明　陽一局	12日己亥　接立夏　陽一局	11日己巳　接芒種　陽三局
17日甲戌　接清明　陽七局	17日甲辰　接立夏　陽七局	16日甲戌　接芒種　陽九局
22日己卯　接穀雨　陽五局	22日己酉　接小滿　陽五局	21日己卯　正夏至　陰九局
27日甲申　接穀雨　陽二局	27日甲寅　接小滿　陽二局	26日甲申　正夏至　陰三局

7月　7/7 小暑　7/22 大暑	8月　8/7 立秋　8/23 處暑	9月　9/7 白露　9/23 秋分
1日己丑　正夏至　陰六局	5日甲子　超立秋　陰二局	4日甲午　超白露　陰九局
6日甲午　超小暑　陰八局	10日己巳　超立秋　陰五局	9日己亥　超白露　陰三局
11日己亥　超小暑　陰二局	15日甲戌　超立秋　陰八局	14日甲辰　超白露　陰六局
16日甲辰　超小暑　陰五局	20日己卯　超處暑　陰一局	19日己酉　超秋分　陰七局
21日己酉　超大暑　陰七局	25日甲申　超處暑　陰四局	24日甲寅　超秋分　陰一局
26日甲寅　超大暑　陰一局	30日己丑　超處暑　陰七局	29日己未　超秋分　陰四局
31日己未　超大暑　陰四局		

10月　10/8 寒露　10/23 霜降	11月　11/7 立冬　11/22 小雪	12月　12/7 大雪　12/22 冬至
4日甲子　超寒露　陰六局	3日甲午　超立冬　陰六局	3日甲子　超大雪　陰四局
9日己巳　超寒露　陰九局	8日己亥　超立冬　陰九局	8日己巳　超大雪　陰七局
14日甲戌　超寒露　陰三局	13日甲辰　超立冬　陰三局	13日甲戌　超大雪　陰一局
19日己卯　超霜降　陰五局	18日己酉　超小雪　陰五局	18日己卯　超冬至　陽一局
24日甲申　超霜降　陰八局	23日甲寅　超小雪　陰八局	23日甲申　超冬至　陽七局
29日己丑　超霜降　陰二局	28日己未　超小雪　陰二局	28日己丑　超冬至　陽四局

2018　　　　　　　　歲次 戊戌年

1月　1/5 小寒　1/20 大寒	2月　2/4 立春　2/19 雨水	3月　3/5 驚蟄　3/21 春分
2日甲午　超小寒　陽二局	1日甲子　超立春　陽八局	3日甲午　超驚蟄　陽一局
7日己亥　超小寒　陽八局	6日己巳　超立春　陽五局	8日己亥　超驚蟄　陽七局
12日甲辰　超小寒　陽五局	11日甲戌　超立春　陽二局	13日甲辰　超驚蟄　陽四局
17日己酉　超大寒　陽三局	16日己卯　超雨水　陽九局	18日己酉　超春分　陽三局
22日甲寅　超大寒　陽九局	21日甲申　超雨水　陽六局	23日甲寅　超春分　陽九局
27日己丑　超大寒　陽六局	26日己丑　超雨水　陽三局	28日己未　超春分　陽六局

4月　4/5 清明　4/20 穀雨	5月　5/5 立夏　5/21 小滿	6月　6/6 芒種　6/21 夏至
2日甲子　超清明　陽四局	2日甲午　超立夏　陽四局	1日甲子　超芒種　陽六局
7日己巳　超清明　陽一局	7日己亥　超立夏　陽一局	6日己巳　超芒種　陽三局
12日甲戌　超清明　陽七局	12日甲辰　超立夏　陽七局	11日甲戌　超芒種　陽九局
17日己卯　超穀雨　陽五局	17日己酉　超小滿　陽五局	16日己卯　超夏至　陰九局
22日甲申　超穀雨　陽二局	22日甲寅　超小滿　陽二局	21日甲申　超夏至　陰三局
27日己丑　超穀雨　陽八局	27日己未　超小滿　陽八局	26日己丑　超夏至　陰六局

7月　7/7 小暑　7/23 大暑	8月　8/7 立秋　8/23 處暑	9月　9/8 白露　9/23 秋分
1日甲午　超小暑　陰八局	5日己巳　超立秋　陰五局	4日己亥　超白露　陰三局
6日己亥　超小暑　陰二局	10日甲戌　超立秋　陰八局	9日甲辰　超白露　陰六局
11日甲辰　超小暑　陰五局	15日己卯　超處暑　陰一局	14日己酉　超秋分　陰七局
16日己酉　超大暑　陰七局	20日甲申　超處暑　陰四局	19日甲寅　超秋分　陰一局
21日甲寅　超大暑　陰一局	25日己丑　超處暑　陰七局	24日己未　超秋分　陰四局
26日己未　超大暑　陰四局	30日甲午　超白露　陰九局	29日甲子　超寒露　陰六局
31日甲子　超立秋　陰二局		

10月　10/8 寒露　10/23 霜降	11月　11/7 立冬　11/22 小雪	12月　12/7 大雪　12/22 冬至
4日己巳　超寒露　陰九局	3日己亥　超立冬　陰九局	3日己巳　超大雪　陰七局
9日甲戌　超寒露　陰三局	8日甲辰　超立冬　陰三局	8日甲戌　超大雪　陰一局
14日己卯　超霜降　陰五局	13日己酉　超小雪　陰五局	13日己卯　閏大雪　陰四局
19日甲申　超霜降　陰八局	18日甲寅　超小雪　陰八局	18日甲申　閏大雪　陰七局
24日己丑　超霜降　陰二局	23日己未　超小雪　陰二局	23日己丑　閏大雪　陰一局
29日甲午　超立冬　陰六局	28日甲子　超大雪　陰四局	28日甲午　接冬至　陽一局

2019 歲次 己亥年

1月 1/5 小寒 1/20 大寒	**2**月 2/4 立春 2/19 雨水	**3**月 3/6 驚蟄 3/21 春分
2日己亥 接冬至 陽七局	**1**日己巳 接大寒 陽九局	**3**日己亥 接雨水 陽六局
7日甲辰 接冬至 陽四局	**6**日甲戌 接大寒 陽六局	**8**日甲辰 接雨水 陽三局
12日己酉 接小寒 陽二局	**11**日己卯 接立春 陽八局	**13**日己酉 接驚蟄 陽一局
17日甲寅 接小寒 陽八局	**16**日甲申 接立春 陽五局	**18**日甲寅 接驚蟄 陽七局
22日己未 接小寒 陽五局	**21**日己丑 接立春 陽二局	**23**日己未 接驚蟄 陽四局
27日甲子 接大寒 陽三局	**26**日甲午 接雨水 陽九局	**28**日甲子 接春分 陽三局
4月 4/5 清明 4/20 穀雨	**5**月 5/6 立夏 5/21 小滿	**6**月 6/6 芒種 6/21 夏至
2日己巳 接春分 陽九局	**2**日己亥 接穀雨 陽二局	**1**日己巳 接小滿 陽二局
7日甲戌 接春分 陽六局	**7**日甲辰 接穀雨 陽八局	**6**日甲戌 接小滿 陽八局
12日己卯 接清明 陽四局	**12**日己酉 接立夏 陽四局	**11**日己卯 接芒種 陽六局
17日甲申 接清明 陽一局	**17**日甲寅 接立夏 陽一局	**16**日甲申 接芒種 陽三局
22日己丑 接清明 陽七局	**22**日己未 接立夏 陽七局	**21**日己丑 接芒種 陽九局
27日甲午 接穀雨 陽五局	**27**日甲子 接小滿 陽五局	**26**日甲午 接夏至 陰九局
7月 7/7 小暑 7/23 大暑	**8**月 8/8 立秋 8/23 處暑	**9**月 9/8 白露 9/23 秋分
1日己亥 接夏至 陰三局	**5**日甲戌 接大暑 陰四局	**4**日甲辰 接處暑 陰七局
6日甲辰 接夏至 陰三局	**10**日己卯 接立秋 陰二局	**9**日己酉 接白露 陰九局
11日己酉 接小暑 陰八局	**15**日甲申 接立秋 陰五局	**14**日甲寅 接白露 陰三局
16日甲寅 接小暑 陰二局	**20**日己未 接立秋 陰八局	**19**日己未 接白露 陰六局
21日己未 接小暑 陰五局	**25**日甲午 接處暑 陰一局	**24**日甲子 接秋分 陰七局
26日甲子 接大暑 陰七局	**30**日己亥 接處暑 陰四局	**29**日己巳 接秋分 陰一局
31日己巳 接大暑 陰一局		
10月 10/8 寒露 10/24 霜降	**11**月 11/8 立冬 11/22 小雪	**12**月 12/7 大雪 12/22 冬至
4日甲戌 接秋分 陰四局	**3**日甲辰 正霜降 陰二局	**3**日甲戌 超小雪 陰二局
9日己卯 接寒露 陰六局	**8**日己酉 正立冬 陰六局	**8**日己卯 超大雪 陰四局
14日甲申 接寒露 陰九局	**13**日甲寅 正立冬 陰九局	**13**日甲申 超大雪 陰七局
19日己丑 接寒露 陰三局	**18**日己未 正立冬 陰三局	**18**日己丑 超大雪 陰一局
24日甲午 正霜降 陰五局	**23**日甲子 超小雪 陰五局	**23**日甲午 超冬至 陽一局
29日己亥 正霜降 陰八局	**28**日己巳 超小雪 陰八局	**28**日己亥 超冬至 陽七局

340

２０２０　　　　　　　　　　　　歲次 庚子年

1月　1/6 小寒　1/20 大寒	2月　2/4 立春　2/19 雨水	3月　3/5 驚蟄　3/20 春分
2日甲辰　超冬至　陽四局	1日甲戌　超大寒　陽六局	2日甲辰　超雨水　陽三局
7日己酉　超小寒　陽二局	6日己卯　超立春　陽八局	7日己酉　超驚蟄　陽一局
12日甲寅　超小寒　陽八局	11日甲申　超立春　陽五局	12日甲寅　超驚蟄　陽七局
17日己未　超小寒　陽五局	16日己丑　超立春　陽二局	17日己未　超驚蟄　陽四局
22日甲子　超大寒　陽三局	21日甲午　超雨水　陽九局	22日甲子　超春分　陽三局
27日己巳　超大寒　陽九局	26日己亥　超雨水　陽六局	27日己巳　超春分　陽九局
4月　4/4 清明　4/19 穀雨	5月　5/5 立夏　5/20 小滿	6月　6/5 芒種　6/21 夏至
1日甲戌　超春分　陽六局	1日甲辰　超穀雨　陽八局	5日己卯　正芒種　陽六局
6日己卯　超清明　陽四局	6日己酉　超立夏　陽四局	10日甲申　正芒種　陽三局
11日甲申　超清明　陽一局	11日甲寅　超立夏　陽一局	15日己丑　正芒種　陽九局
16日己丑　超清明　陽七局	16日己未　超立夏　陽七局	20日甲午　超夏至　陰九局
21日甲午　超穀雨　陽五局	21日甲子　超小滿　陽五局	25日己亥　超夏至　陰三局
26日己亥　超穀雨　陽二局	26日己巳　超小滿　陽二局	30日甲辰　超夏至　陰六局
	31日甲戌　超小滿　陽八局	
7月　7/6 小暑　7/22 大暑	8月　8/7 立秋　8/22 處暑	9月　9/7 白露　9/22 秋分
5日己酉　超小暑　陰八局	4日己卯　超立秋　陰二局	3日己酉　超白露　陰九局
10日甲寅　超小暑　陰二局	9日甲申　超立秋　陰五局	8日甲寅　超白露　陰三局
15日己未　超小暑　陰五局	14日己丑　超立秋　陰八局	13日己未　超白露　陰六局
20日甲子　超大暑　陰七局	19日甲午　超處暑　陰一局	18日甲子　超秋分　陰七局
25日己巳　超大暑　陰一局	24日己亥　超處暑　陰四局	23日己巳　超秋分　陰一局
30日甲戌　超大暑　陰四局	29日甲辰　超處暑　陰七局	28日甲戌　超秋分　陰四局
10月　10/8 寒露　10/23 霜降	11月　11/7 立冬　11/22 小雪	12月　12/7 大雪　12/21 冬至
3日己卯　超寒露　陰六局	2日己酉　超立冬　陰六局	2日己卯　超大雪　陰四局
8日甲申　超寒露　陰九局	7日甲寅　超立冬　陰九局	7日甲申　超大雪　陰七局
13日己丑　超寒露　陰三局	12日己未　超立冬　陰三局	12日己丑　超大雪　陰一局
18日甲午　超霜降　陰五局	17日甲子　超小雪　陰五局	17日甲午　超冬至　陽一局
23日己亥　超霜降　陰八局	22日己巳　超小雪　陰八局	22日己亥　超冬至　陽七局
28日甲辰　超霜降　陰二局	27日甲戌　超小雪　陰二局	27日甲辰　超冬至　陽四局

　　　　　　　　歲次 辛丑年

1月　1/5 小寒　1/20 大寒	2月　2/3 立春　2/18 雨水	3月　3/5 驚蟄 3/20 春分
1 日己酉　超小寒　陽二局	5 日甲申　超立春　陽五局	2 日己酉　超驚蟄　陽一局
6 日甲申　超小寒　陽八局	10 日己丑　超立春　陽二局	7 日甲寅　超驚蟄　陽七局
11 日己未　超小寒　陽五局	15 日甲午　超雨水　陽九局	12 日己未　超驚蟄　陽四局
16 日甲子　超大寒　陽三局	20 日己亥　超雨水　陽六局	17 日甲子　超春分　陽三局
21 日己巳　超大寒　陽九局	25 日甲辰　超雨水　陽三局	22 日己巳　超春分　陽九局
26 日甲戌　超大寒　陽六局		27 日甲戌　超春分　陽六局
31 日己卯　超立春　陽八局		

4月　4/4 清明　4/20 穀雨	5月　5/5 立夏　5/21 小滿	6月　6/5 芒種　6/21 夏至
1 日己卯　超清明　陽四局	1 日己酉　超立夏　陽四局	5 日甲申　超芒種　陽三局
6 日甲申　超清明　陽一局	6 日甲寅　超立夏　陽一局	10 日己丑　超芒種　陽九局
11 日己丑　超清明　陽七局	11 日己未　超立夏　陽七局	15 日甲午　超夏至　陰九局
16 日甲午　超穀雨　陽五局	16 日甲子　超小滿　陽五局	20 日己亥　超夏至　陰三局
21 日己亥　超穀雨　陽二局	21 日己巳　超小滿　陽二局	25 日甲辰　超夏至　陰六局
26 日甲辰　超穀雨　陽八局	26 日甲戌　超小滿　陽八局	30 日己酉　超小暑　陰八局
	31 日己卯　超芒種　陽六局	

7月　7/7 小暑 7/22 大暑	8月　8/7 立秋　8/23 處暑	9月　9/7 白露 9/23 秋分
5 日甲寅　超小暑　陰二局	4 日甲申　超立秋　陰五局	3 日甲寅　超白露　陰三局
10 日己未　超小暑　陰五局	9 日己丑　超立秋　陰八局	8 日己未　超白露　陰六局
15 日甲子　超大暑　陰七局	14 日甲午　超處暑　陰一局	13 日甲子　超秋分　陰七局
20 日己巳　超大暑　陰一局	19 日己亥　超處暑　陰四局	18 日己巳　超秋分　陰一局
25 日甲戌　超大暑　陰四局	24 日甲辰　超處暑　陰七局	23 日甲戌　超秋分　陰四局
30 日己卯　超立秋　陰二局	29 日己酉　超白露　陰九局	28 日己卯　超寒露　陰六局

10月 10/8 寒露 10/23 霜降	11月 11/7 立冬 11/22 小雪	12月 12/7 大雪 12/22 冬至
3 日甲申　超寒露　陰九局	2 日甲寅　超立冬　陰九局	2 日甲申　超大雪　陰七局
8 日己丑　超寒露　陰三局	7 日己未　超立冬　陰三局	7 日己丑　超大雪　陰一局
13 日甲午　超霜降　陰五局	12 日甲子　超小雪　陰五局	12 日甲午　閏大雪　陰四局
18 日己亥　超霜降　陰八局	17 日己巳　超小雪　陰八局	17 日己亥　閏大雪　陰七局
23 日甲辰　超霜降　陰二局	22 日甲戌　超小雪　陰二局	22 日甲辰　閏大雪　陰一局
28 日己酉　超立冬　陰六局	27 日己卯　超大雪　陰四局	27 日己酉　接冬至　陽一局

2022　　　　　　　　　　歲次 壬寅年

1月　1/5 小寒　1/20 大寒	2月　2/4 立春　2/19 雨水	3月　3/5 驚蟄　3/20 春分
1 日甲寅　接冬至　陽七局	5 日己丑　接大寒　陽六局	2 日甲寅　接雨水　陽六局
6 日己未　接冬至　陽四局	10 日甲午　接立春　陽八局	7 日己未　接雨水　陽三局
11 日甲子　接小寒　陽二局	15 日己亥　接立春　陽五局	12 日甲子　接驚蟄　陽一局
16 日己巳　接小寒　陽八局	20 日甲辰　接立春　陽二局	17 日己巳　接驚蟄　陽七局
21 日甲戌　接小寒　陽五局	25 日己酉　接雨水　陽九局	22 日甲戌　接驚蟄　陽四局
26 日己卯　接大寒　陽三局		27 日己卯　接春分　陽三局
31 日甲申　接大寒　陽九局		
4月　4/5 清明　4/20 穀雨	5月　5/5 立夏　5/21 小滿	6月　6/6 芒種　6/21 夏至
1 日甲申　接春分　陽九局	1 日甲寅　接穀雨　陽二局	5 日己丑　接小滿　陽八局
6 日己丑　接春分　陽六局	6 日己未　接穀雨　陽八局	10 日甲午　接芒種　陽六局
11 日甲午　接清明　陽四局	11 日甲子　接立夏　陽四局	15 日己亥　接芒種　陽三局
16 日己亥　接清明　陽一局	16 日己巳　接立夏　陽一局	20 日甲辰　接芒種　陽九局
21 日甲辰　接清明　陽七局	21 日甲戌　接立夏　陽七局	25 日己酉　接夏至　陰九局
26 日己酉　接穀雨　陽五局	26 日己卯　接小滿　陽五局	30 日甲寅　接夏至　陰三局
	31 日甲申　接小滿　陽二局	
7月　7/7 小暑　7/23 大暑	8月　8/7 立秋　8/23 處暑	9月　9/7 白露 9/23 秋分
5 日己未　接夏至　陰六局	4 日己丑　接大暑　陰四局	3 日己未　接處暑　陰七局
10 日甲子　接小暑　陰八局	9 日甲午　接立秋　陰二局	8 日甲子　接白露　陰九局
15 日己巳　接小暑　陰二局	14 日己亥　接立秋　陰五局	13 日己巳　接白露　陰三局
20 日甲戌　接小暑　陰五局	19 日甲辰　接立秋　陰八局	18 日甲戌　接白露　陰六局
25 日己卯　接大暑　陰七局	24 日己酉　接處暑　陰一局	23 日己卯　正秋分　陰七局
30 日甲申　接大暑　陰一局	29 日甲寅　接處暑　陰四局	28 日甲申　正秋分　陰一局
10月 10/8 寒露 10/23 霜降	11月 11/7 立冬 11/22 小雪	12月 12/7 大雪 12/22 冬至
3 日己丑　正秋分　陰四局	2 日己未　正霜降　陰二局	2 日己丑　正小雪　陰二局
8 日甲午　正寒露　陰六局	7 日甲子　正立冬　陰六局	7 日甲午　正大雪　陰四局
13 日己亥　正寒露　陰九局	12 日己巳　正立冬　陰九局	12 日己亥　正大雪　陰七局
18 日甲辰　正寒露　陰三局	17 日甲戌　正立冬　陰三局	17 日甲辰　正大雪　陰一局
23 日己酉　正霜降　陰五局	22 日己卯　正小雪　陰五局	22 日己酉　正冬至　陽一局
28 日甲寅　正霜降　陰八局	27 日甲申　正小雪　陰八局	27 日甲寅　正冬至　陽七局

1月　1/5 小寒 1/20 大寒	2月　2/4 立春 2/19 雨水	3月　3/6 驚蟄 3/21 春分
1 日己未　　正冬至　　陽四局	5 日甲午　　超立春　　陽八局	2 日己未　　超雨水　　陽三局
6 日甲子　　超小寒　　陽二局	10 日己亥　　超立春　　陽五局	7 日甲子　　超驚蟄　　陽一局
11 日己巳　　超小寒　　陽八局	15 日甲辰　　超立春　　陽二局	12 日己巳　　超驚蟄　　陽七局
16 日甲戌　　超小寒　　陽五局	20 日己酉　　超雨水　　陽九局	17 日甲戌　　超驚蟄　　陽四局
21 日己卯　　超大寒　　陽三局	25 日甲寅　　超雨水　　陽六局	22 日己卯　　超春分　　陽三局
26 日甲申　　超大寒　　陽九局		27 日甲申　　超春分　　陽九局
31 日己丑　　超大寒　　陽六局		

4月　4/5 清明 4/20 穀雨	5月　5/6 立夏 5/21 小滿	6月　6/6 芒種 6/21 夏至
1 日己丑　　超春分　　陽六局	1 日己未　　超穀雨　　陽八局	5 日甲午　　超芒種　　陽六局
6 日甲午　　超清明　　陽四局	6 日甲子　　正立夏　　陽四局	10 日己亥　　超芒種　　陽三局
11 日己亥　　超清明　　陽一局	11 日己巳　　正立夏　　陽一局	15 日甲辰　　超芒種　　陽九局
16 日甲辰　　超清明　　陽七局	16 日甲戌　　正立夏　　陽七局	20 日己酉　　超夏至　　陰九局
21 日己酉　　超穀雨　　陽五局	21 日己卯　　正小滿　　陽五局	25 日甲寅　　超夏至　　陰三局
26 日甲寅　　超穀雨　　陽二局	26 日甲申　　正小滿　　陽二局	30 日己未　　超夏至　　陰六局
	31 日己丑　　正小滿　　陽八局	

7月　7/7 小暑 7/23 大暑	8月　8/8 立秋 8/23 處暑	9月　9/8 白露 9/23 秋分
5 日甲子　　超小暑　　陰八局	4 日甲午　　超立秋　　陰二局	3 日甲子　　超白露　　陰九局
10 日己巳　　超小暑　　陰二局	9 日己亥　　超立秋　　陰五局	8 日己巳　　超白露　　陰三局
15 日甲戌　　超小暑　　陰五局	14 日甲辰　　超立秋　　陰八局	13 日甲戌　　超白露　　陰六局
20 日己卯　　超大暑　　陰七局	19 日己酉　　超處暑　　陰一局	18 日己卯　　超秋分　　陰七局
25 日甲申　　超大暑　　陰一局	24 日甲寅　　超處暑　　陰四局	23 日甲申　　超秋分　　陰一局
30 日己丑　　超大暑　　陰四局	29 日己未　　超處暑　　陰七局	28 日己丑　　超秋分　　陰四局

10月　10/8 寒露 10/24 霜降	11月　11/8 立冬 11/22 小雪	12月　12/7 大雪 12/22 冬至
3 日甲午　　超寒露　　陰六局	2 日甲子　　超立冬　　陰六局	2 日甲午　　超大雪　　陰四局
8 日己亥　　超寒露　　陰九局	7 日己巳　　超立冬　　陰九局	7 日己亥　　超大雪　　陰七局
13 日甲辰　　超寒露　　陰三局	12 日甲戌　　超立冬　　陰三局	12 日甲辰　　超大雪　　陰一局
18 日己酉　　超霜降　　陰五局	17 日己卯　　超小雪　　陰五局	17 日己酉　　超冬至　　陽一局
23 日甲寅　　超霜降　　陰八局	22 日甲申　　超小雪　　陰八局	22 日甲寅　　超冬至　　陽四局
28 日己未　　超霜降　　陰二局	27 日己丑　　超小雪　　陰二局	27 日己未　　超冬至　　陽七局

２０２４　　　　　　　　　歲次　甲辰年

1月　1/6 小寒 1/20 大寒	2月　2/4 立春 2/19 雨水	3月　3/5 驚蟄 3/20 春分
1日甲子　超小寒　陽二局	5日己亥　超立春　陽五局	1日甲子　超驚蟄　陽一局
6日己巳　超小寒　陽八局	10日甲辰　超立春　陽二局	6日己巳　超驚蟄　陽七局
11日甲戌　超小寒　陽五局	15日己酉　超雨水　陽九局	11日甲戌　超驚蟄　陽四局
16日己卯　超大寒　陽三局	20日甲寅　超雨水　陽六局	16日己卯　超春分　陽三局
21日甲申　超大寒　陽九局	25日己未　超雨水　陽三局	21日甲申　超春分　陽九局
26日己丑　超大寒　陽六局		26日己丑　超春分　陽六局
31日甲午　超立春　陽八局		31日甲午　超清明　陽四局

4月　4/4 清明 4/19 穀雨	5月　5/5 立夏 5/20 小滿	6月　6/5 芒種 6/21 夏至
5日己亥　超清明　陽一局	5日己巳　超立夏　陽一局	4日己亥　超芒種　陽三局
10日甲辰　超清明　陽七局	10日甲戌　超立夏　陽七局	9日甲辰　超芒種　陽九局
15日己酉　超穀雨　陽五局	15日己卯　超小滿　陽五局	14日己酉　超夏至　陰九局
20日甲寅　超穀雨　陽二局	20日甲申　超小滿　陽二局	19日甲寅　超夏至　陰三局
25日己未　超穀雨　陽八局	25日己丑　超小滿　陽八局	24日己未　超夏至　陰六局
30日甲子　超立夏　陽四局	30日甲午　超芒種　陽六局	29日甲子　超小暑　陰八局

7月　7/6 小暑 7/22 大暑	8月　8/7 立秋 8/22 處暑	9月　9/7 白露 9/22 秋分
4日己巳　超小暑　陰二局	3日己亥　超立秋　陰五局	2日己巳　超白露　陰三局
9日甲戌　超小暑　陰五局	8日甲辰　超立秋　陰八局	7日甲戌　超白露　陰六局
14日己卯　超大暑　陰七局	13日己酉　超處暑　陰一局	12日己卯　超秋分　陰七局
19日甲申　超大暑　陰一局	18日甲寅　超處暑　陰四局	17日甲申　超秋分　陰一局
24日己丑　超大暑　陰四局	23日己未　超處暑　陰七局	22日己丑　超秋分　陰四局
29日甲午　超立秋　陰二局	28日甲子　超白露　陰九局	27日甲午　超寒露　陰六局

10月　10/8 寒露 10/23 霜降	11月　11/7 立冬 11/22 小雪	12月　12/6 大雪 12/21 冬至
2日己亥　超寒露　陰九局	1日己巳　超立秋　陰九局	1日己亥　超大雪　陰七局
7日甲辰　超寒露　陰三局	6日甲戌　超立秋　陰三局	6日甲辰　超大雪　陰一局
12日己酉　超霜降　陰五局	11日己卯　超小雪　陰五局	11日己酉　閏大雪　陰四局
17日甲寅　超霜降　陰八局	16日甲申　超小雪　陰八局	16日甲寅　閏大雪　陰七局
22日己未　超霜降　陰二局	21日己丑　超小雪　陰二局	21日己未　閏大雪　陰一局
27日甲子　超立秋　陰六局	26日甲午　超大雪　陰四局	26日甲子　接冬至　陽一局
		31日己巳　接冬至　陽七局

1月　1/5 小寒　1/20 大寒	2月　2/3 立春　2/18 雨水	3月　3/5 驚蟄 3/20 春分
5日甲戌　接冬至　陽 四局	4日甲辰　接大寒　陽 六局	1日己巳　接雨水　陽 六局
10日己卯　接小寒　陽 二局	9日己酉　接立春　陽 八局	6日甲戌　接雨水　陽 三局
15日甲申　接小寒　陽 八局	14日甲寅　接立春　陽 五局	11日己卯　接驚蟄　陽 一局
20日己丑　接小寒　陽 五局	19日己未　接立春　陽 二局	16日甲申　接驚蟄　陽 七局
25日甲午　接大寒　陽 三局	24日甲子　接雨水　陽 九局	21日己丑　接驚蟄　陽 四局
30日己亥　接大寒　陽 九局		26日甲午　接春分　陽 三局
		31日己亥　接春分　陽 九局
4月　4/4 清明 4/20 穀雨	**5月　5/5 立夏 5/21 小滿**	**6月　6/5 芒種 6/21 夏至**
5日甲辰　接春分　陽 六局	5日甲戌　接穀雨　陽 八局	4日甲辰　接小滿　陽 八局
10日己酉　接清明　陽 四局	10日己卯　接立夏　陽 四局	9日己酉　接芒種　陽 六局
15日甲寅　接清明　陽 一局	15日甲申　接立夏　陽 一局	14日甲寅　接芒種　陽 三局
20日己未　接清明　陽 七局	20日己丑　接立夏　陽 七局	19日己未　接芒種　陽 九局
25日甲子　接穀雨　陽 五局	25日甲午　接小滿　陽 五局	24日甲子　接夏至　陰 九局
30日己巳　接穀雨　陽 二局	30日己亥　接小滿　陽 二局	29日己巳　接夏至　陰 三局
7月　7/7 小暑 7/22 大暑	**8月　8/7 立秋 8/23 處暑**	**9月　9/7 白露 9/23 秋分**
4日甲戌　接夏至　陰 六局	3日甲辰　接大暑　陰 四局	2日甲戌　正處暑　陰 七局
9日己卯　接小暑　陰 八局	8日己酉　接立秋　陰 二局	7日己卯　正白露　陰 九局
14日甲申　接小暑　陰 二局	13日甲寅　接立秋　陰 五局	12日甲申　正白露　陰 三局
19日己丑　接小暑　陰 五局	18日己未　接立秋　陰 八局	17日己丑　正白露　陰 六局
24日甲午　接大暑　陰 七局	23日甲子　正處暑　陰 一局	22日甲午　接秋分　陰 七局
29日己亥　接大暑　陰 一局	28日己巳　正處暑　陰 四局	27日己亥　接秋分　陰 一局
10月　10/8 寒露 10/23 霜降	**11月　11/7 立冬 11/22 小雪**	**12月　12/7 大雪 12/21 冬至**
2日甲辰　接秋分　陰 四局	1日甲戌　超霜降　陰 二局	1日甲辰　超小雪　陰 二局
7日己酉　超寒露　陰 六局	6日己卯　超立冬　陰 六局	6日己酉　超大雪　陰 四局
12日甲寅　超寒露　陰 九局	11日甲申　超立冬　陰 九局	11日甲寅　超大雪　陰 七局
17日己丑　超寒露　陰 三局	16日己丑　超立冬　陰 三局	16日己未　超大雪　陰 一局
22日甲子　超霜降　陰 五局	21日甲午　超小雪　陰 五局	21日甲子　正冬至　陽 一局
27日己巳　超霜降　陰 八局	26日己亥　超小雪　陰 八局	26日己巳　正冬至　陽 七局
		31日甲戌　正冬至　陽 四局

【奇門遁甲】
日盤（五符法）陰陽遁　換遁日

1990～2030年

遁甲日盤 冬至 夏至　陰陽遁　換遁日

1990（庚午年）　冬至　陽遁　起始日　去年 12 月 20　甲寅日
　　　　　　　　　　　　　　終止日　今年　6 月 17　癸丑日
　　　　　　　　夏至　陰遁　起始日　今年　6 月 18　甲寅日
　　　　　　　　　　　　　　終止日　今年 12 月 24　癸亥日

1991（辛未年）　冬至　陽遁　起始日　去年 12 月 25　甲子日
　　　　　　　　　　　　　　終止日　今年　6 月 22　癸亥日
　　　　　　　　夏至　陰遁　起始日　今年　6 月 23　甲子日
　　　　　　　　　　　　　　終止日　今年 12 月 19　癸酉日

1992（壬申年）　冬至　陽遁　起始日　去年 12 月 20　甲子日
　　　　　　　　　　　　　　終止日　今年　6 月 16　癸亥日
　　　　　　　　夏至　陰遁　起始日　今年　6 月 17　甲子日
　　　　　　　　　　　　　　終止日　今年 12 月 23　癸酉日

1993（癸酉年）　冬至　陽遁　起始日　去年 12 月 24　甲戌日
　　　　　　　　　　　　　　終止日　今年　6 月 21　癸酉日
　　　　　　　　夏至　陰遁　起始日　今年　6 月 22　甲戌日
　　　　　　　　　　　　　　終止日　今年 12 月 18　癸酉日

1994（甲戌年）　冬至　陽遁　起始日　去年 12 月 19　甲戌日
　　　　　　　　　　　　　　終止日　今年　6 月 16　癸酉日
　　　　　　　　夏至　陰遁　起始日　今年　6 月 17　甲戌日
　　　　　　　　　　　　　　終止日　今年 12 月 23　癸未日

1995（乙亥年）　冬至　陽遁　起始日　去年 12 月 24　甲申日
　　　　　　　　　　　　　　終止日　今年　6 月 21　癸未日
　　　　　　　　夏至　陰遁　起始日　今年　6 月 22　甲戌日
　　　　　　　　　　　　　　終止日　今年 12 月 18　癸未日

1996（丙子年）	冬至	陽遁	起始日	去年 12 月 19	甲申日
			終止日	今年　6 月 25	癸巳日
	夏至	陰遁	起始日	今年　6 月 26	甲午日
			終止日	今年 12 月 22	癸巳日
1997（丁丑年）	冬至	陽遁	起始日	去年 12 月 23	甲午日
			終止日	今年　6 月 20	癸巳日
	夏至	陰遁	起始日	今年　6 月 21	甲午日
			終止日	今年 12 月 17	癸巳日
1998（戊寅年）	冬至	陽遁	起始日	去年 12 月 18	甲午日
			終止日	今年　6 月 20	癸卯日
	夏至	陰遁	起始日	今年　6 月 21	甲辰日
			終止日	今年 12 月 22	癸卯日
1999（己卯年）	冬至	陽遁	起始日	去年 12 月 23	甲辰日
			終止日	今年　6 月 21	癸卯日
	夏至	陰遁	起始日	今年　6 月 22	甲辰日
			終止日	今年 12 月 17	癸卯日
2000（庚辰年）	冬至	陽遁	起始日	去年 12 月 18	甲辰日
			終止日	今年　6 月 24	癸丑日
	夏至	陰遁	起始日	今年　6 月 25	甲寅日
			終止日	今年 12 月 21	癸丑日
2001（辛巳年）	冬至	陽遁	起始日	去年 12 月 22	甲寅日
			終止日	今年　6 月 19	癸丑日
	夏至	陰遁	起始日	今年　6 月 20	甲寅日
			終止日	今年 12 月 26	癸亥日

2002（壬午年）　　冬至　　陽遁　　起始日　　去年 12 月 27　　甲子日

　　　　　　　　　　　　　　　　　終止日　　今年　 6 月 24　　癸亥日

　　　　　　　　　　　夏至　　陰遁　　起始日　　今年　 6 月 25　　甲子日

　　　　　　　　　　　　　　　　　終止日　　今年 12 月 21　　癸亥日

2003（癸未年）　　冬至　　陽遁　　起始日　　去年 12 月 22　　甲子日

　　　　　　　　　　　　　　　　　終止日　　今年　 6 月 19　　癸亥日

　　　　　　　　　　　夏至　　陰遁　　起始日　　今年　 6 月 20　　甲子日

　　　　　　　　　　　　　　　　　終止日　　今年 12 月 26　　癸酉日

2004（甲申年）　　冬至　　陽遁　　起始日　　去年 12 月 27　　甲子日

　　　　　　　　　　　　　　　　　終止日　　今年　 6 月 23　　癸酉日

　　　　　　　　　　　夏至　　陰遁　　起始日　　今年　 6 月 25　　甲戌日

　　　　　　　　　　　　　　　　　終止日　　今年 12 月 20　　癸酉日

2005（乙酉年）　　冬至　　陽遁　　起始日　　去年 12 月 21　　甲戌日

　　　　　　　　　　　　　　　　　終止日　　今年　 6 月 18　　癸酉日

　　　　　　　　　　　夏至　　陰遁　　起始日　　今年　 6 月 19　　甲戌日

　　　　　　　　　　　　　　　　　終止日　　今年 12 月 25　　癸未日

2006（丙戌年）　　冬至　　陽遁　　起始日　　去年 12 月 26　　甲申日

　　　　　　　　　　　　　　　　　終止日　　今年　 6 月 23　　癸未日

　　　　　　　　　　　夏至　　陰遁　　起始日　　今年　 6 月 24　　甲申日

　　　　　　　　　　　　　　　　　終止日　　今年 12 月 20　　癸未日

2007（丁亥年）　　冬至　　陽遁　　起始日　　去年 12 月 21　　甲申日

　　　　　　　　　　　　　　　　　終止日　　今年　 6 月 18　　癸未日

　　　　　　　　　　　夏至　　陰遁　　起始日　　今年　 6 月 19　　甲申日

　　　　　　　　　　　　　　　　　終止日　　今年 12 月 25　　癸巳日

2008（戊子年）　冬至　陽遁　起始日　去年 12 月 26　甲午日

　　　　　　　　　　　　　　　終止日　今年　 6 月 22　癸巳日

　　　　　　　　　夏至　陰遁　起始日　今年　 6 月 23　甲午日

　　　　　　　　　　　　　　　終止日　今年 12 月 19　癸巳日

2009（己丑年）　冬至　陽遁　起始日　去年 12 月 20　甲午日

　　　　　　　　　　　　　　　終止日　今年　 6 月 17　癸巳日

　　　　　　　　　夏至　陰遁　起始日　今年　 6 月 18　甲午日

　　　　　　　　　　　　　　　終止日　今年 12 月 24　癸卯日

2010（庚寅年）　冬至　陽遁　起始日　昨年 12 月 25　甲辰日

　　　　　　　　　　　　　　　終止日　今年　 6 月 22　癸卯日

　　　　　　　　　夏至　陰遁　起始日　今年　 6 月 23　甲辰日

　　　　　　　　　　　　　　　終止日　今年 12 月 19　癸卯日

2011（辛卯年）　冬至　陽遁　起始日　去年 12 月 20　甲辰日

　　　　　　　　　　　　　　　終止日　今年　 6 月 17　癸卯日

　　　　　　　　　夏至　陰遁　起始日　今年　 6 月 18　甲辰日

　　　　　　　　　　　　　　　終止日　今年 12 月 24　癸丑日

2012（壬辰年）　冬至　陽遁　起始日　去年 12 月 25　甲寅日

　　　　　　　　　　　　　　　終止日　今年　 6 月 21　癸丑日

　　　　　　　　　夏至　陰遁　起始日　今年　 6 月 22　甲寅日

　　　　　　　　　　　　　　　終止日　今年 12 月 18　癸丑日

2013（癸巳年）　冬至　陽遁　起始日　去年 12 月 19　甲寅日

　　　　　　　　　　　　　　　終止日　今年　 6 月 16　癸丑日

　　　　　　　　　夏至　陰遁　起始日　今年　 6 月 17　甲申日

　　　　　　　　　　　　　　　終止日　今年 12 月 23　癸亥日

2014（甲午年）　　冬至　　陽遁　　起始日　　去年 12 月 24　　甲子日

終止日　　今年　6 月 21　　癸亥日

夏至　　陰遁　　起始日　　今年　6 月 22　　甲子日

終止日　　今年 12 月 18　　癸亥日

2015（乙未年）　　冬至　　陽遁　　起始日　　去年 12 月 19　　甲子日

終止日　　今年　6 月 26　　癸酉日

夏至　　陰遁　　起始日　　今年　6 月 27　　甲戌日

終止日　　今年 12 月 23　　癸酉日

2016（丙申年）　　冬至　　陽遁　　起始日　　去年 12 月 24　　甲戌日

終止日　　今年　6 月 20　　癸酉日

夏至　　陰遁　　起始日　　今年　6 月 21　　甲戌日

終止日　　今年 12 月 17　　癸酉日

2017（丁酉年）　　冬至　　陽遁　　起始日　　去年 12 月 18　　甲戌日

終止日　　今年　6 月 25　　癸未日

夏至　　陰遁　　起始日　　今年　6 月 26　　甲申日

終止日　　今年 12 月 22　　癸丑日

2018（戊戌年）　　冬至　　陽遁　　起始日　　去年 12 月 23　　甲申日

終止日　　今年　6 月 20　　癸未日

夏至　　陰遁　　起始日　　今年　6 月 21　　甲申日

終止日　　今年 12 月 17　　癸未日

2019（己亥年）　　冬至　　陽遁　　起始日　　去年 12 月 18　　甲申日

終止日　　今年　6 月 25　　癸巳日

夏至　　陰遁　　起始日　　今年　6 月 26　　甲午日

終止日　　今年 12 月 22　　癸巳日

2020（庚子年） 冬至 陽遁 起始日 去年 12 月 23 甲午日

終止日 今年 6 月 19 癸巳日

夏至 陰遁 起始日 今年 6 月 20 甲午日

終止日 今年 12 月 16 癸巳日

2021（辛丑年） 冬至 陽遁 起始日 去年 12 月 17 甲午日

終止日 今年 6 月 24 癸卯日

夏至 陰遁 起始日 今年 6 月 25 甲辰日

終止日 今年 12 月 21 癸卯日

2022（壬寅年） 冬至 陽遁 起始日 去年 12 月 22 甲辰日

終止日 今年 6 月 19 癸卯日

夏至 陰遁 起始日 今年 6 月 20 甲辰日

終止日 今年 12 月 26 癸丑日

2023（癸卯年） 冬至 陽遁 起始日 去年 12 月 27 甲寅日

終止日 今年 6 月 24 癸丑日

夏至 陰遁 起始日 今年 6 月 25 甲寅日

終止日 今年 12 月 21 癸未日

2024（甲辰年） 冬至 陽遁 起始日 去年 12 月 22 甲寅日

終止日 今年 6 月 18 癸丑日

夏至 陰遁 起始日 今年 6 月 19 甲寅日

終止日 今年 12 月 25 癸亥日

2025（乙巳年） 冬至 陽遁 起始日 去年 12 月 26 甲子日

終止日 今年 6 月 23 癸亥日

夏至 陰遁 起始日 今年 6 月 24 甲子日

終止日 今年 12 月 20 癸亥日

2026（丙午年）　　冬至　陽遁　起始日　去年 12 月 21　甲子日

　　　　　　　　　　　　　　　　終止日　今年　6 月 18　癸亥日

　　　　　　　　　　夏至　陰遁　起始日　今年　6 月 19　甲子日

　　　　　　　　　　　　　　　　終止日　今年 12 月 25　癸酉日

2027（丁未年）　　冬至　陽遁　起始日　去年 12 月 26　甲戌日

　　　　　　　　　　　　　　　　終止日　今年　6 月 23　癸酉日

　　　　　　　　　　夏至　陰遁　起始日　今年　6 月 24　甲戌日

　　　　　　　　　　　　　　　　終止日　今年 12 月 20　癸酉日

2028（戊申年）　　冬至　陽遁　起始日　去年 12 月 21　甲戌日

　　　　　　　　　　　　　　　　終止日　今年　6 月 17　癸酉日

　　　　　　　　　　夏至　陰遁　起始日　今年　6 月 18　甲戌日

　　　　　　　　　　　　　　　　終止日　今年 12 月 19　癸未日

2029（己酉年）　　冬至　陽遁　起始日　去年 12 月 20　甲申日

　　　　　　　　　　　　　　　　終止日　今年　6 月 17　癸未日

　　　　　　　　　　夏至　陰遁　起始日　今年　6 月 18　甲申日

　　　　　　　　　　　　　　　　終止日　今年 12 月 24　癸巳日

2030（庚戌年）　　冬至　陽遁　起始日　去年 12 月 25　甲午日

　　　　　　　　　　　　　　　　終止日　今年　6 月 22　癸巳日

　　　　　　　　　　夏至　陰遁　起始日　今年　6 月 23　甲午日

　　　　　　　　　　　　　　　　終止日　今年 12 月 19　癸巳日

國家圖書館出版品預行編目資料

奇門遁甲局盤集與萬用曆：奇門解碼全集. 工具篇／
黃啓霖著
－ 初版. — 臺北市 ： 旺文社,2005〔民 94〕
368 面 ；18.5 × 25.7 公分
ISBN 957-508-764-X (平裝)

1.占卜

292.5 94014045

奇門遁甲局盤集與萬用曆－奇門解碼全集

工具篇 ISBN 957-508-764-X

作　　著／黃啓霖
發 行 人／李錫敏
出 版 者／旺文社股份有限公司
地　　址／台北市和平東路三段 7 號 6 樓
郵撥帳號／1131222-2
電　　話／(02) 2701-4598 (代表線)
傳　　真／(02) 2701-4798 (代表線)
E—Mail ／warmth12@ms35.hinet.net
登 記 證／行政院新聞局版台業字第 3835 號
總 編 輯／鄭婉坤
編　　輯／趙怡安　呂丹芸　蕭淑華
內文排版／浩瀚電腦排版股份有限公司
印　　刷／崇豐印刷企業有限公司
初　　版／2005 年 9 月
法律顧問／尤英夫律師　楊明廣律師
總 經 銷／凌域國際股份有限公司
地　　址／台北縣五股鄉五股工業區五工五路 38 號 7F
電　　話／(02) 2298-3838　傳　　真／(02) 2298-1498

定　　價／新台幣 300 元　　　　　　　　Printed in Taiwan

謝謝您購買本書，為了加強對您的服務，請您儘量詳細填寫本頁各欄，免貼郵票寄回或傳真到本社，即成為「旺文之友」，可不定期得知本公司最新出版訊息，享受一般讀者沒有的超值優惠。

購買書名：＿＿＿＿＿＿＿＿＿＿＿＿＿＿＿＿＿＿＿＿＿＿＿

姓　　名：＿＿＿＿＿＿＿＿＿＿＿＿　性別：□男　□女

住址：＿＿＿＿縣　　＿＿＿＿村　　＿＿鄰　＿＿＿＿路　＿＿段
　　　　　　　市　　　　　　里　　　　　　　　　街
　　　＿＿巷　＿＿弄　＿＿號　＿＿樓　＿＿室　郵遞區號：□□□

學歷：□國中小　□高中職　□大專學　□研究所

職業：□學生　□上班族　□Soho族　□退休　□家庭主婦　□其他＿＿＿＿

您從何處得知本書：□書店　□報紙廣告　□DM廣告　□親友介紹
　　　　　　　　　□團體購買　□贈品　□傳播媒體　□其他＿＿＿＿

您的購買動機：＿＿＿＿＿＿＿＿＿＿＿＿＿＿＿＿＿＿＿＿＿

您對本書的意見：　(請填選數字　1/佳　2/可　3/差)

內容：＿＿＿　書名：＿＿＿　封面設計：＿＿＿　版面設計：＿＿＿　校對：＿＿＿

翻譯：＿＿＿　文字：＿＿＿　價格：＿＿＿　紙張：＿＿＿　印刷：＿＿＿

個人觀點：＿＿＿＿＿＿＿＿＿＿＿＿＿＿＿＿＿＿＿＿＿＿＿

您的建議：＿＿＿＿＿＿＿＿＿＿＿＿＿＿＿＿＿＿＿＿＿＿＿
　　　　　＿＿＿＿＿＿＿＿＿＿＿＿＿＿＿＿＿＿＿＿＿＿＿＿
　　　　　＿＿＿＿＿＿＿＿＿＿＿＿＿＿＿＿＿＿＿＿＿＿＿＿
　　　　　＿＿＿＿＿＿＿＿＿＿＿＿＿＿＿＿＿＿＿＿＿＿＿＿
　　　　　＿＿＿＿＿＿＿＿＿＿＿＿＿＿＿＿＿＿＿＿＿＿＿＿

旺文社股份有限公司

電話：(02)2701-4598　　傳真：(02)2701-4798

台北市和平東路三段7號6樓

E-Mail：warmth12@ms35.hinet.net

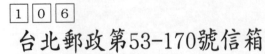

WARMTH

真誠 · 服務 · 專業